KNAUR

*Von Michael Tsokos und Andreas Gößling
sind folgende Titel erschienen:*
Zerschunden (Band 1 True-Crime-Trilogie)
Zersetzt (Band 2 True-Crime-Trilogie)
Zerbrochen (Band 3 True-Crime-Trilogie)

Über die Autoren:
Michael Tsokos, 1967 geboren, ist Professor für Rechtsmedizin und international anerkannter Experte auf dem Gebiet der Forensik. Seit 2007 leitet er das Institut für Rechtsmedizin der Charité. Seine Bücher über spektakuläre Fälle aus der Rechtsmedizin sind allesamt Bestseller.

Andreas Gößling wurde 1958 geboren und ist promovierter Literatur- und Sozialwissenschaftler. Unter Pseudonym und seinem eigenen Namen hat er zahlreiche Sachbücher und Romane für jugendliche und erwachsene Leser verfasst. Er lebt als freier Autor mit seiner Frau in Berlin, wo er auch den Spezialverlag MayaMedia leitet.

MICHAEL TSOKOS
mit Andreas Gößling

Zerbrochen

True-Crime-Thriller

KNAUR

Besuchen Sie uns im Internet:
www.knaur.de

Aus Verantwortung für die Umwelt hat sich die Verlagsgruppe
Droemer Knaur zu einer nachhaltigen Buchproduktion verpflichtet.
Der bewusste Umgang mit unseren Ressourcen, der Schutz unseres Klimas
und der Natur gehören zu unseren obersten Unternehmenszielen.
Gemeinsam mit unseren Partnern und Lieferanten setzen wir uns für
eine klimaneutrale Buchproduktion ein, die den Erwerb von Klimazertifikaten
zur Kompensation des CO2-Ausstoßes einschließt.
Weitere Informationen finden Sie unter: www.klimaneutralerverlag.de

FSC
www.fsc.org
MIX
Papier aus verantwortungsvollen Quellen
FSC® C083411

Vollständige Taschenbuchausgabe Oktober 2018
Knaur Taschenbuch
© 2017 Knaur Verlag
Ein Imprint der Verlagsgruppe
Droemer Knaur GmbH & Co. KG, München
Ein Projekt der AVA international GmbH Autoren- und Verlagsagentur
www.ava-international.de
Alle Rechte vorbehalten. Das Werk darf – auch teilweise – nur mit
Genehmigung des Verlags wiedergegeben werden.
Redaktion: Regine Weisbrod
Covergestaltung: ZERO Werbeagentur GmbH, München
Coverabbildung: FinePic®, München
Satz: Adobe InDesign im Verlag
Druck und Bindung: CPI books GmbH, Leck
ISBN 978-3-426-51971-4

*Die Handlung in »Zerbrochen«
spielt zwölf Monate nach den Ereignissen
in »Zerschunden«*

1

**Berlin, Bezirk Treptow-Köpenick,
in Dr. Fred Abels Auto,
Freitag, 9. Juli, 07:17 Uhr**

Das Sonnenhoch »Boris« hatte Berlin seit Wochen im Griff. Die S-Bahnen fuhren im permanenten Saunamodus, an etlichen Abschnitten der Stadtautobahn wölbte sich der Asphaltbelag wie Käsesoufflé, die Medien überboten sich gegenseitig mit Warnungen vor Hitzschlag, Ozonschock und Dehydrierung. Scharenweise kollabierten Senioren in ihren Hochhauswohnungen, auch die Zahl der Kneipenschlägereien und häuslichen Handgreiflichkeiten strebte ihrem Jahreshoch entgegen. Berliner, die es irgendwie einrichten konnten, flohen an den Ostseestrand oder in ihre Datschas an einem der Badeseen im Umland. Nur die Touristen in mutiger Outdoor-Bekleidung, mit Rucksäcken, Sonnenhüten und Selfiestangen bewaffnet, schienen die vor Hitze flimmernden Straßenschluchten zu genießen. Sie verwandelten öffentliche Parks in Müllhalden und das Regierungsviertel in ein riesiges Festivalgelände. Dollar, Yen und Euro quollen aus ihren Taschen, und so hatten Gastronomen genauso wie Taschendiebe alle Hände voll zu tun.

Das ganz normale Berliner Sommerchaos, dachte Dr. Fred Abel. Es fühlte sich gut an, wieder mittendrin zu sein.

Er stoppte seinen schwarzen A5 vor der Ampel am Treptower Park und warf einen Blick in den Rückspiegel. Der zerschrammte Van klebte ihm noch immer an der Stoßstange. Am Steuer saß ein junger Familienvater, der mit seinen Kindern herumalberte. Er trug eine trendige Nerd-Brille, einen akkurat gestutzten Vollbart und hatte ganz bestimmt keine finsteren Absichten. Geschweige denn einen blutbefleckten Baseballschläger an Bord.

Abel atmete gleichmäßig aus und ein. Seit er vor einem Jahr

bei einem Mordanschlag lebensgefährlich verletzt worden war, war seine innere Alarmanlage mehr oder weniger im Dauerbetrieb. Dabei hatte er eigentlich keinen Grund mehr, besonders auf der Hut zu sein. Von den beiden Schlägern, die ihn damals überfallen hatten, und ihrem Hintermann konnte keine Gefahr mehr ausgehen.

Der Tag hatte gerade erst begonnen, doch die Außentemperatur lag schon wieder bei fünfundzwanzig Grad. Die Klimaanlage des Audi röchelte. Der Wagen kam allmählich in die Jahre, auch wenn er die zurückliegenden zwölf Monate mehr oder weniger ungenutzt im Carport gestanden hatte.

Geduldig wartete Abel, bis der Pulk jugendlicher Partygänger die Kreuzung überquert hatte. Die Fußgängerampel hatte längst wieder auf Rot geschaltet, doch immer noch trotteten gutgelaunte Nachzügler über die Straße. Offenbar hatten sie die Nacht zum Tag gemacht und würden in ihrem Hotel gleich die Rollläden herunterlassen, um ihren Rausch auszuschlafen.

Die sind höchstens drei, vier Jahre älter als Noah und Manon, dachte Abel. Seine Zwillinge hatten vor kurzem ihren sechzehnten Geburtstag gefeiert, doch bis vor einem Jahr hatte er nicht einmal geahnt, dass er zwei Kinder in die Welt gesetzt hatte. Geschweige denn, wie glücklich es ihn machen würde, Vater zu sein.

Das hinter ihm liegende Jahr hatte ihn noch sehr vieles mehr gelehrt. Als Rechtsmediziner bei der BKA-Einheit »Extremdelikte« war Abel von Berufs wegen mit der Zerbrechlichkeit menschlichen Lebens konfrontiert, doch im vergangenen Sommer hatte er am eigenen Leib erfahren müssen, wie dünn die Trennwand zwischen Leben und Tod war.

Abel war vor seinem Elternhaus in der Nähe von Hannover überfallen und schwer verletzt worden. Nach mehreren Operationen in einer neurochirurgischen Klinik und neun quälend langen Monaten in der Reha, in denen er Rückschlägen getrotzt und sich zäh ins Leben zurückgekämpft hatte,

war heute sein erster Arbeitstag. Gestern Abend hatte er mit Professor Paul Herzfeld telefoniert, dem Leiter der rechtsmedizinischen Abteilung der »Extremdelikte«. Dieser hatte ihm versichert, wie sehr er sich freue, dass sein Stellvertreter Abel wieder gesund sei und den Dienst wiederaufnehmen könne. Abel hatte keinen Grund, an seinen Worten zu zweifeln. Seit vielen Jahren arbeiteten sie vertrauensvoll zusammen und schätzten und respektierten einander fachlich wie auch menschlich.
»Bitte keine warmen Worte zu meiner Rückkehr«, hatte Abel zum Abschluss ihres Telefonats gesagt, und Herzfeld hatte es ihm versprochen. »Nur schade um die Rede, die ich seit Tagen einstudiere«, hatte sein Chef allerdings hinzugefügt und sein fanfarenartiges Lachen ertönen lassen. Daher war sich Abel nicht ganz sicher, was ihn gleich bei der routinemäßigen Frühbesprechung erwarten würde. Abgesehen von den Opfern des Terroranschlags, der vor zwei Tagen auf dem Sultan-Ahmed-Platz in der Nähe der Blauen Moschee in Istanbul verübt worden war. Ein Selbstmordattentäter hatte sich inmitten einer deutschen Reisegruppe in die Luft gejagt.
Herzfeld hatte ihn am Telefon schon in groben Zügen informiert: zwölf Tote, die türkische Fremdenführerin und der aus Syrien stammende Attentäter sowie zehn deutsche Staatsangehörige, Senioren auf Fünf-Sterne-Rundreise durch die Türkei. Eine Bundeswehrmaschine hatte die Überreste der zehn Deutschen nach Berlin-Tegel gebracht. Seit gestern früh war die gesamte rechtsmedizinische Abteilung der »Extremdelikte« damit beschäftigt, die Opfer zu obduzieren, um ihre Identität zu klären und den Ermittlern Erkenntnisse zum Ablauf des Anschlags zu liefern.
Abel fuhr auf den Parkplatz der Treptowers, ein Ensemble imposanter Bürobauten im Berliner Osten, und stellte seinen Audi neben Herzfelds nagelneuem Range Rover ab. Der glasummantelte Wolkenkratzer, dem das Areal seinen Namen

verdankte, war hundertfünfundzwanzig Meter hoch, der Ausblick von der Dachterrasse atemberaubend. Ihre Abteilung befand sich jedoch im zweiten Untergeschoss, was für den An- und Abtransport von Leichen praktisch war, die Aussicht allerdings stark limitierte.

Abel betrat das Foyer und nickte dem Pförtner zu, während er zu den Aufzügen ging. *Alles wie immer*, dachte er. Emotionaler Überschwang war ihm seit jeher zuwider, auch und gerade, wenn es um ihn selbst ging. Bei der Vorstellung, dass Herzfeld während der Frühbesprechung womöglich doch eine gefühlige Rede auf ihn halten und die Kollegen ihn mit feuchten Augen zu seiner Rückkehr beglückwünschen würden, verlangsamte er unwillkürlich seinen Schritt.

Er war dem Tod von der Schippe gesprungen, buchstäblich im letzten Moment und nur deshalb, weil er die Disziplin und die Geistesgegenwart besessen hatte, seiner Schwester Marlene die lebensrettenden Instruktionen zu geben, bevor er bewusstlos geworden war. Und natürlich auch, weil Marlene den Überblick bewahrt und dem Notarzt die entscheidenden Stichworte gegeben hatte: *Schädelbasisbruch, Hirnödemprophylaxe, Rettungshubschrauber, neurochirurgische Spezialklinik*. Marlene hatte ihm das Leben gerettet, und Abel war ihr unendlich dankbar dafür. Doch er hatte nicht die geringste Lust, diese privaten Details mit seinen Kollegen zu teilen.

Er respektierte sie alle und kam im beruflichen Alltag meistens gut mit ihnen zurecht, aber er war mit keinem von ihnen befreundet. Weder mit Dr. Martin Scherz, dem fachlich erstklassigen, menschlich allerdings schwierigen Oberarzt, noch mit Dr. Alfons Murau, dem feinsinnigen Assistenzarzt mit dem Hang zu messerscharfem Wiener Schmäh. Auch nicht mit der Deutschchinesin Dr. Sabine Yao, die ihre Gedanken und Gefühle hinter einer höflichen Maske versteckte, und nicht einmal mit Professor Herzfeld, auch wenn Abel immer geglaubt hatte, dass Herzfeld und er aus dem gleichen Holz geschnitzt waren. Überzeugt davon, aus jeder Klemme einen Ausweg zu finden.

Auch das hat sich geändert, dachte Abel, während er im Lift nach unten fuhr. Nachdem ihn die beiden Schläger fast ins Grab geprügelt hatten, würde er nie wieder der alte Fred Abel sein, der einen Serienkiller durch halb Europa verfolgt hatte und im Jahr davor von Menschenjägern durch einen sumpfigen Grenzwald in Osteuropa gehetzt worden war. Er war gesundheitlich wieder auf dem Damm, aber er hatte ein für alle Mal begriffen, wie rasch man von diesem Damm abrutschen und von der Flut davongerissen werden konnte. Auch durch den Umstand, dass er nun Vater zweier Kinder war, die er erst vor kurzem kennengelernt hatte, war sein inneres Koordinatensystem neu justiert worden. Abel war nach wie vor Rechtsmediziner mit Leib und Seele, doch er wusste, dass er nie wieder vollständig in seinem Beruf aufgehen würde.

Die Lifttür glitt auf, und er trat in den hell erleuchteten Gang hinaus. Alles hier war vertraut, der abgetretene, graue Linoleumbelag, das leise Quietschen seiner Sohlen, während er auf die Tür zum Besprechungsraum zuging. Es erfüllte ihn mit tiefer Befriedigung, dass er dem fast schon sicheren Tod entronnen war und sich hierher zurückgekämpft hatte, an den Ort, an dem er seine beruflichen Fähigkeiten und Neigungen bestmöglich beweisen und einbringen konnte.

Morgen Vormittag würde er die Zwillinge am Flughafen Tegel abholen. Sie würden drei Wochen lang bei ihm und seiner Lebensgefährtin Lisa wohnen. Eigentlich hatten sie schon vor zehn Tagen kommen sollen, aber aufgrund einer Panne bei der Ticketbuchung hatte sich ihre Abreise verzögert. Abel konnte es kaum erwarten, seine Kinder in die Arme zu schließen und sich von ihrer unbändigen Energie anstecken zu lassen.

☠ ☠ ☠

2

**Berlin, Treptowers, BKA-Einheit »Extremdelikte«,
Besprechungsraum, Freitag, 9. Juli, 07:30 Uhr**

Der Raum, in dem sich die Rechtsmediziner und die Wissenschaftler der Kriminaltechnik jeden Morgen um halb acht versammelten, besaß den Charme eines Aktenkellers. Die zu einem Rechteck zusammengeschobenen Tische waren genauso grau und abgestoßen wie die Regale und Blechschränke an den Wänden. Statt aus dem Fenster sah man auf leere Flipcharts und eine halb heruntergezogene Beamer-Leinwand. Im bleichen Licht der Neonlampen war die Außenwelt, in der die Sonne vom blauen Himmel schien, schon nach wenigen Augenblicken nur noch eine blasse Erinnerung. Und doch hatte Abel während der langen Monate in der Reha gerade das Ritual der Frühbesprechung in diesem nüchtern möblierten Raum mehr als ein Mal vermisst.
Er hatte es so eingerichtet, dass er um Punkt sieben Uhr dreißig im Besprechungsraum eintraf. Nicht verspätet, aber als Letzter der Runde, um den Begrüßungsfloskeln seiner Kollegen vor Beginn der Sitzung zu entgehen.
Den weißen Kittel offen über seinem stahlblauen Maßanzug, saß Paul Herzfeld bereits am Kopfende des Konferenztischs und begrüßte die Anwesenden mit routinierter Freundlichkeit. Abel wollte sich neben ihm auf seinen Platz fallen lassen, aber Herzfeld kam ihm zuvor. Er erhob sich und schüttelte seinem Vize ausdauernd die Hand. Obwohl Abel mit knapp einem Meter neunzig Scheitelhöhe nicht gerade klein gewachsen war, überragte ihn Herzfeld noch um mehrere Zentimeter.
Abel befürchtete schon das Schlimmste, als Herzfeld ihn bedeutungsschwer ansah. »Schön, dass du wieder an Bord bist, Fred«, sagte sein Chef aber nur und ließ Abels Hand wieder los.

»Zurück auf dem Totenfloß«, kommentierte Murau und rieb sich mit spöttischem Lächeln über den Spitzbauch.
Der Oberarzt Dr. Scherz schnaubte verachtungsvoll in Richtung des wesentlich jüngeren Assistenzarztes. Scherz sah noch unförmiger aus als in Abels Erinnerung. Der gewaltige Bauch sprengte ihm fast den Hosenbund und das kleinkarierte Hemd. Der graue Fusselbart konnte weniger denn je sein Doppelkinn verbergen. Als Rechtsmediziner war Scherz ein Ass, in jeder anderen Hinsicht aber nur schwer erträglich.
»Vielen Dank. Die Freude ist ganz meinerseits«, versicherte Abel und nickte seinen Kollegen nacheinander zu.
Herzfeld hatte sich wieder hingesetzt, und Abel folgte seinem Beispiel.
Zu seiner Erleichterung kam sein Chef gleich zur Sache. »Die Opfer aus Istanbul, die wir gestern noch nicht untersucht haben, fordern ihr Recht«, sagte er und nahm den obersten Schnellhefter von dem vor ihm liegenden Stapel. »Wir haben jetzt auch eine offizielle Einschätzung von türkischer Seite, wonach der sogenannte Islamische Staat für den Anschlag verantwortlich sein soll. Allerdings gibt es ein neues Videodokument, das nur wenige Sekunden vor der Detonation auf dem Sultan-Ahmed-Platz aufgenommen wurde und zeigt, wie ein Objekt in die Gruppe fliegt. Die vom Staatsschutz meinen, es könnte sich dabei um eine Boden-Luft-Rakete handeln. Wie auch immer, Herrschaften. Augen auf bei den Obduktionen!«
Mit leisem Neid registrierte Abel, dass Herzfeld um keinen Tag gealtert schien. Mit den markanten Gesichtszügen, die an einen berühmten Hollywoodschauspieler erinnerten, und dem dichten, schwarzen Haar, in dem nicht eine silbrige Strähne schimmerte, war er eine imposante Erscheinung. Dagegen waren Abels Haare im zurückliegenden Jahr grau geworden. Und obwohl er körperlich wiederhergestellt war, fühlte er sich deutlich weniger robust als vor dem Überfall.

Vier der zehn deutschen Terroropfer, zwei Männer und zwei Frauen, warteten noch auf ihre Identifizierung. Herzfeld teilte jedem der anwesenden Rechtsmediziner einen Fall zu. Abel sollte die Überreste einer Seniorin obduzieren, der durch die Wucht der Explosion beide Unterschenkel zerfetzt worden waren. Eine Aufgabe, die einen erfahrenen Rechtsmediziner vor keine besonderen Herausforderungen stellte, selbst wenn er ein wenig aus der Übung gekommen sein sollte.

Vor acht Tagen, bei ihrem vorletzten Telefonat, hatte Herzfeld vorgeschlagen, dass Abel im Schongang wiedereinsteigen sollte. »Fang nächsten Freitag an und übernimm erst einmal eine Routine-Obduktion«, hatte er gesagt. »Dann kommst du langsam rein und hast anschließend schon wieder Wochenende. Danach wird dir alles wie früher von der Hand gehen.«

Abel wusste Herzfelds Fürsorglichkeit zu schätzen, auch wenn er sie etwas übertrieben fand. Er brannte darauf, endlich wieder loszulegen. Am liebsten wäre er gleich wieder mit einem komplizierteren Fall eingestiegen, der seine rechtsmedizinische Erfahrung und sein kriminalistisches Gespür gleichermaßen herausforderte. Doch durch den Terroranschlag hatte sich diese Diskussion ohnehin erledigt.

Bei den vier Toten des Tages handelte es sich durchweg um wohlhabende Senioren, die über eine private Krankenversicherung oder Zusatzpolice verfügten. Folglich konnten sie sich auch die aufwendigen Zahn- und Gelenkimplantate leisten, die das Leben im fortgeschrittenen Alter angenehmer machten. Und die anhand ihrer Seriennummern mit ein paar Mausklicks in entsprechenden Datenbanken den Besitzern zugeordnet werden konnten.

»Vergessen Sie bitte nicht«, sagte Herzfeld, »die Öffentlichkeit nimmt lebhaften Anteil an den Folgen dieses brutalen Terrorakts. Und die Hinterbliebenen müssen zusätzliche Qualen durchstehen, solange sie nicht sicher wissen, ob ihr

Angehöriger zu den Opfern gehört. Deshalb muss auch heute wieder alles andere warten.«

Er schüttelte den Kopf und sah mit einem Mal ungewohnt bekümmert aus. »Hier haben wir es – in Anführungszeichen – *nur* mit zehn Terroropfern zu tun. Aber das reicht schon, um alle unsere Kräfte für zwei Tage zu binden. Jetzt stellen Sie sich einmal vor, was hier los wäre, wenn in Berlin ein Anschlag in einer Größenordnung wie zuletzt in Paris oder Brüssel passieren würde. So ziemlich alle westeuropäischen Hauptstädte waren in den letzten Jahren schon von Terrorakten in der einen oder anderen Form betroffen. Die Wahrscheinlichkeit wird also immer größer, dass irgendwelche durchgeknallten Dschihadisten oder andere Irre uns ins Visier nehmen und zum Beispiel im Hauptbahnhof oder auf einem der Berliner Flughäfen ein Massaker anrichten – mit Hunderten Toten, wenn nicht noch mehr. Alle rechtsmedizinischen Einrichtungen in Berlin zusammen hätten nicht annähernd die nötige Kapazität, um mit einem solchen Szenario zurechtzukommen.«

Herzfeld fuhr sich mit der flachen Hand über das Gesicht. Als leitender BKA-Beamter ging er im Innenministerium und im Auswärtigen Amt ein und aus und verfügte stets über aktuelle Insider-Informationen. Für seine Andeutungen musste es also handfeste Gründe geben. Zumal Herzfeld nicht zu den Menschen gehörte, die ihr Herz auf der Zunge trugen.

Er lächelte in die Runde. »Auf mich müssen Sie heute im Sektionssaal leider verzichten. Man erwartet mich im Auswärtigen Amt. Aber glücklicherweise ist mein Stellvertreter ja wieder im Dienst. Jetzt muss ich es doch noch sagen«, fuhr er fort und drehte sich zu Abel. »Auch wenn du mir verboten hast, gefühlvolle Reden zu schwingen, Fred: Ich bin wirklich froh, dass du wieder bei uns bist.«

Er klopfte Abel auf die Schulter. Alle starrten Abel an, doch niemand bekam feuchte Augen. Nur er selbst hatte kurz-

zeitig einen Kloß in der Kehle, den er jedoch mit einem energischen Räuspern hinunterschluckte.
»An die Arbeit«, sagte er. »Ich kann es kaum erwarten, endlich wieder am Sektionstisch zu stehen.«

☠ ☠ ☠

3

Berlin, Treptowers, BKA-Einheit »Extremdelikte«,
Sektionssaal,
Freitag, 9. Juli, 08:13 Uhr

Abel setzte das Skalpell an der Kinnspitze an und zog es mit einem einzigen schnellen Schnitt bis zum Schambereich der Toten. Die beiden großen Hautlappen klappten auseinander, so dass der Blick auf Brustkorb und Bauchorgane frei lag.
Zuvor hatte die Sektionsassistentin Britta Gerlach den schwersttraumatisierten Leichnam der älteren Dame in den Computertomographen geschoben, um festzustellen, ob sich in ihrem Körper metallische Objekte befanden, Implantate oder auch Metallsplitter von dem Sprengsatz. Dabei hatte sich herausgestellt, dass die Seniorin rechtsseitig eine künstliche Hüfte und im linken Bein ein Knieimplantat besaß, außerdem einen Herzschrittmacher.
Bei der äußeren Leichenschau hatten sich Zeichen eines massiven Explosionstraumas in Kombination mit Hitzeeinwirkung gezeigt: massenhaft kraterförmige Hautdefekte im Gesicht und an der gesamten Körpervorderseite sowie Ansengungen des Kopfhaars, das teilweise bis auf die schwärzlich verkohlte Kopfhaut heruntergebrannt war.
Der gänzlich zahnlose Kieferbereich ließ darauf schließen,

dass die betagte Dame eine Zahnvollprothese getragen hatte, die durch die Explosion wohl zerstört und in alle Himmelsrichtungen verstreut worden war. Die altbewährte Methode, einen Toten anhand seines Zahnstatus zu identifizieren, fiel damit schon einmal aus.

Teile des Unterkörpers und die Unterschenkel der Toten waren durch die Wucht der Explosion zerfetzt worden. Der Oberkörper war dagegen in deutlich besserem Zustand. Auch der Herzschrittmacher sah auf dem CT-Bild unversehrt aus. Aller Erfahrung nach würde dieses Implantat ausreichen, um die Identität der Toten zu klären.

Die Assistentin Britta Gerlach schien sich über Abels Rückkehr aufrichtig zu freuen, auch wenn die stämmige Frau mit der dunkelblonden Kurzhaarfrisur wie gewohnt keine großen Worte machte. Abel hatte immer schon gern mit ihr zusammengearbeitet. Sie war stets bei der Sache und verlor auch in Ausnahmesituationen weder die Nerven noch den Überblick. Anfang April hatte sie ihren einundvierzigsten Geburtstag gefeiert, worauf Abel von seinem Blackberry mit dezentem Vibrieren hingewiesen worden war. Zu dieser Zeit hatte er sich noch auf Guadeloupe aufgehalten, der französischen Karibikinsel, auf der seine Zwillinge mit ihrer Mutter Claire Borel lebten. Einer spontanen Eingebung folgend, hatte er Britta Gerlach mit einer SMS kurz und knapp gratuliert, und sie hatte sich ebenso bündig bei ihm bedankt.

»Die Rippenschere bitte, Frau Gerlach.«

Befriedigt registrierte Abel, dass er nichts verlernt hatte. Seine Hände arbeiteten wie von selbst, als er den Herzschrittmacher in der Muskeltasche der vorderen Brustwand freipräparierte. Wie er es aufgrund der CT-Bilder erwartet hatte, hatte der Herzschrittmacher die Explosion ohne sichtbare Schäden überstanden.

Mit traumwandlerischer Sicherheit setzte Abel die Rippenschere an und öffnete mit ein paar raschen Klicks den Brustkorb der Toten. Nachdem er die großen Gefäße, die das Herz

im Brustbeutel fixierten, freigelegt hatte, durchtrennte er die Elektroden des Schrittmachers. Er legte das Implantat in ein Plastikschälchen, das die Assistentin bereitgestellt und mit der aktuellen Sektionsnummer beschriftet hatte. Als Nächstes entnahm er mit geübten Griffen erst das Herz und dann beide Lungenflügel, ehe er die Halsweichteile schichtweise freilegte, um Kehlkopf und Schilddrüsen aus der Tiefe des Halses zu schälen.
Britta Gerlach nahm den Herzschrittmacher aus der Schale und säuberte ihn unter dem Wasserstrahl. Währenddessen schnitt Abel die Bronchien der Länge nach auf und registrierte eine massive Blutaspiration, die belegte, dass die Seniorin die Explosion noch kurze Zeit überlebt haben musste. Zeit, genug für ein paar wenige Atemzüge, die ihre Lungen mit Blut gefüllt hatten.
Dann wollen wir doch mal sehen, wie es um die Hüft- und Knieprothesen der alten Dame bestellt ist, dachte Abel.
Schritt für Schritt arbeitete er das Skelettsystem der Toten ab. Dabei verglich er seine Befunde mit den Resultaten der CT-Untersuchung auf dem Monitor neben dem Obduktionstisch. »*Rippenserienfrakturen rechts*«, sprach er in sein Diktiergerät, »*erste bis siebte Rippe in der Medioclavicularlinie. Linksseitig Rippenserienfrakturen erste bis sechste Rippe in der vorderen Axillarlinie. Trümmerfraktur des oberen Drittels des rechten Oberarms sowie Sprengung des Oberarmkopfs und Fraktur des Rabenschnabelfortsatzes mit frisch eingebluteten Zerreißungen der umgebenden Muskulatur des Schultergürtels.*«
Nachdem er Hüft- und Knieprothese freipräpariert hatte, war klar, dass die Identität der alten Dame schon bald enträtselt sein würde. Modellart und Seriennummer waren gut lesbar.
Am Sektionstisch neben Abel obduzierte Sabine Yao die zweite Seniorin. Auch die klein gewachsene Deutschchinesin hatte bereits eine künstliche Hüfte mit lesbarer Seriennummer asserviert.

Abel entnahm ein jeweils etwa pflaumengroßes Stück Leber und Oberschenkelmuskel und legte sie in die dafür vorgesehenen Plastikbehälter. Nach der Obduktion würde Britta Gerlach die Proben in das hauseigene kriminaltechnische Labor von Dr. Fuchs bringen, der dort eine routinemäßige toxikologische Screening-Untersuchung durchführen würde.
Während Abel seine Sektionsschürze auszog und im Mülleimer entsorgte, ging ihm durch den Kopf, dass sich die alte Dame ähnlich wie er selbst aus einem tiefen Abgrund herausgearbeitet hatte.
Sie musste erhebliche Schmerzen und Strapazen auf sich genommen haben, um ihrem körperlichen Verfall zu trotzen und auch im fortgeschrittenen Alter noch am Leben teilzuhaben. Ohne all die Wunderwerke des medizinischen Fortschritts, Herzschrittmacher, Knie- und Hüftprothese, hätte sie sich nie mehr auf diese Reise begeben können. Zweifellos hatte auch sie Wochen in einer Reha-Einrichtung verbracht, um zu lernen, sich mit den implantierten Gehhilfen fortzubewegen.
Nachdem sich Abel Hände und Unterarme eingeseift und unter warmem Wasser gründlich gereinigt hatte, griff er sich sein Diktiergerät, nickte der Assistentin zu und ging in den Vorraum des Sektionssaals, um sein Protokoll zu Ende zu diktieren.
Was war wohl der letzte Gedanke der alten Frau, bevor die Bombe explodiert ist?, sinnierte Abel. *Dass all die Qualen und Mühen bei OP und Reha umsonst gewesen waren? Dass es sich trotzdem gelohnt hat? Oder hat sie bedauert, dass sie ihre wiedergewonnene Gesundheit durch die Reise aufs Spiel gesetzt hat?*
Noch vor einem Jahr hätte er keine Minute auf solche Spekulationen verschwendet. Schon aus schierem Selbstschutz mussten sich Rechtsmediziner, genauso wie Unfallchirurgen oder Psychotherapeuten, davor hüten, allzu viel Anteil an den Schicksalen zu nehmen, mit denen sie es Tag für Tag zu

tun bekamen. Doch auch in dieser Hinsicht hatte sich Abel verändert.

Während er den Sektionstrakt verließ, kehrten seine Gedanken zu dem Abend zurück, als er mit seinem ganz persönlichen blinden Fleck konfrontiert worden war. Und fast daran zerbrochen wäre.

☠ ☠ ☠

4

**Ein Jahr zuvor: Lenthe bei Hannover,
vor Dr. Abels Elternhaus,
Montag, 13. Juli, 22:43 Uhr**

Nie mehr würde Abel den Augenblick vergessen, als ihm klargeworden war, dass ihn die beiden Schläger nicht nur verletzen und einschüchtern wollten. *Sie wollen dich töten*, hörte er seine eigene Stimme aus dem Off, während er ein weiteres Mal die alptraumhaften Szenen vor seinem inneren Auge abrollen sah.

Er ist zurück in Lenthe, dem Dorf bei Hannover, in dem er aufgewachsen ist. Gerade eben hat er seinen Audi auf dem Gehweg gegenüber von seinem Elternhaus abgestellt, einen Strauß Rosen in der Hand und eine Flasche Brunello unter dem Arm. Er ist mit seiner Schwester Marlene verabredet, und wieder einmal hat er sich aus beruflichen Gründen verspätet.

Hoffentlich ist sie nicht sauer, weil sie warten musste, denkt er. Schließlich will er sich heute mit ihr versöhnen. Ihren Streit begraben und Marlene von Herzen dafür danken, dass sie ihre bettlägerige Mutter so viele Jahre aufopfernd gepflegt hat. *Ich habe einen Sohn und eine Tochter, und du hast*

plötzlich einen Neffen und eine Nichte, will er zu ihr sagen. *Der Tod hat unsere Mutter geholt, aber das Leben hat uns diese Kinder geschenkt. Ist das nicht wundervoll, Tante Marlene?*
Es ist spätabends und so dunkel, wie es in der Stadt nicht einmal in tiefster Nacht werden kann. Als neben ihm ein Kleinbus stoppt, nimmt Abel nur schattenhafte Umrisse wahr. Zwei bullige Silhouetten mit Baseballschlägern. Abel wirft sich herum, doch sie drängen ihn gegen den Kleinbus, und dann trifft ihn ein heftiger Schlag am Kopf. Er schreit auf und fällt zu Boden, das Gesicht im Staub des unbefestigten Weges. *Sie wollen dich töten.*
Der nächste Schlag trifft ihn mit voller Wucht von oben auf den Hinterkopf. Es kracht in seinem Schädel, sein Herzschlag setzt kurz aus und dann stolpernd wieder ein.
Die Haustür auf der anderen Straßenseite fliegt auf, Licht flutet drüben in den Vorgarten. *Mein Herz schlägt viel zu schnell,* denkt Abel benommen. Dann Marlenes Stimme, sich überschlagend vor Panik: »Um Himmels willen, Fred?«
Schritte auf der Straße, gleichzeitig hört er, wie die beiden Schläger miteinander reden. In einer osteuropäischen Sprache, ruhig und selbstbewusst. Während sie in ihren Kleinbus steigen und wegfahren, wird Abel klar, wer die beiden geschickt haben muss.
Er kommt mühsam auf die Knie, doch mehr geht nicht. Seine Beine gehorchen ihm nicht. Er setzt sich hin und betastet seinen Kopf. Im Lichtschein aus dem Haus gegenüber sieht er, dass seine Handflächen blutverschmiert sind. Er wendet den Kopf hin und her und sieht die Blutstropfen, die sich im Schulterbereich dick und dunkel von seinem hellgrauen Sakko abheben.
Er weiß genau, was das bedeutet. *Blut läuft mir aus den Gehörgängen. Meine Schädelbasis ist gebrochen. Ab jetzt zählt jede Sekunde.* Er braucht sofort einen Notarzt, der mit den entsprechenden Medikamenten gegen die rapide Gehirn-

schwellung vorgeht. Und danach unverzüglich eine neurochirurgische Notoperation, um das Blut in seinem Schädelinneren zu entfernen. Anderenfalls wird sein Hirnstamm in seinem Schädel gewaltsam in Richtung Rückenmarkskanal verschoben und dort eingeklemmt werden, was zum Tod durch Atemlähmung führt. *Zentrale Kreislaufdysregulation*, geht es Abel durch den Kopf. Bisher waren das nur zwei Wörter in seinen Sektionsprotokollen, jetzt ist es der Name seines schlimmsten Feindes.
»Marlene«, stößt er hervor. Er nimmt einen Schatten wahr, der sich über ihn beugt. »Hör mir genau zu.« Er kämpft gegen die Bewusstlosigkeit an. Und gegen seine Todesangst. Mit letzter Kraft schärft er ihr ein, dass sie einen Notarzt rufen und am Telefon sagen soll, dass seine Schädelbasis gebrochen ist. »Er muss hier vor Ort eine Hirnödemprophylaxe machen. Und ein Helikopter muss mich in eine neurochirurgische Spezialklinik bringen. Hast du alles verstanden?«
Marlene weint. »Ja, Fred, ja«, hört er, während ihm die Sinne schwinden. Mehrfach wiederholt er noch *Hirnödemprophylaxe* und *neurochirurgische Spezialklinik,* aber er ist sich nicht sicher, ob er diese Worte nur noch denkt oder hörbar hervorbringt. Und dann stürzt er in einen Abgrund voll Finsternis.

☠ ☠ ☠

5

Ein Jahr zuvor:
Berlin-Mitte, neurochirurgische Spezialklinik der Charité,
Intensivstation, Dienstag, 21. Juli, 11:13 Uhr

Als Abel zu sich kommt, liegt er auf der Intensivstation. Sein Schädel ist bandagiert. Aufgetürmte Apparate blinken und piepen. Infusionsschläuche sind über kleine Plastikkanülen mit seinen Armbeugen und seinem Hals verbunden.

Bruchstückhaft kehrt seine Erinnerung zurück. Die beiden Totschläger. Wie er vor ihnen im Dreck lag und sie mit Baseballschlägern auf ihn einknüppelten.

Sie wollten dich töten. Aber du lebst ...

Er ist zu benommen und viel zu geschwächt, um Erleichterung zu empfinden. Um irgendetwas anderes zu fühlen als die Nachwirkung des Schocks. Vorsichtig bewegt er die Fußzehen, danach Füße und Beine, um zu testen, ob er bleibende Schäden davongetragen hat.

Was haben sie mit meinem Kopf gemacht? Erneut glaubt er das Krachen in seinem Schädel zu spüren. Sieht wieder die dicken, dunkelroten Blutstropfen auf seinen Schultern. Wie Pfotenabdrücke von ganz kleinen Katzen.

Schädelbasisbruch ... Jetzt erst wird ihm die ganze Dramatik des Geschehenen wieder klar.

Liebe, gute Lene, denkt er. Offenbar hat seine Schwester alles so weitergegeben, wie er es ihr aufgetragen hat. *Sonst wäre ich jetzt nicht hier. Sondern bei einem Kollegen auf dem Tisch.*

Erneut dämmert er weg. Als er das nächste Mal zu sich kommt, sitzt Lisa an seinem Bett. Seine Lebensgefährtin Lisa Suttner, im eleganten grünen Kleid, die kupferroten Haare hängen ihr offen auf die Schultern. Ihre Schönheit, ihr liebevolles Lächeln überwältigen ihn. Neben ihr sitzt Marlene.

Hager, verhärmt, ihr Gesicht eine Maske gefrorenen Schreckens.
»Danke, Lene«, bringt Abel hervor. »Tausend Dank.« Seine Stimme klingt kraftlos, fast tonlos.
»Du hast es geschafft, Freddy«, flüstert Lisa und lächelt ihm zu. Ihre grünen Augen glitzern. Sie beugt sich über ihn. Verwundert spürt er die warmen Tropfen auf seinem Gesicht. Wann hat er Lisa jemals weinen sehen? Die smarte Lisa Suttner, erfolgreiche Spitzenbeamtin bei der Bundesanwaltschaft? Und weshalb weint sie? Aus Freude, weil er wirklich über den Berg ist? Oder aus Kummer, weil er doch irgendeinen schwerwiegenden Schaden zurückbehalten hat? Panisch versucht er, seine Hände zu bewegen, um auch hier seine Nervenverbindungen zu prüfen, und über diesem Versuch schläft er neuerlich ein.
Beim nächsten Erwachen fühlt er sich etwas kräftiger. Wieder sind Lisa und Marlene bei ihm. Seine Schwester erzählt stockend, wie sie am Telefon darum kämpfte, dass der Notarzt mit einem Helikopter kommt. Und dann noch einmal in den Clinch ging, damit er sofort die Hirnödemprophylaxe einleitete. »Er wollte sich erst nichts von mir sagen lassen«, berichtet sie und wird bei der Erinnerung noch bleicher. »Aber irgendwie habe ich es dann doch geschafft, ihn zu überzeugen.«
Sonst wäre ich jetzt tot. Abel greift nach Marlenes Hand. Er spürt, wie ihre Finger sich zwischen seinen bewegen. *Was für ein Glück.*
»Zum Glück bist du ein Kämpfer, Freddy«, sagt Lisa. Als hätte sie seine Gedanken gelesen.
Diesmal sind es Marlenes Augen, die sich mit Tränen füllen. Und Abel wird klar, dass er noch längst nicht über den Berg ist.
Nach und nach erfährt er weitere Einzelheiten. Nach der Erstversorgung ist er direkt hierhergebracht worden, in die neurochirurgische Klinik der Charité in Berlin-Mitte. Noch

in der Nacht des Überfalls war er, zu diesem Zeitpunkt mehr tot als lebendig, einer notfallmäßigen Kraniotomie unterzogen worden, einer operativen Eröffnung des knöchernen Schädeldachs. In einer zweistündigen Operation waren mehrere Hämatome in seinem Hirngewebe entfernt worden. Trotz der sofortigen Hirnödemprophylaxe war die Gehirnschwellung bereits bedrohlich fortgeschritten. Die Ärzte kämpften um sein Leben. Und sie gewannen den Kampf.
Als schließlich feststand, dass er durchkommen würde, begann für Lisa und Marlene das nächste Hoffen und Bangen. Vorsichtshalber wurde Abel in ein künstliches Koma versetzt. Schonend bereiteten die Ärzte sie darauf vor, dass er höchstwahrscheinlich irreparable Schäden davontragen würde. Lähmungen, motorische Ausfallerscheinungen, epileptische Krampfanfälle, Sehstörungen, chronische Kopfschmerzen, Verlust seines Kurzzeitgedächtnisses, Einschränkungen seiner Denk- und Sprechfähigkeit. Die Wahrscheinlichkeit betrug achtzig Prozent.
Acht Tage sind seit dem Überfall, seit der OP vergangen. Erst in den letzten Stunden, während er langsam aus dem Koma geholt wurde, haben die Ärzte Entwarnung gegeben.
»Du musst noch acht bis zehn Tage hier in der Klinik bleiben«, erklärt ihm Lisa. »Sie wollen weitere Untersuchungen durchführen, noch zwei oder drei CTs …«
Abel protestiert. »Blödsinn«, murmelt er. »Ich bin okay.« Im Nachhinein kommt es ihm absurd vor, aber er macht tatsächlich einen Versuch, von seinem Bett aufzustehen. Mit Müh und Not schafft er es, seinen Oberkörper aufzurichten. Dann überkommt ihn ein heftiger Schwächeanfall, der Schweiß bricht ihm aus allen Poren, und er sinkt auf die Matratze zurück.
»Wir haben noch einen langen Weg vor uns«, hört er Lisa nahe an seinem Ohr. »Aber wir schaffen das, so viel ist sicher, Freddy.«

☠ ☠ ☠

Auf den dringenden Rat seiner Ärzte hin hat Lisa vorerst darauf verzichtet, Abel von dem Telefonanruf aus der Karibik zu erzählen. Aufregungen aller Art sind Gift für sein Gehirn und Nervensystem. Auch positive Überraschungen können bei Rekonvaleszenten gefährliche Rückschläge auslösen. In seinem fragilen Zustand könnte Abel buchstäblich der Schlag treffen, wenn er erfahren würde, dass eine gewisse Madame Borel aus Guadeloupe bei ihnen zu Hause angerufen hat.

Claire Borel, mit der Abel vor siebzehn Jahren eine so kurze wie heftige Affäre hatte. In seiner Erinnerung ist sie immer die hübsche junge Schwarze geblieben, in die er sich damals, als angehender Rechtsmediziner, leidenschaftlich verliebt hatte. Ihre Liaison dauerte nur drei Tage, ein verlängertes Wochenende in einem Hotel in Paris, wo er seinen Kongress weitgehend versäumte, weil er praktisch ununterbrochen mit Claire im Bett war.

Für Abel war es weit mehr als eine *Amour fou*, als ein Anfall von erotischer Besessenheit, jedenfalls war er damals fest davon überzeugt. Und Claire ging es wohl genauso, zumindest flüsterte sie ihm immer wieder ins Ohr, dass er die Liebe ihres Lebens sei, *l'amour de ma vie,* und dass er sie niemals verlassen dürfe, *jamais, écoute, chéri, jamais.* Dabei wusste sie so gut wie nichts von ihm und er noch weniger von ihr. Nur, dass sie verrückt aufeinander waren und sich blind verstanden. Jung, wie sie beide waren, setzten sie voraus, dass sich dieses gegenseitige Verständnis beliebig erweitern ließ. Von ihrem Hotelzimmer in Paris zu einer Wohnung, einem Haus voller Kinder, einem gemeinsamen Leben.

Tatsächlich schmiedeten sie schon bei ihrem dritten Frühstück Zukunftspläne. Claire wollte mit ihm am nächsten Tag nach Hannover kommen. Sie hatte nur einen Koffer voller Kleider in Paris, eine Staffelei und ein paar Aquarelle; sie war Künstlerin, und Lebenskünstlerin sowieso. Und dann war sie fort.

Ohne Abschied, ohne Vorwarnung, ohne eine Spur zu hinterlassen. Als Abel von seinem Kongress zurückkam, wo er zumindest noch an der Schlussveranstaltung teilgenommen hatte, war Claire Borel verschwunden. Aus dem Hotel, aus der Stadt, aus seinem Leben.
Es fühlte sich an, als hätte sich die Erde unter ihm aufgetan. So etwas hatte er noch nie erlebt, aber das galt für alles, was mit Claire zu tun hatte. Sie war einzigartig, jedenfalls in der wohlgeordneten Welt des jungen Rechtsmediziners, der seine Berufung gefunden und eine genaue Vorstellung hatte, wie sich sein Leben in den nächsten Jahren und Jahrzehnten entwickeln sollte.
Nach ihrem Verschwinden geriet er kurzzeitig aus dem Tritt. Er war wild entschlossen, Claire aufzuspüren und umzustimmen. Sie musste mit ihm kommen, er konnte sich nicht vorstellen, ohne sie zu leben. Verzweifelt wehrte er sich gegen die Einsicht, dass er keine Chance hatte, sie zu finden, wenn sie nicht gefunden werden wollte. Er kannte ihren Namen, Claire Borel, den Duft ihrer schwarzen Haut und ihres krausen Haars. Er kannte ihr Lachen und jedes ihrer Muttermale, aber er wusste weder, wo sie in Paris wohnte, noch von welcher Insel in der Karibik sie eigentlich kam. Martinique, Réunion oder wie sie alle heißen mochten. Ob absichtlich oder nicht, Claire hatte immer nur von ihrer Insel in der Karibik gesprochen, *mon île dans les Caraïbes,* und Abel hatte nie nachgefragt. Eigentlich hatten sie überhaupt nur wenig miteinander geredet. Ihre Körper hatten gesprochen, ihre Triebe, ihre Hormone, und ihnen beiden den Kopf verdreht.
Abel verlängerte seinen Parisaufenthalt um weitere zwei Tage, aber Claire blieb unauffindbar. Ruhelos zog er durch die Straßen, hastete dann wieder zurück ins Hotel, aus Angst, dass sie vor verschlossener Tür stehen könnte.
Schließlich musste er einsehen, dass sie nicht zu ihm zurückkehren wollte und dass es für ihn keine Möglichkeit gab, ihren Entschluss zu ändern. Er grübelte stundenlang darüber

nach, warum sie ihn verlassen hatte. Was hatte er falsch gemacht? Oder hatte sie ihn die ganze Zeit über ihre wahren Absichten getäuscht? Doch das ergab keinen Sinn.
Zuletzt siegte sein nüchternes Naturell über den Wirbelsturm, den Claire in seinem Innern entfacht hatte. Abel fuhr nach Hannover zurück und lebte sein Leben im Großen und Ganzen so weiter, wie er das geplant hatte. Nur Claire Borel, die er kurzzeitig als Bestandteil dieses Lebens angesehen hatte, blieb verschwunden. Er vergaß sie nie gänzlich – auch wenn er immer seltener an sie dachte, seit er Lisa kennengelernt hatte, mit der er seit vielen Jahren in einer harmonischen Beziehung zusammenlebte.
Auf die Idee, dass Claire als Folge ihres Liebeswochenendes schwanger sein könnte, kam Abel in all der Zeit nie. Bis er drei Tage vor dem Mordanschlag eine E-Mail von seinen beiden Kindern, den fünfzehnjährigen Zwillingen Noah und Manon, erhielt, denen ihre Mutter Claire endlich verraten hatte, wer ihr leiblicher Vater war.
Als Abel diese Nachricht bekam, war er – Ironie des Schicksals – zum ersten Mal seit vielen Jahren wieder in Paris gewesen und dem Serienkiller, den er durch halb Europa verfolgt hatte, dicht auf den Fersen. So kam er erst kurz vor der Fahrt zu seiner Schwester dazu, die unverhoffte Botschaft halbwegs zu verarbeiten und seinen Kindern eine lange Antwortmail zu schreiben. Sie wollten ihn so gerne kennenlernen – und er selbst, schrieb er zurück, wünschte sich gleichfalls nicht sehnlicher. Doch unmittelbar danach wurde er von den beiden Totschlägern überfallen, und die Zwillinge, die ihm sofort zurückgeschrieben hatten, bekamen keine Antwort mehr von ihm. Tief verunsichert beknieten sie ihre Mutter, in Berlin anzurufen und ihren Ex zur Rede zu stellen: Weshalb um alles in der Welt hatte er ihnen zuerst liebevoll und enthusiastisch geantwortet und sich anschließend tot gestellt? Nachdem sie fast zwei Wochen lang vergeblich auf seine Antwort gewartet hatten, ließ sich Claire erweichen und

wählte Abels private Telefonnummer, die er Manon und Noah mitsamt seiner Adresse geschrieben hatte. Lisa nahm den Anruf entgegen. Abel hatte ihr die Mail der Zwillinge gezeigt und von seiner so lange zurückliegenden Liebschaft erzählt, trotzdem war es für beide Frauen kein einfaches Gespräch.
Und die Zwillinge bekamen den Schreck ihres Lebens, als sie erfuhren, dass ihr gerade erst gefundener Vater sich nicht vor ihnen tot gestellt hatte, sondern tatsächlich mehr tot als lebendig war.

☠ ☠ ☠

In den folgenden Wochen hält Lisa die Zwillinge und ihre Mutter Claire auf dem Laufenden. Allmählich stabilisiert sich Abels Zustand, und schließlich fragt er von sich aus nach Noah und Manon. Da erzählt ihm Lisa, dass sie seit mehr als einer Woche regelmäßig mit seinen Kindern chattet und skypt.
»Und mit deiner Ex«, fügt sie lächelnd hinzu. »Herzlichen Glückwunsch zu deiner karibischen Zweitfamilie, Freddy. Claire und ich haben übrigens schon alles im Groben besprochen: Sobald du wiederhergestellt bist, fliegst du nach Guadeloupe, um deine Kinder kennenzulernen.«
Abel ist überwältigt. Sein psychischer Zustand ist noch immer fragil, er hat seine Gefühle nicht annähernd so unter Kontrolle wie sonst. Wie vor dem Überfall. Er will etwas antworten, doch seine Stimme versagt. Stumm drückt er Lisas Hand.
»Ich komme natürlich mit«, sagt sie und lächelt noch immer. »Oder glaubst du, ich überlasse dich wochenlang den Voodookünsten dieser heißblütigen Inselschönheit? Sie sagt, sie hätte dich damals nur deshalb holterdiepolter verlassen, weil das aus ihrer Sicht viel zu ordentliche Deutschland ihr Angst eingejagt hat. Sie konnte sich einfach nicht vorstellen, als

deine Ehefrau in einem Ort mit dem furchterregend deutschen Namen Hannover zu leben. Aber wenn du allein sie in Guadeloupe besuchen würdest, in ihrem ›karibischen Chaos‹, wie sie das genannt hat – wer weiß, wie mutig sie dann plötzlich würde? Darauf lassen wir es besser nicht ankommen, mein Lieber.«
Abel setzt zu Treueschwüren an, doch Lisa verschließt ihm den Mund mit einem zärtlichen Kuss. »Sie ist wirklich umwerfend. Der reinste Hurrikan. Und deine Kinder habe ich jetzt schon ins Herz geschlossen.«
Sie streicht sich eine Strähne aus der Stirn. Mit einem Mal wirkt sie eine Spur verlegen. Was einer mit allen Wassern gewaschenen Bundesanwältin auch nicht alle Tage passiert.
»Weißt du, Freddy, ich hatte mehr als ein Mal ein schlechtes Gewissen«, setzt sie neu an. »Du hast immer respektiert, dass ich um meiner Karriere willen keine Kinder haben möchte. Und auch deshalb liebe ich dich: weil du so großherzig und selbstlos sein kannst. Und jetzt mit einem Mal, wie durch ein Wunder, bekommen wir das alles unter einen Hut!«
Lisa strahlt ihn an. Er nimmt sie in die Arme und fühlt sich kräftiger, lebendiger als seit Wochen.
»Keine Ahnung, ob ich zur Zweit- oder Ersatzmutter tauge«, fährt sie fort. »Aber ich verspreche dir, ich werde mein Bestes geben, damit sich die Zwillinge bei uns wohl fühlen. Sie wollen möglichst bald nach Berlin kommen, nachdem wir bei ihnen in Guadeloupe waren. Und von mir aus können sie gerne kommen und so lange bei uns bleiben, wie sie wollen.«
Die behandelnden Ärzte registrieren verwundert, dass es mit Abels Gesundung von diesem Tag an steil bergauf geht. Ihre Therapiemethoden sind die gleichen wie vorher, aber nachdem es lange Zeit eher zäh voranging, scheint Abel plötzlich den Regenerationsturbo gezündet zu haben.
Genau neunundzwanzig Tage nachdem er vor seinem Elternhaus zusammengebrochen ist, verlässt Abel die neuro-

chirurgische Klinik. Auf eigenen Füßen, auch wenn er insgeheim froh ist, dass Lisa ihn untergehakt hat. Und dass es nur wenige Schritte sind vom Lift bis zu dem Krankentransportwagen, der ihn in die Reha im brandenburgischen Rheinsberg bringen soll.

☠ ☠ ☠

6

**Auf dem Weg zum Flughafen Tegel,
in Dr. Abels Auto,
Samstag, 10. Juli, 10:08 Uhr**

Auf der Fahrt zum Flughafen schaute Abel immer wieder in den Rückspiegel. Wenn sie an einer roten Ampel stoppen mussten, musterte er argwöhnisch die Passanten, die über die Straße gingen.
»Entspann dich, Freddy.« Lisa rutschte auf dem Beifahrersitz näher zu Abel heran und streichelte ihn im Nacken. »Wir sind überpünktlich«, versicherte sie. »Deine Kinder können nicht da draußen herumirren, ihr Flieger ist nämlich noch in der Luft.«
Er gab ein unbestimmtes Brummen von sich, während er erneut das Fahrzeug hinter ihnen fixierte. Es war ein schwarzer Porsche Cayenne. Auch wenn der Kühlergrill des Geländewagens einem Raubtiermaul mit gefletschten Zähnen nachempfunden schien, wirkte die *businesslike* gekleidete Dame am Steuer nicht gerade gefährlich.
»Ich weiß«, sagte er. »Das macht mir auch keine Sorgen.«
Während er betont ruhig wieder anfuhr, spürte er Lisas Blick auf seiner Schläfe. Auch wenn er es nicht aussprach, wusste er, was sie in diesem Moment dachte. So wie er selbst ein

offenes Buch für sie war. Schließlich lebten sie seit vielen Jahren in einer vertrauensvollen Beziehung.

»Was sonst?«, fragte sie. »Wieder die alte Sache? Du hast doch gestern Abend noch gesagt, dass jetzt deine letzten Zweifel beseitigt wären. Nachdem Herzfeld dir die Obduktionsprotokolle zu den beiden Toten aus dem Tegeler Forst gezeigt hat.«

Abel nickte und zuckte gleichzeitig mit den Schultern. »Das sind die Kerle, die mich zusammengeschlagen haben. Definitiv. Jedenfalls ihre Überreste.«

Er hatte sich die Fotos genau angeschaut. Damals im Dunkeln hatte er die Gesichter der beiden Schläger zwar nicht sehen können, aber ihre hünenhaften Umrisse hatten sich ihm desto genauer eingeprägt. Bei den Toten handelte es sich zudem um russische Staatsbürger, und Abel erinnerte sich genau, dass sich die Angreifer in einer osteuropäischen Sprache verständigt hatten. Höchstwahrscheinlich auf Russisch. Unter den Fingernägeln des einen Schlägers waren überdies Faserspuren sichergestellt worden, die eindeutig von dem Sakko stammten, das Abel damals getragen hatte.

»Von denen geht garantiert keine Gefahr mehr aus«, bekräftigte er und warf erneut einen Blick in den Rückspiegel.

Als die beiden Leichen im April von einem verirrten Jogger entdeckt worden waren, hatten sie schon rund ein Dreivierteljahr im Wald gelegen, mit Erde, Laub und Ästen oberflächlich zugedeckt. Offenbar waren die Männer kurz nach dem Überfall auf Abel liquidiert worden, jeweils mit zwei Schüssen zwischen die Augen. Das war eindeutig die Handschrift von Profis. Und es erklärte, weshalb die sofort eingeleitete Fahndung damals im Sande verlaufen war.

»Aber?«, hakte Lisa nach, während Abel auf den Autobahnzubringer einbog und beschleunigte.

»Kein Aber. Auch wenn keine Verbindung zu ihm nachgewiesen werden konnte, bin ich genauso wie Herzfeld davon überzeugt, dass Burkjanov mir die beiden auf den Hals gehetzt hat. Und dass er sie anschließend hat beseitigen lassen, bevor sie verraten konnten, wer ihnen den Auftrag gegeben hat.«

Lisa sah ihn noch immer prüfend von der Seite an.

Juri Burkjanov war der ehemalige Geheimdienstchef von Transnistrien, einem winzigen osteuropäischen Pseudostaat von Russlands Gnaden. Nachdem Burkjanov versucht hatte, den Präsidenten seines Heimatlandes aus dem Amt zu putschen, war er seinerseits entmachtet worden, hatte sich nach Deutschland abgesetzt und in Berlin politisches Asyl beantragt. Gleichzeitig war er in Transnistrien angeklagt und zu langjähriger Haft verurteilt worden, weil er zwei Neffen des mächtigen Oligarchen Jefim Stepanov hatte kidnappen lassen, um ihr Firmenimperium an sich zu bringen.

Als nahe der transnistrischen Hauptstadt Tiraspol zwei Leichen in einem Container voll ungelöschtem Kalk entdeckt wurden, war sofort der Verdacht aufgekommen, dass es sich um die verschollenen Oligarchen-Neffen handelte. Daraufhin hatte der Staatschef Transnistriens beschlossen, einen renommierten und unvoreingenommenen Rechtsmediziner aus dem westlichen Ausland hinzuzuziehen, um die Identität der weitgehend zersetzten Leichen vor Ort klären zu lassen.

Die Wahl war letztlich auf Abel gefallen, doch der vermeintlich harmlose Auftrag hatte sich rasch zu einem Alptraum entwickelt. Durch seine verbliebenen Gefolgsleute hatte Burkjanov massiven Druck auf Abel ausgeübt. Offenbar wollte er Abel mit allen Mitteln daran hindern, in einem Gutachten darzulegen, was seine Untersuchung zweifelsfrei ergeben hatte: Bei den Toten handelte es sich um die zwei Jahre zuvor verschleppten Oligarchen-Neffen, und der gesamte Tatverlauf – von der Folterung der Opfer über die Verabreichung spezieller Medikamente bis zur Entsorgung der Leichen in ungelöschtem Kalk – trug die Handschrift von Burkjanov und seinem Geheimdienst.

Abel hatte dem Druck standgehalten, seine Untersuchungen unter haarsträubenden Umständen abgeschlossen und schließlich die Flucht ergriffen, als die Situation zu brenzlig wurde. Von Burkjanovs Häschern gejagt, war er durch den sumpfigen Grenzwald und über den Dnjestr ins Nachbarland Moldawien geflohen und von dort nach Berlin zurückgekehrt, zu Tode erschöpft, aber körperlich unversehrt. Doch Burkjanov hatte nicht lockergelassen. Seine Auslieferung nach Transnistrien vor Augen, wo ihm aufgrund von Abels Gutachten lebenslange Lagerhaft drohte, hatte er Abel durch immer weitere Angriffe zu zermürben versucht. Während Abel einen Serienkiller durch halb Europa verfolgt hatte, waren ihm die Schergen des Transnistriers ihrerseits nach London, Bari und Paris hinterhergehetzt.

Auch wenn Burkjanovs Motiv nachvollziehbar war, hatten diese hartnäckigen Einschüchterungsversuche in Abels Augen eine zutiefst irrationale, wenn nicht sogar psychopathische Färbung. Den traurigen Höhe- oder Tiefpunkt hatte der Überfall durch die beiden Schläger vor einem Jahr dargestellt. Nach Ansicht der Mordermittler, die den Fall untersucht hatten, waren die Angreifer von Burkjanov beauftragt worden, Abel endlich den Widerruf seines Gutachtens abzuringen. Mutmaßlich waren sie dabei »übers Ziel hinausgeschossen«, indem sie ihn fast umgebracht hatten. Auch Herzfeld nahm an, dass dies die Erklärung für den maßlosen Zerstörungswillen war, mit dem die beiden Totschläger auf Abel eingeprügelt hatten.

Ein ermordeter oder komatöser Abel war für Burkjanov nicht im Geringsten hilfreich. In dieser Einschätzung stimmte Abel mit seinem Chef überein, trotzdem war er sich keineswegs sicher, dass er nur versehentlich fast totgeschlagen worden war. Irgendetwas stimmte bei dieser ganzen Sache nicht. Irgendetwas hatten sie alle bis heute nicht verstanden oder übersehen, davon war er überzeugt. Doch er hatte bisher mit niemandem über seine Zweifel gesprochen, weder mit Herzfeld noch mit Lisa, da er sich selbst nicht erklären konnte, warum er sich immer noch auf ungreifbare Weise bedroht fühlte.

Die beiden Männer, die ihn angegriffen hatten, waren nicht mehr am Leben. Und Burkjanov hatte keinen Grund mehr, Abel einzuschüchtern oder zu bedrohen. Seine Zeit war schlichtweg abgelaufen. Der glatzköpfige Muskelprotz saß zwar immer noch in der JVA Tegel in Auslieferungshaft, aber mittlerweile hatte er alle Rechtsmittel ausgeschöpft und würde Ende des Monats nach Transnistrien abgeschoben werden. Dort hatte er vom zuständigen Gericht in Abwesenheit bereits »lebenslänglich« erhalten, und das Urteil war rechtskräftig und unanfechtbar.

Kein neues Gutachten und kein Widerruf des vorhandenen könnten ihm jetzt noch helfen, den Kopf aus der Schlinge zu ziehen, dachte Abel. *Und trotzdem ...*

»Gut so, Freddy«, sagte Lisa. »Ich weiß, dass es für dich schwer ist. Aber bitte ruf dir immer wieder mal ins Gedächtnis, was Dr. Kalden gesagt hat: Da draußen ist niemand mehr, der dich verfolgen würde. Diese Verfolger gibt es nur noch in deinem Kopf. Und es sind Produkte des Posttraumatischen Belastungssyndroms, mit dem du noch eine Weile leben musst. Wie jeder, der eine ähnlich erschütternde Erfahrung gemacht hat.«

Dr. Jonas Kalden war der Psychotherapeut, der sich während der Reha um Abels angeschlagene Psyche gekümmert hatte. Ein liebenswürdiger Mann mit weichen Gesichtszügen und einem schlaffen Händedruck, für den die ganze Welt ein Gespinst aus »Symbolen« und »Projektionen« zu sein schien.

»Du hast völlig recht«, sagte Abel. Er lächelte Lisa zu und bog auf den Parkplatz am Terminal E ein.

Während sie auf den Eingang der Ankunftshalle zugingen, sah er sich unauffällig nach allen Seiten um. Er kam nicht an gegen sein Bauchgefühl, das ihm seit heute früh unablässig signalisierte: *akute Gefahr.*

Entweder meine Phantasie und meine Nerven spielen verrückt, weil ich mental doch noch angeschlagen bin, sagte sich Abel. *Oder meine innere Alarmanlage warnt mich vor einer Bedrohung, die ich allerdings partout nicht dingfest machen kann.*
Dabei hatte er die ganze Zeit das Gefühl, dass ihm gleich die Augen aufgehen müssten. So, wie wenn einem ein Name nicht einfallen will, obwohl er einem auf der Zunge liegt.
Ein Name, grübelte Abel. *Ist das die richtige Fährte?*
Aber je verbissener er nachdachte, desto weniger konnte er greifen, was ihn so sehr beunruhigte und sich wie ein Netz immer enger um ihn zu legen schien.

☠ ☠ ☠

7

**Flughafen Berlin-Tegel, Terminal E,
Samstag, 10. Juli, 11:17 Uhr**

Die Automatiktür glitt auf, und die Zwillinge kamen in Abels Sichtfeld, eingezwängt in einen Pulk von Urlaubsrückkehrern, die sich durch den schleusenartigen Gang in Richtung Ankunftshalle schoben.
»Die haben doch schon wieder einen Schuss in die Höhe gemacht«, sagte Abel. »Vor allem Noah.«
»In dem Alter soll das vorkommen.« Lisa lächelte.
Noah war schlaksig und hochgewachsen, seine Schwester einige Zentimeter kleiner, aber an ihrer Mutter waren beide größenmäßig schon vorbeigezogen. *Deine Gene, Fred,* hatte Claire in Pointe-à-Pitre zu Abel gesagt.
»Aber wir haben sie vor gerade mal sechs Wochen zuletzt gesehen!«

»Mit sechzehn kann das eine Ewigkeit sein«, gab Lisa zurück.
Sie fragte sich, woher sie diese Weisheiten nahm. Es war lange her, dass sie selbst im Teenageralter gewesen war. Doch Abel hatte in einem Punkt recht, fand Lisa, Manon und Noah hatten sich wirklich sehr verändert. Ihr Zugewinn an Körpergröße war allerdings der am wenigsten erstaunliche Teil dieses Prozesses. Die Veränderung war nicht zu übersehen, obwohl die beiden sich noch in Richtung der Barriere vorankämpften, an der Dutzende Reiseleiter und Hotelangestellte ihre Schilder hochhielten.
Auf Guadeloupe hatten sie die Zwillinge als unauffällige Teenager kennengelernt, mit karibischem Temperament zwar, doch eindeutig französisch erzogen. Sie hatten gute Manieren und waren meist höflich und zurückhaltend. Ihre Ansichten und Gewohnheiten kamen Abel und Lisa bürgerlicher vor als diejenigen ihrer Mutter, deren kreativ-chaotischer Stil den Zwillingen fast peinlich zu sein schien. Die zierliche junge Malerin, in die sich Abel in Paris verliebt hatte, war zu einer reifen Frau mit graumeliertem Kraushaar und ausladender Figur geworden, aber Claire Borel war noch immer eine atemberaubende Erscheinung. Ihr Leben bestand hauptsächlich aus konvulsivischen Schaffensphasen, in denen sie großformatige Leinwände mit schreiend bunten Mustern bedeckte, und ausgelassenem Feiern. Sie trug selbstgebatikte Kleider, die man nur als farbenfroh bezeichnen konnte, dazu enorme Kreolen und Unmengen goldener Hals- und Armreifen, die bei jeder Bewegung klirrten. Dagegen hatten sich Manon und Noah im Grunde nicht anders als gleichaltrige Mittelschichts-Teenager in Paris oder Berlin gekleidet und gestylt. Doch das war im Frühjahr gewesen, als Abel und Lisa vier Wochen auf der Karibikinsel verbracht hatten. Seitdem musste sich im Leben der Zwillinge etwas grundlegend verändert haben.
Noah trug kunstvoll durchlöcherte Jeans und ein neongelbes

Kapuzenshirt mit dem Porträt eines schwarzen Rappers. Seine Haare waren unter einer bunten Strickmütze versteckt, so als fürchtete er, im deutschen Sommer zu frieren. Vermutlich handelte es sich eher um ein Statement, nahm Lisa an, mit welcher Botschaft auch immer. So wie bei dem afrikanisch anmutenden, papageienbunten Tuch, das sich Manon um den Kopf geschlungen hatte.
Bei unserem Besuch, dachte Lisa, *wollten sie von afrikanischen Wurzeln nichts wissen. Was hat sie wohl dazu gebracht, ihre Meinung zu ändern?*
Auf der Insel hatten sich Abel und Lisa alle Monumente und Museen angesehen, die der Sklaverei gewidmet waren, von der Guadeloupe bis weit ins neunzehnte Jahrhundert hinein geprägt worden war. Die Zwillinge hatten sie zur »Sklaventreppe« in dem kleinen Hafenort Petit-Canal begleitet, auf deren Stufen die gerade deportierten Afrikaner, nach Ethnien geordnet, Aufstellung nehmen mussten, damit die weißen Käufer ihre Wahl treffen konnten.
Aber diese finstere Vergangenheit schien die Zwillinge damals nicht weiter zu interessieren. »Wir sind Franzosen«, hatte Noah in entschiedenem Tonfall erklärt. »Keine Afrikaner, keine Sklaven, *tu comprends, papa?*«
Abel und Lisa hatten diesen Standpunkt respektiert, auch wenn er ihnen unlogisch schien, und waren nicht mehr auf das Thema zurückgekommen. Heutzutage war Guadeloupe in der Tat ein voll integriertes französisches Departement, mit malerischen Dörfern und kleinen Städten, die auf den ersten Blick genauso in Südfrankreich liegen konnten. Doch die schwarze Bevölkerungsmehrheit bestand aus direkten Nachfahren der Sklaven, die ab dem siebzehnten Jahrhundert zu Tausenden nach Guadeloupe deportiert worden waren, um dort unter mörderischen Bedingungen auf Plantagen und in Bergwerken zu schuften.
»Was hat der Typ da zu suchen?« Abels nervöser Tonfall riss Lisa aus ihren Gedanken.

Die Zwillinge waren noch immer in den Pulk übernächtigter Touristen eingezwängt, der sich im Schneckentempo auf den Ausgang zuschob. Obwohl die deutschen Urlaubsrückkehrer braungebrannt waren, sahen sie neben Noah und Manon mit ihrem kakaofarbenen Hautton irgendwie ungesund aus.
»Siehst du den Kerl, der sich von hinten an Manon heranmacht?«, fragte Abel.
Lisas Blick folgte seinem ausgestreckten Arm. Ein fuchsartiger Mann Mitte dreißig, mit blondierten Stirnfransen und ausgemergelten Wangen, klebte fast an Manons Schulter.
»Der macht sich nicht ran«, stellte Lisa fest, »der will einfach nur vorbei.« Ihr amüsiertes Lächeln erstarb, als sie bemerkte, dass sich Noah hektisch umsah. »Sag mal, Freddy, liegt Verfolgungswahn bei euch eigentlich in der Familie?«
Der Junge schien nicht etwa nach Abel und Lisa Ausschau zu halten. Er warf argwöhnische Blicke über seine Schultern, dann fasste er seine Schwester am Arm und zog sie energisch mit sich. Eine übergewichtige Frau in rosafarbenem Kleid bekam seinen Ellbogen zu spüren und starrte ihn wütend an. Aus gut zwanzig Meter Entfernung las Abel von Noahs Lippen ab, wie er sich bei der Angerempelten entschuldigte.
Pardon, madame.
»Der Junge passt nur auf seine Schwester auf«, stellte Abel klar. »Vielleicht hat er ja meinen Beschützerinstinkt geerbt.«
Darauf erwiderte Lisa nichts. Schweigend beobachteten sie, wie sich die Zwillinge der Automatiktür näherten, die mit nervtötendem Zischen auf- und wieder zuglitt. Sie kamen Abel bedrückt vor, jedenfalls längst nicht so fröhlich, wie er sie in Erinnerung hatte. Noah hatte ihn mittlerweile entdeckt, aber er nickte seinem Vater nur kurz zu und wandte sich dann wieder seiner Schwester zu. Obwohl Manon sieben Minuten älter war als er, legte er wie ein großer Bruder fürsorglich den Arm um sie, während er mit der anderen Hand einen Rollkoffer hinter sich herzog.
Sie sind müde nach der langen Reise, das ist alles, beruhigte

sich Abel. Er umarmte erst Manon, dann Noah und küsste sie nach französischer Art links und rechts auf die Wangen.
»Wie war die Reise?«, fragte er auf Französisch. »Wie geht es euch? Alles okay?«
Die Zwillinge wechselten einen Blick. »Okay«, sagte Noah, und Manon nickte.
Gaben sich die beiden einfach nur supercool, oder war etwas nicht in Ordnung? Bei ihrem Besuch auf Guadeloupe war das Eis zwischen Abel und seinen spät entdeckten Kindern schnell gebrochen.
»Wie geht es eurer Mutter?«, fragte Lisa und lächelte den beiden zu. Noah warf Manon erneut einen Blick zu.
Irgendwas stimmt doch nicht, dachte Abel.
»Habt ihr Claire schon eine Nachricht geschickt, dass ihr gut gelandet seid?«, fragte Lisa weiter. Glücklicherweise sprach sie genauso wie Abel ein passables Schulfranzösisch.
»Ich hab ihr auf die Mailbox gesprochen«, sagte Noah, »während wir auf die Koffer gewartet haben.«
»Machst du dir Sorgen, weil sie nicht drangegangen ist?«, fragte Abel.
Noah schüttelte den Kopf.
»Brauchst du auch nicht«, sagte Abel. »In Pointe-à-Pitre ist es ja erst« – er warf einen Blick auf seine Military-Swiss-Armbanduhr – »halb sieben Uhr morgens. Bestimmt schläft sie noch.«
»Bestimmt«, sagte Manon und sandte Noah mit ihren großen Augen stumme Botschaften.
»Ja klar«, sagte Noah.
Seine Stimme klang gepresst. Er strahlte eine Nervosität aus, als wäre er elektrisch geladen. Auf seinem Hoodie-Shirt, unter dem Abbild des schwarzen Rappers, stand in flammend roten Lettern *Root Rebel!*

☠ ☠ ☠

8

**Berlin-Mitte, City Ost,
Samstag, 10. Juli, 12:04 Uhr**

Die Zwillinge wollten nicht zu ihnen nach Hause und sich ausruhen, wie Lisa vorgeschlagen hatte, und sie wollten auch nicht essen gehen, da sie sich im Flugzeug mit allem Möglichen vollgestopft hätten. Sie wollten Berlin sehen, sich in den Trubel der Großstadt stürzen, und zwar sofort. Also verstaute Abel ihr Gepäck im Kofferraum und fuhr direkt nach Mitte hinein. Noah saß neben ihm auf dem Beifahrersitz, auf der Rückbank hatte es sich Lisa mit Manon gemütlich gemacht.

Wobei *gemütlich* ganz und gar nicht das richtige Wort war. Die Stimmung im Wagen war seltsam beklommen. Wieder einmal spähte Abel in den Rückspiegel, doch diesmal suchte er Lisas Blick.

Sie schloss kurz die Augen und deutete ein Kopfschütteln an. *Bohr nicht weiter nach,* bedeutete das. *Lass sie erst mal ankommen.*

Abel nickte fast unmerklich. *Es ist ihre erste große Reise,* dachte er. *Sie wollen nicht zeigen, wie unsicher sie sind, weiter steckt nichts dahinter. Vielleicht haben sie auch einfach Heimweh.*

Er hätte es liebend gern geglaubt.

Noah hat weder Heimweh noch Reisefieber, dachte er, während er den Jungen unauffällig von der Seite musterte. *Er fühlt sich verfolgt!*

Es war in der Tat ein wenig surreal. Noah sah sich andauernd um, schielte in den Seitenspiegel und verdrehte sich den Hals, um nach hinten zu spähen, doch seine Blicke suchten weder Manon noch Lisa. Er verhielt sich nicht anders als Abel selbst auf der Fahrt zum Flughafen, ja fast so, als wollte er den – wie Lisa gespöttelt hatte – »Verfolgungswahn« seines Vaters

parodieren. Und obwohl es im Auto ziemlich warm war, zog er seine schrille Streetgang-Mütze nicht ab.
Hinter ihnen hatte Lisa begonnen, in gespielt munterem Tonfall Sehenswürdigkeiten aufzuzählen. »Was möchtet ihr als Erstes sehen: das Brandenburger Tor und den Reichstag? Checkpoint Charlie und danach vielleicht eine Schiffsrundfahrt oder ... Was interessiert euch besonders, Manon?«, unterbrach sie sich, als keiner der beiden reagierte.
Manon hatte ihr Skizzenheft aus dem Rucksack geholt und strichelte versunken an einer Zeichnung herum. Sie hatte das künstlerische Talent ihrer Mutter geerbt und zudem die analytische Beobachtungsgabe ihres Vaters. Das Ergebnis waren messerscharfe Zeichnungen, mit denen sie Charaktere, Stimmungen und Situationen ungeheuer präzise zum Ausdruck bringen konnte.
»Zeig mal«, sagte Lisa. »Großartig.«
Manon hielt ihr das Skizzenheft hin, und Abel machte sich lang, um die Zeichnung im Rückspiegel zu sehen.
Mit bewundernswerter Kunstfertigkeit hatte Manon die Begegnung dreier Männer festgehalten. Eingezwängt zwischen zwei breitschultrige Weiße vom Typus Bodyguard oder Fremdenlegionär blickte ein deutlich kleinerer und schmaler gebauter Schwarzer zu ihnen auf. An den Wänden im Hintergrund waren großflächige Fenster angedeutet. Die Skizze war noch unfertig, die Umgebung war so wenig ausgeführt wie die Gesichtszüge des Schwarzen.
Desto detaillierter hatte Manon die beiden hünenhaften Männer ausgearbeitet. Sie waren Ende dreißig, Anfang vierzig und trugen weiße Hemden, die von ihren Brustkörben und Muskelpaketen fast gesprengt wurden. Ihre Gesichter waren kantig, die Haare hell und stoppelkurz, die Augen wie dunkles Glas, während ihre Münder zu Schlitzen zusammengepresst waren.
Die Atmosphäre auf der Zeichnung war so bedrohlich, dass Abel unwillkürlich die Luft anhielt. Erst als er schon gerau-

me Zeit wieder nach vorne auf die Straße sah, atmete er weiter.
Einer der breitschultrigen Männer, die wie Profis aussahen – Profis für was auch immer, jedenfalls nicht für Ponyreiten oder Origami, starrte den Schwarzen, dessen Gesicht noch eine weitgehend leere Scheibe war, einschüchternd an. Der andere jedoch, mit Augen wie ein hungriger Haifisch, fixierte über den Kopf des Schwarzen hinweg den Betrachter der Skizze.
Abel lief es kalt den Rücken herunter. *Wenn ich die Gesichter der beiden Schläger damals im Dunkeln hätte erkennen können,* dachte er, *hätten sie vermutlich so wie diese beiden Typen ausgesehen. Gefühllose Verbrecher.*
»Du hast wirklich ein Riesentalent, Mädchen«, sagte Lisa. Abel merkte an ihrem eine Spur zu neutralen Tonfall, dass die Zeichnung sie genauso irritierte wie ihn. »Hast du nicht gesagt, du würdest nur zeichnen, was du mit eigenen Augen gesehen hast? Die Szene hier kommt mir eher vor wie aus einem Gangsterfilm.«
Noah hatte sich auf dem Vordersitz zu Lisa und Manon herumgedreht. Wieder wechselte er einen schnellen Blick mit seiner Schwester.
»Ja, stimmt schon«, sagte Manon.
»Was genau stimmt jetzt?«, hakte Lisa nach. »Ist die Szene echt oder aus einem Film?«
Das Mädchen runzelte die Stirn und sah Noah hilfesuchend an.
»Keins von beiden, Mann«, sagte Noah mit seiner neuen Rapper-Coolness. »Manon und ich machen einen Krimi-Comic. Sie zeichnet, ich texte. Wir haben den ganzen Flug über rumprobiert. Aber bevor wir richtig durchstarten können, müssen wir erst den Plot noch klarkriegen.«
»Superidee«, sagte Abel. »Wenn ihr wollt, kann ich euch den einen oder anderen fachlichen Tipp geben.«
Die Kids schienen sich für den Vorschlag erwärmen zu kön-

nen. Sie stimmten zu, zögernd zwar, doch die Atmosphäre begann sich zu entspannen.
»Wo fahren wir eigentlich hin?«, fragte Noah. So als wäre er gerade erst zugestiegen. Was in gewisser Weise auch zuzutreffen schien.
»Wohin ihr wollt«, sagte Abel.

☠ ☠ ☠

Den weiteren Nachmittag verbrachten sie alle vier in heiterer Laune. Sie ließen das Auto an der Friedrichstraße auf der Spreebrücke stehen und streiften zu Fuß durch die Stadt. Sie schauten sich eine Horrorshow im »Berlin Dungeon« an und stöberten in den Trödelauslagen des Flohmarkts am Mauerpark. Die Zwillinge schickten Unmengen von Selfies nach Guadeloupe, zu ihrer Mutter und ihren Freunden in Pointe-à-Pitre. Die Sommerhitze machte ihnen naturgemäß wenig aus.
Ab und zu steckten sie die Köpfe zusammen und besprachen etwas, das nicht für Abel und Lisa bestimmt war. Aber die düstere Unruhe vom Flughafen hatten sie offenbar abgeschüttelt, auch wenn es immer noch vorkam, dass Noah zusammenzuckte, wenn er im Gedränge angerempelt wurde. Und Gedränge herrschte fast überall, wohin es die Zwillinge zog, beim Checkpoint Charlie und ärger noch vor dem Reichstagsgebäude, wo Rockbands, Weltuntergangsprediger und linksradikale Spinner um die Aufmerksamkeit des Publikums wetteiferten.
Anfangs hatte Abel noch argwöhnisch ihre Umgebung gescannt, aber allmählich begann auch er, sich zu entspannen. *Dr. Kalden hat recht,* beschloss er. *Es gibt keine Verfolger, außer in meinem Kopf. In meiner Erinnerung, besser gesagt.*
Es war an der Zeit, die Vergangenheit ruhen zu lassen und sich voll und ganz der so viel erfreulicheren Gegenwart zu

widmen. Er war Vater von zwei Teenagern, und er konnte sein Glück nach wie vor kaum fassen.

☠ ☠ ☠

9

**Berlin-Mitte, »Strandbar Mitte«,
Samstag, 10. Juli, 20:14 Uhr**

Es war immer noch schwülheiß, als sie einen Biergarten an der Spree ansteuerten und am Flussufer vier freie Liegestühle fanden. Erschöpft streckten sie sich in den ramponierten Relaxmöbeln aus und ließen sich die unvermeidlichen Berliner Spezialitäten schmecken, Fassbrause und Currywurst.
Die ganze Zeit über hatte Abel eine Frage auf der Zunge gebrannt, aber er hatte sie immer wieder hinuntergeschluckt. Weil er befürchtete, dass er damit bei den Zwillingen erneut den Schalter umlegen würde. Im Lauf des Nachmittags hatten sie sich mehr und mehr in die unbeschwerten Teenager zurückverwandelt, die Abel und Lisa auf Guadeloupe kennen- und lieben gelernt hatten. Noahs kämpferisches Hoodie-Shirt, die im Ghetto-Stil zerfetzten Jeans und der afrikanische Kopfschmuck der beiden sahen immer mehr wie eine Verkleidung aus.
»Wer ist eigentlich der Rapper auf deinem Shirt?«, fragte Abel seinen Sohn. »Und *Root Rebel* – ist das ein Song von ihm?«
Er hatte es geahnt, und er hätte sich am liebsten die Zunge abgebissen, als er sah, wie sich Noahs Gesicht verdüsterte.
»Das kannst du nicht verstehen, Papa«, sagte der Junge und zog die Kapuze über seine schreiend bunte Mütze.

Abel sah hilfesuchend zu Manon. »Was verstehe ich nicht?«
Sie nahm ihr gelb, rot und grün gemustertes Kopftuch ab, jedoch nur, um es neu zu falten und um ihre üppige schwarze Mähne zu binden. Plötzlich sah sie viel erwachsener aus, und sie erinnerte Abel so sehr an die junge Claire, dass er schlucken musste.
»Wir hatten es bis vor kurzem auch nicht kapiert«, sagte Manon und sah dabei nur ihren Bruder an. »Weil wir es nicht kapieren wollten. Weil wir unsere Augen verschließen wollten. Vor etwas, das man eigentlich nicht übersehen kann.«
»Und was soll das sein?«, fragte Lisa mit einem Lächeln.
»*Maman* und Pierre und fast alle auf der Insel«, sagte Noah, »und zur Hälfte ja auch wir, Manon und ich ...« Er unterbrach sich, kroch noch tiefer in sein Hoodie, ballte die Hände auf seinen Oberschenkeln. »Wir sind nicht nur *Nachkommen* von Sklaven, wie du gesagt hast, Papa, als ihr bei uns wart.«
Er setzte sich ruckartig in seinem Liegestuhl auf. Der Rapper auf seiner Brust schien zum Leben zu erwachen, so heftig atmete Noah aus und ein. »Wir sind immer noch versklavt!«, stieß er hervor. »Auch wir heute noch, jeder Schwarze auf den Inseln und in Afrika!«
Sein Gesicht hatte sich verzerrt. Auch Noah sah mit einem Mal viel älter aus. Kein Kind mehr, sondern fast schon ein junger Mann.
Plötzlich bekam er einen Hustenanfall, und Manon kramte hastig in ihrem Rucksack. Seit seinem siebten Lebensjahr war Noah Asthmatiker. Er hatte immer eine Spraydose bei sich, denn ohne das krampflösende Medikament konnte sein Zustand lebensgefährlich werden. Nachdem er ein paarmal kräftig inhaliert hatte, hörte der Husten aber so schnell auf, wie er begonnen hatte.
»Wie hast du das gemeint, Noah?«, fragte Abel vorsichtig. »Was heißt das, immer noch versklavt?«
Auf Guadeloupe hatte er geglaubt, dass sich zwischen ihm

und seinen Kindern langsam ein Vertrauensverhältnis aufbaute. Doch jetzt spürte er, wie fern sie ihm noch waren. Wie fremd im Grunde. Was wusste er schon von ihrem Leben? Wie fühlte es sich an, als dunkelhäutiger Teenager auf einer winzigen Insel mitten in der Karibik zu leben? Und wie fühlte man sich als junger Schwarzer mit einem weißen Vater? Wenn er ehrlich war, hatte er keine Ahnung.
»Erkläre es mir«, fuhr er fort, »ich will es ja verstehen. Ich will alles verstehen, was mit euch zu tun hat«, fügte er hinzu und lächelte seine Kinder an. »Fangen wir mit dem Rapper an, da auf deinem Shirt, Noah. Wer ist das? Was macht er für eine Musik?«
Noah lächelte zögernd zurück. Er begann, von dem schwarzen Musiker zu erzählen, und erleichtert registrierte Abel, dass der Schatten, der sich über sie gelegt hatte, wieder verschwand. Der Musiker hieß Tiwony, und laut Noah war er kein Rapper, sondern machte Reggae und Dancehall Music. Tiwony war auf Guadeloupe geboren, lebte in Pointe-à-Pitre und trat dort auch in den Clubs auf. Außerdem auf Festivals überall auf den Kleinen und Großen Antillen. Er war noch jung, nicht viel älter als zwanzig, aber bereits ein regionaler Star.
»Und Tiwony sagt – oder singt, dass ihr immer noch Sklaven seid?«, fragte Lisa.
Noah nickte. Die Düsterkeit kehrte zurück. In die Gesichter der Zwillinge und in die Gemüter von Abel und Lisa auch. Am Himmel waren Wolken aufgezogen, und nachdem Noah und Manon im Flugzeug kein Auge zugetan hatten, wurden sie nun schlagartig müde. Genau gleichzeitig, so wie sie auch oftmals dasselbe zur selben Zeit dachten und fühlten und sich die Worte gegenseitig aus dem Mund nahmen.
Im Auto schliefen beide auf der Rückbank ein, noch bevor Abel den Blinker gesetzt hatte und losgefahren war. Auch Abel fühlte sich nicht gerade topfit nach der – vor allem emotional – aufreibenden Sightseeingtour, aber seine innere Un-

ruhe hielt ihn wach. Seine Gedanken kreisten wie Suchscheinwerfer.
Warum haben sie gerade jetzt das Thema Sklaverei entdeckt?, grübelte er, während er zu ihrem Townhouse am südöstlichen Stadtrand fuhr.
Abels Gedanken schweiften zurück nach Guadeloupe. Vier Wochen, von Mitte Mai bis Mitte Juni, hatten er und Lisa in Pointe-à-Pitre verbracht.
Die chaotischen ersten Tage hatten sie im Gästezimmer bei Claire und den Zwillingen übernachtet – weitgehend schlaflos, da Claire und ihr Lebensgefährte Pierre Boucard zu jeder Tages- und Nachtzeit Besuch bekamen. Maler und Schauspieler, Tänzer und einmal eine ganze Band, die um zwei Uhr früh mit einer Jam-Session begonnen hatte. Abel und Lisa waren aus dem Schlaf geschreckt, als genau unter ihrem Bett ein Tsunami aus Trommelschlägen losgebrochen war. Danach waren sie in ein Hotelapartment im ruhigeren Vorort Le Gosier umgezogen, wo Pierre seine Gemälde- und Skulpturengalerie hatte.
Anfangs hatten Lisa und Abel vor allem die exotischen Seiten dieser fremden Inselwelt registriert. Palmen und Mangobäume, den nie endenden Sommer. Die paradiesisch schönen Strände und türkisgrünen Lagunen. Die natürliche Anmut der dunkelhäutigen Insulaner, neben denen die weißen, überwiegend französischen Touristen und Zuzügler unansehnlich und unbeholfen wirkten.
Erst nach und nach hatte Abel ein Gespür für Risse und Widersprüche in der scheinbar perfekten Idylle bekommen. Die schmetterlingsförmige Doppelinsel war ein Departement mit den gleichen Rechten und Standards wie jedes andere auf dem französischen Festland. Bildungs- und Sozialsystem, medizinische Versorgung und öffentliche Sicherheit, Straßen und Kanalisation – alle staatlichen Strukturen waren auf einem ähnlichen Niveau wie in Mitteleuropa. Man konnte das Wasser aus der Leitung trinken, und man konnte sich auch in

Pointe-à-Pitre, der einzigen halbwegs urbanen Ortschaft, unbesorgt durch die Straßen bewegen.
Doch außer dem Tourismus und ein paar Bananenplantagen gab es so gut wie keine einheimische Wirtschaft. Entsprechend lag selbst die offizielle, stark geschönte Arbeitslosenquote bei einem Drittel der erwerbsfähigen Bevölkerung; von den Jugendlichen und jungen Erwachsenen war sogar mehr als jeder Zweite erwerbslos. Folglich erhielt die Insel üppige Transferzahlungen aus Paris und Brüssel. Ab und zu kam es zu kleinen Aufständen, dann wurden die monatlichen Sozialhilfesätze pro Kopf wieder mal um achtzig oder hundert Euro angehoben, und es herrschte erneut Ruhe im Paradies.
Diese Politik einlullender Fürsorglichkeit hatte allem Anschein nach auch mit der kolonialen Vergangenheit zu tun. So unmenschlich die französischen Regenten noch im neunzehnten Jahrhundert die Schwarzen auf der Insel ausgebeutet hatten, so wenig wollten sich ihre heutigen Nachfolger vorwerfen lassen, dass sie die Nachkommen der Sklaven schlecht behandelten. So musste auf Guadeloupe sicher niemand wirtschaftliche Not leiden, doch unter der Oberfläche karibischer Entspanntheit hatte Abel immer deutlicher einen Unterton von Depression und Apathie gespürt. Diese mochten vor allem mit der verbreiteten Beschäftigungs- und Perspektivlosigkeit zu erklären sein, zum Teil aber wohl auch mit dem nachwirkenden Trauma der Sklaverei.
»Versklavung« war für die heutigen Verhältnisse auf der Insel also bestimmt nicht der richtige Ausdruck, sinnierte Abel, aber in einem polemischen Sinn auch nicht ganz falsch. Denn ihm war nicht entgangen, dass die wohlhabende Mittel- und Oberschicht auf Guadeloupe überwiegend europäischer Herkunft war. Da gab es die Staatsbeamten, deren Gehälter sogar weit über denen im kontinentalen Frankreich lagen, da gab es die Besitzer von Sommer- und Altersresidenzen und schließlich die Touristen in den Viersternehotels an den Ka-

ribikstränden: Sie alle mussten über gediegene Einkommen verfügen, denn die Preise für Hotelzimmer, in Supermärkten und Restaurants waren hoch, teilweise deutlich höher als etwa in Berlin. Und die erdrückende Mehrheit dieses oberen Drittels auf der Insel war in einem ethnischen Sinn weiß.
Weiß wie die Besitzer der Plantagen im Kolonialzeitalter, dachte Abel. Er spürte ein Kribbeln in der Magengegend. *Woher kommt dieses plötzliche Interesse bei den Zwillingen? Warum haben sie ihre schwarzen Wurzeln auf der Mutterseite gerade jetzt entdeckt, während sie dabei sind, ihre weißen Wurzeln hier in Deutschland zu erforschen? Gerade deshalb? Oder ist da etwas Einschneidendes vorgefallen, das die beiden derart aufgerüttelt hat? Das ihnen plötzlich das Gefühl vermittelt hat, »Sklaven« zu sein?*
Abel dachte auch am späten Abend noch darüber nach, als die Zwillinge längst oben in den Gästezimmern waren und schliefen. Oder vielleicht an ihrem Krimi-Comic arbeiteten oder mit ihren Freunden zu Hause auf Guadeloupe chatteten, oder was immer sechzehnjährige Teenager um kurz vor Mitternacht anstellen mochten.
»Der Start war etwas holprig, oder?«, sagte Abel, als er mit Lisa auf ihrer Terrasse saß. Mond und Sterne glitzerten in der Dahme, die hinter ihrem schmalen Garten vorbeifloss. »Manchmal hatte ich heute das Gefühl ...«
Er sprach nicht weiter. Das Kajütboot, das sie zusammen mit dem Townhouse von den Vorbesitzern übernommen hatten, schaukelte neben dem Steg im Wasser. Sie kamen viel zu selten dazu, es zu benutzen, aber morgen war eine perfekte Gelegenheit.
»... dass wir schon ziemlich alt sind?«, schlug Lisa vor. »Jedenfalls, wenn wir uns mit den Augen der Kids sehen?«
Abel schaute sie nachdenklich an. »Das auch. Und natürlich ist die Pubertät eine schwierige Phase, und dass sie gerade jetzt ihren Vater kennengelernt haben, macht es für sie bestimmt nicht leichter. Zumal dieser Vater weiß ist und auch

noch aus einer ganz anderen Welt kommt. Trotzdem glaube ich ...«

Er unterbrach sich schon wieder mitten im Satz. Das war sonst nicht seine Art, und es gehörte auch nicht zu den kleinen oder größeren Marotten, die Lisa seit dem letzten Jahr an ihm beobachtete.

»Trotzdem?«, hakte sie mit einer Mischung aus liebevoller Nachsicht und staatsanwaltlicher Routine nach.

»Sie haben irgendetwas erlebt, das ihnen zu schaffen macht«, sagte Abel, »etwas, das an ihrem Selbstwertgefühl rüttelt. Aber was kann das sein?«

»Vielleicht haben sie die Szene von Manons Zeichnung doch wirklich erlebt«, überlegte Lisa.

»Daran habe ich auch schon gedacht. Aber was für ein Vorfall könnte einen solchen Sinneswandel auslösen? Zwei groß gewachsene Weiße bedrohen einen Schwarzen – und daraus schließen sie dann, dass alle Schwarzen immer noch versklavt sind?«

»Na ja, in dem Alter neigt man zur Dramatik«, gab Lisa zu bedenken. »Trotzdem ist das Ganze rätselhaft. Willst du mit Claire darüber reden?«

Abel schüttelte den Kopf. »Das würde wie ein Vertrauensbruch aussehen. Warten wir noch ein paar Tage. Bestimmt erzählen sie uns dann von sich aus, wo sie der Schuh drückt.« Er hatte kein gutes Gefühl, als er das sagte. Ganz im Gegenteil, die Alarmanlage in seinem Innern begann erneut zu schrillen.

☠ ☠ ☠

10

**Berlin, Treptowers, BKA-Einheit »Extremdelikte«,
Besprechungsraum,
Montag, 12. Juli, 07:30 Uhr**

Während Abel und Lisa mit den Zwillingen eine sonntägliche Bootspartie gemacht hatten, die Dahme hinauf bis zum Seddinsee, war das Wochenende für einige Zeitgenossen weit weniger entspannt verlaufen. Und am Ende tödlich. Zur Frühbesprechung in den Katakomben des Treptowers hatte Herzfeld wieder einmal einen beachtlichen Schnellhefter-Stapel vor sich aufgeschichtet. Von dem zuoberst liegenden blassgelben bis zu dem giftig grünen am unteren Ende enthielt jeder einzelne dieser Pappordner menschliche Tragödien. Die Kurzfassung von Verbrechen, durch die Menschenleben abrupt und gewaltsam beendet worden waren.

Herzfeld nahm den blassgelben Schnellhefter vom Stapel und stellte den ersten Fall des Tages vor. Es handelte sich um einen zweiundzwanzigjährigen syrischen Flüchtling, den es erst vor wenigen Wochen aus seiner kriegszerstörten Heimat nach Berlin verschlagen hatte.

»In der U-Bahn ist er gestern in den Fokus von zwei polizeibekannten Schlägern aus der rechtsextremen Szene geraten«, sagte Herzfeld. Die beiden Neonazis beleidigten den Syrer rassistisch, versuchten, auf den sitzenden Mann zu urinieren, und attackierten ihn schließlich mit Schlägen und Tritten, wobei sie auch noch von Mitreisenden angefeuert wurden. Als die Bahn am U-Bahnhof Kurfürstenstraße hielt, ergriff der Syrer die Flucht, die beiden Neonazis rannten hinter ihm her.

»In Todesangst sprintete er die Treppe zur Straßenebene hoch und rannte auf die stark befahrene Kurfürstenstraße, ohne auf den Verkehr zu achten«, referierte Herzfeld weiter.

»Er lief geradewegs in den Tod. Der Fahrer des Mercedes Sprinter hatte keine Chance, rechtzeitig zu bremsen, und überrollte den Syrer mit seinem Dreitonner. Da die Tat offensichtlich durch Fremdenhass motiviert ist und die beiden Neonazis wegen anderer rassistisch motivierter Straftaten vorbestraft sind, hat der Staatsschutz die Ermittlungen übernommen.« Was automatisch dazu führte, dass die Rechtsmediziner der »Extremdelikte« mit der Obduktion betraut wurden.

Mit sonorer Stimme fasste Herzfeld die entscheidenden Fakten und Fragestellungen zusammen, doch Abel war nicht ganz bei der Sache. Letzte Nacht war er aus einem Alptraum aufgeschreckt, der ihn seit dem Mordanschlag in diversen Variationen immer wieder heimgesucht hatte. Im Wesentlichen bestanden diese Träume aus Bruchstücken der Ereignisse, die damals tatsächlich geschehen waren. Mit dem Unterschied allerdings, dass die Angreifer wie im Zeitraffer auf Abel einschlugen, während er selbst sich nur in Superzeitlupe bewegen konnte.

Anfangs hatte er gehofft, dass ihm sein Unterbewusstsein einen Hinweis auf die Identität der Schläger senden würde, aber ihre Gesichter waren auch im Traum immer im Dunkeln geblieben. Während der Psycho-Sitzungen in der Reha hatte ihn Dr. Kalden ein ums andere Mal aufgefordert, seinen Assoziationen zu dem Alptraum freien Lauf zu lassen. Nach Abels Ansicht war die Botschaft dieser nächtlichen Horrorphantasien jedoch simpel und unmissverständlich: Solange er sich im Schlaf wieder und wieder als wehrloses Opfer erlebte, war seine Psyche noch damit beschäftigt, das Trauma zu verarbeiten. Ende der Assoziationen. Auch wenn Kalden mit dieser Interpretation nicht zufrieden schien.

Seit Guadeloupe war Abel nur noch selten von dem Alptraum heimgesucht worden. Er hatte es als Zeichen dafür gewertet, dass er auf einem guten Weg und auch psychisch weitgehend wiederhergestellt war. Doch letzte Nacht war der ganze Schrecken plötzlich wieder da. Während Abel im Schneckentempo auf allen vieren wegzukriechen versuchte, schlugen die beiden Killer wie entfesselt auf ihn ein. Dabei redeten sie auf Russisch miteinander, gleichfalls rasend schnell, und als Abel zu ihnen emporschaute, konnte er plötzlich ihre Gesichter sehen.

Mit einem Schrei war er aus dem Schlaf geschreckt. Seine Haare, sein Gesicht, seine Brust schweißnass. Lisa hatte ihn in die Arme genommen, und sein Herz hatte so schnell geklopft wie damals, nachdem der zweite Schlag auf seinen Schädel gekracht war. »Ich habe sie gesehen«, hatte er gemurmelt. Und dann war es ihm wie Schuppen von den Augen gefallen. »Was für ein Durcheinander«, hatte Abel mehr zu sich selbst als zu Lisa gesagt. »Sie haben ausgesehen wie die Typen auf Manons Zeichnung!«

Schließlich war er wieder weggedämmert, doch der eindringliche Traum wirkte immer noch nach. Im Einschlafen hatte er allen Ernstes darüber nachgedacht, ob es irgendeine logische Verbindung zwischen beiden Ereignissen geben konnte. Natürlich konnten die Schläger, die ihn überfallen hatten, nicht ein Jahr später in Guadeloupe wiederauferstanden sein, um vor den Augen der Zwillinge einen bedauernswerten Schwarzen zu drangsalieren. Aber vielleicht wollte ihn sein Unterbewusstsein auf irgendeinen versteckten Zusammenhang hinweisen? Abel hatte sich den Kopf zermartert, ohne jedes Ergebnis.

Der Traum hing ihm immer noch nach, er sah die Gesichter der Angreifer vor sich, während sie ihre Baseballschläger schwangen.

☠ ☠ ☠

»Kommen wir zum traurigen Höhepunkt des Tages«, sagte Herzfeld und zog den giftgrünen Schnellhefter zu sich heran. »Allem Anschein nach hat der Darkroom-Killer wieder zu-

geschlagen. Das wäre dann sein sechstes Opfer, jedenfalls soweit derzeit bekannt. Und nachdem wir alle hier mit einer Ausnahme uns schon die Zähne an diesem Serientäter ausgebissen haben, schlage ich vor, dass du, Fred, Opfer Nummer sechs obduzierst. Vielleicht findest du ja den bahnbrechenden Hinweis, den wir bisher übersehen haben.«
Abel hatte mit einem Ohr zugehört, auch wenn er mit seinen Gedanken weit weg gewesen war. »Der Darkroom-Killer?«, wiederholte er. »Das klingt, als hätte es der Täter auf Seite eins geschafft. Ich muss allerdings zugeben, dass ich im zurückliegenden Jahr nur selten eine deutsche Boulevardzeitung zu sehen bekommen habe.«
»Das macht überhaupt nichts. Am besten führst du die Obduktion zusammen mit Frau Yao durch.« Herzfeld sah die Deutschchinesin fragend an, und sie stimmte mit fast unmerklichem Nicken zu. »Und hier im Ordner«, fuhr Herzfeld fort, »findest du wie gewohnt alle erforderlichen Informationen. Die ganze Geschichte in Kurzform.«
Er schlug den vor ihm liegenden Schnellhefter auf und überflog die ersten Seiten. »Es handelt sich um einen noch nicht identifizierten Mann, Nord- oder Mitteleuropäer, Alter schätzungsweise Mitte zwanzig. Mutmaßlich das sechste Opfer des Darkroom-Killers, wie gesagt.« Herzfeld referierte die Faktenlage, während er weiter in dem Schnellhefter blätterte. »Der Clubbetreiber hat den Toten heute früh um fünf aufgefunden, als er sein Etablissement namens ›Pete's Bar‹ schließen wollte. Er hat im Darkroom Licht gemacht, um sich zu vergewissern, dass wirklich alle gegangen waren. Laut seiner Aussage, ich zitiere, *lag der Junge auf der Seite, als ob er schlafen würde. Aber als ich ihn an der Schulter gepackt habe und schütteln wollte, war der Knabe kalt und starr wie Stein.*«
Er warf Murau einen fragenden Blick zu, doch der schüttelte den Kopf. Die Metapher schien dem sprachgewaltigen Assistenzarzt nicht sonderlich zu imponieren.

Herzfeld zuckte mit den Schultern und referierte weiter.

Die Fahndung nach dem Darkroom-Killer wurde von Hauptkommissar Nils Herold vom Berliner Landeskriminalamt geleitet. Der neunundvierzigjährige Beamte und sein Team von der Soko »Dunkelkammer« suchten seit Monaten mit Hochdruck nach dem Serientäter, dessen Opfer durchweg junge Männer aus der Homosexuellenszene waren. Über einschlägige Internetportale verabredete sich der Täter mit ihnen zu erotischen Rendezvous in Berliner Schwulenclubs, die mit sogenannten Darkrooms ausgestattet waren.

»Dabei handelt es sich um verdunkelte Räumlichkeiten für anonyme Sextreffen, deren Möblierung im Wesentlichen aus Matratzen besteht«, las Herzfeld vor. *»Nach Betreten des Clubs legen die Gäste ihre komplette Kleidung ab und verstauen diese mitsamt Wertsachen in einem Schließfach, bevor sie sich in den Darkroom begeben. Nach den bisherigen Ermittlungsergebnissen trifft sich der Täter vorher mit seinen potenziellen Opfern im Barbereich, wo er ihnen unbemerkt eine hohe Dosis Gamma-Hydroxybuttersäure – auch bekannt als Liquid Ecstasy, die derzeit verbreitetste Form von K.-o.-Tropfen – in den Drink mischt. Anschließend begibt er sich mit ihnen in den Darkroom, wo die Opfer innerhalb kurzer Zeit völlig neben sich stehen und schließlich das Bewusstsein verlieren.*

Zu sexuellen Kontakten zwischen Täter und Opfer ist es in den bisherigen Fällen anscheinend nicht gekommen. Jedenfalls spricht die Spurenlage in keinem der bislang bekannt gewordenen Fälle für eine solche Annahme. Der Täter nimmt dem Opfer den in der Regel am Hand- oder Fußgelenk getragenen Schließfachschlüssel ab und kehrt in den Umkleidebereich zurück, wo er die Wertsachen des Geschädigten aus dessen Spind entwendet und sich wieder ankleidet, um den Club zu verlassen. Alle fünf bisherigen Opfer erlitten lebensgefährliche Vergiftungen. Drei von ihnen konnten durch sofortige intensivmedizinische Maßnahmen noch gerettet wer-

den; für die beiden anderen kam jede Hilfe zu spät, da ihre leblosen Körper erst am Folgetag von Reinigungskräften entdeckt worden sind.«
Herzfeld klappte den Schnellhefter zu und schob ihn zu Abel herüber. »Dr. Murau war heute früh am Tatort und wird uns nun über die Auffindesituation informieren. Bitte.«
Er nickte Murau zu. Der Assistenzarzt rieb sich über den Spitzbauch und begann mit weichem Wiener Singsang zu sprechen.
»Der Darkroom ist im Keller unter der Bar und zirka vierzig Quadratmeter groß. Kahle Wände, aber Bilder würde im Dunkeln eh keiner sehen. Und die Herrschaften sind ja sowieso nur zugegen, um ihren Nächsten zu lieben, wer es auch sei.«
Er fischte einige DIN-A4-Fotografien aus einer vor ihm liegenden Plastikfolie und reichte sie herum. »Die Matratzen sind mit abwaschbaren Überzügen versehen, nicht besonders stilvoll, aber notwendig. Weil nämlich im Darkroom jeder Quadratzentimeter akkurat bespritzt ist. Sperma, wohin Sie schauen. Und treten. Und greifen.«
Er verzog das Gesicht. »Ich schrecke bekanntlich vor keinen Ausflüssen der Lebenden wie der Toten zurück, seien sie geistiger oder körperlicher Natur. Aber das war wirklich grenzwertig. Haben Sie als Kinder auch Schneckenrennen veranstaltet?« Er sah fragend in die Runde, und alle schauten überrascht zurück. »Unsere Rennstrecke war anschließend ähnlich mit Glibber verschmiert.«
Sabine Yao atmete mit scharfem Zischgeräusch durch die Zähne ein. Ihr Gesicht glich noch mehr als gewöhnlich einer fein modellierten Porzellanmaske.
»Sie übertreiben wieder maßlos!«, raunzte Scherz den Assistenzarzt an. »So viel Sperma können doch ein paar ...«
»Und ob die das können, Herr Kollege«, gab Murau mit seinem boshaftesten Lächeln zurück. »Natürlich einschließlich Prostatasekret. Wenn ich auch noch die Absonderungen von

Blut, Schweiß und Kot in Pete's Darkroom mitrechnen würde, könnten die Rennschnecken aus meiner Kindheit endgültig einpacken. Ihre vermutlich erst recht.«
Er holte weitere Farbfotografien hervor und legte sie vor Scherz wie großformatige Puzzlestücke auf den Tisch. Der Oberarzt besah sich die Bilder mit gerunzelter Stirn und atmete schnaubend aus und ein.
»Blödsinn!«, befand er und verschränkte die Arme über dem enormen Bauch. Ob sich sein Urteil auf das Treiben im Darkroom oder auf Muraus Kindheitsanekdote bezog, blieb unklar.
»Auf dem Rücken des Toten konnte ich gleichfalls Spuren von getrocknetem Sperma sichern«, fuhr Murau fort. Er verteilte weitere Fotografien. »Vermutlich handelt es sich aber nicht um Absonderungen des Täters – der hat sich ja zumindest bisher nur für die Wertsachen seiner Opfer interessiert. Und nicht für …«
Sabine Yao atmete erneut durch die Zähne ein und sah Murau durchdringend an.
»… ihre inneren Werte«, vollendete Murau seinen Satz mit gespitzten Lippen. »Unser Täter nutzt die Szenerie dieser Clubs nur geschickt aus, um seine Opfer außer Gefecht zu setzen und auszurauben. Ob sie dabei zu Tode kommen oder überleben, scheint ihm ziemlich egal zu sein. Auch hält er sich wohl immer nur wenige Minuten im Darkroom auf. Sobald sein Opfer kollabiert ist und er den Spindschlüssel hat, verschwindet er wieder.«
Er lehnte sich zurück und massierte sich die Schläfen, ein sicheres Zeichen, dass er gleich Verse rezitieren würde. Scherz machte ein Gesicht, als wollte er sich am liebsten die Ohren zuhalten. Aber Murau schloss seinerseits die Augen und sprach mit beseeltem Timbre:
»Wir liefen im Mondschein die Straße hinunter / Und blieben stehen vor dem Hurenhaus. // Wie groteske Figuren, seltsam starr, / In phantastischen Arabesken, / Huschten Schatten

über den Vorhang. // Zu meiner Liebsten gewandt, sagte ich dann: / »Die Toten tanzen mit den Toten, / Der Staub wirbelt mit dem Staub.« // Doch sie – sie hörte den Geigenklang / Und ging von mir und trat ins Haus: / Die Liebe schritt ins Haus der Lust.«
Murau öffnete die Augen und fügte mit seiner gewöhnlichen Stimme hinzu: »*Das Hurenhaus* von Oscar Wilde.«
Herzfeld deutete Applaus an. Abel klopfte mit den Fingerknöcheln auf den Tisch. Selbst Sabine Yao nickte Murau mit einem angedeuteten Lächeln zu.
»Die Liebste aus der Schmonzette passt nicht«, wandte Scherz gewohnt feinfühlig ein. »Die würde in Ihrem Schwulenclub nicht mal am Türsteher vorbeikommen.«
Murau kräuselte die Lippen zu einem spöttischen Lächeln. »Zweimal falsch, Herr Kollege. ›Pete's Bar‹ ist laut Selbstdarstellung auf der Website eine ›heterofreundliche Lounge‹. Und Oscar Wilde hat seine homosexuelle Präferenz bekanntlich nur deshalb in heteroromantischen Versen versteckt, weil auf die sogenannte Sodomie, wie man das zu seiner Zeit nannte, Kerkerhaft stand.«
Scherz gab ein empörtes Schnauben von sich.
»Machen Sie sich nichts draus«, tröstete ihn Herzfeld, »das war auch für mich neu – und das gilt nicht nur für die Wortschöpfung ›heteroromantisch‹. Aber eine Anekdote kann ich zum Thema Darkroom auch noch beisteuern.«
Er schob sein Smartphone in die rechte Innentasche seines maßgeschneiderten Jacketts. Offenbar bestand sein Abgang unmittelbar bevor – ein weiteres Meeting im Auswärtigen Amt, wie er zu Beginn der Frühbesprechung erklärt hatte. Worum es bei dem Meeting ging, konnte sich Abel mühelos zusammenreimen. Der islamistische Terror entwickelte sich mehr und mehr zu einem globalen Alptraum, der die verschiedensten Behörden der Bundesregierung mehr und mehr in Beschlag nahm.
»Vor gut zehn Jahren hatte ich auch mal ein Darkroom-Op-

fer auf dem Tisch«, sagte Herzfeld. »Am Ende der Nacht, als es im Darkroom nicht mehr *dark,* sondern das Licht an war, hing auf einer Liebesschaukel noch ein einsamer junger Mann, mit blauem Gesicht und mausetot. Er war von den Ketten stranguliert worden, an denen die Schaukel aufgehängt war. Das war aber damals kein Tötungsdelikt, sondern sozusagen in der Hitze des Gefechts passiert. Er hatte sich für seinen Lover in die Liebesschaukel gesetzt, und dann ging es wohl etwas zu heftig zu. Dabei ist er mit dem Hals zwischen die ineinander gedrehten Ketten geraten, aber da im Darkroom Dutzende Männer orgiastisch stöhnten, fiel das weit weniger lustvolle Stöhnen des Sterbenden niemandem auf. Ob der noch warme Körper auch nach Eintritt des Todes noch penetriert worden war, ließ sich abschließend nicht mehr klären.«

Zum dritten Mal an diesem Morgen atmete Sabine Yao durch die Zähne ein. Mit scharfem Zischgeräusch, doch weitgehend ohne ihre Gesichtsmuskeln zu bewegen.

☠ ☠ ☠

Drei Stunden darauf zog Abel im Sektionssaal seine Handschuhe wieder aus, und Sabine Yao folgte seinem Beispiel.

»Das gleiche Muster wie bei den anderen Opfern des Darkroom-Killers«, fasste die Deutschchinesin das Ergebnis ihrer Obduktion zusammen. Das Opfer war Mitte zwanzig und männlich. Es wies keine Abwehrverletzungen und auch keine frischen oder älteren Injektionsstellen auf.

Abel nickte. Noch vor der eigentlichen Obduktion hatte er die Brustwand des Toten punktiert und eine Herzblutprobe für das *General Unknown Screening* genommen, die standardmäßige Suchanalyse ohne genauen Anfangsverdacht. Mittlerweile lagen die ersten toxikologischen Daten vor, und auch sie enthielten keine Überraschung. »Peaks im Chro-

matogramm, die auf Gamma-Hydroxybuttersäure hindeuten«, sagte Yao. »Also wieder K.-o.-Tropfen.«
»Das sehe ich genauso, Frau Yao«, sagte Abel. »Das Beuteschema, der Tatort, der Modus Operandi und das vorläufige Tox-Ergebnis: Alles deutet auf den Darkroom-Killer hin. Hat man die Kleidung des Opfers aus dem Schließfach schon untersucht?«
Sabine Yao nickte. »Lederjacke, Stiefel, Jeans – alles Markenware. Laut den Kollegen von der Kriminaltechnik auch in diesem Fall ohne verwertbare DNA- oder Faserspuren, die vom Täter stammen könnten.«
Das passte ebenfalls zum Modus Operandi des Darkroom-Killers beziehungsweise zu den Details der Täterhandschrift, die Abel der Fallakte entnommen hatte. Der Täter verabredete sich grundsätzlich nur mit wohlhabenden jungen Männern, da er es auf ihr Bargeld und ihre Kreditkarten abgesehen hatte. Und wenn er die Kleidung seiner Opfer durchsuchte, trug er offenbar Handschuhe.
Sabine Yao strich sich eine imaginäre Strähne aus der Stirn. Ihre Frisur saß stets so akkurat wie mit der Tuschefeder gezeichnet. »Blut- und Gewebeasservate habe ich schon ins Labor hochgeschickt«, fügte sie hinzu.
Sie wollte sich abwenden, um im Umkleidebereich ihre Arbeitsmontur loszuwerden, doch Abel hielt sie zurück. »Ein wichtiger Punkt noch. Weisen Sie den zuständigen Kollegen im Labor bitte darauf hin, dass er das Blut des Opfers auch auf mögliche Zusatzstoffe testen lassen soll. Liquid Ecstasy schmeckt ja ziemlich unangenehm. Da der Täter das Zeug in hoher Dosierung oral verabreicht, muss er etwas dazugemischt haben, das den seifigen Geschmack abmildert.«
Die Idee war ihm gerade eben gekommen. Bei den üblichen toxikologischen Untersuchungen im BKA-eigenen Labor wurden die Asservate nicht auf Geschmacksverstärker und ähnliche ungefährliche Zusatzstoffe getestet. Eine solche Untersuchung war aufwendig und konnte nur in einem La-

bor für Lebensmittelchemie durchgeführt werden. Das verursachte Zusatzkosten, weshalb sie bloß in begründeten Ausnahmefällen auf diese Möglichkeit zurückgriffen. Aber falls der Darkroom-Killer jedes Mal die gleiche Substanz verwendet hatte, um den unangenehmen Eigengeschmack von Gamma-Hydroxybuttersäure zu verdecken, konnte dieses Indiz für die Fahndung nach dem Täter und für seine Überführung von ausschlaggebender Bedeutung sein.
»Super Idee.« Sabine Yao machte ein – für ihre Verhältnisse – überraschtes Gesicht. Ihre Augen sahen für einen Moment fast rund aus. Da sie fast vierzig Zentimeter kleiner war als Abel, musste sie den Kopf weit zurücklegen, um ihn anzusehen.

☠ ☠ ☠

11

Berlin-Mitte, Bistro »Chaud et Froid«,
Montag, 12. Juli, 17:37 Uhr

Nach Dienstschluss traf sich Abel mit den Zwillingen im »Chaud et Froid«. Manon und Noah hatten das französische Bistro, dessen Name übersetzt »Heiß und kalt« bedeutete, in der angesagten Torstraße entdeckt, nachdem sie viele Stunden lang durch Berlin gestreift waren. Sie hatten Abel über WhatsApp eine Nachricht geschickt, und er war froh, dass sie wohlauf waren.
Als er das Lokal betrat, saßen die beiden an einem Tisch neben der Theke, in ein Gespräch mit der Kellnerin vertieft. Die Tischdecken hatten ein rot-weißes Würfelmuster, an den Wänden hingen Schwarzweißfotos von Alain Delon, Jean-Paul Belmondo und Brigitte Bardot. Der nostalgische Pariser

Stil war mehr als nur Dekoration, auch die Bedienung war offenbar eine waschechte Französin, und die Zwillinge fühlten sich sichtlich wohl. Vor ihnen standen große Eisbecher, die sie bereits weitgehend ausgelöffelt hatten.
Abel trat an ihren Tisch und wurde ausgelassen begrüßt.
»Das ist Monique«, stellte Manon die Kellnerin vor. Sie war Mitte vierzig, hatte schulterlanges braunes Haar und eine mütterliche Ausstrahlung.
»Und das ist unser Vater«, fügte Noah mit schelmischem Grinsen hinzu. »Wenn er nicht gerade Verbrecher fängt oder ihre Opfer aufschneidet, ist er eigentlich ganz ansprechbar.«
Mon Dieu!«, rief Monique. Doch ihr Entsetzen war gespielt. Offenbar hatten die Zwillinge ihr schon von Abels ungewöhnlicher Profession erzählt. »Ich fange höchstens mal Kunden ein, die vergessen haben, zu bezahlen«, fügte sie hinzu. »Und das Einzige, was ich hier aufschneide, ist Quiche Lorraine.«
Noah und Manon brachen in prustendes Lachen aus, und Abel ließ sich von ihrer guten Laune anstecken. Er war erleichtert, dass sie ihre kämpferische Verkleidung wieder eingemottet hatten und auf das Thema »Sklaverei« nicht mehr zurückgekommen waren. Als die Kids gestern verkündet hatten, dass sie in den nächsten Tagen allein die Stadt erkunden wollten, hatte Abel sich erneut Sorgen um sie gemacht, doch auch diese Ängste waren offenbar unbegründet gewesen.
Vater sein erfordert eben auch Übung, sagte sich Abel. Manon und Noah waren nun mal in der Pubertät, also musste er auf bizarre Launen gefasst sein, die so überraschend wie Sommergewitter aufzogen und genauso schnell wieder verflogen.
Mit ihren sechzehn Jahren konnten die Zwillinge aber auch schon gut auf sich selbst aufpassen. *Also entspann dich endlich,* ermahnte sich Abel, *und genieße es einfach.*
Er setzte sich zu seinen Kindern an den Tisch und bestellte

bei Monique eine Cola zero. »Was habt ihr heute alles erlebt?«, fragte er.

Sie erzählten Abel von den Straßenmusikern auf dem Alexanderplatz. Dort hatten sie auch zwei neunzehnjährige Franzosen kennengelernt, die ein ganzes Jahr lang auf Weltreise gewesen und gerade auf dem Heimweg nach Marseille waren. Offenbar hatten sie auf dem Alex stundenlang mit den beiden Globetrottern und anderen Jugendlichen abgehangen und nicht im mindesten mitbekommen, dass sie sich genau dort befanden, wo tagein, tagaus mehr Verbrechen verübt wurden als an jedem anderen Ort in Berlin. Oder sogar in ganz Mitteleuropa. Nicht nur Taschendiebstähle, sondern auch Raubüberfälle, Vergewaltigungen und Tötungsdelikte, nicht zuletzt mit fremdenfeindlichem Hintergrund.

Doch Abel erwähnte nichts davon, während er mit seinen Kindern im »Chaud et Froid« beisammensaß. Gestern Nachmittag, als sie am Seddinsee in der Sonne gelegen hatten, war er darauf zu sprechen gekommen, dass es in Berlin einige Ecken gab, von denen man sich besser fernhielt. »Wir wissen Bescheid, Papa«, hatte Manon ihn abgewimmelt und auf ihr pinkfarbenes iPhone gezeigt, das Abel ihr zum sechzehnten Geburtstag geschenkt hatte. »Wir haben alles gecheckt, was es an Infos über Berlin gibt. Angesagte Locations, No-go-Areas und so weiter.«

Abel war sich da nicht so sicher, aber er verkniff sich jede Besserwisserei. Stattdessen schlug er vor, wie geplant zum »Gasthaus Schupke« im Berliner Norden zu fahren, wo sie sich mit Lisa zum Abendessen treffen wollten. Er war einfach nur froh, dass seine Kinder bei ihm waren. Und dass sie sich wieder so ungezwungen verhielten wie bei seinem und Lisas Besuch auf Guadeloupe.

☠ ☠ ☠

Abel hatte einen Parkplatz schräg gegenüber dem Bistro ergattert. Als er beim Ausparken in den Seitenspiegel schaute, fiel ihm der schwarze Toyota Kleinbus auf, der zwei Autos hinter ihm vor einer Einfahrt stand.
Genauso einen Wagen hatten die beiden Schläger letztes Jahr.
Aus der Obduktionsakte kannte er mittlerweile auch ihre Namen, Miron Pitchov und Osip Garganov, aber er zog es vor, sie in Gedanken weiterhin *die beiden Schläger* zu nennen.
Er fuhr an, und der Kleinbus folgte ihm in einigem Abstand. Abel verrenkte sich fast den Hals bei dem Versuch, die Gesichter der beiden Männer auf den Vordersitzen zu erkennen. Aber sie blieben auf Distanz, und nachdem sie ihm auf der B 96 einige Kilometer in Richtung Norden gefolgt waren, fuhr der Toyota geradeaus weiter auf die Lindauer Allee, während Abel die scharfe Rechtsbiegung der Bundesstraße nahm.
Wurde er von Profis beschattet und war gerade eben Zeuge ihres Schichtwechsels geworden? Im Rückspiegel musterte er die Autos hinter ihm. Saß die Wachablösung in dem rostigen alten Golf oder vielleicht in der nagelneuen C-Klasse? Oder hatte Lisa recht, und er entwickelte mehr und mehr einen Verfolgungswahn? Sein Alptraum von letzter Nacht ließ eigentlich nur den Schluss zu, dass er mental doch noch nicht ganz wiederhergestellt war. Und dass folglich alles Verdächtige, das er zu beobachten glaubte, Hirngespinste waren.
Es ärgerte ihn, dass er sich auf sein Bauchgefühl offenbar nicht mehr verlassen konnte, und es machte ihn noch unruhiger. *Vielleicht sollte ich mit Moewig reden, damit er die Kids unauffällig im Auge behält?*
Lars Moewig war sein Kumpel aus weit zurückliegenden Bundeswehrzeiten. Als Zeitsoldaten hatten sie beide bei den Fernspähern gedient, einer Spezialeinheit in der Ära des Kalten Krieges. Letztes Jahr war Moewig in Verdacht geraten,

der Miles-&-More-Killer zu sein, ein psychopathischer Serienmörder, der wochenlang eine blutige Spur durch halb Europa zog. Abel hatte entscheidend dazu beigetragen, dass der wahre Täter gefasst werden konnte, und so war Moewig gerade noch rechtzeitig aus der U-Haft freigekommen, um sich von Lilly zu verabschieden, seiner zwölfjährigen Tochter, die an Leukämie erkrankt war und im Sterben lag.
Während Abels quälend langer Reha-Zeit war Moewig mit seinem rostigen Lada Niva mindestens zweimal pro Woche nach Rheinsberg gekommen und hatte ihn durch diverse mentale Tiefs gelotst. Mit Abstürzen aller Art – realen, psychischen und sozialen – kannte sich Moewig bestens aus. Er war im Berliner Wedding geboren und dort in ärmlichen, bildungsfernen Verhältnissen aufgewachsen. Er hatte eine weiße Mutter, einen deutschen Pass und schwarze Haut. Nach dem Wehrdienst hatte er sich als Berufssoldat bei der Bundeswehr verpflichtet und war unter anderem im afghanischen Kunduz im Einsatz gewesen. Was er dort miterleben musste, hatte er nie richtig verkraftet. Nach seiner Rückkehr in die Heimat war er durch unmäßigen Alkoholkonsum und Kneipenschlägereien auffällig geworden, die für seine Kontrahenten regelmäßig im Krankenhaus endeten, denn Moewig war ein Muskelpaket, beherrschte diverse Nahkampftechniken und rastete im Alkoholrausch immer öfter vollständig aus. Die Folge war seine unehrenhafte Entlassung bei der Bundeswehr. Er war immer schon ein Einzelgänger gewesen; die Beziehung mit Lillys Mutter war bereits beendet, bevor das Kind zur Welt gekommen war. Nachdem er aus der Bundeswehr entlassen worden war, hatte er sich als Fremdenlegionär, Söldner und Security-Spezialist in Nahost durchgeschlagen. Mit Lillys Tod hatte er alles verloren, was ihm im Leben bis dahin wichtig gewesen war.
Trotz aller persönlichen und sozialen Unterschiede waren sich Abel und Moewig im Lauf des letzten Jahres wieder nähergekommen. Abel hatte viel riskiert, damit sein alter Kum-

pel von dem Mordverdacht reingewaschen wurde, und Moewig war ihm grenzenlos dankbar dafür. Er brannte darauf, sich zu revanchieren.

Trotzdem beschloss Abel, ihn nicht einzuschalten. *Wenn die Zwillinge mitbekommen, dass ich sie heimlich bewachen lasse, sind sie bestimmt stinksauer,* dachte er. *Und Lisa würde mich endgültig für übergeschnappt halten.*

»Ist was nicht in Ordnung?«, fragte Noah auf dem Beifahrersitz. Er streifte die Bose-Kopfhörer ab, Abels Geschenk zu seinem letzten Geburtstag. »Ich meine nur, weil du andauernd in den Rückspiegel schaust?«

Gute Beobachtungsgabe, dachte Abel. Ehe ihm eine harmlose Antwort eingefallen war, beugte sich Noah zu ihm herüber und setzte ihm die Kopfhörer auf.

Markerschütternd hämmerten die Beats in Abels Gehörgängen. Er schaute erschrocken zu Noah und wollte ihn fragen, was das sollte, doch da donnerte ihm schon die Antwort in den Ohren: »*Never give up!*«

Das musste Tiwony, der »Root Rebel«, sein. Abel überließ sich den jagenden Rhythmen und der jungen Stimme, die vor Energie vibrierte: »*Never give up, you've got a choice.*« Er beschloss, den Rap-artigen Sprechgesang von der positiven Seite zu sehen. Zumindest schien Tiwony seine Fans nicht geradewegs zum gewaltsamen Umsturz aufzurufen.

☠ ☠ ☠

12

**Berlin-Wittenau, »Gasthaus Schupke«,
Dienstag, 13. Juli, 19:25 Uhr**

Das »Schupke« war eine rustikale Kneipe mit schattigem Biergarten im Berliner Stadtteil Wittenau. Das umgebaute Bauernhaus beherbergte ein Restaurant im Landhausstil, in der dazugehörigen Scheune traten Jazzbands auf. Als Abel mit den Zwillingen eintraf, saß Lisa schon an einem der Tische unter Linden und Kastanienbäumen, vor sich eine Weißweinschorle. Sie trug ihr stahlgraues Business-Kostüm, in dem sie unnahbar aussah, wenn sie nicht wie gerade jetzt freudig lächelte. Aus dem Scheunentor im Hintergrund drangen gedämpfte Saxophonklänge.
Noch gedämpfter schien mit einem Mal wieder die Stimmung der Zwillinge zu sein. Sie nickten Lisa zu, setzten sich an den Tisch und wühlten in dem Rucksack, den sie gemeinsam benutzten und abwechselnd trugen.
Abel begrüßte Lisa mit einem Kuss, und sie warf ihm einen Blick zu: *Was ist jetzt schon wieder mit den beiden?* Er hob kurz die Augenbrauen, nicht weniger ratlos als sie.
Eben noch waren sie gut drauf, dachte Abel. Ihm dämmerte, dass Tiwonys »Never give up« der Auftakt zu einem grundsätzlicheren Statement der Zwillinge war. Und obwohl er sie am Samstag gefragt hatte, weshalb sie glaubten, wie ihre Vorfahren vor zweihundert Jahren versklavt zu sein, war ihm vor ihrer Antwort ein wenig mulmig. Insgeheim hatte er gehofft, dass das Thema vom Tisch wäre und sie eine unbeschwerte Zeit miteinander verbringen könnten.
Schweigend sahen Abel und Lisa zu, wie Noah im Rucksack stöberte. Er förderte tatsächlich seine Mütze im Root-Rebel-Style zutage, doch er zog sie nicht an, sondern legte sie vor sich auf den Tisch. Den Umrissen nach zu urteilen, enthielt sie einen länglichen Gegenstand, nicht viel größer als

seine geöffnete Hand. Manon wühlte noch eine Weile weiter und zog schließlich ihr Skizzenheft hervor.
Die Zwillinge wechselten einen Blick, dann schaute Noah seinen Vater an.
Er sah ernst und konzentriert aus, auf eine Weise, die sowohl kindlich als auch erwachsen wirkte. Aber er strahlte nicht mehr diese konfuse Nervosität aus wie bei ihrer Ankunft am Samstag.
»Du hast gefragt, wie ich das meine: dass wir immer noch Sklaven sind«, begann Noah. »Und du wolltest wissen«, wandte er sich an Lisa, »ob das, was Manon gezeichnet hat, wirklich passiert ist oder nur in ihrer Phantasie.«
Wieder warf er seiner Schwester einen Blick zu. »Wir haben im Flieger die ganze Zeit diskutiert, ob wir mit euch darüber reden sollten«, übernahm Manon. »Ob es besser für *maman* ist, wenn wir euch einweihen, und vor allem besser für Pierre. Oder ob es unfair wäre oder wir sie gerade dadurch in Gefahr bringen ...«
»... oder schon in Gefahr gebracht haben«, nahm Noah den Ball wieder auf, »weil Pierre ja weiß, was du für einen Job hast, Papa, und weil er es diesen Typen vielleicht längst gesteckt hat. Und war es nicht einfach feige von uns, abzuhauen und nach Deutschland zu fliegen, nach dem, was vor unseren Augen passiert ist?«
Er verstummte, und diesmal ergriff Manon nicht das Wort. Vielleicht wussten sie beide nicht weiter, oder aus ihrer Sicht war alles Nötige gesagt, obwohl Abel ganz und gar nicht dieser Ansicht war. Doch die Zwillinge schauten ihn nur still und erwartungsvoll an.
»Jetzt noch mal langsam zum Mitdenken«, sagte Abel. Er massierte sich mit den Fäusten die Schläfen. »Habe ich das richtig verstanden, Manon: Der Schwarze auf deiner Zeichnung ist Pierre, der Freund eurer Mutter?«
Manon nickte und schob ihm das aufgeblätterte Skizzenheft über den Tisch. Der Kellner, der sich eben vorgebeugt hatte,

um Speisekarten zu verteilen, kehrte abrupt in die Senkrechte zurück.
Sie hatte ihre Zeichnung fertiggestellt. Abel erkannte den Raum, in dem die drei Männer zusammengetroffen waren, mühelos wieder. Die Rahmen an den Wänden, die er für Fenster gehalten hatte, waren nun mit Gemälden in Claire Borels schwungvollem Stil gefüllt. Davor standen afrokaribische Holzskulpturen auf Sockeln und Podesten. Offenbar hatte das Treffen in Pierre Boucards Galerie in Le Gosier stattgefunden, einem wohlhabenden Vorort von Pointe-à-Pitre. Der schmächtige schwarze Mann, der zu einem der weißen Goliaths aufsah, trug nun die Züge von Pierre. Doch obwohl Manon das rundliche Gesicht mit den großen Augen, der zierlichen Nase und den fleischigen Lippen perfekt getroffen hatte, sah Claires Lebensgefährte auf dem Bild wie ein Schatten seiner selbst aus.
Auf Guadeloupe hatten sie Pierre nie anders als mit einem Lächeln in Mund- und Augenwinkeln gesehen. Abel hatte ihn als lebenslustigen Bohemien abgespeichert, bei dem es immer etwas zu lachen und zu jeder Tages- und Nachtzeit selbstgemixte Cocktails zu trinken gab. Mit viel frisch gepresstem Fruchtsaft und kaum weniger fassgereiftem Rum.
Doch dem Pierre auf Manons Zeichnung schien das Lächeln gründlich vergangen zu sein. Er sah verängstigt und unterwürfig aus. *Wie ein Sklave, der zu seinem Master aufschaut*, dachte Abel.
»Und ihr habt genau diese Szene hier beobachtet?«, fragte er.
Diesmal nickte Noah. Der Kellner stapelte die Speisekarten an den Tischrand und fragte mit resigniertem Unterton, was die Herrschaften zu trinken wünschten.
»Wir brauchen noch einen Moment«, sagte Abel.
Lisa zog das Skizzenheft zu sich heran und studierte die Zeichnung. »Gibt es noch mehr davon?«, fragte sie.
Manon nickte zögernd. Lisa blätterte weiter und schnappte nach Luft. Auf einer Doppelseite hatte Manon eine turbulen-

te Marktszene gezeichnet. Abel und sie erkannten alles wieder, so realitätsgetreu war die Szenerie ausgeführt. Die Buden der Fischhändler am Hafen in Pointe-à-Pitre, mit Wannen voll kleinerer Fische zwischen glitzernden Eisbrocken. Die verwegen aussehenden Männer mit Zahnlücken und blutbefleckten Hemden, die Brassen und Barsche blitzschnell ausweideten und zerteilten. Auf dem schmalen Gehsteig vor den Buden drängten sich Käufer und Schaulustige, weiße Touristen und dunkelhäutige Insulaner, und wiederum musste man zweimal hinsehen, um die makabre Pointe mitzubekommen: Alle Schwarzen auf Manons Zeichnung, egal ob sie in feinen Zwirn oder in bunte Lumpen gekleidet waren, trugen Fesseln an den Knöcheln. Fußeisen, wie ihre versklavten Vorfahren sie tragen mussten. Die Fesseln waren durchsichtig und schienen fast zu schweben, so dass man sie auf den ersten Blick kaum bemerkte. Doch gleichzeitig sahen sie unzerstörbar aus.

»Das ist herausragend«, sagte Lisa. Sie kannte sich mit Kunst mehr als nur ein wenig aus, und Abel sah ihr an, dass sie zutiefst beeindruckt war. »Die Fußeisen symbolisieren das Erbe des Sklavenzeitalters, das man leicht übersehen, von dem man sich aber nicht so leicht befreien kann – habe ich recht?« Manon nickte, ihre Wangen glühten. »Du hast eine große Zukunft vor dir, Mädchen«, fuhr Lisa fort, »ist dir das eigentlich klar?«

Hoffentlich so groß wie der Eindruck, den der Vorfall in Pierres Galerie auf sie gemacht hat, dachte Abel, während er zu der entsprechenden Zeichnung zurückblätterte. Er war stolz auf seine talentierte Tochter, vor allem aber war er beunruhigt. *Was hat sich da in der Galerie abgespielt?*

»Jetzt mal der Reihe nach«, sagte er. »Wir bestellen, und dann erzählt ihr uns, was genau ihr da beobachtet habt.«

13

**Le Gosier, Guadeloupe, »Galerie Boucard«,
Donnerstag, 8. Juli, 16:15 Uhr**

Und Manon erzählte. Noah und sie hatten den Tag am Meer verbracht, am Strand von Le Gosier, wo es eine kleine Tauch- und Surfschule gab. Youma, ein Fußballkumpel von Noah, jobbte dort in den Ferien, und sie hatten gehofft, dass sie zusammen mit ihm surfen konnten. Dann war aber alles voller Touristen, reiche Macker aus Avignon und Paris, die Youma hier- und dorthin kommandierten und sämtliche Surfboards in Beschlag nahmen.

Stattdessen schwammen und tauchten sie ausgiebig im kristallklaren Wasser, dann legten sie sich in den Sand und tüftelten wie seit Tagen an ihrem Krimi-Comic herum. Manon zeichnete Seite um Seite in ihrem Skizzenheft voll, Noah kritzelte Einfälle auf lose Blätter. Beide sprudelten über vor filmreifen Ideen. Ob Verfolgungsjagden mit Muscle Cars, Heckenschützen in stillgelegten Fabriken oder explodierende Feuerwerkdepots, in ihrem Comic würde es ordentlich krachen. Doch was ihnen fehlte, war ein Plot, der den wilden Szenen Zusammenhang und einen Anschein von Notwendigkeit verlieh.

Sie lagen in der prallen Sonne, allmählich wurde es sogar ihnen zu heiß. Einen Platz unter den Palmen zu ergattern, war aussichtslos. Dort lagen einheimische Familien und mehlweiße oder krebsrote Touristen so dicht gedrängt nebeneinander, dass man keinen Fuß dazwischen bekam.

So packten sie ihre Sachen schon gegen vier Uhr nachmittags zusammen, viel früher als eigentlich geplant. Sie hatten mit Pierre verabredet, dass sie gegen sieben in der Galerie vorbeikommen würden, die an der Flaniermeile von Le Gosier lag, zwischen dem gigantischen Casinobau und den Viersternehotels. Nun würden sie einfach auf Verdacht bei ihm vorbeischauen, seine Getränkevorräte plündern und sich ein wenig abkühlen. Die Air Condition in seinem Schau- und Verkaufsraum war phänomenal.

Manchmal machte Pierre seinen Laden schon am Nachmittag dicht, wenn die Kunden ausblieben oder wenn er Besseres zu tun hatte – zum Beispiel mit seinen Künstlerfreunden eine Party zu schmeißen oder bei einer Jam-Session mitzuspielen, als Drummer oder am Saxophon. Manon und Noah kamen ganz gut mit ihm zurecht, auch wenn er sich nicht besonders viel um sie kümmerte; oder vielleicht gerade deshalb. Vor ihm hatte Claire einige Liebhaber gehabt, die aus irgendwelchen Gründen glaubten, sich als Ersatzvater der Zwillinge aufspielen zu müssen, und das hatte regelmäßig Stress gegeben. Seit sie zehn oder elf gewesen waren, hatten Noah und Manon ihre Mutter mit der Frage gelöchert, wer ihr Vater sei und wann sie ihn endlich kennenlernen dürften. An Ersatzvätern hatten sie kein Interesse, und weil auch Pierre auf diesem Gebiet keinerlei Ambitionen hatte, kamen sie gut mit ihm aus.

Mit Pierre über Kreuz zu liegen war allerdings auch kaum möglich. Er war immer total relaxt, umgarnte alle und jeden mit seinem Sonnyboy-Charme. Egal wie mies die Stimmung in einem Raum war, wenn Pierre im türkisfarbenen Seidenjackett, mit Bob-Marley-Frisur und unzerstörbar guter Laune dazu kam, fingen alle an zu lächeln.

Normalerweise.

☠ ☠ ☠

Noah erzählte weiter: Manon und er nahmen den Weg durch die Hintertür. Die war vom Strand aus näher als der Eingang zum Laden. Ein bisschen verwundert waren sie schon, weil die Tür nicht verschlossen war wie sonst eigentlich immer. Aber sie dachten sich nichts weiter dabei, sondern beschlossen, ihre Chance zu nutzen. Nachdem sie sich den halben

Tag Krimiszenen ausgedacht hatten, waren sie genau in der richtigen Stimmung. Sie würden sich von hinten heranschleichen und Pierre überrumpeln.

Die Galerie bestand aus einer Flucht von vier Räumen hintereinander. Als Erstes gelangte man in die Abstellkammer, die mit kaputten Bilderrahmen, kopflosen Skulpturen, dreibeinigen Stühlen und sonstigem Gerümpel vollgestellt war. Vorsichtig bahnten sie sich einen Weg, bemüht, keinen Lärm zu machen. Dahinter schloss sich der Lagerraum an, mit Unmengen gerahmter Gemälde, die an den Wänden lehnten, eingerollten Leinwänden in deckenhohen Regalen und Skulpturen aller Größenordnungen, die nebeneinanderstanden wie Bäume im Wald. Durch die verdreckten Oberlichter drang nur wenig trübes Licht herein. Fast hätte Manon einen Totempfahl umgerannt, der wie ein böser Zauber plötzlich im Weg stand, behängt mit Schrumpfköpfen, die sie höhnisch anzustarren schienen.

Den Schrei, der in ihr emporschoss, konnte sie gerade noch hinunterschlucken.

Sie gelangten in den Ess- und Aufenthaltsraum mit der kleinen Küchenzeile linker Hand, in der verheißungsvoll der Kühlschrank brummte. Auf dem Tisch stand eine Kiste voller Holzfiguren, die uralt aussahen. Finster dreinblickende Krieger oder Geister, nicht größer als Noahs geöffnete Hand. Sie mussten Hunderte von Jahren auf dem verschrammten Buckel haben, und sie sahen unheilverkündend aus.

Noah nahm eine der Figuren aus der Kiste und ging auf Zehenspitzen weiter zur nächsten Tür, die zur eigentlichen Galerie führte. Er hatte vor, Pierre irgendwie mit diesem hölzernen Finsterling zu erschrecken, doch dann war es er selbst, der vor Schreck zu atmen vergaß.

Die Tür war angelehnt, und er spähte durch den Spalt zwischen Tür und Rahmen. Ganz dahinten, auf der anderen Seite des saalartigen Verkaufsraums, wurde Pierre von zwei groß gewachsenen weißen Männern bedroht. Sie redeten ge-

dämpft auf ihn ein, Noah konnte nur Satzfetzen verstehen. Aber ihre Körpersprache war nicht zu missdeuten: Sie nahmen Pierre buchstäblich in die Zange. Und Pierre wirkte zutiefst verängstigt. Mit hängenden Schultern stand er da und sah eingeschüchtert zu ihnen auf.
Noah und Manon wagten kaum, Luft zu holen. Die Weißen sahen wie Söldner aus brutalen Hollywoodfilmen aus. Oder wie Geldeintreiber von der Mafia, die sie gleichfalls nur aus Filmen kannten. Aber diese beiden dort waren zweifellos echt. Und stinksauer.
Sie wurden lauter, und Pierre sank noch mehr in sich zusammen. »... dir eben kein Geld leihen dürfen«, verstanden die Zwillinge. »Umsonst ist nicht mal der Tod, jedenfalls nicht für Affen wie dich.« Der Wortführer der beiden hatte eine tiefe Stimme, fast wie ein Bär, und er sprach gebrochenes Englisch mit einem grollenden Akzent. »Du bist unser verdammter Sklave! Wenn du nicht parierst, hacken wir dich in Stücke! Wir verfüttern dein stinkendes schwarzes Fleisch an die Bluthunde, kapiert?«
Sie packten ihn bei den Schultern, und Pierre nickte so heftig, dass es wie ein Krampf aussah.
»Dann hör jetzt verdammt noch mal zu«, sagte der andere Weiße. Es klang wie das Bellen eines wütenden Kampfhundes. »Du bekommst diese bescheuerten Holzpuppen mit allem Drum und Dran von uns geliefert. Wir haben einen Afrikaexperten an den Eiern, der würde uns sogar bescheinigen, dass dein Schwanz eine Schwarze Mamba ist. Der Typ ist Universitätsdozent und mindestens so knapp bei Kasse wie du. Jedenfalls schwört der jeden Meineid, dass der ganze Kram aus einem senegalesischen Kral stammt und nicht von dreckigen Affenpfoten hier auf der Insel zusammengeschustert worden ist. *Roger that?*«
Er war ein paar Zentimeter kleiner als sein Kumpan, aber mit seinen blutunterlaufenen Augen sah er noch furchteinflößender aus. Unvermittelt boxte er Pierre in den Bauch. Der

Mann, den die Zwillinge immer nur als total relaxten, selbstbewussten Lebenskünstler gekannt hatten, klappte zusammen wie ein kaputtes Taschenmesser.

»Du verhökerst die Dinger für eins neun das Stück«, übernahm wieder der mit der Bärenstimme. »Eintausendneunhundert Euro, kriegst du das in deine Matschbirne rein? Zwanzig Prozent sind für dich, wenn alles glattläuft.«

»Ich ... ich kann das nicht machen, Monsieur«, wandte Pierre mit zitternder Stimme ein.

»Kannst du nicht?«

Der mit der Bärenstimme machte seinem Kumpan ein Zeichen. Sie bückten sich blitzschnell, packten Pierre gleichzeitig bei den Füßen und rissen ihn von den Beinen. Pierre verlor das Gleichgewicht und kippte nach hinten um. Sie hielten ihn fest, jeder an einem Fuß, und hoben ihn hoch, so dass er kopfüber zwischen ihnen hing. Münzen und Streichhölzer, Handy und Schlüssel fielen ihm aus den Taschen und klappernd auf den Boden.

»So hat man euch früher immer über Nacht aufgehängt, wenn ihr nicht gespurt habt«, sagte der mit der Kampfhundstimme.

Sie machten jeder einen halben Schritt zur Seite, so dass Pierres Beine zu einem extremen Spagat gespreizt wurden.

Pierre gab einen kläglichen Schrei von sich. »*Merde, oui, just as you told me ...*«, stieß er in einer Mischung aus Französisch und Englisch hervor.

»Wenn du mich fragst, das ist ein absolut sinnvoller Brauch, Affen nachts aufzuhängen«, sagte der mit der bellenden Stimme. »Genauso wie Fußeisen für eure dreckigen schwarzen Füße. Oder wie Peitschenhiebe, wenn ihr nicht pariert. Es wird Zeit, dass man bei euch mal wieder richtig durchgreift. Ich meine, Sklaven seid ihr schwarzes Pack heute genauso wie vor zweihundert Jahren. Euch gehört nichts, uns gehört alles. Wir geben die Kommandos, ihr gehorcht. Oder siehst du das anders?«

Pierre schüttelte so heftig den Kopf, dass sein ganzer Körper hin und her schwang.

»Dann ist ja alles klar, du Stück schwarze Scheiße.«

Sie lösten beide gleichzeitig ihren Griff um Pierres Fußknöchel. Er fiel zu Boden und schaffte es irgendwie, den Aufprall mit Händen und Armen abzufedern. Sie stiegen über ihn hinweg und trotteten gemächlich zur Ladentür. Eigentlich waren sie schon fast draußen, als Noah einen Hustenkrampf bekam.

Oh nein, nicht gerade jetzt, dachten beide Zwillinge im gleichen Moment. Noah hielt die Luft an und konnte den Anfall gerade noch im Keim ersticken. Aber es war zu spät, die Männer hatten etwas bemerkt. Sie wechselten einen Blick und stürmten auf die Tür zu, hinter der die Zwillinge standen.

Manon und Noah waren ohnehin schon halb tot vor Angst. Sie bekamen eben noch mit, wie Pierre sich aufrappelte und die Augen aufriss, als er sie hinter dem Türspalt entdeckte. Zumindest schien ihm nichts weiter passiert zu sein. Manon und Noah warfen sich herum und stolperten, vorbei an der Kiste voll gefälschter Skulpturen, durch das Lager und die Abstellkammer zurück auf die Straße.

Die Sonne stach ihnen in die Augen, und das Blut klopfte in ihren Ohren, als sie durch das Gewirr aus Gässchen und unbefestigten Wegen galoppierten. Im Gegensatz zu ihren Verfolgern kannten sie hier jeden Pfad. Oft genug waren sie in der Umgebung der Galerie herumgestreunt, hatten Abkürzungen zum öffentlichen Strand und verborgene Zugänge zu den Privatstränden gesucht, die eigentlich nur für Hotelgäste bestimmt waren.

Nachdem sie ungefähr fünf Minuten lang gerannt waren, gingen sie hinter den Überresten einer Jacht in Deckung, die vor Jahren auf die Felsen am Strand gespült worden war. Von den beiden Männern war nichts zu sehen und zu hören. Erst als Noah nach dem Rucksack greifen wollte, um sich vorsichtshalber eine Dosis Asthmaspray zu verpassen, wurde ihm bewusst, dass er in der linken Hand noch immer die Holzfigur hielt.

☠ ☠ ☠

14

**Berlin-Wittenau, »Gasthaus Schupke«,
Dienstag, 13. Juli, 21:40 Uhr**

Hier ist das Ding«, sagte Noah und zog die Mütze von der Holzfigur.
Lisa nahm sie in die Hand und drehte sie hin und her. »Mannomann, das ist wirklich ein finsterer Geselle«, sagte sie. »Aber eindrucksvoll.«
Abel warf nur einen kurzen Blick auf das hölzerne Kunst- oder Machwerk. »Und ihr habt weder mit Pierre noch mit eurer Mutter darüber gesprochen?«
Die Zwillinge schüttelten synchron die Köpfe. »Am nächsten Tag sind wir ja schon abgeflogen«, sagte Noah. »Aber vor allem wussten wir nicht, wie wir das überhaupt machen sollten. Pierre fragen, was da in seiner Galerie abgegangen ist? Oder *maman* erzählen, dass Pierre Probleme mit Typen hat, die ihn als Affen beschimpfen und mit dem Kopf nach unten aufhängen?« Wieder schüttelten sie beide die Köpfe.
»Wir waren so geschockt«, sagte Manon leise. »Wir mussten immer wieder denken: Das stimmt ja total, was die weißen Typen gesagt haben! Sie sind die Herren, damals wie heute. Die Schwarzen können sich vielleicht einbilden, dass sie frei und gleichberechtigt wären – in Wirklichkeit hat das Sklavenzeitalter nie aufgehört. Weil ihnen alles gehört – und uns im Grunde nichts.«

Abel sah sie nachdenklich an. Er ahnte, worauf das jetzt hinauslaufen würde, er hatte es schon auf Guadeloupe gespürt. Obwohl Claire behauptet hatte, dass sie mit ihren Gemälden »mehr als genug« verdiene, um für sich selbst und die Zwillinge ein komfortables Leben zu finanzieren. Abel hatte ihr mehrfach angeboten, einen monatlichen Beitrag zum Lebensunterhalt für Manon und Noah beizusteuern, aber sie hatte energisch abgelehnt. Dabei war das Leben in Pointe-à-Pitre teurer als in Berlin. »Es war meine Entscheidung«, hatte sie gesagt, »die Zwillinge alleine aufzuziehen und dir nicht zu sagen, dass du Vater geworden warst. Zu dieser Entscheidung stehe ich nach wie vor, und es fällt mir ja leicht, sieh dich doch um, Fred: Uns fehlt es an nichts. Pierre verkauft meine Bilder für gutes Geld in der Galerie, wir schöpfen aus dem Vollen.«

Mehr als ein monatliches Extra-Taschengeld für die Zwillinge wollte sie auf keinen Fall akzeptieren. Abel hatte sich schließlich geschlagen gegeben, wenn auch nur für den Moment. In Claires Haushalt schien es – außer an ein wenig Ordnung und nächtlicher Ruhe – wirklich an nichts zu fehlen, doch Abel wurde das Gefühl nicht los, dass die unbekümmerte Claire und der ewig gutgelaunte Pierre über ihre Verhältnisse lebten.

In der Scheune hinter ihnen legte eine Swing Band mit nostalgischem Zwanzigerjahre-Sound los.

»*Maman* war als Künstlerin wirklich erfolgreich«, sagte Manon, »aber das ist schon eine Weile her. Sie hatte Ausstellungen auf Martinique, Réunion und sogar in Paris. Ihre Bilder wurden in einer Galerie am Montmartre verkauft, damals hat sie richtig fette Kohle verdient. Aber das ist alles längst wieder weg. Irgendwann wollte der Galerist in Paris keine Bilder mehr von ihr haben. Weil er sie nicht mehr verkaufen konnte.«

»Deshalb musste sie sich einen Händler bei uns auf der Insel suchen«, spann Noah den Faden weiter. »Und so hat sie

Pierre kennengelernt, und die beiden sind Geschäftspartner geworden. Und ein Liebespaar.«
»Andersherum«, sagte Manon. »Erst ein Liebespaar, dann hat Pierre ihre Bilder in seinem Laden aufgehängt.«
Noah zuckte mit den Schultern. Die Reihenfolge schien ihm egal zu sein.
Lisa drehte noch immer die feindselig stierende Holzfigur in ihren Händen hin und her. »Aber dank Pierre verdient Claire doch mittlerweile wieder gut mit ihrer Malerei, oder?«, fragte sie.
Manon runzelte die Stirn. »Das sagt sie jedenfalls, und vielleicht stimmt es ja auch. Aber vielleicht verdient Pierre auch mit irgendwelchen anderen Geschäften Geld. Manchmal macht er seine Galerie dicht und ist tagelang weg, und dann schließt sich *maman* in ihrem Zimmer ein, und wir hören sie durch die Tür hindurch weinen.«
Okay, das will ich jetzt gar nicht wissen, dachte Abel. Er wechselte einen Blick mit Lisa und las von ihrem Gesicht ab, dass sie es genauso sah.
Vielleicht hatte Pierre noch eine zweite Geliebte und Claire weinte aus Eifersucht, oder vielleicht gab es auch einen ganz anderen Grund für ihre Tränen. Auf jeden Fall ging es ihn und Lisa nichts an.
»Als wir heute Nachmittag mit ihr telefoniert haben, klang sie eigentlich wie immer«, sagte Noah. »Sie war am Sonntag mit Pierre am Strand, heute Abend machen sie eine Barbecue-Party. Ich habe gefragt, wie es Pierre geht, und sie hat geantwortet: ›Blendend, du kennst ihn doch!‹, und laut gelacht.«
Er lächelte, als könnte er es kaum glauben. »So als wäre nichts gewesen oder als hätten Manon und ich Gespenster gesehen.«
Kurz schaute er zu der schwarzen Figur. »Aber diese Typen haben Pierre wirklich in die Zange genommen!«, fuhr er fort. »Und sie sind uns wirklich hinterhergerannt. Wenn sie uns erwischt hätten ... Sogar noch hier in Berlin, auf dem Flug-

hafen und in der Stadt habe ich mir eingebildet, dass diese verdammten Sklaventreiber hinter uns her wären.«
Abel nahm Lisa die schwarze Figur aus der Hand. Er gab sich den Anschein, als ob er sie näher betrachten wollte, aber eigentlich wollte er sie verschwinden lassen. Er war alles andere als abergläubisch, doch von diesem kunstvoll geschnitzten Holzstück ging definitiv etwas Düsteres aus. Wenn sie es weiter wie gebannt anstarrten, würden sie alle vier anfangen, Gespenster zu sehen. Er verstaute die Figur wieder in Noahs Mütze und schob das Bündel in den Rucksack der Zwillinge.
Ihr Essen hatten sie bisher kaum angerührt. Doch nachdem sie sich alles von der Seele geredet hatten, stürzten sich die Zwillinge auf ihre Pasta und verputzten alles im Handumdrehen. Auch Lisa wandte sich ihrem Salatteller zu, und Abel widmete sich dem Steak, das im »Schupke« immer exakt auf den Punkt gegrillt wurde.
»So wie ich es sehe, habt ihr alles richtig gemacht«, sagte er schließlich und wischte sich den Mund ab. »Pierre weiß, dass ihr diese Szene mitbekommen habt. Wenn er oder eure Mutter mit euch darüber reden wollen, müssen sie es von sich aus tun.«
»Ich kann gut verstehen, wie geschockt ihr wart«, sagte Lisa. »Diese Brutalos mit ihrem Sklavengerede hätten jedem einen Riesenschrecken eingejagt.«
»Aber die sind wirklich gefährlich!«, sagte Manon. »Und was ist, wenn wir in drei Wochen zurückkommen? Die haben ja bis dahin nicht vergessen, dass wir sie belauscht haben.«
»Da ist was dran«, sagte Abel. »Aber macht euch keine Sorgen, das kriegen wir in den Griff. Vorher lasse ich euch auf keinen Fall zurückfliegen.«
»Und was ist, wenn sie nicht warten, bis wir zurückkommen?«, fragte Noah. »Wenn Pierre ihnen verraten hat, dass du ein hohes Tier beim BKA bist, und sie beschließen, uns

hier in Berlin aus dem Weg zu räumen, bevor wir dir etwas erzählen können?«

Abel dachte kurz an den schwarzen Kleinbus, der ihnen – vielleicht, vielleicht auch nicht – vom »Chaud et Froid« aus gefolgt war. Er schüttelte den Kopf. Nein, das war reichlich unwahrscheinlich.

»Diese Typen mögen ja auf eurer Insel eine große Nummer sein«, sagte er. »Aber um auf der anderen Seite der Erdkugel jemanden aufzuspüren und unter Druck zu setzen – dafür braucht es doch etwas mehr an Logistik, als solche lokalen Ganoven aufbieten können.«

Seine Worte mussten überzeugend geklungen haben, jedenfalls schienen Manon und Noah vollkommen beruhigt. Sie griffen nach der Speisekarte und suchten sich jeder ein Dessert aus, während Abels innere Alarmanlage weiterhin schrillte.

☠ ☠ ☠

15

Berlin, Treptowers, BKA-Einheit »Extremdelikte«,
Büro Dr. Abel,
Mittwoch, 14. Juli, 11:25 Uhr

Den Vormittag hatte Abel im Sektionssaal verbracht. In einem Park im Berliner Norden waren fünf erdrosselte Männer gefunden worden, alle vom nordafrikanischen Typus, zwischen dreißig und vierzig Jahren. Sie waren regelrecht hingerichtet worden, mit seidenen Schlingen im Mafia-Stil. Möglicherweise handelte es sich um Mitglieder eines kriminellen Netzwerks, die von einer rivalisierenden Bande ermordet worden waren. Bei den Toten waren keine Papiere gefunden worden. Das gesamte Rechtsmediziner-Team der »Extremdelikte« hatte den Vormittag mit der Obduktion der fünf Toten zugebracht, doch wirklich weiterführende Hinweise hatten sie den zuständigen Mordermittlern nicht liefern können.

Als Abel nach dem Mittagessen in sein Büro zurückkam, lag sein Gutachten zu dem heutigen Sektionsfall schon fertig abgetippt und ausgedruckt auf seinem Schreibtisch. Die Sekretärin Renate Hübner hatte sein für Außenstehende kaum verständliches Turbo-Gemurmel auf dem Diktiergerät mit gewohnter Schnelligkeit transkribiert.

Die gute Frau Hübner, dachte Abel. *So zuverlässig wie eh und je.*

Vorhin in der BKA-Kantine hatte Murau wieder einmal über die ältliche Sekretärin mit dem steifen Auftreten und der unheimlich gleichförmigen Sprechweise gelästert. »Die Hübner muss einer veralteten Robotergeneration angehören, anders ist doch zum Beispiel ihr völliger Mangel an Mimik nicht zu erklären. Den Nachfolgemodellen ist ja nicht mehr so leicht anzumerken, dass sie nicht aus Fleisch und Blut sind. Das wird sich in einigen Fällen wohl erst auf dem Sektionstisch herausstellen, zum Beispiel bei …« Murau hatte elegant das Thema gewechselt, als er Abel am Nebentisch bemerkt hatte, und Abel hatte kurz darüber nachgedacht, wen aus ihrem Team der stets spottlustige Wiener verdächtigte, ein Android der neuesten Generation zu sein.

Er setzte sich an seinen Schreibtisch und schlug den Schnellhefter auf. Der Alltag hatte ihn wieder, und er war froh darüber. Die berufliche Routine wirkte eindeutig beruhigend.

Sein Telefon klingelte. Er drückte auf die Freisprechtaste. »Ja, bitte?«

»Herr Direktor, Kriminalhauptkommissar Herold steht hier bei mir im Büro«, sagte Renate Hübner. »Er würde gerne kurz mit Ihnen sprechen, wenn Sie eine Minute Zeit für ihn haben.«

Sie hatte es tatsächlich wieder geschafft, jede Silbe genau gleich stark – beziehungsweise schwach – zu betonen. *Muraus Theorie hat durchaus etwas für sich*, dachte Abel. »Schicken Sie ihn bitte zu mir«, sagte er und beendete das Gespräch.
Herold war einer der erfahrensten Hauptkommissare beim Berliner Landeskriminalamt. Seine Aufklärungsquote war beeindruckend. Abel kannte den bulligen Endvierziger von diversen Fällen, bei denen sie im Laufe der Jahre zusammengearbeitet hatten. Herolds schütteres Haupthaar und der umso buschigere Schnauzbart waren im letzten Jahr auch ziemlich grau geworden, stellte Abel fest, als er hinter seinem Schreibtisch hervorkam, um den Hauptkommissar zu begrüßen.
»Was verschafft mir die Ehre?«, fragte er.
»Der sogenannte Darkroom-Killer.« Herold schüttelte Abels Hand und nahm auf dem Sessel Platz, auf den Abel einladend gezeigt hatte. »Ihre Idee mit dem Geschmacksverstärker war ein Volltreffer«, fügte er hinzu. Doch sein Gesichtsausdruck passte überhaupt nicht zu seinen Worten.
Irgendetwas bedrückt ihn, dachte Abel. Herold verschränkte die Finger beider Hände und ließ die Knöchel knacken. Er schien sich in seinem massigen Körper nicht recht wohl zu fühlen. Obwohl die Klimaanlage wieder einmal viel zu kalt eingestellt war, hatte er Schweißflecken unter den Armen.
Abel setzte sich in den zweiten Sessel. Irgendjemand (Frau Hübner?) hatte während seiner Abwesenheit hier aufgeräumt. Zum ersten Mal seit einer Ewigkeit war die Besucherecke in seinem Büro nicht mit Fachzeitschriften, Akten und Gutachten vollgestapelt.
»Ein Volltreffer«, wiederholte Herold mit Grabesstimme. »Das Lebensmittellabor hat das Blut der drei letzten mutmaßlichen Opfer des Darkroom-Killers auf Geschmacksverstärker untersucht. Aufgrund ihrer Analyse steht eindeutig fest, dass auch der Tote in ›Pete's Bar‹ auf das Konto des

Darkroom-Killers geht. Der gleiche Zusatzstoff wie bei den beiden Opfern davor.«

»Das ist doch eine gute Nachricht«, sagte Abel. »Haben Sie ihn schon identifiziert?«

»Er heißt Max Ludwig und ist erst vor drei Wochen aus der bayerischen Provinz nach Berlin gezogen«, antwortete Herold.

Abel runzelte die Stirn. »Wie passt das zusammen?«, fragte er. »Der Darkroom-Killer ist doch schon seit Monaten in der Berliner Gay-Szene aktiv.«

Herold kniff die Augen zusammen. Für einen Moment sah sein Gesicht leer aus. »Sorry, ich habe mich missverständlich ausgedrückt«, sagte er. »Ich spreche von dem jungen Mann aus ›Pete's Bar‹, seinem jüngsten Opfer. Max Ludwig hat sich über Dating-Portale mit wechselnden Lovern in Schwulenclubs verabredet. Sein Date Nummer fünfundzwanzig war dann leider unser Darkroom-Killer. Der Täter hat ihm, wie gesagt, den gleichen Mix aus Liquid Ecstasy und Geschmacksverstärkern verabreicht wie den Opfern davor. Im Wesentlichen handelt es sich dabei um Thaumatin – ein mörderisch süßer Pflanzenextrakt, der wie Lakritze mit viel zu viel Zucker schmeckt.«

»Das hört sich doch gut an«, versuchte es Abel erneut. »Also haben Sie jetzt eine heiße Spur?«

Herold nickte, aber sein Gesichtsausdruck blieb düster. »Wir wissen jetzt sogar, wer der mutmaßliche Darkroom-Killer ist. Der Mann heißt Jörg Halfter. Er ist Chemielehrer an einer Realschule im Wedding. Wir hatten ihn schon auf unserer Liste der Verdächtigen, aber bisher konnten wir ihm nichts nachweisen.« Er griff in seine Hemdtasche und zog eine Fotografie hervor. »Das ist unser Mann«, fügte er hinzu und legte das zerfledderte Foto vor Abel auf den Tisch.

Jörg Halfter musste Ende dreißig, Anfang vierzig sein. Ein eher unscheinbarer Mann mit Stirnglatze und silbrig gesträhntem Ziegenbart.

»Er ist seit langem in den Dating-Portalen aktiv, über die seine Opfer sich ihre jeweiligen Lover gesucht haben«, fuhr Herold fort. »Wir haben seine Wohnung schon vor zwei Wochen durchsucht. Damals haben wir ihn auch stundenlang vernommen. Der Mann hat uns kalt lächelnd auflaufen lassen. Ein Kontrollfreak mit der Empathiefähigkeit eines Schützenpanzers. In seiner Wohnung hatte er diverse Kanister mit Chemikalien gebunkert, aber das Zeug, das man für die Herstellung von Liquid Ecstasy braucht, war nicht dabei. Da er Chemielehrer ist und den ganzen Kram legal bezogen hat, konnten wir ihm nicht mal eine Ordnungswidrigkeit nachweisen.«

Er beugte sich vor und tippte Halfters Ebenbild auf die Stirn. »Ich hatte schon damals den Eindruck, dass er uns etwas Wesentliches verschweigt«, redete er weiter. »Als ich den Bericht aus dem Lebensmittellabor bekommen habe, hat es sofort klick gemacht: In einem der Kanister, die wir damals bei Halfter gefunden haben, war Thaumatin.«

»Perfekt«, sagte Abel. »Und haben Sie den Mann schon geschnappt?«

Herold schüttelte den Kopf. »Als wir ihn gestern Vormittag festnehmen wollten, ist ein dummer Fehler passiert. Halfters Wohnung liegt im fünften Stock, direkt unter dem Dach. Bei der Durchsuchung vor zwei Wochen ist niemandem aufgefallen, dass es hinten im Flur eine Falltür hoch zum Dachboden gibt, gut getarnt durch die Holzverkleidung der Decke. Als wir bei ihm geklingelt haben, war von drinnen ein Rumpeln zu hören. Wir haben die Wohnungstür gewaltsam geöffnet, aber das hat eine Weile gedauert, weil er sich mit Stangenschlössern und Stahlplatten verbarrikadiert hatte. Bis wir endlich drinnen waren, war Halfter längst über den Dachboden und die Dächer der umliegenden Häuser abgehauen.«

Herold verstummte und ließ den Kopf hängen.

»Das ist ärgerlich«, sagte Abel, der allmählich die Geduld

verlor. »Aber jetzt dürfte es ja nur noch eine Frage von Tagen sein, bis Sie ihn endgültig geschnappt haben. Halfter hat keine Chance.«

»Das sehe ich auch so«, stimmte Herold ohne jede Begeisterung zu.

Abel sah ihn stirnrunzelnd an.

»In einem Verschlag auf dem Dachboden über Halfters Wohnung«, sprach Herold weiter, »haben wir dann ein ganzes mobiles Chemielabor gefunden, mit allen Zutaten, die man für die Herstellung von Liquid Ecstasy braucht. Außerdem hatte er dort eine Art Tagebuch versteckt, in dem er alle sechs Morde dokumentiert hat, die wir dem Darkroom-Killer zugeordnet haben. In der Kladde feiert er sich selbst als ›W. W. v. W. – der Walter White vom Wedding‹ und prophezeit, dass er sich an jedem ›grausam rächen‹ wird, der sich ihm in den Weg stellt. À la ›Breaking Bad‹. Die Großfahndung läuft, wir können nur hoffen, dass er geschnappt wird, bevor er sich noch ein Opfer greifen kann.«

»Eine ärgerliche Panne, in der Tat«, sagte Abel. »Aber jetzt verraten Sie mir doch bitte mal, warum dieser Patzer Sie so sehr mitnimmt.«

Herold gab sich einen Ruck. »Es ist leider etwas mehr als nur eine ärgerliche Panne. Deshalb bin ich ja hier. Ich wollte es Ihnen nicht am Telefon sagen.« Er wich Abels Blick aus. »Zur Unterstützung der Fahndung nach Halfter hat die Soko ›Dunkelkammer‹ heute Vormittag eine Pressekonferenz gegeben. Zeitungen, Radiosender, Lokalfernsehen, alle waren da – der Darkroom-Killer garantiert nun mal für hohe Auflagen und Einschaltquoten.« Er atmete tief durch. »Bei der Pressekonferenz ist unglücklicherweise auch Ihr Name gefallen.«

»Mein Name?«, wiederholte Abel. »In welchem Zusammenhang denn?«

»Ein Reporter hat gefragt, ob Professor Herzfeld persönlich den entscheidenden toxikologischen Beweis gefunden habe –

und bevor ich eingreifen konnte, hat unser stellvertretender Pressesprecher Ihren Namen genannt.«
»So ein Trottel!«, stieß Abel hervor. »Wieso war der nicht entsprechend gebrieft? Das gibt es doch gar nicht!«
Herold sackte noch etwas mehr in sich zusammen. »Wirklich ein blöder Fehler«, sagte er. »Es ist live in diversen Radiosendern gelaufen und wird in den Nachrichten immer noch als O-Ton wiederholt. Der Angriff auf Sie hat ja in der Presse die Runde gemacht, da ist es klar, dass die Medien hier wieder aufspringen, weil in der Meldung Ihr Name auftaucht. Tut mir wirklich leid.«
Er rang sich ein aufmunterndes Lächeln ab. »Die Großfahndung nach Halfter läuft. Bitte seien Sie in den nächsten Tagen auf der Hut, bis er gefasst ist, Herr Abel. Wir können nicht ausschließen, dass er versuchen wird, sich in irgendeiner Weise an Ihnen zu rächen. Wie er es in seinem großspurigen Tagebuch angekündigt hat. Wenn irgendetwas ist, meine Handynummer haben Sie ja.«

☠ ☠ ☠

Nachdem Herold gegangen war, saß Abel wieder an seinem Schreibtisch, vor sich den Schnellhefter mit dem Obduktionsprotokoll, doch er dachte noch immer über den Darkroom-Killer nach. Und über die neue Welle der Beunruhigung, die Herolds Hiobsbotschaft in ihm ausgelöst hatte.
Wie wahrscheinlich war es, dass Halfter seine großmäulige Drohung wahrmachen würde? Wenn Walter White, der mörderische Held der TV-Serie »Breaking Bad«, tatsächlich sein Vorbild war, würde er vor blutigen Racheakten vielleicht wirklich nicht zurückschrecken. Aber sämtliche verfügbaren Einsatzkräfte in Berlin und Umgebung fahndeten mit Hochdruck nach ihm. Sein Name und sein Aussehen waren bekannt, er war Hals über Kopf aus seiner Wohnung abgehauen und konnte sich nirgendwo sehen lassen, ohne seine Ver-

haftung zu riskieren. Würde er unter diesen Umständen wirklich versuchen, sich an dem Rechtsmediziner zu rächen, durch dessen Geistesblitz ihm die Polizei auf die Spur gekommen war?

Äußerst unwahrscheinlich, dachte Abel. Er war in unzähligen Prozessen als Sachverständiger aufgetreten, und Dutzende Angeklagte waren aufgrund seiner Darlegungen wegen Mordes verurteilt worden. Auch vor dem Angriff auf ihn war sein Name ungezählte Male in den Medien zu lesen gewesen, obwohl er es nie darauf angelegt hatte, sein Konterfei im Fernsehen oder in der Presse zu sehen. Und ganz bestimmt gab es mehr als nur eine Handvoll Krimineller, die ihm im Stillen Rache geschworen hatten.

Früher hatte er sich deshalb nie den Kopf zerbrochen, und er würde auch jetzt nicht damit anfangen, beschloss Abel. Der Pressesprecher-Fuzzi hatte einen saublöden Fehler gemacht, aber das war kein Grund für schlaflose Nächte. Abels Kontaktdaten standen weder im Internet noch in irgendeinem anderen öffentlich zugänglichen Verzeichnis. Halfter würde höchstwahrscheinlich schon bei dem Versuch scheitern, seine Wohnadresse herauszufinden, falls er es überhaupt versuchen würde. Nicht einmal die Polizei konnte seinen Namen und seine Adresse über sein Autokennzeichen oder durch Anfragen bei Kfz-Versicherungen ermitteln, da die Weitergabe dieser Daten beim zuständigen Ordnungsamt gesperrt worden war. Folglich müsste sich Halfter schon in unmittelbarer Nähe der Treptowers auf die Lauer legen, wenn er die angekündigte Rache nehmen wollte. In diesem Fall wäre der Spuk definitiv schnell vorbei. Doch sehr viel wahrscheinlicher saß Halfter irgendwo in einem Versteck und wagte es nicht, den Kopf hervorzustrecken.

Durch diese Überlegungen weitgehend beruhigt, wandte sich Abel erneut seinem Obduktionsgutachten zu. Frau Hübner hatte wie immer nahezu fehlerfrei gearbeitet. Nachdem er den Text durchgesehen hatte, rief er sie an, damit sie den Ausdruck abholte und die wenigen Korrekturen ausführte, die er handschriftlich angemerkt hatte.

☠ ☠ ☠

Später am Nachmittag saß Abel bei Herzfeld in dessen geräumigem Eckbüro. Sein Chef kredenzte ihm frisch gebrühten orientalischen Kaffee, den er vor zwei Wochen aus Casablanca von einer Dienstreise mitgebracht hatte.
»Und, bist du wieder ganz hier angekommen?«, fragte ihn Herzfeld, nachdem sie die wichtigsten dienstlichen Angelegenheiten besprochen hatten.
Abel horchte kurz in sich hinein. »Vielleicht noch nicht hundertprozentig«, sagte er. »Aber jeden Tag kommen ein paar Prozent dazu.«
»Das freut mich sehr, Fred.« Herzfeld lächelte ihn voller Sympathie an. »Wir sind uns wohl beide darüber im Klaren, dass schwächere Naturen an einem solchen Schlag, wie du ihn einstecken musstest, zerbrochen wären. Aber du bist glücklicherweise aus härterem Holz geschnitzt.«
Herzfeld ließ sein triumphales Lachen ertönen. Abel musste an die finster starrende Holzfigur aus Pierres Galerie denken, doch er verscheuchte das Bild und stimmte in Herzfelds Lachen ein.
Viel fehlt nicht mehr, dachte er, *dann bin ich wieder hundertprozentig in der Spur.*

☠ ☠ ☠

16

**Berlin-Mitte, Bistro »Chaud et Froid«,
Mittwoch, 14. Juli, 18:07 Uhr**

Diesmal bekam Abel keinen Parkplatz in der Nähe. Die Torstraße war zugeparkt, jede Menge Autos standen in zweiter Reihe. Er musste mehrfach um den Block fahren, bis er in einer Nebenstraße eine Parklücke entdeckte.
Zu Fuß hastete er zum »Chaud et Froid« zurück. Scharen von Touristen, wohin man schaute. Sie schlenderten, staunten, blieben unvermittelt stehen. Es war so heiß wie in der Sahara. Jedes Café, jede noch so kleine Kneipe hatte Tische und Stühle auf dem Bürgersteig aufgestellt. Pfandflaschensammler durchstöberten die öffentlichen Abfallbehälter. Bettler kauerten am Straßenrand und streckten Abel die Hände entgegen. Er hatte den Eindruck, dass die Zahl der Bettler im letzten Jahr sprunghaft gestiegen war. Und die Menge der Touristen genauso. Auf jeden Fall standen und saßen sie ihm massenhaft im Weg. Dabei hasste er es, zu spät zu kommen, und seine Kinder wollte er erst recht nicht warten lassen. Als Vater hatte er schließlich eine Vorbildfunktion.
Als Abel sich zu ihrem Treffpunkt durchgekämpft hatte, war es gerade mal sieben nach sechs. Den Zwillingen würde überhaupt nicht auffallen, dass er zu spät war, trotzdem legte er die letzten Meter fast im Laufschritt zurück. Er stürmte in den Gastraum, und die Kellnerin Monique riss die Augen auf.
»Monsieur Abel? Ist etwas nicht in Ordnung?« Sie stand neben dem Tresen, einen Stapel benutzter Teller in den Händen, und starrte ihn an.
»Sind die beiden noch nicht da?«, fragte Abel.
»Aber, Monsieur, vor einer halben Stunde war doch schon Ihr Assistent hier …« Sie unterbrach sich mitten im Satz.
»Was für ein Assistent?«

»Er hat Manon und Noah doch in Ihrem Auftrag abgeholt.«
»Aber ich habe keinen Assistenten. Wer soll das sein?«, entgegnete Abel.
Die Kellnerin kniff die Augen zusammen. »Ich habe doch gehört, wie er zu den beiden gesagt hat: ›Euer Vater wird noch bei einem Meeting im Abgeordnetenhaus aufgehalten. Ich soll euch zu ihm bringen, anschließend will er mit euch essen gehen.‹«
Abel schüttelte den Kopf. »Sie müssen sich irren, Monique.« Er zwang sich, ruhig zu bleiben. »Wie gesagt, ich habe keinen Assistenten. Und ich habe auch niemanden hierhergeschickt.«
»Sie haben keinen …?« Monique drehte sich zur Seite, um die Teller abzustellen. Mit einem Mal begann sie zu zittern. »Aber er hat doch gesagt …«, stammelte sie.
Der Geschirrstapel rutschte ihr aus den Händen, die Teller fielen scheppernd zu Boden. Kreidebleich starrte Monique auf das Chaos aus Scherben und Kuchenresten vor ihren Füßen. »Alles zerbrochen …«
Ein Missverständnis, dachte Abel, doch das war kaum vorstellbar. »Wie hat der Mann ausgesehen, Monique?«
»Ich … ich weiß es nicht!« Ihr Mund zuckte.
Alle Gäste an den Tischen starrten zu ihnen herüber. »Bitte denken Sie nach«, sagte Abel. »War der Mann größer oder kleiner als ich? Jünger oder älter? Welche Haarfarbe hatte er? Welche Kleidung? Trug er eine Brille?«
Fahrig wischte sich Monique eine Haarsträhne aus der Stirn. »Ich habe ihn mir nicht so genau angesehen«, sagte sie. »Leider, Monsieur, aber Sie sehen es ja selbst – hier ist die Hölle los.« Sie machte eine Armbewegung, die das ganze Lokal und die Tische vor der Tür umfasste.
»Trotzdem«, sagte Abel. »Bitte konzentrieren Sie sich. Es ist wirklich sehr wichtig.«
Sie schloss kurz die Augen. »Er war kleiner als Sie, Monsieur. Und etwas jünger. Unauffällig gekleidet. Ein Anzug viel-

leicht. Keine Brille, glaube ich. Vielleicht hatte er braune Haare. Oder dunkelblonde, aber ich bin mir nicht sicher.«
»Trug er einen Bart?«
Abel griff sich unwillkürlich ans Kinn. Auf Herolds Foto hatte der mutmaßliche Darkroom-Killer einen Ziegenbart getragen.
Monique schüttelte den Kopf und hob gleichzeitig die Schultern. »Ich bin mir nicht sicher«, wiederholte sie.
Abel zog sein Smartphone aus der Hemdtasche rief erst Noah, dann Manon auf dem Handy an. »*Der Teilnehmer ist zurzeit nicht erreichbar. Bitte versuchen Sie es zu einem späteren Zeitpunkt noch einmal*«, verkündete jedes Mal eine kühle weibliche Stimme auf Französisch.
Er zwang sich, gleichmäßig ein- und auszuatmen, während er die 110 wählte. Als sich der diensthabende Beamte meldete, nannte Abel seinen Namen und die Adresse des »Chaud et Froid«.
»Meine beiden Kinder sind verschwunden«, sagte er. »Allem Anschein nach entführt. Bitte schicken Sie sofort eine Streife.«
Sein Hemd war nassgeschwitzt, sein Puls raste. »Was ist Ihnen sonst noch aufgefallen?«, fragte er Monique, nachdem er das Telefongespräch beendet hatte.
Sie kniff die Augen zusammen. »Eines war komisch. Vielleicht hat es ja nichts zu bedeuten, aber sie haben sich ganz dahinten, an dem kleinen Tisch hinter der Garderobe, geradezu versteckt.« Sie zeigte auf eine Nische in der hinteren Wand. »Ich habe sie gefragt, ob bei ihnen alles okay ist. Sie wollten nicht so recht mit der Sprache herausrücken, und ich konnte auch nicht lange mit ihnen reden, Sie sehen es ja selbst …«
Mittlerweile war eine Kollegin von Monique aufgetaucht. Sie hastete von Tisch zu Tisch, nahm Bestellungen entgegen und warf Monique böse Blicke zu.
»Was genau haben Noah und Manon gesagt?«, hakte Abel nach.

»Irgendetwas vom Hinterhof«, sagte Monique. »Bevor sie hier reingekommen sind, haben sie sich wohl noch dahinten bei den Müllcontainern umgesehen. Da treiben sich oft seltsame Gestalten herum, und vielleicht hat es da irgendeinen Zwischenfall gegeben, ich weiß es wirklich nicht, Monsieur. Es könnte erklären, warum sich die beiden bei der Garderobe versteckt haben, aber mit Ihrem Assistenten ... ich meine, mit dem Mann, der sie abgeholt hat ... kann das alles doch nichts zu tun haben. Der sah überhaupt nicht aus wie einer von den Dealern und Crack-Usern, die dahinten immer abhängen, sondern wie ein ganz normaler Angestellter.«
Abel hörte ihr mit einem Ohr weiter zu, während er fieberhaft überlegte. Lisa war auf einem Meeting in Stuttgart. Antiterror-Briefing der Landesinnenminister, abhörsicherer Konferenzraum, keine Chance, sie auf dem Handy zu erreichen. Er klickte erneut auf *Kontakte* und rief Lars Moewigs Nummer auf. *Hätte ich ihn doch gleich gebeten, auf die beiden aufzupassen*, dachte er.
Moewig meldete sich nach dem ersten Klingelton. »Ja?«
Abel schilderte ihm die Lage, und sein alter Kumpel hörte schweigend zu. »Ich bin in zwanzig Minuten bei dir, Fred«, sagte er. »Bleib ganz cool, das kriegen wir alles hin.«
Seine Worte hatten wohl beruhigend klingen sollen, doch bei Abel bewirkten sie das Gegenteil. Sein Magen krampfte sich zusammen. Er bat Monique, ihm den Weg zu den Toilettenräumen zu zeigen.

☠ ☠ ☠

17

**Laderaum eines Lkw, Großraum Berlin,
Mittwoch, 14. Juli, 18:46 Uhr**

Es war dunkel und kalt. Der Boden unter ihr gewelltes Metall. Sie konnte die Dellen und Riefen mit den Händen ertasten, die hinter ihrem Rücken gefesselt waren. So stramm, dass ihre Finger bereits anfingen, taub zu werden.
Ein Lastwagen, dachte Manon. *Aber wie bin ich hier reingeraten?* Ihr Gehirn arbeitete schwerfällig. *Der Mann hat uns abgeholt. Er wollte uns zu Papa bringen. Noah und ich sind zu ihm ins Auto gestiegen. Und dann?*
Ein Loch in ihrem Gedächtnis, dunkler noch als dieses rumpelnde Gefängnis. Sie war erst hier wieder zu sich gekommen, im Laderaum des Lasters, der mit dröhnendem Motor auf einer Holperstraße dahinfuhr. Andauernd bekam sie schmerzhafte Stöße von unten oder wurde auf der Ladefläche hin und her geschleudert. Von draußen hörte sie Rufe, Hupen, Autos, Motorräder. Aber so gedämpft, dass es sich unwirklich anhörte. Wie Echos aus ihrer Erinnerung.
»Noah?« Manon lauschte angestrengt. Sie hatte es schon drei- oder viermal versucht, aber er gab ihr keine Antwort. Dabei spürte sie, dass er hier bei ihr war.
Vielleicht ist er noch bewusstlos. Der Typ, der sich als Papas Assi ausgegeben hat, muss uns irgendwie betäubt haben. Um uns dann von seinem Auto in den Lkw umzuladen.
Das Zeug war immer noch in ihrem Blut. Sie hatte Mühe, klar zu denken. *Und müsste ich mich nicht eigentlich zu Tode fürchten – gefesselt, verschleppt und all das? Wie in unserem Comic, Mann!*
Sie spürte ein Kribbeln im Bauch, aber das war auch schon alles. Panik? Fehlanzeige. *Der falsche Assi hat uns Beruhigungsmittel reingepumpt. Bestimmt mit der Cola, die er uns gegeben hat, als wir in seinen Protz-BMW eingestiegen sind.*

So ein Drecksack. Und wozu das alles? Was hat der Idiot mit uns vor?
Nebel in ihrem Kopf. Sie kämpfte gegen den Drang an, erneut zu schlafen. Der Motor dröhnte. Auch die Kühlung machte einen Höllenlärm. Die Kälte war unangenehm, aber sie würde ihr helfen, wach zu bleiben. *Schlafen kannst du später.*
Der Typ hatte sie anscheinend in einen Lebensmittel-Laster oder so etwas umgeladen. Es roch nach faulen Eiern und ähnlichem Gammelzeug. *Im Chemieraum in der Schule stinkt es manchmal auch so faulig,* ging es ihr durch den Kopf, *aber das ergibt keinen Sinn. Oder doch? Was soll der Kidnapper mit Chemiezeug anfangen?*
Sie war immer noch benommen. Ganz oben in einer Seitenwand klapperte ein Ventilator und zerhäckselte Lichtschlangen zu flirrendem Konfetti. Durch einen senkrechten Ritz in der Hecktür sickerte gleichfalls Helligkeit ein. Ein fingerbreiter Strich aus fahlem Licht teilte die Tür in zwei gleich große Hälften. Manon überkam heftige Sehnsucht nach ihrem Skizzenheft. Ihre Finger wollten sich um ihren Zeichenstift schließen. Sie wollte diesen Laderaum, die Stimmung hier, ihre Gefühle, alle Details mit dem Bleistift einfangen. Wie zeichnete man Chemiegestank, die Ausdünstung von Gefahr und räumliche Enge?
Später, alles später. Wie hat Papa gestern gesagt? »First things first.« Wieder wurde sie von einem Sehnsuchtsschub erfasst. *Bestimmt macht Papa sich Sorgen.* Sie schniefte.
Von draußen war nichts mehr zu hören. Keine anderen Autos, nichts. *Wo sind wir, mon Dieu?*
Ob sie die Tür irgendwie aufbekommen konnte? Obwohl sie an Händen und Füßen gefesselt war? Bis dorthin waren es bestimmt zwei Meter. Aber wenn sie die Beine anzog und sich mit den Füßen abstieß, konnte sie sich an die Tür heranrobben.
»Noah?« Zuerst musste sie ihren Bruder finden. Ohne Noah

war sie noch nie irgendwo gewesen. *Okay, bei meinen Dates war er nicht dabei.* Und sie nicht bei seinen. Aber irgendwie fühlte sie sich unvollständig, wenn Noah nicht bei ihr war. Als hätte sie plötzlich einen Arm zu wenig. Und nur noch einen halben Kopf. Noah ging es genauso. Darüber brauchten sie gar nicht groß zu reden. So war es schon immer bei ihnen gewesen. Schon als sie noch im Bauch ihrer *maman* eingenistet waren.

»Noah?« Keinen Schnaufer gab er von sich, dabei musste er hier irgendwo im Laderaum sein. Allmählich gewöhnten sich ihre Augen an die Dunkelheit. Manon unterschied eine Reihe länglicher Silhouetten vor der schmalen Wand gegenüber der Hecktür. In Fahrtrichtung aufgereiht wie Teppichrollen. Oder wie diese überlangen Jutesäcke für Kartoffeln oder Zwiebeln, auf denen sich die Marktfrauen in Pointe-à-Pitre zum Mittagsschlaf zusammenrollten. »Noah! Hörst du mich?«

Da, das vorderste Bündel hat sich bewegt. Es lag quer vor den anderen Bündeln. Manon beschloss, als Erstes dorthin zu kriechen. Nachzuschauen, ob das Bündel, das sich bewegt hatte, ihr Bruder war.

Was hat es mit den anderen auf sich?, überlegte sie. *Hat der Kretin noch mehr Leute entführt? Oder sind das doch bloß Gemüsesäcke? Von denen könnte auch der gammelige Gestank ausgehen.*

Gerade als Manon sich in Bewegung gesetzt hatte, fuhr der Lastwagen durch ein tiefes Schlagloch. Sie wurde emporgeschleudert und fiel schmerzhaft auf ihre Schultern und die zusammengeschnürten Handgelenke.

Sie stöhnte auf, und der Schmerz zerriss den Wattekokon, in den sie eingehüllt gewesen war. Urplötzlich fühlte sie, was sie bisher nur mit ihrem Verstand umkreist hatte.

Wir sind entführt worden!

Es fühlte sich an wie fremde Hände überall an ihrem Körper, wie Messerspitzen, die sich in ihren Rücken und ihre Kehle

97

bohrten. Sie konnte nicht mehr atmen, sich nicht mehr bewegen, starr vor Angst lag sie im Dunkeln, während der Lastwagen mit aufbrüllendem Motor eine Steigung in Angriff nahm.

☠ ☠ ☠

18

**Berlin-Mitte, Bistro »Chaud et Froid«,
Mittwoch, 14. Juli, 18:53 Uhr**

»Wie alt, sagten Sie, sind die vermissten Personen?« Die Streifenbeamtin gab sich keine Mühe, ihr Desinteresse zu verbergen. Sie hatte eine blonde Igelfrisur und war Anfang vierzig, etwas älter als ihr männlicher Kollege, der einen dunklen Bartschatten hatte und offenbar griechischer oder mazedonischer Herkunft war.
»Sechzehn«, antwortete Abel.
»Und seit wann sind sie verschwunden?«
»Seit fast zwei Stunden, das habe ich doch gerade gesagt! Ein Fremder hat sie hier abgeholt. Unter dem Vorwand, dass ich ihn geschickt hätte. Was aber nicht zutrifft!«
Die Polizistin wechselte einen Blick mit ihrem Kollegen. Ihre Schulterstücke wiesen beide als Polizeiobermeister aus. Zweifellos waren sie schon Dutzende oder Hunderte Male alarmiert worden, wenn Teenager plötzlich von der Bildfläche verschwunden waren.
»In dem Alter schließen sie schnell Freundschaft«, sagte die Polizistin. »Und reden einen Haufen dummes Zeug.«
Der männliche Streifenbeamte sah Abel mitfühlend an. »Rufen Sie morgen wieder an«, sagte er. Falls Ihre Kids bis dahin nicht aufgetaucht sind.«

Sie schickten sich an, zu ihrem Streifenwagen zurückzukehren, der mit rotierendem Blaulicht vor der Tür stand.
»Einen Moment noch«, sagte Abel. Als sie eben seine Papiere sehen wollten, hatte er nur den Personalausweis vorgezeigt. Das war offenbar ein Fehler gewesen. Er zückte seinen BKA-Ausweis und hielt ihn den beiden unter die Nase.
»Ich habe Grund zu der Annahme, dass meine Kinder entführt worden sind. Der Unbekannte, der sie von hier weggelockt hat, war kein Jugendlicher, sondern ein erwachsener Mann. Hören Sie sich die Kellnerin an und überprüfen Sie ihren Hinweis.«
Er deutete auf Monique, die an einem frei gewordenen Tisch saß, ein Cognacglas in der Hand. Ihr Gesicht war immer noch aschfahl.
Sichtlich lustlos kamen die Uniformierten Abels Aufforderung nach. Wenigstens hatte der BKA-Ausweis seinen Zweck erfüllt. Sie nahmen Monique Lagardes Personalien auf und hörten sich ihre Aussage an. Die Kellnerin führte sie in den Hinterhof, und die Polizisten warfen einen Blick in den Holzverschlag mit den Müllcontainern. »Man traut sich kaum noch, den Müll auszuleeren«, sagte Monique. »Häufig schlafen Obdachlose hier ihren Rausch aus. Oder Drogendealer halten zwischen den Containern regelrecht Hof.«
Der männliche Streifenbeamte machte sich eine Notiz. Drogendealer oder Obdachlose waren nicht zu sehen. Genauso wenig wie ein unscheinbarer Mann mittleren Alters, auf den Monique Lagardes vage Beschreibung gepasst hätte.
»Mit sechzehn kommen manche auf komische Ideen«, sagte die Polizistin zu Abel. »Vielleicht wollten die beiden Ihnen einfach einen Streich spielen. Denken Sie mal darüber nach.«
Abel dachte darüber nach, während der Streifenwagen davonfuhr. Das Blut rauschte ihm in den Ohren. Natürlich war es möglich, dass die Zwillinge ihren Schabernack mit ihm treiben wollten, aber doch nicht mit einer solchen Aktion. Bei Pierre hatten sie das auch vorgehabt, und ihre Einfälle für

den Krimi-Comic bewiesen zur Genüge, dass sie einen Sinn für dramatische Effekte hatten. Doch nach ihrem Gespräch von gestern Abend hielt Abel es für ausgeschlossen, dass sie ihn ausgerechnet durch vorgetäuschtes Kidnapping hereinzulegen versuchten. Sie hatten Lisa und ihm offenbart, dass sie sich noch hier in Berlin von den Insel-Gangstern verfolgt gefühlt hätten – ihm heute vorzugaukeln, dass ein fremder Mann sie entführt hätte, wäre ein geradezu bösartiger Scherz. *Das passt absolut nicht zu den beiden*, sagte sich Abel. Niemals würden sie ihm einen solchen Schrecken einjagen. Und davon abgesehen: Wo hätten sie den geheimnisvollen Mann plötzlich hervorzaubern sollen, der sie mit einem filmreifen Auftritt aus dem »Chaud et Froid« gelotst hatte? Nein, das ergab keinen Sinn.

Meine schlimmsten Alpträume sind noch übertroffen worden, dachte Abel. Trotzdem fühlte es sich unwirklich an – oder gerade deshalb. Er hatte sich praktisch schon daran gewöhnt gehabt, dass seine Synapsen seit dem Überfall verrücktspielten und er andauernd Verfolger zu sehen meinte. Und jetzt weigerte sich sein Verstand zu glauben, dass das hier tatsächlich gerade passierte.

Der Schweiß auf seinem Rücken fühlte sich kalt und klebrig an. Abel setzte sich an den Tisch, auf dem noch Moniques Cognacglas stand. Die Kellnerin kauerte vor dem Tresen und sammelte die Überreste der zerbrochenen Teller auf. Der Cognacgeruch stach ihm in die Nase. Erneut wurde ihm übel, rasch stand er wieder auf und ging vor die Tür.

Eben stoppte Lars Moewigs hellgrüner Geländewagen in der Einfahrt nebenan. Motorhaube und Türen waren mit Rostblumen übersät. Moewig schaltete den Warnblinker ein und winkte ihm im Aussteigen zu. Einmal hatte er Abel erklärt, warum er jederzeit einen Parkplatz fand. Er hatte einen Zettel mit seiner Handynummer und dem Vermerk »Komme sofort!« außen an der heruntergeklappten Sonnenblende befestigt. Wenn jemand der Ansicht war, dass ihm der betagte

Lada Niva im Weg stand, brauchte er nur anzurufen. Und falls derjenige geplant hatte, den unverschämten Blockierer zur Rede zu stellen, rückte er von seinem Vorhaben wieder ab, wenn der leibhaftige Lars Moewig vor ihm stand.

Abels alter Kumpel war nur gut einen Meter siebzig groß, aber so breitschultrig und muskelbepackt, dass sich kaum jemand ohne zwingenden Grund mit ihm angelegt hätte. Wie immer trug er Military-Kleidung mit Flecktarnmuster. Sein angegrautes Kraushaar war soldatisch kurz geschnitten, das rußfarbene Gesicht glänzte vor Schweiß. Die Passanten machten ihm unwillkürlich Platz, als er mit schnellen, federnden Schritten auf Abel zuging.

»Wo ist es passiert?«, fragte er anstelle einer Begrüßung und schüttelte Abels Hand. »Die Streife hat den Dienst verweigert, richtig?«

Abel nickte. Monique machte große Augen, als sie den schwarzen Bodybuilder im Söldner-Outfit hinter Abel in den Gastraum kommen sah. Die meisten Gäste hatten sich mittlerweile verabschiedet, und bei Moewigs Anblick leerten sich auch die restlichen Tische.

»Sind Sie ein Verwandter von Manon und Noah?«, wandte sich Monique an Moewig.

»Wegen der schwarzen Pelle?« Moewig schüttelte den Kopf. »Icke bin een waschechter Berliner, Frolleinchen. Aus'm Wedding, falls Ihnen ditte wat saacht.«

Verdutzt sah sie ihn an. »Herr Moewig ist ein Freund von mir«, erklärte Abel.

Monique schilderte noch einmal, was sie gesehen und gehört hatte. Der Unbekannte hatte sich als Abels Assistent ausgegeben, da war sie sich hundertprozentig sicher. Von seinem Äußeren jedoch hatte sie nur wenige Merkmale in Erinnerung behalten, die auf unzählige Männer mittleren Alters zutrafen. Jörg Halfter alias der »Darkroom-Killer« eingeschlossen.

»Ist Ihnen bei dem Mann ein Akzent aufgefallen?«, fragte

Abel. »Ein stark gerolltes R, Grammatikfehler oder was auch immer?«
Sie schüttelte den Kopf, dass die braunen Haare über ihre Schultern schwangen. »Nicht, dass ich wüsste, Monsieur.«
Die vermeintliche Kollegin, wohl eher Moniques Chefin, kommandierte sie zum Tresen. »Mehr weiß ich leider wirklich nicht, Messieurs.«
Sie wollte davoneilen, doch Moewig hielt sie zurück. »Verraten Sie uns noch Ihre Handynummer?« Monique kritzelte die Nummer auf eine Papierserviette, die Moewig in einer seiner unzähligen Hemdtaschen verstaute.
»Ein echter Wohlfühlort«, sagte er kurz darauf, als er zusammen mit Abel den Holzverschlag im Hinterhof inspizierte. »Hier wird also gedealt?« Es stank nach vergammeltem Gemüse und verwesenden Grillgutresten. Auf dem Boden lagen aufgeplatzte Müllbeutel und Einwegspritzen verstreut. »Die Französin hat nur Haschisch und Crack erwähnt, aber jetzt mal angenommen, dass hier auch Crystal Meth vertickt wird.« Er sah Abel nachdenklich an.
»Worauf willst du hinaus?«, fragte Abel.
»Na ja, Crystal ist in der Mitte der Gesellschaft angekommen, wie es so schön heißt«, gab Moewig zurück. »Sogar Spitzenpolitiker klingeln ungeniert beim Dealer ihres Vertrauens an, um sich fürs Wochenende mit dem blauen Höllenzeug einzudecken. Manager, Sachbearbeiter, Anzugträger aller Größen- und Preisklassen.«
»Okay, ich verstehe«, sagte Abel. »Der falsche Assistent könnte theoretisch auch ein Kunde der Dealer hier im Hinterhof sein. Trotzdem sehe ich nicht, wie sich die Puzzlestücke ineinanderfügen sollen.«
Moewig kniff die Augen zusammen. »Folgendes Szenario. Deine Kids beobachten hier im Hof, wie Drogen vertickt werden. Die Dealer schnappen sich die beiden, und deine Kurzen setzen ihre beste Waffe ein: ›Lasst uns sofort los, sonst kriegt ihr es mit unserem Vater zu tun – der ist Ober-

bulle beim BKA.‹ Vor Schreck lassen die bösen Buben die beiden frei, oder sie können sich losreißen, jedenfalls rennen sie weg und verschwinden im Café. Unsere Helden aus dem Müllverschlag sind zwar nicht die Hellsten, aber nach einigem Palavern wird ihnen klar: Wir müssen die Kleenen wieder einkassieren, sonst kriegen wir so richtig Ärger. Sie selbst können sich drinnen im Bistro nicht blicken lassen, aber als dann ein Stammkunde von ihnen um die Ecke kommt, schnappen sie sich den beim Schlips und machen ihm ein Angebot: Du gehst da jetzt rein, sagst den und den Spruch auf und bringst die Kids da und da hin. Und wenn du nicht parierst, kriegen die Bullen einen Tipp, und dein bürgerliches Leben ist Schutt und Asche.«

Abel sah Moewig verwundert an. So konnte es sich tatsächlich abgespielt haben. Dass seine Kinder den Mann mit Schlips nur zu bereitwillig als Retter in der Not akzeptiert hatten. Von sich aus wäre er nicht auf die Idee gekommen, zwischen möglichen Dealern und seinem angeblichen Assistenten eine Verbindung herzustellen. Aber er war auch nicht im Wedding aufgewachsen, in einem Milieu, aus dem sich seit Generationen ein nicht unbeträchtlicher Teil der Berliner Kleinkriminellen rekrutierte.

Moewig legte den Kopf in den Nacken und drehte sich langsam im Kreis. »Dachte ich's mir doch. Siehst du die Kamera da oben?« Er deutete auf die umgitterte Lampe oberhalb der Toreinfahrt.

»Für mich sieht das wie eine ganz gewöhnliche Außenbeleuchtung aus«, antwortete Abel.

»Das ist auch der Plan«, sagte Moewig. »Die Kamera ist im Lampengehäuse verbaut. Da kommt so leicht niemand auf die Idee, sie mit ein paar Steinwürfen außer Gefecht zu setzen. Und man kriegt keinen Ärger mit den Datenschützern. Der neueste Schrei im Bereich diskreter Objektschutz.«

Abel musterte die Hoflampe genauer. Wenn sich hinter dem unscheinbaren Glasgehäuse tatsächlich eine Kamera verbarg, lag der Verschlag mit den Müllcontainern exakt in ihrem Sichtfeld. Und mit »diskretem Objektschutz« kannte sich Moewig zweifellos aus. Anfang des Jahres hatte er kurzzeitig bei einer Berliner Security-Firma angeheuert, die für die Sicherung von Flüchtlingsheimen verantwortlich war. Doch er hatte den Job schnell wieder geschmissen, da er seinen Kopf nicht für die chaotischen Zustände in den Einrichtungen hinhalten wollte. Wie er Abel erzählt hatte, waren dort Misshandlung und Missbrauch in allen Schattierungen an der Tages- und vor allem an der Nachtordnung. »Da geht es unglaublich brutal zu. Andersgläubige werden verdroschen, Frauen und Kinder vergewaltigt.« Seine Kollegen vom Sicherheitsdienst hatten wie die Motten vor den Monitoren geklebt und sich johlend die heimlich aufgenommenen Gewaltorgien reingezogen.

Sie kehrten ins Bistro zurück. Moewig bat Moniques Chefin, ihm die Telefonnummer des Hausverwalters zu geben. »Unter einer Bedingung«, sagte die Frau, eine hochgewachsene Blonde Anfang fünfzig. Sie fixierte Moewig mit hartem Blick.

»Und die wäre?«

»Direkt im Anschluss verschwinden Sie. Und lassen sich hier nie wieder blicken.«

»Alles klar«, sagte Moewig. Er war es gewohnt, genau diese Reaktion hervorzurufen, eine Mischung aus Abneigung und Angst.

Die Wirtin kritzelte einen Namen und eine Telefonnummer auf ihren Rechnungsblock. »Der Vermieter heißt Jakumeit«, sagte sie. »Der verwaltet seine Immobilien selbst.« Sie riss das oberste Blatt ab und schob es Moewig über den Tresen.

Moewig tippte die Nummer in sein Handy, griff sich den Zettel und verließ mit Abel im Schlepptau das Lokal. Von Monique war nichts mehr zu sehen.

»Lars Moewig, private Ermittlungen, Personen- und Objektschutz.« Moewig klemmte sich sein Handy zwischen

Schulter und Ohr. »Ich untersuche einen Entführungsfall. In Kooperation mit dem Bundeskriminalamt«, fügte er hinzu und wedelte mit einer Hand in Abels Richtung. Mit der anderen fischte er ein zerdrücktes Zigarettenpäckchen aus der Hosentasche. »Das Verbrechen hat sich in Ihrem Anwesen in der Torstraße ereignet, Herr Jakumeit«, fuhr er fort. »Ich brauche die Videodaten von der Überwachungskamera aus dem Hinterhof, und zwar sofort und diskret. Dann bekommen Sie auch keinen Ärger mit den Datenschützern. Garantiert.«
Er verstummte, hörte nickend zu, und ein kurzes Grinsen entblößte das Rauchergelb seiner Eckzähne. »In einer Viertelstunde, einverstanden.« Er beendete das Gespräch.
»Private Ermittlungen?«, wiederholte Abel stirnrunzelnd. »In Kooperation mit dem BKA?«
Bei einem seiner Besuche in der neurologischen Reha-Klinik Rheinsberg hatte Moewig erwähnt, dass er überlege, sich in Berlin als Detektiv selbständig zu machen. Über die erforderliche Erfahrung und Robustheit verfügte er zweifellos, über die nötige Chuzpe offenkundig auch. Doch Abel hatte nicht gewusst, dass er seinen Plan bereits in die Tat umgesetzt hatte.
»Gewerbe angemeldet, Steuernummer beantragt. Lass mich nur machen, Freddy.« Moewig klopfte ihm auf die Schulter. »Ich besorge mir die Daten und greife mir die Typen, die auf dem Video rumturnen. Bestimmt haben sie einiges zu erzählen. Gib mir ein paar Stunden – ich melde mich.«
Eine filterlose Zigarette im Mundwinkel, alle Fenster seines Geländewagens heruntergekurbelt, röhrte er davon. Mit einem eigentümlichen Gefühlsmix sah ihm Abel hinterher. Es war eindeutig beruhigend, Moewig an seiner Seite zu haben, einen Mann, der absolut loyal war und darauf brannte, ihm seine Dankbarkeit zu beweisen. Aber als Fremdenlegionär und Personenschützer in Nahost-Krisengebieten hatte sich Moewig gewisse unkonventionelle Vorgehensweisen

angewöhnt, die ihn immer wieder in Konflikt mit hiesigen Gesetzen brachten. Und das war genauso eindeutig beunruhigend.

Er hilft mir, die Zwillinge zu finden, dachte Abel. *Das ist jetzt das Wichtigste. Jedenfalls, solange sich der Kollateralschaden in engen Grenzen hält.*

☠ ☠ ☠

19

**Laderaum eines Lkw, Großraum Berlin,
Mittwoch, 14. Juli, 18:59 Uhr**

»Noah, geh weg, du quetschst mein Gesicht gegen die Tür!«

»Ich würde ja gerne weggehen. Aber vielleicht hast du noch nicht gemerkt, dass wir steil bergauf fahren?«

Und wie Manon das gemerkt hatte. Sie hatte ihre Angststarre abgeschüttelt und versucht, zu den aufgereihten Bündeln am anderen Ende des Laderaums zu robben. Aber dann hatte sich der Boden unter ihr plötzlich schräg gestellt wie eine Skispringerpiste bei Olympia. Sie hatte es weiter probiert, doch es war aussichtslos, wenn man auf dem Rücken lag, wie eine Bratwurst zusammengeschnürt und mit dem Kopf eine Etage tiefer als mit den Füßen. Stattdessen war das vorderste Bündel ins Rollen geraten. Es war auf Manon zugerollt, hatte sie mitgerissen und gegen die Tür gedrückt. Dabei hatte es begonnen, mit Noahs Stimme zu sprechen, während Noahs Atem ihr warm in den Nacken blies.

»Ist dir eigentlich klar, wo wir hier sind?«, brachte Manon hervor. »Dieser angebliche Assi ist ein Gangster – er hat uns gekidnappt!«

»Voll der Wahnsinn«, sagte Noah, »wie in unserem Comic, Manon.«
Die Straße wurde endlich wieder gerade, und ihr Untersatz kehrte in die Horizontale zurück. Noah robbte ein paar Zentimeter weg von Manon, die sich stöhnend auf die andere Seite drehte.
»Ich dachte schon, du würdest mir die Nase brechen!«
»Du solltest nicht so schlecht von deinem Bruder denken.«
Sie musste lachen, aber was sie von innen heraus schüttelte, war im nächsten Moment doch wieder Angst. Kalte, klebrige, widerlich riechende Angst.
»Noah«, sagte sie, »was will der Typ von uns? Warum hat er sich uns geschnappt?«
»Wegen Pierre, ist doch klar.«
»Glaubst du wirklich?«
Noah gab ihr keine Antwort. Er drehte sich auf den Rücken und machte seltsame Verrenkungen. Er drückte das Becken hoch, zwängte seinen dürren Hintern zwischen den Armen durch und schlängelte seine langen Beine hinterher. Nach diesem schlangenartigen Kunststück waren seine Hände zwar immer noch gefesselt, aber zumindest nicht mehr auf dem Rücken. Dafür keuchte er furchterregend, und sein Atem hörte sich an wie das Rasseln einer Klapperschlange.
»Kabelbinder, verdammt«, sagte er. »Aber den krieg ich auch irgendwie auf.« Suchend sah er sich um.
»Mach erst mal langsam«, sagte Manon. »Nicht, dass du jetzt einen Hustenanfall kriegst.«
»Wo ist unser Rucksack?« Er wirkte nun auch eine Spur beunruhigt. Ohne das Inhalationsspray konnte sein Asthma schnell gefährlich werden.
»Gute Frage«, sagte Manon. »Vielleicht irgendwo da vorne, wo du neben den anderen Typen gelegen hast?«
»Was für Typen?« Noah folgte Manons Blick. »Hey, die sehe ich ja zum ersten Mal. Sind das nicht einfach Lumpenbündel oder so etwas?«

»Als du neben ihnen gelegen hast«, antwortete sie, »hast du genauso ausgesehen.«

»He, so redet man nicht mit seinem Bruder.« Noahs Atem hatte sich beruhigt, die Gefahr, dass er einen Asthmaanfall bekam, war fürs Erste gebannt. Auch wenn der kalte Luftzug, den die Kühlung durch den Laderaum blies, für seine Bronchien pures Gift war.

»Wir müssen den Rucksack finden«, sagte er. »Da drin ist nicht nur mein Spray, sondern auch das Schweizer Messer, das ich vorhin in der Friedrichstraße gekauft habe.«

Vorhin. Das Wort echote ihr in den Ohren, und sie spürte, dass es Noah genauso ging.

Wie bescheuert von uns, dass wir zu dem fremden Mann ins Auto eingestiegen sind, dachte sie.

Gerade eben noch waren sie frei und unbekümmert gewesen. Glücklich, dass sie durch Berlin streifen konnten und sich am Abend mit ihrem Papa treffen würden. Und jetzt? Gefangen, verschleppt, einem Irren ausgeliefert, der weiß der Teufel was mit ihnen vorhatte!

»Wie spät es wohl ist?«, fragte Noah.

Der schmale Lichtstreifen in der Hecktür wurde allmählich grau.

»Papa holt uns hier raus«, sagte Manon. »Ganz bestimmt.«

☠ ☠ ☠

20

Berlin-Charlottenburg,
Wohnung Gerhard Jakumeit,
Mittwoch, 14. Juli, 19:37 Uhr

Gerhard Jakumeit bewohnte ein Penthouse im schicken Charlottenburg, unweit des Lietzensees. Am Telefon hatte der Besitzer des Areals in der Torstraße wie ein alter Mann geklungen, der vor allem eines wollte: jede Art von Ärger vermeiden.
Den Ermittler, der mit dem BKA kooperierte, hatte sich Jakumeit aber offenbar anders vorgestellt. Als er die Tür öffnete und Moewig vor sich sah, entgleisten kurzzeitig seine Gesichtszüge. Auch das war für Moewig nichts Neues. Dass die Leute ihn ständig falsch einschätzten, war Teil seiner Geschäftsgrundlage. Er gehörte nirgendwo dazu, zu keiner Gruppe, keiner Community.
»Herr Jakumeit? Wir haben eben telefoniert.« Moewig überreichte ihm eine seiner druckfrischen Visitenkarten – *Lars Moewig, private Ermittlungen, Personen- und Objektschutz, effektiv und diskret* –, und der hagere alte Mann bat ihn herein. Er war mindestens Ende siebzig und trug einen weinroten Hausmantel mit aufgestickten Drachenmotiven. Dazu passten seine grauen Haare, die wie Stachel in alle Richtungen abstanden. In gleichfalls mit Drachen verzierten Pantoffeln schlurfte er Moewig voraus durch ein saalgroßes Wohnzimmer, das wie ein Museum möbliert war.
Jedenfalls nahm Moewig an, dass Museen für vergangene Epochen ungefähr so ausstaffiert waren. Mit Ölgemälden in verschnörkelten Goldrahmen, Plüschsesseln, krummbeinigen Tischen und Kristallleuchtern, unter denen man ganze Familien begraben konnte. Moewig hatte noch nie ein Museum von innen gesehen. Er hatte vorgehabt, mit Lilly alle Berliner Museen abzuklappern, sobald sie wieder gesund wäre.

Aber stattdessen war sie gestorben, und er hatte sich geschworen, dass er in seinem Leben kein Museum mehr besuchen würde.

»Normalerweise kümmern sich meine Söhne um die Technik«, sagte Jakumeit. »Aber die sind gerade beide unterwegs.« Seine Stimme klang dünn und gepresst, als käme er nur noch selten dazu, mit jemandem zu reden.

Am anderen Ende des Saals öffnete er eine Tür, schaltete Licht ein und trat mit einer einladenden Handbewegung beiseite. Überrascht sah sich Moewig um. An den Wänden Batterien von Flachbildmonitoren. Darunter Tische mit Keyboards, Computern, Digitalrecordern. In einem Regal waren Kartons mit Kameras und anderem Equipment gestapelt.

Moewig war beeindruckt. Jakumeit und Söhne hatten allem Anschein nach einen Überwachungsfimmel. Und den lebten sie auf professionellem Niveau aus.

»Man kann seinen Mietern nicht über den Weg trauen, oder?«, sagte er und setzte sich an den Tisch, auf den Jakumeit deutete. »Sie machen dauernd was kaputt, schließen das Hoftor nicht ab, hab ich recht?«

Der Alte sah ihn verständnislos an. »Drücken Sie auf irgendeine Taste. Ich mach das hier nur noch selten, seit wir von VHS auf MP umgestellt haben. Aber ich habe alles für Sie vorbereitet. Meine Söhne sind nicht da.«

Er wiederholt sich, wird wohl vergesslich, taxierte Moewig. Mit »MP« hatte der Alte vermutlich mpg-Format gemeint. Moewig drückte auf die Return-Taste des kabellosen Keyboards, ein Computer kam leise summend zu sich. Der Bildschirm vor ihm wurde hell, und Moewig erkannte den Hof hinter dem »Chaud et Froid«. Es war ein Standbild, am unterem Rand waren Datum und Uhrzeit eingeblendet. *14.7. – 15:00 Uhr.*

»Wie kann ich das vorspulen?« Als Jakumeit nicht sofort reagierte, drückte Moewig auf die Fast-forward-Taste eines Digitalrecorders, der direkt unter dem Bildschirm stand.

»Was machen Sie da?« Jakumeit gab einen halb erstickten Laut von sich, seine altersfleckige Rechte flatterte wie ein gescheckter Vogel über den Schreibtisch.
Bevor er die Stopp-Taste erreicht hatte, hielt Moewig sein Handgelenk fest.
Der Monitor wurde kurz wieder dunkel und begann erneut zu flackern. Anstelle des Hinterhofs in der Torstraße war nun eine ganz andere Szenerie zu sehen. Eine Haustür zum Seitenflügel eines Mietshauses irgendwo in Berlin. Backsteinfassade mit Graffiti und Efeubewuchs. Moewig tippte auf Kreuzberg, aber die Immobilie konnte genauso gut irgendwo in Spandau oder Treptow liegen.
»Das ist der falsche Film!«, stieß Jakumeit hervor.
»Da bin ich mir nicht so sicher«, sagte Moewig.
Auf dem Bildschirm betraten zwei dunkelhäutige junge Männer einen Hinterhof. Sie trugen Hoodie-Shirts, die Kapuzen über den Kopf gezogen. Im Zeitraffer sahen sie sich um und huschten zur Haustür des Seitenflügels. Einer drückte mit der Schulter gegen die Tür und schüttelte den Kopf. Sein Kumpan zog ein Stemmeisen unter dem voluminösen Pulli hervor.
»Gesindel!«, knurrte der alte Mann.
Moewig ließ sein Handgelenk los. Jakumeit hieb mit seinem Daumen auf die Stopp-Taste. Das Szenario verblasste, ehe die beiden Einbrecher die Tür aufgestemmt hatten.
»So geht das mittlerweile fast jeden Tag! Sie campieren zwischen den Müllcontainern, brechen Häuser und Wohnungen auf. Und was machen unsere Ordnungshüter? Wenn Sie Glück haben, nehmen die Ihre Anzeige auf. Und anschließend passiert: null Komma gar nichts.«
Moewig nickte. Vergesslichkeit hin oder her, was der alte Mann gesagt hatte, war eine schlichte Zusammenfassung der Fakten.
Banden verschiedenster Nationalitäten unternahmen regelrechte Raubzüge durch sämtliche Stadtteile Berlins. Die

Security-Branche boomte genau aus diesem Grund: weil die Polizei überfordert war. Und Familie Jakumeit hatte offenbar beschlossen, die Überwachung ihrer diversen Immobilien in die eigenen Hände zu nehmen.

Der alte Mann zog seinen Hausmantel vor der eingefallenen Brust zusammen. Er war auf einen Stuhl gesackt und sah Moewig aus blutunterlaufenen Augen an. »Diskreter Objektschutz, sagten Sie? Machen Sie doch mal einen Termin mit meinen Söhnen.«

»Danke für das Angebot«, sagte Moewig. »Wie geht es eigentlich weiter, wenn eine Ihrer Kameras einen Einbruch aufgezeichnet hat? Zur Polizei können Sie mit dem Video ja nicht marschieren.«

»Datenschutz!« Jakumeit schnaubte. »Aber es gibt andere Wege. Wenn Sie Ihr Hab und Gut energisch verteidigen, das spricht sich rum. Die machen dann einen Bogen um Ihr Haus und brechen lieber woanders sein. Wir arbeiten da schon recht erfolgreich mit einigen Kollegen von Ihnen zusammen. Rufen Sie doch morgen mal tagsüber an. Dann sind meine Söhne wieder zu erreichen.«

Er musterte Moewig von Kopf bis Fuß und war offenbar hin- und hergerissen. »Ich habe nichts gegen Flüchtlinge«, versicherte er. »Wir wurden aus Ostpreußen vertrieben, ich war selbst einmal Flüchtling. Aber was da heute zu uns kommt, ist ja überwiegend kulturfremd! Und mit Ihrem Aussehen ... nichts für ungut ... könnten wir in Bereiche vorstoßen, die uns bisher verschlossen sind ... Dunkle Haut, dunkle Gesinnung, sage ich immer. Aber nichts für ungut!«

Jakumeits Redeschwall ging in unverständliches Brabbeln über. Sein Blick wurde leer.

Moewig ignorierte sein Gemurmel und drückte diesmal auf die Fast-forward-Taste des Keyboards. Wieder erschien der Holzverschlag im Hinterhof des »Chaud et Froid«. Moewig spulte vor, bis am unteren Bildrand *14.7. – 16:53 Uhr* zu lesen war, dann drückte er die Play-Taste.

Ein dürrer Typ mit zurückgegeltem Haar lehnte an einem der Müllcontainer. Ein zweiter Kerl, genauso ausgemergelt wie sein Kumpan, hockte neben ihm auf dem Boden, die Knie bis unters Kinn gezogen, und schaukelte manisch hin und her.
Crack-Zombies, dachte Moewig. Sie waren vermutlich noch keine dreißig, sahen aber wie ihre eigenen Großväter aus. Ihre Augen flackerten, alles an ihnen zuckte. Nach einigen Minuten kam ein dritter Mann auf den Hof marschiert. Er war Mitte dreißig, trug Diesel-Jeans und ein T-Shirt mit riesigem Diesel-Logo. Um den Hals hatte er eine Goldkette und im Gesicht ein selbstzufriedenes Grinsen, das seinen wie mit dem Laser getrimmten Chin-Strap-Bart in die Breite zog. Körperlich war er deutlich besser dabei als die beiden Zombies, die ihn mit freudigem Sabbern begrüßten. Seine Arm- und Schultermuskeln waren offensichtlich trainiert, seine Schritte betont forsch und federnd, als wäre er der Chef im Ring und könnte vor Kraft kaum gehen.
Aber Moewig ließ sich nicht täuschen, er hatte schon viele wie ihn gesehen. Fußsoldaten der Drogenmafia, dealende Crack- oder Meth-Konsumenten, die jahrelang über dem Abgrund balancierten, indem sie nur einen Teil ihrer Ware für sich selbst abzweigten. Bis sie die Kontrolle über ihre Sucht verloren.
Moewig sah zu, wie Diesel den beiden Vogelscheuchen scheckkartengroße Plastiktüten mit kristallisch glitzerndem weißem Pulver zuwarf und sie wie Hühner im Dreck danach scharrten. Mit angewiderter Miene nahm er von jedem ein paar zerfledderte Geldscheine entgegen, dann trat er dem einen in den Hintern, dem andern in die Kniekehlen, und sie machten sich humpelnd und zuckend vom Hof. Er sah ihnen hinterher, spuckte aus und lehnte sich gegen einen Müllcontainer.
Moewig drückte auf die Pausentaste, und das Bild fror ein. Er hatte den Kerl nie zuvor gesehen, aber er kannte jeman-

den, der ihm garantiert weiterhelfen würde. Karl Kawuttke, genannt der kahle Kalli. Auch wenn Kawuttke in diesem Moment bestimmt noch nicht ahnte, wie bereitwillig er seinen einstigen Hauptschulkumpel mit Informationen versorgen würde.
»Wie kann ich das Bild ausdrucken?«, fragte er Jakumeit.
Der Alte schien kaum weniger erstarrt als das Standbild auf dem Monitor. Stöhnend kam er zu sich und schaltete einen Farblaserdrucker ein. Moewig druckte zwei Kopien des Screenshots aus und ließ das Video weiterlaufen.
Diesel hatte nicht nur Crack, sondern offensichtlich auch Haschisch, Speed und diverse Pillen im Angebot. Entsprechend unterschiedlich sahen die Kunden aus, die auf dem Hinterhof kamen und gingen. Freakige Späthippies, zappelige Hipster aus der Kreativbranche, stiernackige Truck-Fahrer mit mehr Red Bull als Blut in den Adern. Es war ein Andrang fast wie im Laufhaus, und die Kundschaft schlich auch ähnlich verdruckst durchs Bild.
Aber Moewig musste noch eine gute halbe Stunde vorspulen, bis der erste graue Konfektionsanzug ins Visier der Kamera geriet. Und bis Diesel, von Ohr zu Ohr grinsend, das erste Plastiktütchen mit himmelblau glitzerndem Inhalt aus seinen ergiebigen Beintaschen fischte. Crystal Meth, die Modedroge, von der mittlerweile auch biedere Bürger nicht mehr die Finger lassen konnten. Gerade in dem Moment, als ein Mittvierziger in zerknitterter Anzughose und schweißfleckigem weißem Hemd mit dem Dealer handelseinig wurde, kamen zwei dunkelhäutige Kids ins Bild.
Manon und Noah, Moewig erkannte sie sofort. Der stolze Vater hatte ihm schon von Guadeloupe aus etliche Fotos seiner Kinder per WhatsApp geschickt.
»Ah, schon wieder welche.« Jakumeit geriet erneut in Fahrt. Sein knochiger Zeigefinger deutete auf den Monitor. »Was haben die vor? Im Müll wühlen oder gleich ein Fenster aufbrechen?«

»Warum sehen wir es uns nicht einfach an?«, schlug Moewig vor.
Manon und Noah pirschten sich in bester Indiana-Jones-Manier an den Holzverschlag heran, drückten sich in eine Mauernische und spähten durch die Ritzen im Sperrholz. Noah hatte offenbar Freddys Statur geerbt, Manon war etwas kleiner, aber für ihr Alter auch groß gewachsen. Ihre Haut hatte einen hellen Kakaoton, in ihren Gesichtern und jeder ihrer Bewegungen drückten sich Energie und Abenteuerlust aus.
Moewig musste schlucken, seine Lilly war jetzt seit einem Jahr tot. Schon, oder erst, er war noch lange nicht darüber hinweg. *Reiß dich zusammen*, ermahnte er sich. *Freddy hat dir damals wegen Lilly geholfen, jetzt findest du seine Kinder. Und basta.*
Er ließ erneut das Bild einfrieren und druckte zwei Kopien aus. Auf dem Screenshot war der Mann im durchgeschwitzten Hemd deutlich zu sehen. Mitte vierzig, dünne, blonde Haare, die Wangen wie aufgebläht. Ein Froschgesicht. Moewig hatte ihn nie zuvor gesehen.
Er ließ das Video weiterlaufen. Froschgesicht verstaute seine Beute in der Hosentasche, sah sich panisch um und verließ fast im Laufschritt den Hof. Diesel entdeckte die Zwillinge in ihrer Mauernische, riss die Augen auf, sah erschrocken in Richtung Tor. Die Kids warfen sich herum, wollten wegrennen, aber der Typ war unheimlich schnell. Mit zwei Sätzen war er bei ihnen, bekam das Mädchen an der Schulter zu fassen und legte ihr von hinten einen Arm um den Hals. Sie erstarrte, der Junge neben ihr genauso.
Diesel bellte ein paar Wörter heraus. Zu verstehen war mangels Tonspur nichts. »Was habt ihr hier verloren?«, tippte Moewig. Oder vielleicht auch: »Was habt ihr gesehen?« Der Junge hob beide Hände, wie um den Mann zu beschwichtigen. Er begann zu sprechen, langsam und konzentriert. Moewig wurde klar, dass die beiden nur gebrochen Deutsch

konnten. Mehrfach wiederholte der Junge eine Folge von Silben oder kurzen Wörtern.

Moewig bewegte seine Lippen, um sie lautlos nachzusprechen, und begriff, dass er vorhin richtig getippt hatte: »B-K-A«, sagte Abels Sohn. Den Rest konnte Moewig nicht dechiffrieren, aber das war auch nicht nötig. Ganz ohne Zweifel hatte Noah soeben verkündet, dass ihr Vater ein hochrangiger BKA-Beamter war.

Diesel fiel fast der Unterkiefer herunter. Die Kids nutzten sein Erschrecken, Noah rempelte ihn an, seine Schwester riss sich los, beide warfen sich herum und rannten aus dem Sichtbereich der Kamera. Diesel stürmte hinter ihnen her, dann war nur noch der verwaiste Holzverschlag zu sehen, mit einer Ratte, die ins Bild lief und in einer aufgeplatzten Mülltüte zu wühlen begann.

Moewig ließ das Video im Zeitraffer noch eine halbe Stunde weiterlaufen, aber keiner der vorherigen Akteure betrat nochmals die Szene. Er spulte bis zum Zeitstempel *16:53 Uhr* zurück und sah sich die entscheidende Sequenz noch einmal an.

Wer war der Mann mit dem Froschgesicht?, überlegte er. *Wenn die Kids nur einen stinknormalen Deal beobachtet hätten, wäre Diesel nicht derart auf sie losgegangen. Und unverkennbar hat er einen Heidenschreck bekommen, als ihm klargeworden ist, wessen Nachwuchs er da gerade attackiert hat.*

Doch was war dann passiert? Die Kids waren vorne ins Bistro gerannt und hatten sich laut Monique am Tisch hinter der Garderobe versteckt. Bestimmt waren sie sogar erleichtert gewesen, als der angebliche Assistent ihres Vaters aufgekreuzt war. Vermutlich hatten sie sich ausgemalt, dass Diesel draußen auf eine Gelegenheit lauerte, ihnen erneut an die Gurgel zu gehen. Der falsche Assistent musste ihnen wie ein Bodyguard vorgekommen sein, unter dessen Schutz sie unbehelligt abziehen konnten.

Aber wer zum Teufel ist der Kerl, der da urplötzlich aufgekreuzt ist und die Zwillinge eingesammelt hat?, grübelte Moewig, während die Kids erneut aus dem Sichtfeld der Kamera rannten. *Hat Diesel tatsächlich jemanden herbeigetrommelt, damit der die beiden kurzerhand kidnappt?*
Vorstellbar war das durchaus, überlegte Moewig weiter. Froschgesicht selbst kam für diese Rolle nicht in Frage, denn den hätten die Zwillinge wiedererkannt. *Aber was ist mit Diesels Manndecker?* Die Räuber- und Einbrecherbanden im Wedding, in deren Umfeld er aufgewachsen war, bevorzugten bei ihren Einsätzen noch immer die sogenannte »Manndeckung«. Das bedeutete, dass sich Bandenmitglieder der nächsthöheren Hierarchieebene in der Nähe eines Einsatzortes bereithielten, um die Frontleute zu unterstützen, falls bei ihrer Aktion etwas aus dem Ruder zu laufen drohte, aber auch, um zu verhindern, dass ihre Untergebenen sich mit der Beute aus dem Staub machten.
So ähnlich konnte es sich auch hier abgespielt haben. Jedenfalls, wenn die Zwillinge etwas beobachtet hatten, das keinesfalls ruchbar werden durfte. Zum Beispiel, wie sich eine bekannte Persönlichkeit mit einer Wochenration Crystal Meth eindeckte. Wie weit würden sie in diesem Fall gehen, um sicherzustellen, dass die Zwillinge nichts verraten konnten?
Ich muss Diesel auf den Zahn fühlen, beschloss Moewig. Doch dafür musste er erst einmal herausfinden, wo der Dealer mit dem strichdünnen Chin-Strap-Bart gewöhnlich seine Abende verbrachte.

☠ ☠ ☠

21

**Berlin-Grünau, Wohnhaus Dr. Fred Abel und Lisa Suttner,
Mittwoch, 14. Juli, 19:45 Uhr**

Hallo, Lisa, ich bin's. Die Zwillinge sind nicht am Treffpunkt erschienen. Ich kann sie auch nicht auf dem Handy erreichen. Ein Mann soll sich als mein Assistent ausgegeben und sie aus dem Bistro mitgenommen haben. Ich bin sehr beunruhigt. Bitte melde dich, wenn du das hörst. Ich liebe dich.«

Abrupt beendete Abel das Telefonat und warf seinen Blackberry neben sich auf den Beifahrersitz. Er war total durcheinander. Natürlich liebte er Lisa, aber normalerweise posaunte er seine Gefühle nicht hinaus. Schon gar nicht, wenn er auf einen Anrufbeantworter sprach.

Wer ist dieses Arschloch? Wieso wusste er, dass die Zwillinge in dem Bistro waren? Woher zum Teufel konnte er wissen, dass ich ihr Vater bin?

Er fuhr sich mit der Hand über das Gesicht. Mittlerweile hatte er ein Dutzend Male abwechselnd Noah und Manon angerufen. »Zurzeit leider nicht erreichbar.« Er hatte Mühe, auch nur halbwegs klar zu denken.

»Verdammte Scheiße!«, schrie Abel. »Merde, Merde, Merde!« Er schlug mit der Faust aufs Lenkrad. Er startete den Audi und fuhr los. Dabei behielt er den Rückspiegel im Auge, aber niemand folgte ihm. Kein schwarzer Toyota Kleinbus weit und breit.

Weil sie bekommen haben, was sie wollten? Er schlug erneut mit der Faust aufs Lenkrad. *Oder hat Moewig recht, und die Crystal-Mafia hat sich die Zwillinge gegriffen?*

Auf schnellstem Weg fuhr er nach Hause. Vielleicht hatten die Zwillinge ihm ja doch einen Streich gespielt, und wenn er die Haustür aufschloss, würde er als Erstes ihr prustendes Gelächter hören? Er war bereit, ihnen alles zu vergeben, mit

ihnen zu lachen über den Schreck, den sie ihm eingejagt hatten. Aber er glaubte keine Sekunde lang, dass sie zu Hause auf ihn warteten.
Nach dem Überfall auf ihn in Lenthe hatte Lisa ihr Wohnhaus mit einer Alarmanlage und einem digitalen Türschloss ausrüsten lassen. Alle achtundvierzig Stunden wurde automatisch ein neuer Schlüssel-Code generiert, den das System in chiffrierten Mails an Abel und Lisa schickte. Die Zwillinge kannten natürlich den aktuellen Code.
Das Haus war dunkel, als er um Viertel vor neun eintraf. Er lief durch alle Zimmer, machte überall Licht an, rief wieder und wieder ihre Namen. Aber seine Kinder waren nicht da. Auch nicht oben in den Gästezimmern, die mit skandinavischen Möbeln komplett gleich eingerichtet waren und sich trotzdem wie Tag und Nacht unterschieden. Manons Zimmer war perfekt aufgeräumt, bei Noah sah es aus wie nach einem Wirbelsturm. Sein Koffer lag aufgeklappt mitten im Zimmer, seine Kleidungsstücke waren auf dem Boden und auf sämtlichen Möbeln verteilt. So ähnlich sich die Zwillinge ansonsten auch waren, in punkto Ordnung hätte der Unterschied nicht größer sein können.
Zögernd sah sich Abel um. Es behagte ihm nicht, in den privaten Sachen seiner Kinder herumzuwühlen, aber er hatte keine Wahl. Selbst der kleinste Anhaltspunkt konnte hilfreich sein.
Eine halbe Stunde lang durchsuchte er Manons und Noahs Habseligkeiten, doch das Resultat war kümmerlich. Bestimmt hatten die Zwillinge ihre Kontaktdaten mit zahlreichen anderen Jugendlichen ausgetauscht, die sie in den letzten Tagen in Berlin kennengelernt hatten. Aber das lief heutzutage alles digital ab, die Kids trugen ihre ganze Welt im Smartphone mit sich herum und hinterließen kaum noch analoge Spuren.
Und ihre Handys hat mittlerweile der Kidnapper einkassiert. Nein, verdammt noch mal, nein! Alles in ihm sträubte sich

gegen diesen Gedanken. Manon und Noah, an Händen und Füßen gefesselt, in einem Kellerloch, irgendwelchen Irren ausgeliefert ... Er wollte es sich nicht vorstellen und konnte doch nicht anders.

Er zwang sich, gleichmäßig zu atmen.

Zumindest hatte Manon ihr Skizzenheft auf dem Nachttisch liegengelassen. Vermutlich, weil es bis zur letzten Seite gefüllt war und sie ein neues Heft angefangen hatte. Bei Noah fand er ein Dutzend handschriftlich bekritzelter Zettel. Neue Einfälle für Verfolgungsjagden, Handgemenge und Schießereien. Anscheinend hatten die beiden fleißig weiter an ihrem Gemeinschaftswerk gearbeitet. An ihrem Krimi-Comic, der die beunruhigende Neigung hatte, sich mit realen Geschehnissen zu überlappen.

Abel sammelte die losen Blätter ein und nahm auch das Skizzenheft an sich. Er ging wieder nach unten und legte seine Fundstücke auf den Esstisch. Die Stille drückte ihm auf den Schädel. Er konnte nicht untätig hier herumsitzen, er musste etwas unternehmen!

Auf gut Glück rief er Timo Jankowski auf dessen Dienstanschluss an. Der Profiler saß nicht selten bis in die Nachtstunden an seinem Schreibtisch im siebten Stock des Treptowers. Oder er stand dort vor seinem XXL-Magnetboard, auf dem er Unmengen von Informationsschnipseln zu komplexen Täterprofilen ordnete. Jankowski war einer der besten und erfolgreichsten BKA-Profiler. Und mehr oder weniger der einzige seiner Kollegen bei den »Extremdelikten«, mit dem Abel enger befreundet war. Timo hatte ihn in der neurochirurgischen Klinik und nachher in Rheinsberg mehrmals besucht. Er hatte Abel Mut gemacht und ihm wertvolle Tipps gegeben, wie er Rückschlägen trotzen und den Glauben an sich selbst bewahren konnte.

»Ja, bitte?« Jankowskis Stimme klang für Abel fremd, wie so oft, wenn er sich gerade wieder in einen durchgeknallten Serientäter hineinversetzt hatte. Seine Fähigkeit, sich in psy-

chopathische Schwerverbrecher einzufühlen, sich für Momente geradezu in sie zu verwandeln, war legendär und hatte durchaus ihre unheimlichen Seiten. Dabei war der schlaksige Profiler, der mit seinen vierzig Jahren immer noch jungenhaft wirkte, die Friedfertigkeit und Sanftmut in Person.
»Entschuldige die späte Störung«, sagte Abel. »Ich brauche dringend deine Hilfe, Timo.«

☠ ☠ ☠

22

**Berlin-Wedding,
Gaststätte »Zum Scharfen Eck«,
Mittwoch, 14. Juli, 21:33 Uhr**

Das »Scharfe Eck« war eine traditionsreiche Pilsbar in einer Seitenstraße der Prinzenallee. Die Tradition bestand hauptsächlich aus Faustkämpfen und Messerstechereien, doch auch Haus- und Ladeneinbrüche wurden hier seit Generationen ausgeheckt und anschließend begossen. Schließlich rekrutierte sich die Stammkundschaft überwiegend aus der lokalen Ganovenszene.
Unter Eingeweihten war das »Scharfe Eck« auch als »Genickschussbar« bekannt. Von Feuergefechten zeugten einige Einschusslöcher im rustikal eingerichteten Schankraum, zu denen der dicke Willi, Urenkel des Unternehmensgründers, variable Legenden zu erzählen wusste. An diesem Abend jedoch hatte er keine Zeit, die lokale Folklore zu pflegen. Schwitzend zapfte er »Berliner Kindl«-Pils in Halbliterhumpen, denn in seinem Hinterzimmer ging es hoch her. Offenbar feierten Kalli und die anderen wieder mal einen Coup.
Als der schwarze Lars gegen halb zehn durch die Tür kam,

schwante Willi nichts Gutes. Er kannte Moewig von Kind auf, sie waren zusammen in die Grundschule gegangen und zusammen von der Hauptschule geflogen. Im Wedding war Moewig sowieso bekannt wie ein bunter Hund, es gab nicht viele wie ihn. Schwarze mit Berliner Schnauze.

Mit sechzehn waren sie beide in derselben Jugendgang gewesen, und eigentlich hatte jeder gedacht, dass Moewig die klassische Karriere machen würde. Taschendiebstahl, Autos knacken, Wohnungen ausräumen, zur Krönung vielleicht ein paar Villen in Dahlem und Westend. Schon der junge Lars war furchtlos, geschickt mit den Händen und unglaublich stark. Außerdem klug genug, um später nicht nur den Hauptschulabschluss nachzuholen, sondern auch noch die Mittlere Reife zu machen. Willi hätte das nie geschafft, hatte es allerdings auch nicht probiert. Wozu auch? Für ihn war immer klar, dass er die Familienkneipe übernehmen würde, und dafür brauchte er keine Urkunden vom Staat. Moewig dagegen hatte sich eines Tages entschlossen, ausgerechnet Diener dieses Staates zu werden, der schon so viele hoffnungsvolle Weddinger hinter Gitter gebracht hatte.

Wie im Kiez allgemein bekannt, war Moewig bei der Bundeswehr unehrenhaft entlassen worden. Damit hatte er zwar seine Ehre im Milieu wiederhergestellt, aber dem dicken Willi schwante trotzdem nichts Gutes. Als Moewig letztes Jahr in U-Haft gekommen war, weil er verdächtigt wurde, mehrere Morde begangen zu haben, hatte sich hier im »Scharfen Eck« niemand groß gewundert. Okay, alte Frauen in ihren Wohnungen zu überfallen, auszurauben und auf ziemlich kranke Art und Weise abzumurksen, das schien nicht so hundertprozentig zu ihm zu passen. Er war dann ja auch wieder freigekommen, aber seitdem hielt sich das Gerücht, dass ihm ein alter Bundeswehrkumpel geholfen hätte, der heute ein hohes Tier beim Bundeskriminalamt sei. Dieser BKAler habe dafür gesorgt, dass Moewigs Morde irgendeinem Irren in Frankreich oder Marokko angehängt worden seien, sonst würde Moewig bis ans Ende seiner Tage in einer Zelle schmoren.

Der Oberbulle vom BKA – *wie hieß er noch gleich,* brütete Willi, *Moses, Petrus, irgend so ein Bibelname* – hielt anscheinend weiterhin seine Hand über Moewig. Sonst würde der schwarze Lars sich wohl kaum trauen, allein hier im »Scharfen Eck« aufzukreuzen. Obwohl doch allgemein bekannt war, dass Kalli Kawuttke ihn auf den Tod hasste, seit Moewig ihn letztes Jahr bei einem Rockfestival in der Hasenheide verprügelt hatte. Ihm die Nase gebrochen, ihn am Ohr hinter sich hergezogen und ihm das Gesicht in die Blutpfütze gedrückt, die Kalli kurz vorher ausgespuckt hatte, zusammen mit zweieinhalb Zähnen.

Und das alles nur, weil Kalli mit besoffenem Kahlkopf wieder mal das Maul nicht halten konnte, lamentierte Willi im Stillen. *Was musste er auch herumschreien, dass sie sich im letzten Urlaub ein paar Teenie-Mösen gegönnt hatten. Zwölf oder dreizehn Jahre jung und so eng wie sonst nur im feuchtesten Traum.* Willi war auch dabei gewesen, aber er war mehr der Typ stiller Genießer. Dabei hatte er den Urlaub im Pattaya-Puff vielleicht mehr als alle anderen von der Bande genossen, weil die Mädels ihn Buddha genannt hatten. Wegen seinem stattlichen Bauch. Dabei hatten sie zwar wie blöd gekichert, aber Willi war sich sicher, dass sie trotzdem schwer beeindruckt gewesen waren.

Für so was hatte er einen Riecher. Genauso wie für Ärger, und den roch er genau jetzt, als Lars sich vor ihm an den Tresen stellte. Die qualmende Kippe im Mund, die Augen zu Schlitzen zusammengekniffen.

Moewig beugte sich so weit zu ihm herüber, wie sein gedrungener Rumpf das erlaubte, und nahm ihm das erst halb gezapfte Pils aus der Hand.

»He, ditte is für Kalli!« Willi biss sich auf die Unterlippe. Kaum machte er das Maul auf, hatte er sich auch schon verquatscht.

Moewig leerte das Glas in einem Zug und wischte sich den Schaum aus dem Stoppelbart. »Hinten?« Er deutete mit der Schläfe zu der Tür, die offiziell nur in den Flur zu den Toiletten führte. Doch am Ende des Gangs gab es noch einen Wandschrank mit Hintertür.
»Von mir weeßte nüscht«, sagte Willi. »Und icke hab bei dir wat jut.«
»Alles klar. Sag mal, haste abgenommen?« Moewig kniff ihm kräftig in den mittleren Rettungsring. Willi quiekte wie ein Schwein, und Moewig verdrückte sich durch die Klotür.
»Und ihr wisst auch von nüscht«, wies Willi die drei Alten an, die in der Ecke beim Skat saßen. Einbrecher im Ruhestand, die sowieso nichts mehr mitbekamen.
Gemächlich zapfte er das nächste Bier. Mit etwas Glück war der Spuk vorbei, wenn er mit dem Tablett voll frischem Pils nach hinten kam. Aber heute war anscheinend nicht sein Glückstag. Das Bier, das er gerade in Arbeit hatte, bestand noch größtenteils aus Schaum, als die ganze Bande nach vorn in die Gaststube kam. Pit, Jo, Hotte, Mücke und Blaubart. Alle außer Kalli. Und dem schwarzen Lars.
»Du sollst zwei Pils nach hinten bringen«, meldete Mücke.
Als sich Willi durch den Wandschrank ins Hinterzimmer zwängte, saßen sich der kahle Kalli und der schwarze Lars an dem vernarbten Eichentisch gegenüber, jeder eine qualmende Kippe im Mundwinkel, und fixierten sich gegenseitig wie Revolverhelden kurz vor dem Showdown. Willi knallte die Humpen auf den Tisch und machte, dass er aus dem Schussfeld kam.
»Also kommen wir mal zur Sache«, sagte Moewig. Er griff sich ein Glas, setzte an und trank, ohne Kawuttke aus den Augen zu lassen. »Ich weiß, dass du vor ein paar Monaten versucht hast, zusammen mit deinem Bruder Fritz ein Crystal-Netzwerk aufzuziehen«, begann er und wischte sich den Schaum vom Mund. »Weil du nun mal praktisch veranlagt bist und dir gesagt hast: Wenn mein kleiner Bruder sich das

Dreckzeug schon für den Eigenbedarf besorgt, warum machen wir nicht ein neues Geschäftsfeld daraus? Also kaufen wir den Mist gleich *en gros* ein und verhökern das Zeug mit saftigem Aufschlag weiter.«

Der kahle Kalli, mit ärmellosem Yakuza-Muscle-Shirt, breitschultrig und feist, starrte ihn an, als würde er vor Wut gleich platzen. Sein Gesicht wurde immer röter, sein Brustkorb pumpte. »Keine Ahnung, warum du glaubst, du würdest hier lebend wieder rauskommen«, presste er hervor.

»Schon klar, dass dir die Sache peinlich ist«, sagte Moewig, »ist ja auch gründlich danebengegangen. Fritze und du habt kein Bein auf den Boden gekriegt. Dafür gab's bei euren Leuten jede Menge blutige Nasen. Weil die Jungs aus dem Osten euch partout nicht reinlassen wollten. Die Russen und die Albaner und die Boygroup aus Pankow. Und nur die interessiert mich jetzt, Kalli. Genauer gesagt, nur dieser eine Typ hier.«

Immer noch ohne Kalli aus den Augen zu lassen, zog Moewig das Foto von Diesel im Hinterhof aus der Tasche. Er faltete das DIN-A4-Blatt auseinander und legte es vor Kawuttke auf den Tisch.

Kalli schielte ganz kurz auf den Ausdruck und starrte dann wieder Moewig an. Er hatte die Hände vor sich auf der Tischkante gefaltet wie zum Gebet. Auf jedem Fingerknöchel ein Teufels-Tattoo. »Nie gesehen.«

»Dann ruf Fritz an«, sagte Moewig. »Der kennt ihn tausendprozentig. Aber du kennst ihn auch, jede Wette. Ihr habt schließlich monatelang versucht, die Frontleute von der Konkurrenz abzuwerben oder vom Acker zu jagen. Und der hier ist mit tödlicher Sicherheit einer von den Jungs, an denen ihr euch die Zähne ausgebissen habt.«

Moewig tippte auf das großformatige Foto von Diesel, dessen bürgerlichen Namen und gewöhnlichen Aufenthaltsort er dringend in Erfahrung bringen musste. Aber Kalli wandte den Blick nicht mehr von ihm ab und knirschte mit den Zähnen, dass Moewig eine Gänsehaut bekam.

»War einfach nicht eure Liga, Kalli«, setzte er noch einen drauf. »Ihr seid ganz passable Knackis, aber um im großen Stil mit Crystal zu dealen, muss man es nicht nur hier haben« – er tippte auf seinen Oberarm –, »sondern auch da drinnen.« Er zeigte Kalli einen Vogel. »Das ist der Ort, wo bei dir und deinem Bruder ein Vakuum ist. Und bei den meisten anderen Leuten ein Gehirn.«
Der kahle Kalli hatte in den letzten Jahren an Gewicht zugelegt. Umso beachtlicher war das Tempo, mit dem er sich von der Bank emporkatapultierte. Er warf sich über den Tisch, die Biergläser krachten auf den Boden, und seine Hände schlossen sich um eine Säule verqualmter Luft.
Gerade eben war genau dort noch Moewigs Kehle gewesen. Jetzt lag Kalli bäuchlings auf dem Tisch, und der schwarze Lars stand neben ihm und probierte aus, ob Kalli sich mit hinter dem Rücken verschränkten Händen im Stiernacken kratzen konnte. Konnte er nicht, jedenfalls nicht, ohne sich die Arme zu brechen oder die Schultergelenke auszukugeln.
Kalli keuchte. Sein Kopf hatte die Farbe der Abendsonne am Strand von Pattaya angenommen.
»Hör mir doch einfach mal zu, Kalli«, sagte Moewig. »Mein Buddy hat ein paar Fragen an den Typen, gegen dessen Foto du gerade deine Geschlechtsorgane presst. Du weißt schon, das hohe Tier vom BKA, dem ich's verdanke, dass ich nicht hinter Gittern verschimmele. Wenn er erfährt, dass du dich geweigert hast, ihm diese kleine Gefälligkeit zu erweisen, wird er furchtbar wütend werden. Ich sage es dir nur, damit du dich hinterher nicht beklagst. Also, wie heißt der Typ und wo finde ich ihn?«
Er ließ Kalli los und trat einen Schritt zurück.
Kawuttke wuchtete sich hoch und rieb sich die Handgelenke. Seine Schultern und Arme brannten wie Feuer, aber zumindest hatte dieser schwarze Irre ihm nichts gebrochen oder ausgerenkt.

»Und was krieg ich dafür?«, fragte er. »Wie revanchiert sich dein Oberbulle?«

»Indem er weiterhin wegsieht, wenn ihr Wohnungen ausräumt und Blumenläden überfallt«, versicherte Moewig wahrheitsgemäß. Kleinkriminalität zählte definitiv nicht zu Abels Aufgabengebiet bei den »Extremdelikten«.

Eine Minute darauf hatte Moewig die gewünschte Auskunft, legte vorn bei Willi einen Zehner auf den Tresen und stieg in seinen Lada, den er in der Einfahrt gegenüber abgestellt hatte.

☠ ☠ ☠

23

**Berlin-Pankow, Apartment von Leif Beermann,
Mittwoch, 14. Juli, 22:36 Uhr**

Leif Beermann alias Diesel schwitzte wie verrückt, sein Herz raste. Er tastete neben sich und bekam eine Titte zu fassen. Irgendwo musste er die Kleine aufgelesen haben. Aber wie und wo, Fehlanzeige. Oder ihr Name, keine Ahnung. Sie lagen in seinem Wohnzimmer Seite an Seite auf dem Teppichboden, nackt und mehr oder weniger weggetreten.

Zumindest hatte sie scharfe Brüste und machte alles mit. Er war immer noch so scharf wie dreizehn Dackel, aber ihm war klar, dass er so bald keinen mehr hochkriegen würde. Nicht in den nächsten Stunden. Nicht, nachdem ihm die Kleine nach seiner Anleitung ein Klistier mit aufgelöstem Dope in den Auspuff gepustet hatte. Crystal, Yaba, Ice. Tausend Namen für den einen hammergeilen Kick.

Alter, du hast so viel Yaba intus wie noch nie.

Alles an und in ihm zuckte und zappelte. Es fühlte sich an, als würde er sich in seine Bestandteile auflösen. Sein linker Fuß machte sich selbständig, sein rechtes Augenlid, sein Herz und was da noch so alles in ihm klopfte und ratterte. Alles eigentlich, jedes einzelne verdammte Organ. Nur sein Schwanz hatte sich für die restliche Nacht ausgeloggt, und das fand Beermann einfach scheiße. *Das Zeug macht dich scharf wie eine Sojus-Rakete, und dann kriegst du das Ding nicht in die Abschussrampe.*
Er rappelte sich auf und stakste quer durchs Zimmer in Richtung Klo. Seine Beine fühlten sich wie rohe Makkaroni an. Als würden sie zerbrechen, wenn er sich unvorsichtig bewegte. Als er an seinem Subwoofer vorbeikam, haute ihn die Schallwelle beinahe um. Im Vorbeigehen schnipste er überall gegen die Lichtschalter, traf aber keinen einzigen, oder vielleicht hatten sich auch seine Augen ausgeloggt. Jedenfalls nahm er nur Schatten wahr, Schemen, flackernde Umrisse.
Er tastete nach der Klobrille, pflanzte seinen Hintern darauf. Und da fiel ihm ein, was am Nachmittag passiert war. Weshalb er so durch den Wind gewesen war, dass er sich eine Nase voll nach der anderen reingepfiffen hatte. Diese Afro-Kids, was hatten die dort im Hof zu suchen? Und vor allem, was hatten die gehört und gesehen? Ausgerechnet, als sein wichtigster Klient da gewesen war?
Mein wichtigster, nervösester, scheißgefährlichster Klient. Wenn rauskommt, was der da macht, lässt er mich sofort hochgehen. Das hat er mir ja gleich am Anfang offen gesagt. »Ich scheiß dich zu mit Kohle, solange alles glattläuft. Und wenn es mir zu dicke kommt, zieh ich ab.«
Genauso hatte der Klient es ausgedrückt. Als würde Leif Beermann in seinem Klosett hausen. *Apropos.* Verwundert sah er sich um. Wieso hockte er eigentlich auf dem Klo? Er hatte Verstopfung, das brachte sowieso nichts. Wo war er vorher gewesen? Im Bett? Wieso war er nackt? *Mehr Löcher als Käse im Kopf,* dachte er und bekam einen Lachanfall.

Irgendwas stimmt nicht mit dem Satz, aber er schaffte es nicht, herauszufinden, was daran verdreht war. Sein Lachen hörte sich an, als würde jemand leere Kartons vor sich herkicken. *Nicht im Bett, auf dem Teppich,* fiel ihm ein. *Mit irgend so einer Schnecke.*

Er stand auf und machte sich, taumelnd wie ein Nachtfalter, auf den Rückweg. In seinen Fußsohlen glühten Millionen Lichter, jedenfalls fühlte es sich so an. Deshalb war es auch plötzlich so hell. Er kniff die Augen zusammen. *Wo ist meine Ray Ban, verfickt noch mal? In meinem Diesel-Shirt?*

Nur wegen seinem wichtigsten, scheißgefährlichsten Klienten konnte er sich alles gleichzeitig leisten: Crystal und Markenklamotten. Seine Bachelor-Bude hier am Park, in bester Pankow-Lage. Und jeden Abend eine Schlampe, die er mit seinen Taschen voller Shit und Ice zu sich nach Hause lockte. Wo er es dann aber nicht lange brachte, verdammt noch mal. Geil wie tausend Karnickel, aber spätestens nach dem zweiten Mal schlapp wie ein toter Aal.

Er hatte seinen besten, nervösesten Klienten gefragt, ob Yaba und Viagra ein guter Cocktail wären. Der musste es schließlich wissen, hatte immerhin einen Doktortitel. Beermann wusste auch von etlichen Typen, die sich beides zusammen reingeknallt hatten, in Wodka aufgelöst. Aber Erfahrungsberichte konnte er von denen nicht mehr kriegen, die waren alle abgetreten mit Herzinfarkt oder Schlaganfall. Beermann stellte es sich supergeil vor, zehn Stunden auf Crystal und die ganze Zeit einen Steifen, hart wie ein Ausgussrohr, und natürlich ein paar Mädels links und rechts. Aber am Ende der Party abzunippeln, mit Kolbenfresser in der Brust oder mit Gehirnexplosion, das war ganz und gar nicht geil. Also hatte er den Klienten gefragt: »Ice und Viagra – ist das ein guter Mix oder besser Finger weglassen?« Und der Klient, schwitzend wie eine Sau, hatte gerade zur Antwort angesetzt: »Also, farblich passt das schon mal bestens zusammen« – da waren ihm diese schwarzen Kids ins Blickfeld geraten.

»Was wollten die, verflucht noch mal?«, flüsterte Beermann vor sich hin. Und vor allem, warum hatten die so bullenmäßig dagehockt und heimlich zugehört, als er mit seinem Klienten geredet hatte? *Weil sie wirklich Kids von diesem Oberbullen sind, vom Papa auf die Pirsch geschickt? Würde verdammt noch mal passen!*
Beermann tastete sich durch den Türrahmen in sein Wohnzimmer zurück. Er stolperte über irgendwas, fiel fluchend hin und kroch auf allen vieren weiter. »Hey, wo bist du, Girlie?«, krächzte er und erstarrte. Auf seinem Rücken plötzlich ein Schuh, der ihn unnachgiebig nach unten drückte. Bis er platt auf dem Boden lag, eine Wange in den Teppich gebettet.
»Die Kleine habe ich weggeschickt«, sagte der ungebetene Besucher. »Muss mich in Ruhe mit dir unterhalten.«
Beermann riss das eine Auge auf, das nicht in die klebrigen Teppichfasern gedrückt wurde. Sein Besucher hatte einen quadratischen Oberkörper und rußschwarze Haut. *Ach du Scheiße*, dachte Beermann, *das ist doch bestimmt der Daddy von den beiden Kids. Aber so einer beim BKA?*

☠ ☠ ☠

»Zieh dir gefälligst was an«, sagte Moewig. »Oder glaubst du, ich rede mit dir, solange du einen nackten Arsch hast?« Er griff sich Beermanns Jeans vom Sessel und schmiss sie dem Typen auf den Rücken. »Soll ich dir Beine machen, oder wird's bald?«
Beermann brauchte eine gefühlte Ewigkeit, um seine Beine in die Dieselröhren einzufädeln. Endlich kam er auf die Füße, zog sich die Hose über den Hintern und kämpfte schnaufend mit der Gürtelschlaufe. Er ließ sich in den einzigen Sessel fallen und schielte mit verdrehten Augen zu Moewig hoch.
»Kennst du die beiden?« Moewig hielt ihm das Foto unter die Nase, das die Zwillinge zeigte, wie sie durch den Bretterverschlag im Hinterhof spähten.

»Nie gesehen.« Beermanns Hände flatterten wie Motten über seinen Oberkörper. »Wer soll das sein?«
»Nie gesehen?«, wiederholte Moewig.
Beermann schüttelte den Kopf. Seine Lider zuckten asynchron.
»Einen Moment«, sagte Moewig. Er lief ins Bad, fand einen Eimer neben der Dusche und füllte ihn mit kaltem Wasser. Im Nu war er zurück bei Beermann, der im Sessel hing und vor sich hin brabbelte.
Moewig trat hinter ihn und schüttete ihm die halbe Ladung über den Kopf. Beermann kreischte und wollte aufspringen. Moewig gab ihm eine Ohrfeige. »Sitzen bleiben!« Er stellte den Eimer ab, zog erneut das Foto aus der Tasche und faltete es auseinander. »Nächster Versuch. Kennst du die beiden? Überleg dir die Antwort gut.«
»Scheiße, nein, ich kenn die dreckigen Blagen nicht!« Beermann wischte sich Wasser aus den Augen und starrte das Foto an. »Hab sie vielleicht schon mal gesehen«, fügte er hastig hinzu, als Moewig mit der Rechten ausholte. »Heute Nachmittag, irgendwo in Mitte.«
»Und den da?« Moewig zog das nächste DIN-A4-Foto hervor.
Beermann sah aus, als hätte ihn der Schlag getroffen. Wasser tropfte ihm aus den Haaren, seine Stimme überschlug sich. »Wo hast du das her?«
Das Foto zeigte den Mann mit dem Froschgesicht, in Anzughose und verschwitztem Hemd, wie er neben Beermann bei den Müllcontainern stand und gerade etwas in seine Hosentasche steckte. Ein Plastiktütchen mit Crystal Meth, hatte Moewig bisher angenommen, aber so genau war das eigentlich nicht zu erkennen. Jedenfalls handelte es sich um einen kleinen Gegenstand, den man mühelos mit der Hand umschließen konnte. *Ein USB-Stick? Auch möglich.*
»Hat deine Mutter dir nicht beigebracht, dass es unhöflich ist, auf eine Frage mit einer Gegenfrage zu antworten?« Moewig

hieb mit der flachen Hand auf das Foto, und Beermann fuhr zusammen, als wäre er selbst geschlagen worden. »Wer ist der Mann? Wie heißt er? Was steckt er da gerade ein?«
»Kann mich nicht erinnern. Das ist wie im Swingerclub, kapiert? Da kannst du dir auch nicht jeden merken.«
Moewig faltete das Foto zusammen und verstaute es in einer Beintasche seiner Military-Hose. Er griff sich erneut den Eimer und kippte die restliche Ladung über Beermanns Kopf. Noch während der Dealer nach Luft schnappte, schlug ihm Moewig mit der flachen Hand ins Gesicht. Links, rechts, links, nicht besonders hart, aber so, dass Beermanns Kopf hin und her flog.
»Letzter Aufruf«, sagte er. »Du erzählst mir jetzt, was da passiert ist. Oder ich breche dir jeden einzelnen Knochen, willst du das?«
Beermann schüttelte den Kopf, dass die Tropfen flogen. »Ich hab gerade irgendwem Stoff verkauft, als die beiden aufgekreuzt sind. Haben sich da rumgedrückt und durch den Zaun geschielt wie verdammte Spione. Sind deine Kids, oder?« Er streute ein atemloses Lachen ein. »Hättest ihnen besser mal beigebracht, dass man so was sein lässt. Kapiert? Ich also hinter denen her, hab mir deine Kleine geschnappt, klaro nicht den Knaben, bin ja keine Schwuchtel. Kannst du mir so weit folgen?« Er wedelte mit den Armen wie ein Fluglotse. »Bleib ganz cool, ich bin deiner Kleinen nicht an die Wäsche gegangen, bin ja kein Kinderficker. Deine Kids sind jedenfalls nicht blöd, das muss ich ihnen lassen. Haben mir die Hölle was vorgelogen, von wegen unser Papa ist Oberbulle beim BKA. So siehst du gerade aus, Schornsteinfeger. Zum Schießen. Außerdem konnten die nicht mal richtig Deutsch. Aber ich hab's geschluckt und die Kleine losgelassen. Die beiden sind abgezogen, und Ende der Story.«
Er verstummte und schielte mit verdrehten Augen zu Moewig hoch. Die Tropfen tanzten Ballett auf seinen Wangen. Jeder Muskel in seinem Gesicht zuckte.

Moewig griff ihn sich bei der Gürtelschnalle und hob ihn mühelos hoch. »Du lügst, wenn du den Mund aufmachst«, sagte er. Beermann zappelte in der Luft wie eine Marionette. »Du bist hinter ihnen hergerannt. Hast du sie eingeholt? Und was ist dann passiert?«
Er ließ die Gürtelschnalle los, und Beermann plumpste in den Sessel zurück.
»Ich hab sie nicht mehr erwischt«, brachte er ächzend hervor. »Sie sind vorne ins Café gerannt, und da kann ich mich nicht blicken lassen. Die Schlampen rufen sofort die Bullen, wenn sie mich sehen. Also bin ich zurück auf den Hof und …«
Moewig hob einen Fuß und trat ansatzlos gegen die Sesselkante. Beermann hob mitsamt seiner Sitzgelegenheit ab, flog durchs Zimmer und krachte gegen die Wand.
»Du bist nicht zurück auf den Hof«, sagte er. »Sondern?«
Beermann lag schief im Sessel und glotzte vor sich hin. Erneut schien er total weggetreten. Moewig ohrfeigte ihn, und Beermann kam wieder zu sich. »Einfach weg. Ich hatte die Nase voll von der ganzen Scheiße, kapiert?«
Moewig sah sich im Zimmer um. Auf dem Tisch neben dem Sofa lag ein Samsung-Handy neben einer Cola-Pfütze. Er holte es, ging zu Beermann zurück. »Wie ist die PIN?«
»So siehst du aus.«
»Was glaubst du, was passiert, wenn du nicht sofort alles ausspuckst?« Moewig setzte einen Armeestiefel auf Beermanns Schritt. »So viel Viagra kannst du gar nicht fressen, um den Schaden zu beheben.«
Beermann spuckte mit einer Speichelfontäne den PIN-Code aus. Moewig checkte Anrufliste, Mails und sämtliche Messenger auf dem Smartphone. Negativ. Beermann war laut Jakumeits Video gegen 17:15 Uhr hinter den Zwillingen hergerannt. Laut seinem Handy hatte er in den beiden folgenden Stunden mit niemandem Kontakt aufgenommen, jedenfalls weder schriftlich noch telefonisch. Zumindest gab es im

Speicher des Smartphones keinen Hinweis darauf. Was aber nichts heißen musste, Beermann konnte Nummern oder Nachrichten natürlich auch gelöscht haben.

»Du hast dich mit jemandem getroffen«, sagte Moewig, »auf der Straße vor dem ›Chaud et Froid‹ oder irgendwo in der Nähe. Wo und mit wem?«

Beermann schüttelte den Kopf, dass es ihn beinahe umriss. »Nee, Mann, hab ich nicht. Ich schwör's! Ich bin einfach nur rumgerannt, hab mir noch paarmal was reingeknallt und irgendwann die Tusse aufgelesen.« Er zeigte auf den Teppich. »Da war ich schon ziemlich breit«, fügte er hinzu, »und danach hatte ich einen Filmriss, kapiert?«

»Ich sag dir, wie es sich abgespielt hat.« Moewig zog seinen Stiefel zurück und beugte sich über Beermann, bis sich ihre Stirnen fast berührten. »Du hast da draußen irgendwen alarmiert, und der hat dann die beiden Kids aus dem Café geholt und entführt. Weil sie etwas mitbekommen haben, was du und dein Kunde mit Froschgesicht besprochen habt. Und ich will jetzt zwei Antworten von dir. Eine Adresse und einen Namen. Dann bin ich weg, und du hörst nie mehr von mir. Also.«

Er drückte seine Stirn gegen Beermanns Stirn. Sie fühlte sich an wie mit Pattex beschmiert und eiskalt. »Erstens, wohin habt ihr die Zwillinge gebracht? Zweitens, wie heißt der Mann, mit dem du geredet hast, als die beiden euch belauscht haben?«

Beermann zuckte und ächzte. »Entführt, du spinnst wohl! Ich hab keinen alarmiert. Und der Typ im Hinterhof war irgendein Dope-Käufer. Das ist eben mein Job, kapiert? Ich red weiter nix mit denen, und ich will auch nicht wissen, wie die heißen. Und die wollen nicht, dass ich es weiß.«

Moewig wich kurz zurück, versetzte ihm einen Kopfstoß gegen die Nase und wiederholte seine Fragen. Beermann jaulte auf, Blut schoss aus seiner Nase, aber er brachte dieselben Antworten vor wie beim letzten Durchgang, nur in wim-

merndem Tonfall. Moewig stülpte ihm den Blecheimer über den Kopf, trommelte darauf wie auf einem Tamburin und wiederholte seine Fragen. Er zog Beermann hoch, nahm ihn in den Schwitzkasten, schmiss ihn durchs Zimmer, schlug ihm hart in den Solarplexus, bedrohte und demütigte ihn mit Methoden, die er bei der Terrorabwehr in Nahost gelernt hatte und die kaum jemals versagten. Und nach jedem Durchgang wiederholte er seine Fragen.
Aber Beermann blieb bei seinen Antworten. Er wisse nicht, wie Froschgesicht heiße. Und er habe keine Ahnung, wo die beiden hingebracht worden seien.
Als Moewig ihn kurz vor Mitternacht verließ, hatte sich Beermann eingenässt und seine Verstopfung überwunden. Aber er war trotz allem dabei geblieben, dass er weder Froschgesichts Namen kannte noch mit der Entführung der Zwillinge irgendetwas zu tun hatte. Und Moewig war zu einem Schluss gelangt, den er selbst eher verwirrend als erhellend fand.
Beermann schien genau zu wissen, wer der Froschmann im bürgerlichen Leben war, aber er hatte es hartnäckig geleugnet, weil er offenkundig eine Höllenangst vor ihm hatte. Genauso eisern hatte er abgestritten, irgendetwas mit der Entführung der Zwillinge zu tun zu haben. Doch was diesen Punkt betraf, war sich Moewig keineswegs sicher, ob Beermann ihn angelogen hatte.
Vielleicht war Beermann ja hinter Froschgesicht hergerannt und hatte ihm alles erzählt? Und der hatte daraufhin einen Kidnapper losgeschickt? Zappelnd und sabbernd hatte Beermann abgestritten, Froschgesicht auf der Straße noch einmal gesehen zu haben, und Moewig neigte halbwegs dazu, ihm in diesem Punkt zu glauben. Der Mann mit dem durchgeschwitzten Hemd musste längst außer Sichtweite gewesen sein, als Beermann hinter den Zwillingen durch das Hoftor gesprintet war.
Bin ich also mit Vollgas in eine Sackgasse gerast?, fragte sich

Moewig. Er überlegte hin und her, kam aber zu keinem Ergebnis. *Was war in dem Zellophanbeutel, den Beermann seinem Kunden zugesteckt hat? Rauschgift, wie Beermann behauptet hatte? Oder doch ein Daten-Stick?*
Auf dem Überwachungsvideo war zu sehen, dass Beermann die Krise bekommen hatte, als ihm klargeworden war, wer ihren Deal belauscht hatte. Deshalb war er hinter den Zwillingen hergespurtet: um irgendwie zu verhindern, dass sie ihrem Vater berichteten, was sie gehört und gesehen hatten. Wie wahrscheinlich war es da, dass Beermann einfach abgedreht war, als die Kids vorne im Bistro verschwunden waren? Dass er vor dem Problem schlichtweg kapituliert und sich zügig die Birne zugedröhnt hatte? Das wäre zweifellos ein total unlogisches Verhalten, sagte sich Moewig, doch zu einer Crack-Pfeife wie Beermann passte es durchaus.
Mussten sie also Beermann und seinen geheimnisvollen Kunden von ihrer Liste der Verdächtigen streichen? *Aber wer zum Teufel hat sich Freddys Sprösslinge dann geschnappt?*, grübelte Moewig, während er mit einer Hand den schwergängigen Geländewagen aus der Parklücke lenkte und sich mit der anderen sein vibrierendes Handy zwischen Ohr und Schulter klemmte.
»Freddy? Nein, leider nicht. Hör zu. Die Typen vom Hinterhof-Video haben irgendeinen finsteren Deal am Laufen, aber ich habe noch nicht rausgekriegt, ob sie mit unserer Sache was zu tun haben.« Er lauschte kurz und machte große Augen. »Okay, ich schau mich dort um. Ruhig bleiben, Junge. Ich melde mich.«
Er beendete das Gespräch und trat aufs Gas.
Scheiße, Freddy, dachte er, *das sieht jetzt wirklich nicht gut aus.*

☠ ☠ ☠

24

**Berlin-Grünau, Wohnhaus Fred Abel und Lisa Suttner,
Donnerstag, 15. Juli, 00:34 Uhr**

Der Profiler Timo Jankowski war gegen neun Uhr abends eingetroffen, Lisa wenig später. Beide hatten versucht, Abel zu beruhigen, und das Gegenteil erreicht. »Hört auf, bitte!«, hatte er gesagt. »Ihre Handys sind seit Stunden ausgeschaltet. Sie hätten sich längst gemeldet, wenn alles in Ordnung wäre, das wisst ihr so gut wie ich.«
Anfangs saßen sie auf der Terrasse, später im geräumigen Wohn-Esszimmer an dem Tisch im Bauhaus-Stil, den Lisa und Abel vor zwei Jahren in einer Scheune irgendwo in Brandenburg entdeckt hatten. Bei einem Trödler, der sofort den Preis heraufgesetzt hatte, als ihm klargeworden war, dass sie nach genau so einem Tisch seit langem Ausschau hielten. Ein minimalistisches Möbelstück aus Stahl und Glas, das mittlerweile mit diversen Papieren bedeckt war, mit Gläsern, Mineralwasserflaschen, Kaffeetassen und mit Sara Wittstocks Laptop.
Sara Wittstock war die Vierte in ihrem Krisenrat. Timo Jankowski hatte vorgeschlagen, die siebenunddreißigjährige BKAlerin hinzuzuziehen, mit der er seit ein paar Monaten befreundet war. Beziehungsweise mit der er eine Beziehung einzugehen versuchte, was jedoch alles andere als einfach war. Sie war eine hochkarätige IT-Expertin und »menschlich recht speziell«, wie Timo eingeräumt hatte.
Auf den ersten Blick war sie eine unauffällige Erscheinung, mit ihren braunen Haaren, die ständig zerzaust aussahen, und dem altmodisch wirkenden, weinroten Kostüm. Auf den zweiten Blick war sie durchaus attraktiv, wozu ihre graublauen Augen beitrugen, die eine Spur nach innen schielten. Der Profiler mit dem jungenhaften Aussehen fand dieses minimale Schielen unwiderstehlich, auch wenn ihr angebore-

ner Tunnelblick sie daran hinderte, links und rechts von ihrem Laptop irgendetwas wahrzunehmen.

Nach Abels Eindruck war Sara Wittstock zwar möglicherweise keine Autistin im medizinischen Sinn, aber nur um Haaresbreite davon entfernt. In der BKA-Kantine hatte er bereits miterlebt, wie Jankowski um ihre Aufmerksamkeit gebuhlt und bloß einen verständnislosen Blick geerntet hatte. Man musste kein Prophet sein, um vorauszusehen, dass sich Jankowski an der emotionalen Analphabetin Sara Wittstock die Zähne ausbeißen würde.

Trotzdem war Abel froh und dankbar, dass sie sich bereit erklärt hatte, ihnen mit ihren herausragenden IT-Kenntnissen zur Seite zu stehen. Erst vor einigen Wochen hatte sie erneut ihre Fähigkeit unter Beweis gestellt, sich auch in scheinbar optimal gesicherte Computersysteme zu hacken. Herzfeld hatte Abel unter dem Siegel der Verschwiegenheit davon berichtet: Buchstäblich in letzter Sekunde war es dank Sara Wittstock geglückt, das Kommunikationsnetzwerk einer dschihadistischen Terrorgruppe lahmzulegen, deren Mitglieder nur noch auf das Startsignal gewartet hatten, um in der Berliner City synchron sechs Selbstmordattentate zu verüben.

Gegen dreiundzwanzig Uhr hatte sie bei Abel und Lisa geklingelt, und seitdem saß sie vor ihrem Laptop und schien von den Aktivitäten um sie herum nichts mitzubekommen.

Als Erstes hatte sie das Foto von Froschgesicht durch einen Highend-Gesichtserkennungs-Scanner gejagt, doch die im Auftrag des CIA entwickelte biometrische Software hatte keinen einzigen Treffer ausgespuckt. *Extrem öffentlichkeitsscheu*, hatte Abel gedacht, *der Typ hat doch ohne Zweifel etwas zu verbergen.*

In weniger als einer halben Stunde hatte Sara Wittstock sodann die Bilddaten von einem halben Dutzend Videokameras im Umfeld des Bistros auf ihren Monitor geholt. Die Passantenströme auf der Torstraße, Parkhausein- und -ausfahrten in der Nähe, die private Videokamera eines Spanners oder Spinners im dritten Stock schräg gegenüber des »Chaud et Froid« – nichts war vor ihrer Hacker-Kunst sicher, auch nicht die Kamera im Hinterhof. Von Gesetzes wegen durfte sie ohne richterliche Beschlüsse auf keine dieser Datenquellen zugreifen, aber das bereitete ihr keinen Kummer. Sie hatte bis vor einem Jahr im Untergrund gearbeitet und wesentlich beim Aufbau einer Leaking-Plattform mitgeholfen, bevor sie vom BKA angeworben worden war.

Abel, Jankowski und Lisa standen hinter ihrem Stuhl und beobachteten gebannt, wie sie die Bilder in chronologischer Folge hintereinander montierte. Die Qualität der Daten war extrem unterschiedlich. Einige Sequenzen waren gestochen scharf, andere bestanden fast nur aus Pixeln und Schlieren.

»17:06 Uhr«, kommentierte sie. »Die beiden biegen von der Chausseestraße in die Torstraße ein. 17:09 Uhr. Sie sind vor dem Bistro angekommen, gehen aber nicht rein, sondern durch die Einfahrt in den Hinterhof. 17:10 Uhr ...«

Sara Wittstock artikulierte fast so monoton wie die Sekretärin Renate Hübner. Im Büro machte es Abel nichts aus, mit einem menschlichen Roboter zu kommunizieren, doch jetzt konnte er es kaum ertragen, wie Sara die alptraumhaften Bilder mit der Emotionslosigkeit einer Flughafendurchsage kommentierte.

Auf dem Laptop pirschten Noah und Manon durch den Hinterhof und drückten sich in eine Aussparung in der Hauswand.

Warum macht ihr das, Kinder, was treibt ihr da? Abel warf Lisa einen Blick zu. Sie nahm seine Hand und drückte sie stumm.

Die Zwillinge spähten durch den Holzverschlag. Durch die Lücke zwischen den Brettern war deutlich zu sehen, wie der Mann mit dem T-Shirt einem zweiten Mann etwas zusteckte. Der schob es in die Hosentasche, so schnell, dass der Gegenstand nur ganz kurz im Bild war. Nicht größer als ein kleiner Finger, in transparentes Plastik gehüllt.

»17:11 Uhr. Der Mann mit dem verschwitzten Hemd verlässt den Hof. Er hat es eilig. Die Zwillinge bemerkt er anscheinend nicht. 17:12 Uhr. Der Mann mit dem Logo auf dem T-Shirt ...«

»Stopp«, sagte Lisa. »Bitte noch mal zurück. Den kenne ich irgendwoher.«

Sara Wittstock fror das Bild ein. Auf dem Monitor war weiterhin der Dealer mit dem Diesel-Shirt zu sehen. Lisa warf Jankowski einen hilfesuchenden Blick zu. Sara Wittstock schien nicht mitbekommen zu haben, dass sie den anderen Mann gemeint hatte. Oder war sie der Ansicht, dass der Unterschied bedeutungslos sei?

»Du meinst den Mann mit der Anzughose und dem weißen Hemd?«, fragte Jankowski und nickte Lisa auffordernd zu. Sie bejahte vernehmlich. Von Sara Wittstock weiterhin keine Reaktion. »Sara, könntest du bitte mal zu dem anderen Mann zurückgehen?«

Sie schaute über die Schulter zu Jankowski hoch. »Könntet ihr euch bitte etwas klarer ausdrücken?«

Der Profiler erschauerte sichtlich, als ihn Saras Silberblick traf. Eine seiner langfingrigen Hände – »Pianistenhände« laut Lisa – machte eine zaghafte Bewegung auf Saras Schulter zu, wurde aber von ihrem Besitzer zurückbeordert. Er verschränkte die Arme vor der Brust. »Wir geben uns wirklich Mühe«, versicherte er mit seinem sanftesten Lächeln.

Sie spulte zurück, bis der andere Mann erneut ins Bild kam. Er schaute frontal in die Kamera, ein massiger Typ Mitte vierzig, auffälliges Gesicht, abstoßend mit den angeklatschten, dünnen Haaren, den wie aufgeblähten Wangen, der Blick aus hellblauen Augen seltsam starr.

»Ein unangenehmer Typ«, sagte Abel. »Woher kennst du ihn?«

»Wenn ich das wüsste.« Lisa starrte auf den Bildschirm. »Vielleicht fällt es mir noch ein.«

»Er schwitzt ungewöhnlich stark, auch für einen heißen

Sommertag«, merkte Sara Wittstock an. »Entweder hat er Fieber oder Entzugssymptome.«
»Oder er hat Angst«, sagte Abel.

☠ ☠ ☠

Sara Wittstock drehte sich zu Abel um und sah ihn verwundert an. Angst schien in ihrem emotionalen Kosmos so wenig zu existieren wie Verliebtheit. Abel fand sie ein wenig unheimlich. Wenn auch bei weitem nicht so unheimlich wie die Notiz zu dem Krimi-Comic, die er in Noahs Zettel-Durcheinander entdeckt hatte.
Das Blatt lag mitten auf dem Tisch, und darauf stand die unheilvoll dreinblickende Holzfigur aus Pierre Boucards Galerie.
Es ist zum Verrücktwerden, dachte Abel. *Oder haben wir sowieso schon alle den Verstand verloren?*
»Wo zum Kuckuck habe ich dieses Gesicht schon gesehen?«, dachte Lisa neben ihm laut nach. »In einer Talkshow vielleicht?« Sie schüttelte den Kopf.
»17:13 Uhr«, sagte Sara Wittstock. »Der Mann mit dem T-Shirt hält Marion im Würgegriff.«
Manon, korrigierte Abel still für sich. Sie hatten mehrfach versucht, Sara die Namen der Zwillinge beizubringen, aber sie konnte sie sich einfach nicht merken. Möglicherweise war es für sie schon eine bemerkenswerte Leistung, den männlichen vom weiblichen Zwilling zu unterscheiden. Jedenfalls hatten sie es aufgegeben, die IT-Expertin zu korrigieren. Jankowski hatte angedeutet, dass sie launisch sein konnte, und wenn sie die Lust verlor, schmiss sie womöglich alles hin.
»Norbert redet auf ihn ein. Der Mann erschrickt, Marion reißt sich los. 17:15 Uhr. Die Zwillinge rennen weg, der Mann hinter ihnen her.«
Angespannt starrte Abel auf den Bildschirm.
»17:16 Uhr. Wie es aussieht, rennen die Zwillinge nach rechts

in Richtung Gaststätte. Aber das ist jetzt wieder die Amateurkamera von gegenüber. Uraltmodell vom Discounter, die Bildqualität entsprechend mies.«

»Mies« war noch geschmeichelt, dachte Abel. Er unterdrückte ein frustriertes Stöhnen. Auf dem Monitor waren nur Schemen zu sehen. Die schlaksige Doppelsilhouette von Manon und Noah war unverkennbar, aber zur Identifikation des mutmaßlichen Kidnappers, der die Zwillinge wenig später aus dem Bistro gelotst hatte, war diese Kamera definitiv nicht zu gebrauchen.

»17:17 Uhr. Der Mann mit dem Logo-Shirt bleibt vor der Toreinfahrt stehen und starrt hinter Lothar und Margot her. 17:18 Uhr. Er dreht nach links ab, geht die Torstraße runter, biegt in die Ackerstraße und ist weg.« Wie zum Beweis begann der Bildschirm zu flackern und wurde schwarz.

Diesmal gelang es Abel nicht, seine Frustration zu verbergen. »Das darf doch nicht wahr sein«, sagte er. »Was heißt *weg*? Er muss doch irgendwo sein?«

Sara Wittstock drehte sich erneut zu ihm um. »Fred, oder?« Er nickte genervt. »Also, Fred«, fuhr sie fort, »*weg* heißt nicht, dass er sich dematerialisiert hätte. Oder dass sich unter seinen Füßen die Erde geöffnet und ihn verschluckt hätte. Und es heißt auch nicht ...«

Abel hob beide Arme und zeigte ihr seine Handflächen. »Okay, sorry, verstanden. Was heißt es also?«

»Keine Kameras«, sagte sie und lupfte eine Augenbraue. »Ich dachte, das versteht sich von selbst.«

Abel atmete tief durch und nickte ihr zu. *Sie hat ja recht*, dachte er. *Ich stehe völlig neben mir.*

»In der Ackerstraße gibt es auf ungefähr zweihundert Meter keine Kameras«, fuhr sie fort. »Jedenfalls konnte ich keine finden. Vorne an der Linienstraße haben wir wieder Bilddaten, aber da taucht der Mann nicht auf.« Sie tippte einen Befehl in ihr Keyboard. Der Bildschirm belebte sich, eine Straßenkreuzung wurde sichtbar, Autos, Passanten, aber der

Mann mit der Vorliebe für Diesel-Outfit war nicht dabei.
»Ich habe *siebenundzwanzig* Minuten im Schnelldurchlauf gecheckt«, sagte sie und loggte sich wieder aus.
Warum gerade siebenundzwanzig? Abel verkniff sich die Frage. Es spielte keine Rolle.
Sara Wittstock rief Google Maps auf und zeigte ihnen den entsprechenden Abschnitt der Ackerstraße. »Was er auf dieser Strecke gemacht hat, wissen wir nicht«, sagte sie.
Abel nickte erneut. Jankowski und Lisa begannen zu diskutieren, wie der Mann sich unsichtbar gemacht haben konnte. Vielleicht war er in ein Taxi gestiegen, vielleicht war er in eine Bar gegangen und hatte die Kamera an der Ecke Linienstraße erst später passiert.
»Vergessen wir den Typ mal für einen Moment«, sagte Abel. »Um den kümmert sich ja Moewig. Aber was ist mit meinem angeblichen Assistenten? Kriegen wir den irgendwo ins Bild?«
»Mit der Schrott-Cam bestimmt.« Sara Wittstock tippte einen Befehl in ihr Keyboard, und abermals kam der Eingang des »Chaud et Froid« ins Bild, gefilmt aus dem dritten Stock gegenüber. Gelblich grüne Schemen waberten auf dem Bürgersteig vor dem Bistro vorbei, einzelne Schemen lösten sich aus dem Strom und wallten durch die Tür ins Lokal. Ob Mann oder Frau, war kaum zu unterscheiden.
»Hier ist der beste Schuss von der Kamera gegenüber«, sagte Sara. Sie spulte nach vorn, bis der Zeitstempel *14.7. – 17:33 Uhr* am unteren Bildrand auftauchte. Sie klickte auf *Play,* ein grünlicher Schemen löste sich aus dem Passantenstrom und wallte wie ein Nebelschwaden auf die Bistrotür zu.
»Bitte stopp mal hier, Sara. Scharfstellen und vergrößern, so weit es geht«, sagte Timo Jankowski.
Das Bild fror ein, sie zoomte auf den Schemen, der vor der Tür verharrte und sich zur Straße umzuwenden schien. Aber nicht mal das ließ sich mit Sicherheit sagen. Sein Gesicht wies keinerlei individuelle Züge auf, es war einfach ein gelblich

grünes Oval mit ein paar zitternden Schatten ungefähr dort, wo sich normalerweise Augen, Mund und Nase befanden.
»Könnte der hier unser Mann sein? Was meint ihr?« Abel beugte sich vor und suchte aus den Papierstapeln das Foto heraus, das er von KHK Herold bekommen hatte.
Jörg Halfter alias der Darkroom-Killer schaute irgendwie abwesend in die Kamera. Mit seiner Stirnglatze und dem graumelierten Ziegenbart war er eine Allerweltserscheinung. *Ein Mann, an den man sich schon kaum mehr erinnert, wenn man ihm den Rücken zugedreht hat,* ging es Abel durch den Kopf.
»Wie kommst du denn gerade auf den?« Lisa sah Abel verwundert an. »Das ist doch dieser Serienkiller, der in Schwulensaunas sein Unwesen treibt?«
»So ungefähr, ja.« Abel nickte. »Gestern hat mich Hauptkommissar Herold von der zuständigen Soko aufgesucht. Der sogenannte Darkroom-Killer hat geschworen, sich ›grausam zu rächen‹, falls sich ihm jemand in den Weg stellt. Und auf der PK am Dienstag hat so ein Idiot von der PR-Abteilung in alle Mikrofone posaunt, dass ich derjenige sei. Weil ich bei der Obduktion seines jüngsten Opfers das entscheidende Puzzlestück gefunden habe, um ihn zu identifizieren.«
»Und deshalb, glaubst du, könnte er sich deine Kinder gegriffen haben – um sich an dir zu rächen?« Timo Jankowski rieb sich mit einer Hand im Nacken und hielt sich mit der anderen das Foto des Darkroom-Killers vor die Nase.
»Jedenfalls hat er ein Motiv.«
»Falls er das überhaupt mitbekommen hat«, gab Lisa zu bedenken. »Haben die Medien denn groß über deine Rolle bei diesem Fall berichtet? An mir ist das jedenfalls vorbeigegangen. Allerdings war ich gestern auch die meiste Zeit offline.«
»In einer Lokalzeitung – *B.Z.* oder *Kurier,* das weiß ich jetzt nicht so genau – gab es zumindest ein Foto von dir, Freddy«, sagte Jankowski. »In Zusammenhang mit der Fahndung nach diesem Halfter. Ich habe den Artikel überflogen, aber bei mir

ist vor allem hängen geblieben, dass sich der Oberstaatsanwalt wie üblich selbst beweihräuchert hat. Vielleicht hat der Darkroom-Killer also theoretisch ein Motiv, sich an dir zu rächen, aber in der Praxis hat er es möglicherweise gar nicht mitgekriegt.«

»Außerdem müsste er aktuell Besseres zu tun haben«, fügte Lisa hinzu.

»Das glaube ich im Grunde auch«, sagte Abel. »Den Ausschnitt aus der Pressekonferenz, in dem mein Name gefallen ist, haben laut Herold diverse Radiosender gebracht, und zwar teilweise mit stündlicher Wiederholung. Aber Halfter ist zur Fahndung ausgeschrieben und er ist ein Einzeltäter. Rein theoretisch könnte er wohl meine Adresse herausbekommen, den familiären Hintergrund recherchiert haben und mit der entsprechenden Tarnung im Bistro zugeschlagen haben. Aber wie wahrscheinlich ist das? In so kurzer Zeit?«

»So ganz unwahrscheinlich auch wieder nicht.« Timo Jankowski sah ihn nachdenklich an. »Schick mir mal alles rüber, was du über diesen Halfter hast. Ich versuche mir gleich morgen früh ein Bild von dem Mann zu machen. Wenn er so narzisstisch ist, wie es auf diesem Foto aussieht, kann es sehr gut sein, dass er gerade jetzt beweisen will, was in ihm steckt. Seht ihn euch doch an: der personifizierte Mr. Cellophan, ein Mann ohne jede Präsenz, aber sein nach innen gerichteter Blick nimmt mit Sicherheit ganz jemand anderen wahr. Eben den Darkroom-Killer, der Macht über andere Menschen hat. Der ihnen alles rauben kann, ihr Vermögen oder auch ihr Leben, wie es ihm gerade gefällt.«

»Und wie siehst du das, Sara?«, fragte Abel. »Gibt es irgendeine Möglichkeit, die individuellen Merkmale von Halfter mit der Person auf dem Video abzugleichen?« Er nahm Jankowski das Foto ab und legte es neben Saras Laptop.

Sara Wittstock warf nicht mal einen Blick auf die Fotografie. »Das Ding hier hat keine individuellen Merkmale«, sagte sie und tippte auf den Monitor, wo nach wie vor der gelblich grüne Schemen eingefroren war. »Es könnte genauso gut ein Affe, ein Alien oder ein Android sein.«

Abel ging die Frage durch den Kopf, ob sie gleich weitere absurde Optionen in alphabetischer Ordnung aufzählen würde, diesmal beginnend mit B. Aber plötzlich war er mit seinen Gedanken weit weg.

Abermals sah er die Szene aus seinem Alptraum vor sich. Die beiden Schläger, die auf ihn einprügelten, und ihre Gesichter glichen denen auf Manons Zeichnung.

Vielleicht gibt es ja doch einen Zusammenhang, grübelte er, *zwischen dem, was die beiden auf Guadeloupe gesehen haben, und ihrem Verschwinden hier in Berlin? Und mein Unterbewusstes hat mir genau diese Botschaft geschickt: Deine Kinder schweben in derselben Gefahr, in der du selbst letztes Jahr warst – von osteuropäischen Verbrechern verfolgt?*

☠ ☠ ☠

»Bert?«

Lisa berührte ihn am Arm. »Sie meint dich, Fred.«

Abel fuhr zusammen. »Ja, was ist?«

»Fred, schon klar«, sagte Sara Wittstock. »Vielleicht nennst du mir jetzt mal die Telefonnummern von deinem Nachwuchs. Jedenfalls, wenn du willst, dass ich ihre Handys orte.« Sie sah Abel nicht an, sondern tippte mit zehn Fingern auf ihr Keyboard ein. »Beziehungsweise dass ich die Position rekonstruiere, an der sie zum letzten Mal ein Signal von sich gegeben haben.«

Abel starrte auf ihren Hinterkopf. Ihr zerzauster Haarschopf kam ihm wie eine Lüge vor. Wie eine Vortäuschung menschlicher Wärme.

»Natürlich«, sagte er. »Das ist eine großartige Idee.«

»Eine ziemlich naheliegende«, berichtigte sie ihn.

Abel warf Lisa einen Blick zu. Sie nahm ihr Smartphone vom

Tisch und diktierte Sara Wittstock die Handynummern der Zwillinge.

»Guadeloupe, ja?«, vergewisserte sich Sara Wittstock. Sie fuhr sich mit gespreizten Fingern durch die Haare. »Dann ist die plus 590 also korrekt.«

Abel und Lisa sahen sich schulterzuckend an. Offenbar hatte sie auch sämtliche Ländervorwahlnummern im Kopf. Er schaute zu Jankowski, aber der Profiler hatte ausschließlich Augen für Sara. Er saß so dicht neben ihr, dass ihr Atem sich vermischte. Die IT-Expertin ihrerseits beobachtete die Grafiken, die sich auf dem Monitor in rascher Folge aufbauten. Falls es irgendwelche Gefühle in ihr auslöste, dass Jankowski praktisch auf ihrem Schoß saß, ließ sie es sich nicht anmerken.

»Ich habe anhand der Funkmasten gecheckt, in welchen Slots die beiden Handys im fraglichen Zeitraum eingeloggt waren. Die geografische Genauigkeit liegt bei plus minus dreißig Metern. Die Zwillinge waren bis 17:33 Uhr in der Torstraße, also wahrscheinlich in der Gaststätte. Dann Fortbewegung mit einer durchschnittlichen Geschwindigkeit von zirka dreiundzwanzig Stundenkilometern, also keinesfalls zu Fuß. Fahrtrichtung Norden, 17:49 Uhr S-Bahnhof Gesundbrunnen, Ecke Ramlerstraße. Dort bleiben sie bis 17:56 Uhr im selben Quadranten, dann erlöschen die Signale beider Handys kurz nacheinander. Was bedeutet, dass die SIM-Karten und der Chip zerstört worden sein müssen.«

Sie zeigte auf ihren Laptop, und Abels Magen verkrampfte sich. Die Kurvendiagramme erinnerten ihn an EKG-Grafiken. Um 17:56 Uhr endeten beide Kurven in einem Abstand von dreizehn Sekunden.

»Kann es nicht sein, dass sie ihre Handys einfach ausgeschaltet haben?«, fragte Lisa.

Sara Wittstock schüttelte den Kopf. »Nein.«

Abel hörte den Wortwechsel wie durch einen Nebelschleier. Er nahm seinen Blackberry vom Tisch und rief Moewig an. Der hatte den Mann mit dem Diesel-Logo weitestgehend vergeblich befragt und wollte sich nun auf den Weg zu ihm machen.

Abel teilte ihm mit, wie bei ihnen der Stand war. Er wunderte sich über sich selbst, weil er so klar und gleichmäßig sprechen konnte. Obwohl er sich fühlte, als würde er unter Wasser gedrückt und verzweifelt versuchte, wieder an die Oberfläche zu gelangen.

»Brunnenstraße, Ecke Ramlerstraße«, sagte er. »Bitte schau nach, ob du dort zwei Smartphones findest, höchstwahrscheinlich zerstört. Ein pinkfarbenes iPhone und ein älteres Samsung. Wie es aussieht ...« Seine Stimme versagte. »Wir müssen davon ausgehen«, setzte er neu an, »dass die Entführer die Handys der beiden funktionsuntüchtig gemacht haben, damit ihre Spur nicht nachverfolgt werden kann. Bitte melde dich, sobald du dort nachgesehen hast.«

Abel beendete das Gespräch und sackte auf seinen Stuhl. Er schenkte sich Wasser nach, trank und versuchte, an nichts zu denken. Doch darin war er noch nie gut gewesen, sein Verstand ließ sich nicht nach Belieben an- und abschalten. In seinem Beruf war es sonst einer seiner stärksten Trümpfe, dass es in seinem Kopf ständig arbeitete, doch für sein Nervenkostüm war das unter den gegebenen Umständen extrem belastend.

Er beugte sich vor und zog die feindselig starrende Holzfigur mitsamt Noahs Zettel zu sich heran.

Eine Schlüsselszene, hatte Noah notiert, *P. wird klar, dass es bei dem Deal nicht um Handel mit gefälschter Kunst geht. Wer kauft schon so eine Horrorpuppe für zweitausend Dollar? Bullshit, es geht natürlich um den geheimen Inhalt der Figuren. Dope? Pete denkt, er soll nur gefälschte Kunst verkaufen, dabei ist er Dealer, ohne es zu wissen. Oder noch eine Drehung weiter? Wenn die beiden Mafiosi ihm »anvertrauen«, dass die Figuren z. B. reines Heroin enthalten, aber in Wirklichkeit geht es um noch etwas anderes. Nämlich um hochbrisante Daten auf Sticks oder Mikrochips ...*

Abel hatte die Notiz in den letzten Stunden mehrfach gelesen, aber er wurde nicht schlau daraus. Auf allen anderen Zetteln hatte Noah Einfälle für möglichst schrille und effektvolle Comic-Szenen aufgeschrieben, doch diese Notiz stach heraus. Handelte es sich trotzdem nur um weitere Überlegungen zu einer fiktiven Comic-Szene, oder hatte diese Notiz eine reale Grundlage? War »P.« also Pierre, Claires Lebensgefährte, oder Pete, die Krimifigur? Gab es in der Holzfigur tatsächlich einen Hohlraum, in dem man was auch immer deponieren konnte – oder hatten die Zwillinge sich das alles nur ausgedacht?
Die Kamerabilder aus dem Hinterhof des »Chaud et Froid« hatten Abels Verwirrung komplett gemacht. Was die Zwillinge dort beobachtet hatten, passte gespenstisch gut zu der Szene, die Noah *vorher* aufgeschrieben hatte! Fehlte nur, sagte sich Abel, dass der Kunde mit dem Froschgesicht als Nächstes die kleine Plastiktüte, die er von dem Dealer gekauft hatte, in einer Holzfigur wie dieser hier versteckte.
Abel drehte sie in seinen Händen hin und her. Einen geheimen Mechanismus, eine verborgene Öffnung, ein gut verstecktes Gewinde – er hatte nichts dergleichen entdeckt. Gerade fragte er sich, ob er das verdammte Ding im Computertomographen auf verborgene Mechanismen oder Hohlräume untersuchen sollte, da vibrierte sein Smartphone.
»Freddy, mein Freund, setz dich erst mal hin«, sagte Moewig. »Ich habe beide Handys gefunden – in x Teile zerbrochen und über fünfzig Meter im Rinnstein verteilt.«
Abel blieb fast das Herz stehen. »Oh Gott«, sagte er. »Lass alles, wie es ist, Lars. Ich verständige die Polizei.«

☠ ☠ ☠

25

**Berlin-Reinickendorf, Brunnenstraße / Ecke Ramlerstraße,
Donnerstag, 15. Juli, 01:22 Uhr**

Als Lisa und Abel in Gesundbrunnen eintrafen, war der Bereich Brunnenstraße / Ecke Ramlerstraße bereits mit Warnkegeln und Flatterband abgesperrt. Drei Streifenwagen mit rotierendem Blaulicht blockierten den rechten Fahrstreifen der Brunnenstraße, neben der Moewig die Smartphone-Überreste im Rinnstein entdeckt hatte.
Trotz der späten Stunde waren noch unzählige Autos unterwegs. Vom Park auf der anderen Straßenseite drangen Partygeräusche zu ihnen herüber. Stampfende Beats, schrilles Gelächter.
Abel stellte seinen Wagen hinter Moewigs Lada am Straßenrand ab, wenige Meter vor der Absperrung. Er stieg aus, sofort trat ihm ein Streifenbeamter in den Weg. »Sie können hier nicht …«
»Was genau kann ich nicht?« Abel hatte seinen BKA-Ausweis schon in der Hand.
Der Polizist runzelte die Stirn. Er machte den Mund auf, überlegte es sich dann aber offenbar anders und winkte Abel und Lisa kommentarlos durch.
Überall Uniformierte. Ein KT-Team schleppte Aluminiumkoffer herbei. *So viel Betriebsamkeit,* dachte Abel, *nur leider viele Stunden zu spät.*
Ihm war schwindlig, es rauschte in seinen Ohren. Im ersten halben Jahr nach dem Überfall hatte sein Kreislauf regelmäßig verrückt gespielt, wenn er unter Stress geraten war. Schweißausbrüche, Herzrasen. Mit der Zeit hatte sich das wieder normalisiert, aber bei extremem Stress kehrten die Symptome anscheinend noch immer zurück. Sein Rücken war schweißnass, was sicher nicht allein mit der warmen Sommernacht zu erklären war.

Die diensthabenden Beamten vom Kriminaldauerdienst kamen ihm erschreckend jung vor. »Oberkommissar Maier«, stellte sich der eine vor, ein Milchbubi mit schütteren Koteletten, »Kommissar Ülmük« der andere, ein glutäugiger Schönling mit Schnauzbart.
»Wer ist Ihr Vorgesetzter?«, fragte Abel. »Wir haben schon viel zu viel Zeit verloren. Die Fahndung muss auf der Stelle anlaufen!«
»Versuchen Sie bitte, ruhig zu bleiben, Herr Dr. Abel.« Maier deutete zu dem Polizei-Bully. »Setzen wir uns in den Einsatzwagen, da können wir Ihre Aussage aufnehmen. Hier stehen wir nur der KT im Weg.«
Lisa hakte ihn unter und zog ihn sanft hinter den beiden Kommissaren her. Die Kriminaltechniker in ihren hellgrauen Overalls fotografierten die Handy-Bruchstücke im Rinnstein und verstauten sie in Asservierungsbehältern. Maier hatte natürlich recht, hier behinderten sie nur die Ermittlungen.
Moewig lehnte an einem Parkautomaten und rauchte eine seiner Filterlosen. Als er sich ihnen anschließen wollte, wandte sich Ülmük zu ihm um. »Sie gehören nicht zur Familie, oder?«
»Doch«, sagte Abel. »Herr Moewig ist Privatdetektiv und ein enger Freund. Er hat in meinem Auftrag bereits seit heute Nachmittag ermittelt. Nachdem Ihre Kollegen von der Streife nicht einmal bereit waren, meine Anzeige aufzunehmen. Und er hat die Handy-Bruchstücke hier gefunden.«
Ülmük und Maier wechselten einen Blick. Moewig war ihnen sichtlich nicht geheuer, wie er mit ausdruckslosem Gesicht vor ihnen stand und fast aus seinem Military-Hemd platzte. In den Schultern war er so breit wie die beiden zusammen.
»Also kommen Sie, Herr Moewig.« Ülmük winkte ihn nach Abel und Lisa in den Bully. »Ihre Aussage nehmen wir dann auch gleich auf.«

Sie hatten sich gerade erst an den schmalen Tisch im Einsatzwagen gesetzt – Abel, Lisa und Moewig auf der einen Bank, die Kommissare ihnen gegenüber –, als die Schiebetür des Bullys erneut aufging. »Möglicherweise zur Identifizierung geeignet«, sagte eine Beamtin im KT-Overall und reichte einen transparenten Beweismittelbeutel herein.
Oberkommissar Maier nahm ihn entgegen und legte ihn auf den Tisch. Der Beutel enthielt ein pinkfarbenes Aluminium-Bruchstück, offenbar von einem Smartphone-Gehäuse.
Abel erkannte es sofort. »Das ist von Manons iPhone«, brachte er mühsam hervor. »Eine Verwechslung ist ausgeschlossen, ich war selbst dabei, als sie die beiden Sticker draufgeklebt hat.«
Die Fahne von Guadeloupe, drei französische Lilien und eine stilisierte Sonne vor einem Palmzweig. Und daneben der Sticker mit dem Brandenburger Tor, den er Manon zusammen mit dem iPhone bei ihrem Besuch in Pointe-à-Pitre geschenkt hatte.
Abel griff nach dem Beutel und drehte ihn um. Auf der Rückseite des Gehäuses klebte Blut. Nicht nur ein paar Spritzer, sondern ein ganzes Rinnsal, das durch die Aussparung für die Kameralinse in das Handy gelaufen und dort angetrocknet war.
Ülmük nahm ihm den Beweismittelbeutel aus der Hand. »Wir werden alles Erforderliche tun, um Ihre Kinder zu finden«, sagte er.
»Dann leiten Sie sofort eine Großfahndung ein. Lassen Sie die Fotos in allen Medien veröffentlichen.« Abel sah Lisa an. Sie nahm die Klarsichtfolie mit Lichtbildern von Manon und Noah aus ihrer Handtasche und schob sie über den Tisch.
Maier schaute irritiert von Abel zu Moewig und zurück. »Aber Sie sind der Vater?«, fragte er Abel.
»Es soll vorkommen, dass weiße Männer schwarze Kinder zeugen«, mischte sich Moewig ein. Abel sah das Unbehagen in Maiers Gesicht, als Moewig seine baumstammdicken Un-

terarme auf den Tisch stemmte und sich zu den Beamten vorbeugte. »Vor allem, wenn sie es mit schwarzen Frauen machen«, fügte Moewig hinzu.

»War ja nur eine Frage«, sagte Ülmük und tätschelte sich den Schnauzbart.

»Wenn wir schon beim Fotos-Angucken sind«, sagte Moewig, »diese beiden Typen hier waren in unmittelbarer Nähe des Tatorts, während oder zumindest kurz bevor die Zwillinge gekidnappt worden sind.« Er zog die DIN-A4-Ausdrucke von Leif Beermann alias Diesel und dem Froschgesicht aus der Beintasche, faltete sie auseinander und legte sie vor Maier und Ülmük auf den Tisch.

»Da ist ein Datums- und Zeitstempel von einer Kamera«, sagte Maier. »Wo haben Sie diese Bilder her?«

Moewig zeigte ihm kurz seine bernsteingelben Eckzähne. »Das bin ich heute schon mal gefragt worden, und zwar von dem Clown hier.« Er tippte Beermanns Abbild auf die Stirn. »Die Bilder stammen von einer Überwachungskamera im Hinterhof des Bistros, aus dem die Zwillinge wenige Minuten später gekidnappt worden sind. Der Besitzer der Kamera persönlich hat die Fotos für mich ausgedruckt.«

Gedankenverloren griff Lisa nach dem Foto von Froschgesicht und drehte es zu sich herum. »Verdammt noch mal, ich hab den Typ irgendwo schon mal gesehen – aber mir fällt einfach nicht ein, wo!«

☠ ☠ ☠

26

**Laderaum eines Lkw,
Donnerstag, 15. Juli, 05:16 Uhr**

Ein senkrechter Strich, fingerbreit und lodernd rot. Noah erwachte als Erster, zitternd vor Kälte. Er starrte auf den feuerfarbenen Streifen Licht, sekundenlang begriff er nicht, wo er war. Dann fiel es ihm ein, und er dachte schnell: *Ich schlafe noch.* Aber es war kein Traum. Dafür fühlte es sich viel zu ekelhaft an.

Obwohl er nicht mehr gefesselt war. Dabei hatte er den verdammten Kabelbinder nicht von seinen Handgelenken heruntergekommen, sosehr er sich auch bemüht hatte. Wie auch, ohne Messer? Ein Kabelbinder zog sich nur noch fester zu, wenn man daran zerrte.

Ihren Rucksack hatten sie zwar gefunden, in einer Mulde neben dem linken Hinterrad. Aber außer ihren Sweatshirts und Manons Skizzenheft hatte der falsche Assi kaum etwas darin gelassen. Ihre Handys, Manons Stifte, sein Asthmaspray und sein Messer, alles weg.

Er setzte sich hin und betastete seine Füße. Auch die Fesseln um seine Fußknöchel waren nicht mehr da. Jetzt erst fiel ihm auf, dass sie nicht mehr fuhren. Das Motordröhnen hatte aufgehört. Nur die Kühlung klapperte unermüdlich mit einem hässlichen Flapp-Flapp, wie wenn hartes Plastik gegen Metall schlägt.

»Manon?«

Sie lag neben ihm, nah bei der Tür, und war sofort wach. »Es ist so still«, murmelte sie. »Wo sind wir? Im Wald?«

Vögel zwitscherten, Wasser plätscherte. Dazu ein Rauschen wie von Ästen in leichtem Wind. Oder war das das Brausen einer Autobahn?

»Wir sind in Pierres verdammtem Alptraum«, sagte Noah und überlegte, ob er sich den coolen Spruch notieren sollte.

In Petes beschissenem Alptraum. Er zog den Rucksack zu sich heran, aber dann fiel ihm ein, dass sie nichts mehr zum Aufschreiben hatten. Stattdessen nahm er sein Sweatshirt heraus, auf dem quer über die Brust *Just wanna fly!* stand. Ein weiterer Hit von Tiwony.
»Der Typ hat uns die Fesseln abgemacht«, sagte Manon.
»Komisch, ich habe gar nichts davon mitgekriegt.«
»Ich auch nicht. Oder doch, warte mal.« Er horchte in sich hinein.
Sie waren irgendwann wieder eingeschlafen, immer noch halb weggetreten von der Dröhnung, die der falsche Assi ihnen verpasst hatte. *K.-o.-Tropfen?*, überlegte Noah.
Seine Gedanken zerflossen in alle Richtungen. Sein Gehirn funktionierte nicht richtig. *Konzentrier dich.*
Also, sie hatten den Rucksack gefunden, aber ohne das Messer. Sie hatten ihre Fesseln nicht abgekriegt und sich auch die länglichen Bündel da vorne nicht näher angesehen. Die lagen so reglos da, dass eigentlich kein Leben in ihnen sein konnte. Nicht mehr oder noch nie? Stillschweigend hatten sie beschlossen, dass es ihnen mit der Antwort nicht besonders eilig war. Noch mehr Horror konnten sie im Moment nicht gebrauchen.
Stattdessen waren sie wieder weggedämmert. Vorher hatte Noah gerade noch mitbekommen, wie vorne in der Wand zur Fahrerkabine eine Klappe aufgegangen war. Den Mann, der sich zu ihnen in den Laderaum hinübergeschoben hatte, konnte er nicht erkennen. Nicht mal seine Umrisse, es war ja stockdunkel, eigentlich roch Noah nur, dass da ein Mann war.
»Rauch, Schweiß, Alkohol«, sagte er zu Manon. »So ähnlich wie bei Pierre, wenn er Schlagzeug gespielt hat, nur dass der Typ richtig ätzend gestunken hat. Nicht nach Havanna-Zigarren und Rum wie Pierre, sondern nach Zigaretten und irgendwelchem Schnaps. Er hat sich über mich gebeugt und mir hier eine Spritze reingehauen.« Er tippte sich seitlich an

den Hals. »Und danach bei dir wahrscheinlich genauso, aber das hab ich schon nicht mehr mitbekommen.«
War das derselbe Mann, der uns aus dem »Chaud et Froid« weggeschleppt hat? Wie hat der gerochen? Er konnte sich nicht erinnern.
»Ich hab's auch nicht mitgekriegt«, sagte Manon. »Und dann hat er uns die Fesseln abgemacht? Warum?«
Suchend sah sie sich um. Der Ventilator in der Seitenwand schleuderte rote Lichtschnipsel in den Laderaum. Es sah aus wie eine Wolke aus Feuerwanzen, und sie tanzten über einem verbeulten Blecheimer, neben dem eine Rolle Klopapier lag.
»Schöne Scheiße«, sagte Noah. Es hatte ein weiterer cooler Spruch werden sollen, aber dafür hörte sich seine Stimme zu kläglich an. Wie bei einem verängstigten Kind. Doch klein beigeben kam gar nicht in Frage. Wenn sie anfangen würden, hier ängstlich rumzuwimmern, würde alles nur noch schlimmer werden. Das hörte sich vielleicht nicht besonders logisch an, aber Noah spürte, dass es trotzdem so war.
»Sollen wir knobeln, wer als Erster darf?«, fragte er.
Manon brauchte einen Augenblick, dann war sie dabei. »Hey, wir haben doch schon vor Ewigkeiten vereinbart, dass ich immer als Erste ins Bad darf!«
»Absolut richtig. Wenn du hier irgendwo ein Bad findest, lasse ich dir gerne den Vortritt.«
Die Decke des Laderaums war so niedrig, dass er im Stehen den Kopf einziehen musste. Er nahm sich fest vor, seine Augen von den länglichen Bündeln fernzuhalten. Aber das war nicht ganz leicht, das erste dieser Dinger – falls es Dinger waren – lag weniger als einen Meter neben dem Blecheimer. Dann traf ihn der schneidend kalte Luftzug von der Kühlung, und er vergaß alles, die unheimlichen Bündel, den beschissenen Eimer, ihre ganze grässliche Lage. Seine Bronchien krampften sich zusammen, er hörte sich rasselnd Luft holen und mit einer Stimme wie ein Grabgespenst röcheln:
»Das Asthmaspray! Mach schnell, Manon!«

Noah sackte neben dem Eimer auf den Wellblechboden und hustete sich die Lunge aus dem Leib.

☠ ☠ ☠

27

**Berlin-Tiergarten, LKA-Gebäude Keithstraße,
Donnerstag, 15. Juli, 09:10 Uhr**

Frau Wegerich telefoniert noch. Bitte gedulden Sie sich einen Moment.« Die junge Frau zeigte auf einen altersschwachen Holzstuhl im Vorzimmer der Kriminalhauptkommissarin.
Abel ignorierte den Fingerzeig der mutmaßlichen Praktikantin, die kaum älter als Manon zu sein schien. Er war hellwach, sein Verstand arbeitete auf Hochtouren. Dabei hatte er keine Sekunde lang geschlafen. Adrenalin rauschte durch seine Blutgefäße. Er würde weder ruhen noch rasten, bis seine Kinder wohlbehalten wieder bei ihm waren. Und die Kidnapper verhaftet oder tot.
Er hatte ab sieben Uhr früh herumtelefoniert, bis er in Erfahrung gebracht hatte, dass Kriminalhauptkommissarin Wegerich die Ermittlungen im »Vermisstenfall Manon und Noah Borel« vom KDD übernommen hatte. Ausgerechnet die Wegerich vom LKA 18, Dezernat Vermisste Personen, mit deren Stil er schon immer seine Schwierigkeiten gehabt hatte.
Vorher hatte er Herzfeld auf die Mailbox gesprochen und angekündigt, dass er heute erst später und wahrscheinlich auch nur kurz zum Dienst kommen könne. Seine Kinder seien gekidnappt worden, Einzelheiten persönlich am späteren Vormittag.
Es machte ihn rasend, dass er warten musste. Er ging im Vor-

zimmer auf und ab und fixierte die geschlossene Tür am anderen Ende des Raums, als könnte er sie auf telepathischem Weg öffnen.
Vielleicht mit Hilfe der Holzfigur, dachte er. *Vielleicht hat sie ja Voodoo-Kräfte oder so etwas.*
»Entschuldigen Sie, Herr Abel«, sagte Susanne Wegerich, die plötzlich vor ihm stand. Er hatte gar nicht bemerkt, dass die Tür aufgegangen und die Kommissarin auf ihn zugekommen war, in ihrem hageren Gesicht eine Andeutung von Mitgefühl. »Ich hätte Sie nicht warten lassen, wenn der Anruf nicht wichtig gewesen wäre. Im Grunde ging es dabei auch um Ihre Sache.«
Im Grunde? Was heißt das? Abel verkniff sich die Frage. Er musste alles unterlassen, was ihre Kooperationsbereitschaft gefährden konnte.
Er erwiderte den kräftigen Händedruck der Mittvierzigerin und folgte ihr in ihr Eckbüro, das geräumig war, aber wie der ganze LKA-Bau so düster, dass die künstliche Beleuchtung ständig eingeschaltet blieb. Susanne Wegerich hatte ihre langen Beine in karottenfarbene Röhrenjeans gezwängt. Dazu trug sie ein graues Kapuzenshirt und Adidas-Schuhe. Ihre Haare waren kurz geschnitten und mittlerweile auch schon eher grau als brünett. Abel kannte die erfahrene Kriminalistin seit vielen Jahren. Daher war ihm auch bewusst, dass sie ziemlich eigensinnig war, eine Eigenschaft, die er normalerweise schätzte, die sie aber leicht auf Konfrontationskurs bringen konnte.
Jetzt, da es um seine Kinder, um seinen eigenen Fall ging, war alles anders. Alles ging ihm sofort unter die Haut, während er sonst immer von einer professionellen Rüstung umgeben gewesen war. Schon die beiden Schläger hatten Risse in diese Rüstung gebrochen. Und das hier ging ihm nicht nur nahe, es traf ihn mitten ins Herz.
»Ich habe Ihre Aussage natürlich gelesen«, sagte Susanne Wegerich. Sie war auf ihren Schreibtischstuhl zurückgekehrt

und hatte einen dünnen, blassgelben Schnellhefter aufgeschlagen. »Setzen Sie sich doch, bitte.«
Widerwillig nahm Abel auf dem Besucherstuhl vor dem Schreibtisch Platz. Er war so angespannt, dass er kaum stillsitzen konnte.
»Und die Beobachtungen, die Herr Moewig zu Protokoll gegeben hat, selbstverständlich auch«, fügte die Kommissarin in unüberhörbar skeptischem Tonfall hinzu, während sie die wenigen Blätter in dem Schnellhefter überflog. »Wir ermitteln wie üblich in alle Richtungen«, sagte sie und legte den Schnellhefter zur Seite. »Aber um offen zu sein, der von Ihnen und Herrn Moewig vorgeschlagene Ansatz überzeugt mich nur bedingt. Ein Dealer, der von zwei Jugendlichen beobachtet wird, wie er einem Kunden Dope verkauft, und deswegen einen Kidnapper losschickt? Was glauben Sie, was hier los wäre, wenn jeder Drogenverkäufer unerwünschte Augenzeugen kurzerhand entführen lassen würde? Lieber Herr Abel, Sie sind doch ein erfahrener BKA-Kollege. Aber natürlich, ich verstehe das ja – in diesem Fall sind Sie hauptsächlich ein Vater, der vor Sorge nicht mehr weiß, wo ihm der Kopf steht.«
Sie sandte ihm ein Lächeln, das wahrscheinlich aufmunternd wirken sollte, aber seinen Zweck vollkommen verfehlte. Abel fühlte sich, als wäre er in eine Faust gelaufen.
Er zwang sich, einmal kräftig durchzuatmen, bevor er zu einer Antwort ansetzte. »Möglicherweise sind meine Kinder in diesem Hinterhof ja in etwas Brisanteres hineingeraten. Vielleicht haben nicht einfach nur Drogen den Besitzer gewechselt. Haben Sie sich die Bilder von der Überwachungskamera angesehen?«
»Von der illegalen Kamera«, präzisierte die Kommissarin. »Als Beweismaterial ist das nicht zu gebrauchen.«
»Das weiß ich auch. Trotzdem werde ich das Gefühl nicht los, dass der Mann, dem dort etwas übergeben worden ist, eine Schlüsselrolle spielt. Oder spielen könnte«, schränkte er

ein, als er die Skepsis in Susanne Wegerichs Gesicht sah. »Lisa Suttner, meiner Lebensgefährtin, kommt der Mann bekannt vor. Sie kann sich nur bisher nicht erinnern, wo sie ihm begegnet ist. Haben Sie ihn schon identifiziert?«
Sie schüttelte den Kopf. »Sie verrennen sich da in etwas, Herr Abel. Sie greifen nach dem sprichwörtlichen Strohhalm, das ist ja menschlich verständlich. Aber der Mann hat doch gar kein Motiv. Er war längst wieder von der Bildfläche verschwunden, als dieser Dealer« – sie blätterte im Schnellhefter – »als Leif Beermann mit Ihren Kindern geredet hat. Beermann ist übrigens polizeibekannt, ein Kleinkrimineller, der den sogenannten Pankow Boys zugerechnet wird. Mit etwas Brisanterem als illegalen Rauschmitteln hat der in seinem Leben nicht zu tun gehabt, das wäre auch nicht seine Kragenweite. Aber natürlich gehen wir auch diesem Hinweis nach.«
Susanne Wegerich unterbrach sich und sandte Abel ein schiefes Lächeln, das ihre Ungeduld nicht verbergen konnte. Und es vermutlich auch nicht sollte. »Jetzt nehmen Sie doch bitte mal für eine Sekunde einen neutralen Standpunkt ein. Beermann greift sich also zwei dunkelhäutige Teenager, die – wenn überhaupt – nur gebrochen Deutsch sprechen können. Glauben Sie wirklich, der hat ihnen geglaubt, dass ihr Papa ein hohes Tier beim BKA ist?«
»Auf dem Video ist deutlich zu sehen, dass Noah ›BKA‹ sagt und Beermann daraufhin einen Riesenschrecken bekommt.«
»Der Mann hat ein drogenbedingtes Nervenproblem. Das vor allem ist auf dem Video deutlich zu sehen.«
Abel fuhr sich mit der Hand übers Gesicht. Es war besser, auf diesem Punkt nicht weiter herumzureiten, beschloss er. Mit Moewigs Hilfe würde er herausfinden, wer der Mann mit dem Froschgesicht war und was für ein Geschäft er mit Beermann abgewickelt hatte. Dann würde sich zeigen, ob sie irgendetwas mit dem Kidnapping zu tun hatten.

»Also halten Sie es für wahrscheinlicher, dass meine Kinder von Halfter entführt worden sind?«
Susanne Wegerich machte große Augen. »Von wem, bitte? Ach so, ja, der sogenannte Darkroom-Killer.« Sie produzierte erneut ein müdes Lächeln, das auf halbem Weg zu ihren Augen verendete. »Auch diese Möglichkeit werden wir selbstverständlich prüfen. Ich habe Ihre diesbezügliche Aussage gelesen. Von einem Ihrer BKA-Kollegen« – sie blätterte erneut – »von Herrn Jankowski habe ich heute früh schon eine umfangreiche Stellungnahme erhalten. Er vertritt die Ansicht, dass Halfter nicht nur ein Motiv hat, sondern aufgrund seiner Persönlichkeitsstruktur auch die erforderlichen subjektiven Voraussetzungen erfüllt. Größenwahn, Machtanspruch, Sadismus et cetera.«
Sie schloss den Hefter und klopfte mit der flachen Hand darauf. »Ein kluger Kopf, der Herr Jankowski«, sagte sie. »Allerdings hätte er sich die Arbeit sparen können. Nach Halfter wird ja sowieso mit Hochdruck gefahndet. Mein Kollege Schneider und ein KT-Team sind gerade dabei, das Bistro und die Umgebung in der Torstraße zu untersuchen. In ein, zwei Stunden wissen wir, ob es Augenzeugen gibt, die Halfter dort gestern gesehen haben. Oder sogar einen Fingerabdruck von ihm im Bistro. Dadurch würde er natürlich zu einem Hauptverdächtigen werden. Aber im Moment halte ich einen ganz anderen Ansatz für weitaus plausibler.«
»Und der wäre?«, fragte Abel.

☠ ☠ ☠

Susanne Wegerich faltete die Hände vor sich auf der Tischplatte und schaute einen Moment ins Leere. »Herr Abel, im letzten Jahr hat sich in diesem Land einiges verändert«, sagte sie. »Stichwort Flüchtlingskrise. Sie haben das während Ihrer Auszeit vielleicht nicht so mitbekommen, aber mit den Millionen Migranten sind auch Tausende unbegleiteter Kinder und Jugendliche bei uns gestrandet. Das ist leider nicht unbemerkt geblieben, weder bei der global agierenden organisierten Kriminalität noch bei regionalen Pädophilen-Netzwerken. Die ziehen mit ihren Schleppnetzen durchs Land, und auch wenn es bestimmt das Letzte ist, was Sie hören möchten: Ihre Zwillinge passen perfekt in deren Suchraster. Afrokaribische Teenager, gesund und gerade gewachsen – was glauben Sie, welche Preise die modernen Sklavenhändler für einen solchen Fang aufrufen?«

Sklavenhändler, das Wort traf Abel wie ein Peitschenhieb. »Was?« Er presste sich unwillkürlich die Faust vor den Mund. »Wiederholen Sie das noch mal.« Noahs bittere Anklage kam ihm in den Sinn: »Wir sind immer noch versklavt, auch wir heute noch.«

»Stichwort minderjährige Zwangsprostituierte«, sagte die Kommissarin. Scharfe Falten zogen sich fast senkrecht von ihren Nasenflügeln zu den Mundwinkeln. Aus irgendeinem Grund musste Abel daran denken, dass sie Marathonläuferin war. Vielleicht, weil er selbst den Drang verspürte, wegzulaufen. Oder weil sich sein Verstand auf einen beliebigen Gegenstand stürzte, um nicht zur Kenntnis nehmen zu müssen, was Susanne Wegerich ihm mit diesem halbautomatischen Lächeln mitteilte.

»Variante eins«, fuhr die Hauptkommissarin fort. »Die verschleppten Kinder und Jugendlichen werden irgendwo in einem leerstehenden Gehöft in Brandenburg oder Meck-Pomm gefangen gehalten. Die Zuhälter bringen sie von dort zu den jeweiligen Kunden, oder die Freier suchen sie in ihren Kerkern auf. Oder Variante zwei. Die gekidnappten Minderjährigen werden auf direktem Weg außer Landes geschafft und verschwinden nicht selten auf Nimmerwiedersehen, zum Beispiel in einem der sogenannten Kinderharems im arabischen Raum.«

Abel lief es eiskalt den Rücken hinunter.

»Das ist doch Blödsinn«, brachte er hervor. »Entschuldigen

Sie, Frau Wegerich, aber für mich ist offensichtlich, dass Sie im falschen Film sind. Wie passt denn der Mann zu Ihrer Theorie, der meine Kinder aus dem Bistro gelockt hat? Irgendwelche Menschenhändler, die Kinder und Jugendliche einfangen, können doch unmöglich gewusst haben, dass ich ihr Vater bin! Der Typ wusste ja sogar, welchen Spruch er aufsagen musste, damit sie mitkommen würden, ohne Verdacht zu schöpfen! Der Dealer aus dem Hinterhof konnte dieses Wissen haben, und dass der Darkroom-Killer sich das alles irgendwie zusammenpuzzelt, kann ich mir notfalls auch noch vorstellen – aber Ihre Pädo-Typen nie und nimmer!«
Susanne Wegerich lehnte sich auf ihrem Drehstuhl zurück und blies sich eine Haarsträhne aus der Stirn. »Das kann man so sehen, nur geht es leider an der Realität vorbei. Wir reden hier von global agierenden Menschenhändlern und nicht von einzelnen, triebgesteuerten Pädophilen, die in einer Kurzschlusshandlung zuschlagen. Und wir reden von den Kunden der Menschenhändler, schwerreichen Alphatieren, die ganz genaue Vorstellungen haben, was für eine Ware sie erwerben wollen. Die Händler wiederum haben Scouts an allen relevanten Orten – und ein großer Teil davon liegt momentan in Deutschland. Die Scouts surfen durch die Social-Media-Netzwerke, streifen durch die Städte, klappern Flüchtlingsheime, öffentliche Plätze und so weiter ab und erstellen massenweise Dossiers von potenziellen Zielpersonen, neudeutsch Targets. Mit Adresse, Hintergrund, Kurzbiografie, Fotos und so weiter.«
Abel hörte ihr wie betäubt zu. Er hatte das Gefühl, dass er immer tiefer versank, wie ein Boot mit leckem Rumpf.
»Die Scouts setzen High-End-Software ein, biometrische Gesichtserkennung et cetera«, fuhr Susanne Wegerich fort, »und natürlich sind sie bestens vernetzt. Sie haben Informanten in den Behörden und geben sich bei Bedarf auch selbst als Beamte, Helfer oder was immer aus. Um die nötigen Informationen über ein Target zu sammeln, brauchen die höchs-

tens ein paar Stunden, manchmal auch weniger, ein paar Klicks und Anrufe, zwei, drei Fotos, fertig. Oje, das war jetzt ein bisschen viel. Möchten Sie ein Glas Wasser, Herr Abel?«
Er schüttelte den Kopf, aber Susanne Wegerich wandte sich trotzdem um und nahm ein Glas und eine Mineralwasserflasche aus dem Regal. Sie stellte das Glas vor Abel auf den Tisch, schraubte den Verschluss von der Flasche ab und schenkte Abels Glas halbvoll.
Vielleicht haben es die Zwillinge den »Sklavenhändlern« sogar noch leichter gemacht, dachte er, *jedenfalls, wenn diese Menschenjäger schlau genug waren, junge Leute als Scouts einzusetzen.* Wie zum Beispiel die beiden neunzehnjährigen Südfranzosen, die Noah und Manon erzählt hatten, sie seien ein Jahr lang durch die Welt gereist. Vielleicht war das die Masche, mit der sie das Vertrauen ihrer sogenannten Targets gewannen.
Bei ihren Streifzügen durch die Stadt hatten die Zwillinge zahlreiche Teenager und junge Erwachsene kennengelernt und bestimmt immer wieder ihre Geschichte erzählt: wie ihr deutscher Vater plötzlich in ihrem Leben aufgetaucht war, sie auf Guadeloupe besucht und nach Berlin eingeladen hatte. »Ein hoher BKA-Beamter und bekannter Rechtsmediziner, Dr. Fred Abel, bestimmt hast du den Namen schon mal gehört.« Abel konnte sich mühelos vorstellen, wie sie alles ausgeplaudert hatten. »Unser Papa hat ein cooles Townhouse in Grünau, wir dürfen dort bei ihm und seiner Lebensgefährtin wohnen. Sie heißt Lisa Suttner, ist Bundesanwältin und auch total nett.«
»Ein Teil des Dossiers wird dann auf der Händlerplattform ins Darknet gestellt«, fuhr Susanne Wegerich fort, »damit die Kunden das aktuelle Angebot durchstöbern können. Diese Plattformen sind im Prinzip wie jeder andere Online-Katalog aufgebaut.«
Abel wollte nach dem Glas greifen, zog aber seine Hand wieder zurück. Sie zitterte zu sehr.

»Wie Amazon oder eBay«, sagte Susanne Wegerich in sachlichem Tonfall, »nur dass Sie dort eben Kinder und Jugendliche kaufen können. Jungen, Mädchen, alle Ethnotypen, alle Hautfarben, alle Altersgruppen. Sexsklaven, Arbeitssklaven, Kinderbräute, Kindersoldaten. Der Kunde sucht sich seine Wunschkandidaten aus, und wenn die Bestellung mitsamt einer Anzahlung eingegangen ist, wird umgehend ein Auftrags-Kidnapper gebrieft und losgeschickt. Das sind weitgehend automatisierte Abläufe. Der Kidnapper kommt grundsätzlich nicht aus dem jeweiligen Inland. Er erhält falsche Papiere für sich selbst und die gewünschten Kandidaten, gelangt in der Regel mit einem Privatjet an den Zielort, führt den Job aus und ist mit den Kindern schon wieder außer Landes, bevor hier bei uns auch nur ein Warnlämpchen aufgeblinkt hat. Die Kidnapping-Opfer werden sediert oder gleich in Tiefschlaf versetzt. Wer schaut schon so genau hin, wenn eine vermeintliche Familie mit ein paar apathisch mitlaufenden Kindern in einen Learjet einsteigt? Oder wenn ein Kind auf einer Trage die Gangway hochgetragen wird, natürlich von Helfern in Rotkreuzkleidung und in Begleitung eines Mannes mit Erste-Hilfe-Koffer, der einen perfekt gefälschten Notarztausweis vorweisen kann?«
Abel machte den Mund auf, doch er brachte kein Wort hervor. *Hören Sie auf,* hatte er sagen wollen. Aber was hätte das für einen Sinn?
»Herr Abel, ich hoffe, Sie glauben mir, dass ich uns beiden diese hässlichen Fakten gerne erspart hätte«, sagte Susanne Wegerich. »Aber Sie sind ja sozusagen vom Fach. Und Sie haben mich gefragt, in welche Richtung ich mit besonderem Nachdruck ermitteln werde. Daher denke ich, Sie haben eine ehrliche Antwort verdient. Nach den Erfahrungen der letzten Monate müssen wir der Möglichkeit ins Auge sehen, dass Ihre Kinder von einem dieser Netzwerke gezielt eingefangen worden sind. Das Tatmuster passt ganz genau. Und anders als für einen lokalen Ganoven macht es für den Auftrags-Kid-

napper keinen Unterschied, ob er sich an illegal eingereisten minderjährigen Flüchtlingen oder an den Kindern eines – sagen wir – höheren Beamten vergreift. In der Regel ist er sowieso längst wieder außer Landes, bevor wir seine Spur aufgenommen haben.«

»Und das soll auch für meine Kinder gelten?« Abel hatte vergeblich versucht, seine Stimme zu dämpfen. »Längst außer Landes und spurlos verschwunden?« Als er sich vorbeugte und mit der Hand auf den Tisch schlug, fiel das Wasserglas um. »Ist das die Botschaft, die Sie mir vermitteln wollten, Frau Wegerich?«

Die Kriminalhauptkommissarin schüttelte den Kopf. »Keineswegs. Wir werden alles Erdenkliche unternehmen, um Ihre Kinder zu finden und die Täter dingfest zu machen.«

Wasser lief über die Tischplatte, auf den blassgelben Schnellhefter zu. Mit einer nachlässigen Handbewegung brachte Susanne Wegerich den Ordner mit Abels und Moewigs Aussagen in Sicherheit.

☠ ☠ ☠

28

Berlin, Treptowers, BKA-Einheit »Extremdelikte«, Donnerstag, 15. Juli, 11:20 Uhr

Abel und Lisa hatten vereinbart, sofort anzurufen oder zumindest eine SMS zu schicken, wenn einer von ihnen etwas Neues hörte. Oder eine Eingebung hatte, die unter Umständen hilfreich sein könnte, eine Erinnerung, eine Idee, irgendetwas. Lisa war in eine Kommission zur Antiterror-Koordination in der EU berufen worden und in aller Frühe nach Brüssel geflogen. Sie hatte in der Nacht so gut wie nicht geschlafen, aber sie war eine der Hauptreferentinnen und hatte ihre Teilnahme nicht so kurzfristig absagen können.

Ohnehin gab es nichts, was sie in der jetzigen Situation unternehmen konnte. Abel rief sie trotzdem vom Auto aus an, und Lisa nahm das Gespräch nach dem ersten Klingelton entgegen.

»Hast du etwas gehört, Freddy?«

»Nein. Nichts.«

»Wie geht es dir?« Sie klang gedämpft, im Hintergrund die sonore Stimme eines Referenten. Abel hörte mehrfach die Ausdrücke *terrorists* und *state of emergency*. Ausnahmezustand.

»Das kannst du dir doch denken. Ist dir eingefallen, wer dieser Froschkopf ist?«

»Leider nein. Ich zerbreche mir immer noch den Kopf.«

»Beim LKA glauben sie sowieso nicht an diese Spur.«

»Und jetzt«, fragte sie, »was hast du jetzt vor?«

»Ich fahre ins Büro. Mit Herzfeld reden.«

Was er mit seinem Chef besprechen wollte, behielt Abel lieber für sich. Er war sich selbst noch nicht im Klaren darüber. Oder wollte es zumindest noch nicht offen aussprechen, auch nicht vor sich selbst. Und an die alptraumhafte Theorie, mit der ihn Susanne Wegerich eben konfrontiert hatte, wollte er nicht einmal denken.

»Ich halte das nicht aus, Lisa«, brach es aus ihm heraus. »Dieses verdammte Warten!«

Er konnte nicht einfach dasitzen und warten. Er musste die Initiative ergreifen, diese Verbrecher zur Strecke bringen, seine Kinder befreien!

»Freddy?«

»Ja.«

»Du hast doch was vor?«

»Ich muss nachdenken«, sagte er. »Auch noch mal mit Moewig reden. Irgendwas …«

»Und mit Claire, bring es ihr schonend bei. Ich muss Schluss machen, ich bin gleich dran. Mach's gut, Freddy, pass auf dich auf!«

Das Gespräch war beendet, bevor er etwas antworten konnte.

☠ ☠ ☠

Eigentlich hatte Abel vorgehabt, zuerst zu Herzfelds Büro hochzufahren. Doch im Lift entschied er sich um und drückte auf den Knopf für das zweite Kellergeschoss.

Unten stürmte er mit quietschenden Sohlen den Flur entlang, der zum Sektionstrakt führte. Er nahm die schwarze Holzskulptur aus seiner Aktenmappe, schaltete den Computertomographen ein und legte die Figur hinein. Nach wenigen Minuten hatte er das Ergebnis auf dem Bildschirm: Die Figur enthielt einen Hohlraum, der durch einen exakt eingepassten Zapfen im Sockel verschlossen wurde. In dem Hohlraum befand sich ein transparentes Plastiktütchen mit einem Papierfetzen darin, nicht sehr viel größer als Abels Daumennagel.

Er vergrößerte den Bildausschnitt mit dem lose eingerollten Papierfetzen. Ein einziges Wort stand darauf, mit ungelenker Handschrift hingekrakelt: »*Mystè.*« Abel musste nicht lange überlegen, was es mit diesem Wort auf sich hatte. Es war die kreolische Schwundform des französischen »Mystère«, auf Deutsch »Geheimnis« oder eben »Mysterium«.

In der Vorstellungswelt der traditionell lebenden Schwarzen auf Guadeloupe und einigen Nachbarinseln spielte das »Mystè« in seinen unterschiedlichsten Erscheinungsformen eine zentrale Rolle. In Pointe-à-Pitre und vor allem in den ländlichen Teilen der Insel stieß man andauernd auf geheimnisvolle Totems und Amulette, Altäre für Geister und Ahnen, mysteriöse Puppen und Figuren. Haiti, laut Pierre der »Vatikan des Voodoo«, war schließlich nicht weit entfernt. Während ihres Aufenthalts auf der Insel hatte Abel diese ver-

meintlichen »Mysterien« nur am Rande zur Kenntnis genommen, für ihn war es abergläubischer Hokuspokus, und auch im Leben der Zwillinge schien der Magie- und Geisterglaube der Insulaner keine Rolle zu spielen.
Abel starrte auf den Monitor. Was hatte das zu bedeuten? Vermutlich war die Angelegenheit gar nicht so mysteriös, sagte er sich dann. Wahrscheinlich hatte auch Noah diesen verborgenen Hohlraum entdeckt, und zwar bevor er die »Schlüsselszene« für ihren Krimi-Comic skizziert hatte, in der es darum gehen sollte, dass die Figuren zum Schmuggeln von Drogen oder Daten-Sticks dienten.

☠ ☠ ☠

Abel verstaute die Figur wieder in seiner Mappe und eilte den Flur entlang weiter ins Sekretariat. »Frau Hübner? Ist die Post schon da?«
»Guten Tag, Herr Direktor. Ich bin gerade dabei, den Posteingang zu ordnen. Bitte gedulden Sie sich noch ein paar Minuten.«
Er näherte sich dem Tisch, auf dem sie begonnen hatte, Briefe und Päckchen nach Adressaten zu sortieren. Ein weißer, dick gefütterter Briefumschlag zog seine Aufmerksamkeit auf sich. Er lag oben auf einem Stapel und war auf der Vorderseite schwarz umrandet, wie es bei Trauerbriefen üblich war.
Abel wollte nach dem Umschlag greifen, hielt sich aber gerade noch zurück. Der Brief war handschriftlich an »*Dr. F-Abel-haft, c/o BKA-Extremmedizindelikte, Trap-Towers, Berlin*« adressiert. Keine Briefmarke, kein Poststempel. Abels Pulsschlag schnellte in die Höhe. Er kannte sich mit Graphologie nicht weiter aus, doch die übertriebenen Schnörkel und gigantischen Großbuchstaben passten genauso wie die verqueren Wortspiele zu einer gestörten Persönlichkeit.

Die Sekretärin war neben ihn getreten und musterte mit ausdrucksloser Miene den Umschlag. »Den hat ein Kurier vorhin beim Pförtner abgegeben. Das ist doch eigenartig, Herr Direktor?«

Abel ignorierte die kryptische Fragestellung. Aus dem Kriminaltechnik-Kit, das er in seiner Aktentasche immer dabeihatte, holte er ein Paar steriler Latexhandschuhe und zog sie über, nahm den Umschlag in die Hand, drehte ihn um und las: »*Abs. W. W. v. W.*«

Hab ich's doch geahnt!, dachte er. *Jörg Halfter alias »der Walter White vom Wedding«.*

Absurderweise spürte er sogar einen Anflug von Erleichterung, weil ihn sein Bauchgefühl diesmal nicht in die Irre geführt hatte. Dabei bestand für Erleichterung kein Anlass. Ganz im Gegenteil.

Er lieh sich den Brieföffner von Frau Hübner und bat sie, auf dem Flur zu warten, bis er sie wieder hereinrufen würde. Unter gemurmeltem Protest verließ sie das Sekretariat. Abel schloss die Tür hinter ihr und schlitzte den Umschlag vorsichtig auf.

Mehrfach hielt er inne, drückte die Öffnung des Kuverts vorsichtig auseinander und leuchtete mit der Taschenlampen-App seines Blackberrys hinein, um festzustellen, ob der Umschlag Drähte oder sonstige Hinweise auf eine Briefbombe enthielt.

Der Schweiß rann ihm übers Gesicht. Sicherheitshalber hätte er auch das Kuvert zunächst durch den Computertomographen schieben sollen, aber dafür war er zu ungeduldig. Nach einer gefühlten Ewigkeit hatte er den Umschlag geöffnet und fand darin ein einzelnes Blatt, das gleichfalls schwarz umrandet und mit einem langgezogenen, silberfarbenen Kreuzsymbol am linken Rand geschmückt war. Daneben stand, angeordnet wie Gedichtzeilen:

> *Wer mir in den Weg tritt*
> *Zahlt den Höchstpreis*
> *Alles wirst Du verlieren*
> *Was Dir lieb und teuer ist*
> *Nackt wirst Du vor mir knien:*
> *Ich bin Dein Kain*
> *W. W. v. W.*

Abel zwang sich, die Stimme in seinem Kopf zu ignorieren, die mit der Lautstärke eines Presslufthammers brüllte: ER HAT SIE NICHT NUR ENTFÜHRT! ER HAT SIE SCHON GETÖTET! DESHALB DER TRAUERRAND! Er atmete stoßweise, während er seinem KT-Kit einen transparenten Beweismittelbeutel entnahm. Das Blatt und den Umschlag schob er so hinein, dass sie nebeneinander angeordnet waren, und legte den Beutel vor sich auf den Tisch. Dann zückte er sein Smartphone, um die makabre Postsendung zu fotografieren. Doch seine Hand zitterte so sehr, dass er erst ein paarmal durchatmen musste.

Nachdem er Umschlag und Inhalt abgelichtet hatte, bat er die Sekretärin, wieder hereinzukommen. »Bitte schicken Sie das auf schnellstem Weg in die Keithstraße«, sagte er.

»Zu wessen Händen, Herr Direktor?«

Er dachte kurz nach. »Hauptkommissarin Wegerich«, sagte er.

☠ ☠ ☠

Herzfeld saß hinter seinem Schreibtisch, ein drahtloses Festnetztelefon zwischen Ohr und Schulter geklemmt, während er mit beiden Daumen auf seinem Blackberry tippte. Den oberen Knopf seines blassblauen Button-down-Hemdes hatte er geöffnet und den Krawattenknoten gelockert.

»Wenn das nicht schnell umgesetzt wird, sehe ich schwarz«, sagte er. In diesem Moment wurde an seine Tür geklopft, und

Abel stürmte herein. »Es tut mir leid, ich muss Schluss machen. Ich rufe Sie in fünf Minuten zurück, Frau Staatssekretärin«, fügte Herzfeld hinzu und beendete das Telefonat.
Fred sieht aus wie der Tod, dachte Herzfeld.
Er versuchte, sein Erschrecken hinter einem mitfühlenden Gesichtsausdruck zu verbergen. »Um Himmels willen, Fred«, sagte er. »Gibt es denn mittlerweile eine Nachricht von ...«
Von den Entführern hatte er fortsetzen wollen, aber so wie Abel aussah, brachte er es nicht über die Lippen. Abel war aschgrau im Gesicht, sein Gesicht glänzte vor Schweiß. Er hatte Ringe unter den Augen und starrte durch Herzfeld hindurch, ohne ihn richtig wahrzunehmen. Jedenfalls kam es Herzfeld so vor. Er hatte seinen Stellvertreter noch nie in einem derartigen Zustand erlebt. Nicht einmal bei seinen Besuchen an Abels Krankenbett.
»Könnte sein«, brachte Abel hervor. »Auf jeden Fall muss ich mit dir reden.«
Herzfeld erhob sich von seinem Schreibtischsessel und ging auf Abel zu, der in der offenen Tür stehen geblieben war. So als wollte er gleich wieder gehen. Herzfeld nahm ihn beim Unterarm, zog ihn ins Zimmer und schloss die Tür.
»Jetzt setzen wir uns erst einmal und trinken eine Tasse Kaffee«, sagte er. »Du siehst aus, als könntest du was starkes Schwarzes gebrauchen.«
Abel ließ sich zur Besucherecke dirigieren und nahm widerstrebend Platz. »Keinen Kaffee, kein Drumherum, Paul. Eben ist das hier gekommen. Per Kurier.«
Er zog sein Smartphone hervor, klickte die Foto-App auf und zeigte Herzfeld die Nachricht. »Vom Darkroom-Killer«, fügte er hinzu, während Herzfeld stirnrunzelnd las. »In seinem Tagebuch nennt er sich ›der Walter White vom Wedding‹, kurz W. W. v. W. Dort hat er angekündigt, sich an demjenigen zu rächen, der sich ihm in den Weg stellt. Darauf nimmt er hier wortwörtlich Bezug.«

Herzfeld setzte sich gleichfalls in einen Sessel und legte Abels Smartphone in die Mitte des Besuchertischs. Sein eigener Blackberry vibrierte auf seinem Schreibtisch, aber Herzfeld ignorierte die rhythmischen Brummgeräusche genauso wie das aufgeregte Blinken seines Festnetztelefons.

»Verdammt, dann hat er also mitgekriegt, dass dein Name auf der PK gefallen ist«, sagte er. »Und hier kündigt er großmäulig an, dich umzubringen, wie der biblische Kain seinen Bruder Abel getötet hat.« Er warf nochmals einen Blick auf Abels Smartphone. »›Alles sollst Du verlieren, was Dir lieb und teuer ist‹«, murmelte er vor sich hin. »Bezieht sich das auf deine Kinder? Meinst du, er lässt dich indirekt wissen, dass er sie entführt hat?«

Abel zuckte mit den Schultern. Er sah so erschöpft und verzweifelt aus, dass Herzfeld kaum hinschauen konnte.

»Kann sein, Paul«, sagte Abel. »Ich bin kein Hellseher, aber ich vermute, dass sie es beim LKA genau so sehen werden. Herold und seine Soko fahnden ja sowieso schon mit Hochdruck nach Halfter und daher scheinbar auch mit dem größtmöglichen Aufgebot nach dem mutmaßlichen Kidnapper. Und Hauptkommissarin Wegerich, die die Ermittlungen in unserem Fall leitet, verfolgt zwar noch einen zweiten Ansatz, aber der ist aus meiner Sicht vollkommen abwegig: Sie glaubt allen Ernstes, dass die Zwillinge von Menschenhändlern verschleppt worden sind, als Sexsklaven für Pädophile in Nahost oder …«

Abels Stimme versagte. Herzfeld fühlte sich hilflos, sein Stellvertreter tat ihm unendlich leid. *KHK Wegerichs Ansatz ist alles andere als abwegig,* dachte er. Bei manchen seiner Meetings im Innenministerium war von kaum etwas anderem die Rede als von den unbegleiteten minderjährigen Flüchtlingen, von denen Tausende spurlos verschwunden waren. Und von den professionellen Menschenfängern, die offenbar hocheffiziente Mechanismen installiert hatten, um die kostbare Beute geräuschlos einzusammeln und außer

Landes zu schaffen. Oder in irgendwelche Kinderbordelle in der hiesigen Provinz, wo den Opfern unfassbare Grausamkeiten zugefügt wurden. Von der Möglichkeit, sie in Snuff-Filmen einzusetzen, ganz zu schweigen.

Er bemühte sich um ein aufmunterndes Lächeln. »Herold und Wegerich gehören zu den Top-Leuten beim LKA. Vertrau ihnen, das ist nach Lage der Dinge das Beste, was du tun kannst.«

»Mein Bauchgefühl sagt mir etwas anderes«, antwortete Abel. »Nämlich, dass sie beide falschen Fährten folgen. Es gibt noch weitere, aus meiner Sicht sehr viel plausiblere Spuren, von denen die Wegerich nichts wissen will.« *Beziehungsweise von denen sie gar nichts weiß*, fügte er in Gedanken hinzu. *Wenn ich ihr von den Insel-Gangstern aus Pierre Boucards Galerie und der Holzfigur erzählt hätte, würde sie mich für komplett durchgedreht halten.*

»Kurz gesagt«, fuhr er fort, »ich muss mich selbst darum kümmern, Paul.«

»Du musst *was*?« Herzfeld starrte ihn an. »Einen Teufel wirst du tun, Fred!«

»Ich ersuche dich hiermit offiziell um meine Freistellung«, sagte Abel. »Ich muss die Suche in die eigene Hand nehmen. Letztes Jahr, bei der Verfolgung des Miles-&-More-Killers, hat sich ja gezeigt, dass ich intuitiv die richtige Fährte finden kann.«

Herzfeld schüttelte den Kopf. »Kommt nicht in Frage. Beim besten Willen nicht.« Er beugte sich vor und streckte einen Arm in Abels Richtung aus, als wollte er ihn festhalten. »Du zwingst mich, offener zu sprechen, als ich das eigentlich vorhatte. Du bist nicht mehr der, der du vor dem Überfall warst, Fred. Ich bezweifle nicht, dass du eines Tages deine alte mentale und physische Stärke zurückgewinnen wirst, aber im Moment bist du weit davon entfernt. Es tut mir leid, dir das so unverblümt sagen zu müssen, aber ich halte es für meine Pflicht, dich vor dir selbst zu schützen.«

Er beugte sich noch weiter vor und legte seine Hand auf Abels Unterarm. »Gesuch abgelehnt, Fred, zu deinem eigenen Besten. Du würdest nur dich selbst und deine Kinder gefährden, wenn du jetzt auf eigene Faust losziehen würdest. Das kommt wirklich nicht in Frage.«
Er versuchte, Abel in die Augen zu sehen, aber der starrte durch ihn hindurch. »Für den restlichen Tag nimmst du dir bitte frei und gehst nach Hause«, fuhr Herzfeld fort. »Alles, was getan werden kann, um deine Kinder zu befreien, wird getan, das weißt du im Grunde so gut wie ich. Nimm was zur Beruhigung, meditiere oder was auch immer, aber schlaf dich um Himmels willen erst mal aus. Wenn du auch nur halb so fertig bist, wie du aussiehst, müsste ich eigentlich einen Notarzt rufen.«
Herzfeld war darauf gefasst, dass Abel aus der Haut fahren und vielleicht sogar alles hinschmeißen würde. Aber sein Vize entzog ihm nur mit einer beiläufigen Bewegung seinen Arm, erhob sich und machte einen fast militärischen Schwenk in Richtung Tür.
»Fred?«, rief Herzfeld ihm hinterher. »Wir sehen uns morgen bei der Frühbesprechung, okay?«
Abel zog wortlos die Tür hinter sich zu.

☠ ☠ ☠

29

**Berlin-Charlottenburg, Wohnung Lars Moewig,
Donnerstag, 15. Juli, 13:07 Uhr**

Im Verlauf des letzten Jahres hatten Abel und Moewig zwar ihre frühere Freundschaft wiederaufleben lassen, aber in der Wohnung seines einstigen Fernspäher-Kumpels war Abel noch nie gewesen.

Sie lag in einer altersgrauen Mietskaserne am Heckerdamm in Charlottenburg-Nord, einem sozialen Brennpunktviertel, das seit Generationen zuverlässig und in großer Zahl Kriminelle hervorbrachte. Und anders als die Kleinkriminellen im Wedding schafften es die Ganoven aus der Gegend hinter dem weltberühmten Charlottenburger Schloss durchaus auch in höhere Verbrecherligen, von bewaffnetem Banküberfall mit Geiselnahme bis hin zum professionellen Auftragsmord.

Moewig hatte keine besondere Vorliebe für kriminelle Nachbarn. Aber als er aus dem Nahen Osten nach Berlin zurückgekehrt war, um seiner Tochter Lilly näher zu sein, war er total abgebrannt und hatte sich zwangsläufig in einer der billigsten Wohngegenden eingemietet. Mittlerweile hatte sich seine finanzielle Situation wieder etwas gebessert, doch für einen Nomaden und Söldner wie ihn spielte bürgerlicher Wohnkomfort ohnehin keine Rolle.

Sechsspurig toste der Autoverkehr der Stadtautobahn unweit seiner Behausung vorbei. Die Flugzeuge vom unmittelbar benachbarten Airport Tegel donnerten im Tiefflug über die Dächer. Abel hatte nur ein paar Meter von Moewigs Haustür entfernt geparkt, doch schon nach wenigen Schritten dröhnte sein Kopf von dem mörderischen Lärm. Es war ein akustisches Inferno, das sogar seinen Wattepanzer aus Schock und Erschöpfung durchdrang, der ansonsten in beide Richtungen kaum etwas durchließ. Weder Wut und Verzweiflung, die sein Bewusstsein überschwemmen wollten, noch irgendwelche Außenweltreize.

Der Türöffner summte, bevor Abel auch nur den richtigen Klingelknopf identifiziert hatte. Er drückte die Tür auf und gelangte in ein düsteres, enges Treppenhaus. Hier war es zwar deutlich kühler als draußen, doch dafür stank es nach Schimmel und verrottendem Hausmüll.

Moewig stand am Fuß der Kellertreppe und winkte ihn zu sich.

Was macht er da unten?, fragte sich Abel, dann fiel bei ihm der Groschen. Moewig hauste nicht nur in einem der miesesten Viertel, sondern auch noch im Souterrain.

»Du bist meine letzte Hoffnung, Lars«, sagte er anstelle einer Begrüßung.

Moewig packte ihn wortlos beim Arm, warf gewohnheitsmäßig einen Blick die Treppe hinauf Richtung Haustür und zog Abel in seine Behausung.

Unbehaglich sah sich Abel um. Es gab eine winzige Eingangsdiele, von der zwei weitere Räume abgingen, einer davon ein vorsintflutliches Bad. Die Decke war so niedrig, dass er unwillkürlich den Kopf einzog.

Er folgte Moewig in das einzige Zimmer. Die Möbel waren besserer Sperrmüll, die Luft ein Gemisch aus Zigarettenqualm, Aftershave und Schweiß. Letzteren vergoss Moewig zweifellos in großen Mengen auf der Hantelbank, die ein Viertel des Zimmers einnahm. Den restlichen Raum teilten sich eine antike Schlafcouch mit durchhängendem Innenleben, eine Spüle nebst Einbauherd und Kühlschrank aus der Mitte des vergangenen Jahrhunderts und zwei abgewetzte Clubsessel aus der Adenauer-Zeit.

Ein schmales Fenster war knapp unter der Decke angebracht und von außen mit rostigen Eisenstangen vergittert. Auf dem Schreibtisch darunter stand ein Laptop vor einer Batterie von Monitoren, auf denen der Bürgersteig und die Straße vor dem Haus zu sehen waren.

»Mach's dir bequem, Freddy«, sagte Moewig, der wie üblich seine Kampfmontur trug. »Kaffee?«
Abel schüttelte den Kopf und setzte sich zögernd auf einen der speckig glänzenden Sessel. Vom Straßenlärm war hier unten nur ein dumpfes Brausen zu hören, wie von einem unterirdischen Fluss.
»Hast du was Neues gehört?«, fragte Moewig. Er ging zur Spüle, schenkte sich einen Kaffee ein und setzte sich in den zweiten Sessel.
»Möglicherweise«, sagte Abel. Ihm war schwindlig, seine Pulsfrequenz war unverändert zu hoch.
Er zeigte Moewig das Foto, das er von dem Trauerbrief gemacht hatte, und fasste kurz die Vorgeschichte zusammen: Der Serientäter, der in Darkrooms mordet und von der Soko »Dunkelkammer« seit Monaten gejagt wird; sein eigener Geistesblitz nach der Obduktion des sechsten Opfers; die Panne auf der Pressekonferenz; der schriftliche Racheschwur des im letzten Moment entkommenen Killers namens Halfter.
»Ein reinblütiger Psychopath«, sagte Moewig, nachdem er sich alles angehört und Halfters Botschaft überflogen hatte. »Dass er deine Kids hat, geht aus dem Geschreibsel aber mit keiner Silbe hervor. Wenn du meine Meinung hören willst, er will *dich* fertigmachen, dein Umfeld interessiert ihn nicht.«
Er schlürfte von seinem dampfend heißen Kaffee, stellte die Tasse mit der Aufschrift *Airborne* auf den Linoleumboden neben sich und fischte ein Zigarettenpäckchen aus einer Hemdtasche.
»Und die Drohung, dass ich ›alles verlieren soll, was mir lieb und teuer ist‹ – glaubst du nicht, dass er damit auch meine Kinder meint?«
Moewig zündete sich eine Zigarette an und atmete tief den Rauch ein. Mit zusammengekniffenen Augen stieß er eine Qualmwolke aus und schüttelte gleichzeitig den Kopf. »Auf ihm lastet doch seit Tagen starker Fahndungsdruck. Da wird

er die Öffentlichkeit zwangsläufig meiden. Ich halte es für viel wahrscheinlicher, dass der Typ von deinen Zwillingen gar nichts weiß. Weder, dass es sie überhaupt gibt, noch, dass sie entführt worden sind. Wenn er sie geschnappt hätte, würde er es unmissverständlich rausposaunen.« Er warf seine Kippe in eine Blechschale neben seinem Sessel. »Glaub mir, ich kenne diese Sorte machtgeiler Psychopathen«, fuhr er fort. »Er will dich unterwerfen und zerbrechen. Er will, dass du dich aus Angst vor ihm einpinkelst und ihn um Gnade anbettelst. Wenn er deine Kids hätte, würde er dir jeden Tag ein Video schicken, auf dem zu sehen wäre, wie sie ...«

Er unterbrach sich abrupt. »Aber er hat sie ja nicht«, setzte er neu an. »Diese Sache hier« – er deutete auf den Blackberry, den Abel noch in der Hand hielt – »hat mit dem Verschwinden deiner Kinder nichts zu tun. Jedenfalls sehe ich das so. Beermann und Co. sind meiner Ansicht nach die sehr viel heißeren Kandidaten. Und was ist eigentlich mit diesem Gurganov oder wie der Typ hieß? Der transnistrische Geheimdienstchef und seine Schlägerbande – hast du dir schon mal überlegt, ob die dahinterstecken könnten?«

»Jurij Burkjanov?« Jetzt war es an Abel, den Kopf zu schütteln. »Der sitzt in Auslieferungshaft und wird danach den Rest seines Lebens in Transnistrien hinter Gittern verbringen. Und seine beiden Schergen, die mich letztes Jahr überfallen haben, sind definitiv nicht mehr in der Lage, Unheil anzurichten.«

Moewig stand auf und ging in dem schmalen Gang zwischen Couch und Sesseln hin und her. »Warum hast du vorhin gesagt, dass ich deine letzte Hoffnung bin?«, fragte er. »Ich stehe dir voll und ganz zur Verfügung, Fred, das weißt du. Aber was ist mit den Ermittler-Assen vom LKA? Müssten die nicht ganz wild darauf sein, das Arschloch zur Strecke zu bringen, das es gewagt hat, die Kids von einem hochrangigen BKAler zu kidnappen?«

Abel zog eine Grimasse. »Klar sind die wild darauf. Aber ich befürchte, dass sie sich auf die falschen Optionen festgelegt haben. Was den Darkroom-Killer angeht, würde ich nicht so weit gehen, ihn ganz von der Liste der Verdächtigen zu streichen, aber ich sehe es ähnlich wie du, Lars: Halfter will *mich* töten, wie der biblische Kain seinen Bruder Abel umgebracht hat. Außerdem weiß der wahrscheinlich nicht mal, wo ich wohne, und so leicht könnte er das auch gar nicht rauskriegen. Und wie du gesagt hast, er wird die Öffentlichkeit meiden und den Kopf unten halten.«

»Warte mal«, sagte Moewig und sah mit einem Mal besorgt aus. »Halfter heißt der Typ? Etwa Jörg Halfter?« Abel nickte. »Hast du ein Foto von dem Kerl?«

Abel zog das zerfledderte Foto, das KHK Herold ihm dagelassen hatte, aus seiner Aktentasche und hielt es Moewig hin. »Ja klar, das ist er«, sagte Moewig, »der Jörg aus der Seestraße im Wedding, ein paar Jahre jünger als ich. Hatte den Spitznamen ›K.-o.-Cock‹, weil er ziemlich kranke Experimente mit anderen Jungen durchgeführt hat. Da war er so ungefähr sechzehn, siebzehn, schätzungsweise. Er hat sie irgendwie dazu gebracht, seine selbstgemixten Cocktails aus Drogen und Chemikalien zu sich zu nehmen, und wenn sie dann bewusstlos waren, hat er sie ausgezogen, fotografiert und nachher mit den Fotos erpresst. Er hat sie nicht vergewaltigt, er war nur auf ihr Geld aus. Aber vermutlich hat er sich auch an seiner Macht berauscht.«

»Das passt exakt zu ihm. Und du hast ihn damals gekannt?«

»Gekannt ist zu viel gesagt«, wiegelte Moewig ab. »Aber es gab immer wieder solche Storys über ihn. Auch später noch, als er schon studiert hat. Meistens habe ich die über einen gemeinsamen Bekannten mitbekommen. Und das ist es auch, was mir jetzt Bauchschmerzen macht.«

»Wie meinst du das?«

Moewig gab nicht gleich Antwort. Er war vor seinem Schreibtisch stehen geblieben und schien in den Anblick des leeren Bürgersteigs vor der Haustür versunken. Auf seinem Rücken zeichneten sich die Muskelstränge unter dem Camouflage-Hemd ab.

»Der gemeinsame Bekannte«, sagte er schließlich, »ist Karl Kawuttke, genannt der kahle Kalli. Derselbe Typ, dem ich wegen Beermann auf den Zahn gefühlt habe. Seit ich letztes Jahr einen Zusammenstoß mit ihm hatte, sucht er nach Beweisen, um mich den Bullen ans Messer zu liefern.«

»Was für Beweise?«, fragte Abel.

»Er hat die Wahnvorstellung entwickelt, dass ich doch der Miles-&-More-Killer wäre und du damals falsche Spuren gelegt hättest, um mich aus der Sache rauszuboxen.«

»So ein Schwachsinn!«, sagte Abel.

»Na klar ist das Schwachsinn. Kalli ist sowieso nicht der Hellste, aber neulich habe ich über drei Ecken gehört, dass er angeblich Informationen über dich und mich sammelt.« Moewig wandte sich wieder um und sah Abel an. »Halfter und Kawuttke sind beide, so wie ich, im Wedding aufgewachsen. Kalli wohnt immer noch dort …«

»… Halfter auch, jedenfalls bis zu seiner Flucht«, fiel ihm Abel ins Wort. »Ich verstehe, worauf du hinauswillst. Kawuttke kann meine Adresse herausgefunden haben, und Halfter kann sie von ihm erfahren und ihn sogar beauftragt haben, mein familiäres Umfeld auszuspähen.« Er schloss die Augen, um besser nachdenken zu können, doch sofort wurde das Schwindelgefühl stärker. Schnell machte er die Augen wieder auf. »Die Entführung passt nicht zu Halfter, das glaube ich auch. Aber so unwahrscheinlich, wie ich gedacht habe, ist es anscheinend doch nicht, dass er damit zu tun hat.«

Mit Timo besprechen, notierte er in Gedanken.

»Also konzentrieren wir uns auf die Typen aus dem Hinterhof?«, fragte Moewig.

Abel öffnete erneut seine Aktentasche und entnahm ihr seine Brieftasche. »Wenn du mir weiter hilfst, meine Kinder zu finden, bin ich dir für alle Zeiten dankbar«, sagte er. »Aber

davon kannst du dir nichts kaufen. Ich engagiere dich als Detektiv. Wie hoch ist dein Tagessatz?«
Moewig schüttelte den Kopf. »Kommt überhaupt nicht in Frage«, sagte er entschieden. »Das ist mein Freundschaftsdienst, Freddy. Du hast mir den Arsch gerettet, schon vergessen? Nur dir habe ich es zu verdanken, dass ich Lilly in den Armen halten konnte, als sie gestorben ist. Also lass deine Brieftasche stecken. Wenn irgendwelche Spesen auflaufen sollten, lasse ich dich das schon wissen. Und damit ist es gut, okay?«
Abel nickte halbherzig. Er würde ein Honorar von fünfhundert Euro pro Tag plus Spesen ansetzen, beschloss er, und später eine Möglichkeit finden, Moewig den Betrag zukommen zu lassen. Sein Kumpel lebte am untersten Ende der Wohlstandsskala und konnte es sich schlicht nicht leisten, auf angemessene Bezahlung zu verzichten.
»Okay, lassen wir das«, sagte Abel. »Dann nimm dir noch einmal Beermann vor – aber bitte diesmal mit Augenmaß. Und Kawuttke, oder was meinst du?«
Anstelle einer Antwort zündete sich Moewig die nächste Filterlose an und stieß mit zusammengekniffenen Augen den Rauch aus.
»Ich halte es für immer wahrscheinlicher«, fuhr Abel fort, »dass Manon und Noah geschnappt worden sind, weil sie Beermann mit diesem Typ beobachtet haben. Wir müssen herausfinden, was für ein Deal zwischen den beiden gelaufen ist. Ging es wirklich nur um Drogen? Oder worum sonst?«
Moewig klaubte Schlüssel und Geldbeutel vom Tisch und verstaute beides in seinen Hosentaschen. »Dann mal an die Arbeit.«
»Eines noch«, sagte Abel. Er griff erneut in seine Aktentasche und zog eine Kopie hervor, die er von Manons Zeichnung angefertigt hatte. »Falls wir mit Beermann und dem Froschtypen nicht weiterkommen, haben wir hier noch eine heiße Spur.«

Er beugte sich vor und reichte Moewig das Blatt. »Es kann sein, dass du in die Karibik fliegen musst, Lars.«

☠ ☠ ☠

30

**Laderaum eines Lkw,
Donnerstag, 15. Juli, 14:14 Uhr**

Manon lehnte mit dem Rücken an der Seitenwand des Lkw, der schon wieder seit Stunden unterwegs war. Neben ihr lag Noah, er murmelte im Schlaf. Die Angst steckte ihr in den Knochen. Sie hatte geschrien, mit den Fäusten gegen die Wand der Fahrkabine getrommelt, ohne Resultat. *Entweder da vorne ist niemand,* hatte sie gedacht, *oder es ist ihnen egal, was mit uns passiert.*
Noah hatte sich die Lunge aus dem Leib gehustet, die Lippen blau, das Gesicht grau und verzerrt, er hatte mit den Armen um sich geschlagen, dass Manon vor Angst fast gestorben war. Panisch war sie im Laderaum herumgekrochen, hatte überall nach dem verdammten Asthmaspray gesucht und die Dose endlich, endlich in der Mulde neben dem Hinterrad entdeckt.
Mein Gott, was bin ich für eine blöde Kuh, dachte sie, während sie ihrem Bruder durchs Haar strich. *Noah wäre beinahe draufgegangen, weil ich die dämliche Dose nicht gefunden habe.*
Dabei hatte das Ding logischerweise genau dort gelegen, wo sie vorher auch ihren Rucksack gefunden hatte. Wo denn sonst? Es war so verdammt knapp gewesen. Und vor lauter Sorge hatte sie noch einen schlimmen Fehler gemacht, sie konnte nur hoffen, dass es letzten Endes keine Rolle spielen

würde. Was allerdings voraussetzte, dass ihr Papa sie sehr bald hier herausholte.
Manon biss sich auf die Fingerknöchel, um nicht vor Wut zu schreien. Sie hatte Noah nicht nur einen oder zwei Spraystöße in den Mund gesprüht, sondern in ihrer Panik gar nicht mehr aufgehört, ihn mit dem Zeug zuzunebeln. Sie hatte geschrien und gesprayt, bis Noah nicht mehr gehustet hatte, dann erst war ihr klargeworden, was sie getan hatte.
Zum hundertsten Mal nahm sie das Spray aus dem Rucksack, wog die Dose in der Hand und schüttelte sie vorsichtig. Sie war so gut wie leer.
»Noah«, flüsterte Manon und strich ihm wieder durch die Haare. Ihr war bewusst, dass es besser für ihn wäre, wenn sie ihn schlafen ließe. Aber sie hielt es so allein nicht länger aus. Sie wollte seine coolen Sprüche hören. Sie wollte mit ihm beratschlagen, was sie jetzt machen sollten. Wenn sie so allein hier saß und vor sich hin starrte, verlor sie jeden Glauben, dass sie irgendetwas tun konnten. Dann fühlte es sich so an, als ob sie eigentlich schon tot wären. Unterwegs in einem dröhnenden Sarg.
»Wo sind wir?«, murmelte Noah und hob den Kopf. Selbst im Dämmerlicht sah Manon, wie er vor Schreck erstarrte. Ihr ging es genauso. Bei jedem Aufwachen glaubte sie, dass alles nur ein schlechter Traum gewesen wäre. Um dann feststellen zu müssen, dass sie wirklich entführt worden waren und seit Tagen mit diesem grässlichen Lkw durch die Gegend gekarrt wurden.
»Wüsste ich auch gerne«, sagte Manon.
Sie verloren an Tempo. Der Fahrer hatte offenbar den Fuß vom Gas genommen, zum ersten Mal seit Stunden. Mit dröhnendem Motor quälte sich der Laster durch eine lange Rechtskurve, dann bogen sie erneut ab und wurden noch langsamer.
»Wo bringt er uns hin?«, flüsterte Manon, ihren Mund dicht an Noahs Ohr. Als könnte irgendwer sie hier hören.

Noah zuckte mit den Schultern. Der Lastwagen schaukelte jetzt im Schneckentempo über eine Schlaglochpiste. Sie klammerten sich an das Gestänge der Seitenwände, wurden trotzdem hin und her geworfen.

Dann kamen sie abrupt zum Stehen. Der Motor wurde abgewürgt, die Fahrertür aufgestoßen. Ächzend und hustend sprang der Mann, dessen Gesicht sie noch nicht zu sehen bekommen hatten, vom Wagen und stampfte davon.

Rasselnd ging ein paar Meter voraus ein Rolltor hoch. Der Fahrer kam zurück, warf den Motor wieder an und fuhr in die Halle hinter dem Tor. *Eine Werkstatt,* dachte Manon, *oder vielleicht auch eine Scheune.* Durch den Ritz in der Hecktür drang kaum noch Tageslicht zu ihnen herein. Nur ein schwacher Widerschein von den Bremslichtern, als der Mann erneut stoppte. Er schaltete den Motor aus.

Dunkelheit. Und Stille.

Wo sind wir hier? Warum steigt er nicht aus?

Manon und Noah sahen sich an. Ihre Herzen hämmerten. Sie atmeten beide viel zu flach und viel zu schnell.

☠ ☠ ☠

31

**Berlin-Pankow, Apartment von Leif Beermann,
Donnerstag, 15. Juli, 14:48 Uhr**

Jeder hat doch ein heimliches Hobby, dachte Leif Beermann, *und meines sind eben Teenie-Nutten. Aber saubere Girls, von denen man keine Pickel am Pimmel kriegt.* Seit Monaten trieb er sich auf Internetplattformen herum, die von keiner Suchmaschine aufgelistet wurden, und heute würde er sich seinen Traum erfüllen. Er hatte sich *Gipsy-Girl*

Lulu, süße 15, neu in Berlin, ins Haus bestellt. Und zwar für drei Uhr nachmittags, denn werktags von elf bis sechzehn Uhr gab es zehn Prozent Happy-Hour-Rabatt.
Die Kleine war auch mit Abschlag noch sündhaft teuer. Dreihundertfünfzig Euro für vier Stunden, nicht gerade ein Schnäppchen, auch wenn sie auf den Bildern der Website-Galerie einen phantastischen Mund hatte, mit Lippen wie Schlauchboote. Auch ihr Hintern und ihre kleinen, straffen Titten gefielen ihm, die großen Augen, die langen, schimmernden Haare, aber letztlich kam es auf den Mund an. Von ihren Freiern hatte Lulu in der Disziplin *Blowjob* fünf von fünf Sternen bekommen, dazu Unmengen überschwenglicher Kundenrezensionen. *Ausdauernd, phantasiereich, hingebungsvoll* et cetera. Er konnte es kaum mehr erwarten.
Auf dem Tisch neben seiner Couch war der Cocktail vorbereitet, dessen Bestandteile laut Beermanns gefährlichstem Klienten farblich optimal zusammenpassten. Ob sie auch in anderer Hinsicht harmonierten oder ob er einen Herzkasper riskierte, wenn er Chrystal und Viagra zusammen reinpfiff, hatte er von dem Mann mit den Froschbacken nicht mehr erfahren. Sein hochnervöser Klient hatte sich mitten im Satz unterbrochen und die Flucht ergriffen, entweder weil er die schwarzen Kids bemerkt hatte oder weil er wieder mal ohne besonderen Grund in Panik verfallen war. Jedenfalls hatte Beermann danach nichts mehr von ihm gehört, und seit dieser schwarze Westentaschen-Rambo bei ihm aufgekreuzt war, quälte sich Beermann mit der Frage herum, ob er seinen Klienten kontaktieren sollte. Mit dem Prepaid-Handy, das der ihm bei ihrem ersten Treffen zugesteckt hatte und auf dem eine Notfall-Nummer eingespeichert war.
Beermann hatte das Handy noch nie benutzt, es lag ganz hinten in seiner Sockenschublade. Laut Dr. Jebens, so nannte sich der Kunde, durfte er ihn nur aus einem einzigen Grund anrufen: »Wenn du wegen unserer Sache bis zum Hals in der Scheiße steckst.«

Beermann fragte sich, ob er schon bis zum Kinn drinsteckte oder der Pegelstand noch knapp darunter lag. Und vor allem fragte er sich, ob er nicht bis zum Scheitel in der Scheiße versinken würde, wenn er Jebens jetzt auch noch warnte.
Vergiss Dr. J., dachte Beermann. *Gleich kommt die Kleine, jetzt heißt es erst mal, sich die blauen Booster reinpfeifen und dann genießen. Vier Stunden lang abwechselnd Blowjobs und Ficken. Selbst wenn ich am Ende mit Herzkasper oder Hirn-Hiroshima abtreten sollte, war es das ganz bestimmt wert.*
Er hatte sich gerade über den Tisch gebeugt, um sich das Ice in die Nase zu ziehen, als es an der Tür klingelte. Gegen seine Gewohnheit öffnete er, ohne vorher durch den Spion zu spähen. Vor ihm stand der quadratische Schwarze, von dessen Kopfstoß ihm noch immer die Nase weh tat.
Beermann wollte die Tür wieder zuknallen, aber Moewig schob einen Stiefel dazwischen. »Du siehst so enttäuscht aus«, sagte er, während er den Dealer in sein Apartment schubste und die Tür hinter ihnen beiden schloss. »Wen hast du denn erwartet? Wieder die Kleine vom letzten Mal?«
Beermann war so perplex, dass er kein Wort hervorbrachte. Dann sickerte die Erkenntnis in sein Bewusstsein ein, und vor Frustration zog sich ihm alles zusammen. Anstelle der vierstündigen Orgie, auf die er sich so gefreut hatte, standen ihm Angst und Schmerzen bevor. Anstatt sich mit der hingebungsvollen Lulu zu vergnügen, würde er von diesem zähnefletschenden Muskelpaket gedemütigt und verprügelt werden, bis er die gewünschten Informationen ausspuckte. Alles, was er schon beim letzten Mal preisgegeben hätte, wenn sein Peiniger die Daumenschrauben nur etwas weiter angezogen hätte.
»Okay, okay«, sagte er und schielte zu der monströsen Armbanduhr seines Besuchers. *Gleich zehn vor drei, das wird scheißknapp.* Er hob beide Hände bis zu den Ohren und wandte dem Schwarzen seine Handflächen zu. »Ich sag's dir

gleich«, fuhr er fort, »ich hab die Schnauze voll davon, für andere eins auf die Fresse zu kriegen. Also, was willst du wissen?«

Tief in seinem Innern hatte Beermann von Anfang an geahnt, dass es ein Riesenfehler war, sich auf den Deal mit Dr. J. einzulassen. Nicht nur ein kleiner Patzer, den man wieder ausbügeln konnte, sondern ein Fehler, der ihm den Arsch kosten konnte. Von seinem Kopf und allem anderen dazwischen mal ganz zu schweigen. Aber Dr. J. hatte mit derart fetten Geldbündeln gewedelt, dass sogar Jesus Christus persönlich schwach geworden wäre.

☠ ☠ ☠

»Warum so gesprächig heute?« Moewig schubste ihn weiter vor sich her. Beermann hatte einen orangefarbenen Frotteebademantel an und darunter anscheinend gar nichts. »Du willst mich schnell wieder loswerden, stimmt's?« Er trat Beermann in den Hintern, der Typ stolperte über seine eigenen Füße und fiel platt auf den Bauch. Ziemlich genau dorthin, wo er auch beim letzten Mal gelegen hatte, mit Moewigs Stiefel auf seinem Rücken und einer Wange im Teppich.

Moewig sah sich um. Der Unterschied zu ihrer letzten Begegnung bestand darin, dass Beermann diesmal einen Teil seines täglichen Drogenkonsums noch vor sich hatte. Und dass zu seiner heutigen Ration, die auf dem Tisch säuberlich angeordnet war, eine rautenförmige, blaue Pille mit der Inschrift *VGR 100* gehörte.

Viagra, hundert Milligramm. Während Moewig sich umsah, klingelte es an der Tür. Beermann, immer noch am Boden, drehte sich blitzschnell auf den Rücken und sah Moewig an. »Ich schlag dir einen Deal vor«, raunte er. »Wenn du mich aus der ganzen Scheiße raushältst, sag ich dir, was du wissen willst. Aber unter einer Bedingung: Du verpisst dich an-

schließend über die Feuertreppe. Ich erwarte Besuch, und wer das ist, geht dich nichts an. Kapiert?«
Moewig schaute von dem Mann am Boden zu dem blauen Cocktail auf dem Tisch und zählte eins und eins zusammen. *Die Kleine vom letzten Mal war höchstens achtzehn, die heute wird noch jünger sein.* Wut kochte in ihm hoch, wie immer, wenn sich auch nur die Möglichkeit andeutete, dass hilflosen Personen etwas Übles zugefügt werden sollte. Besonders, wenn es sich bei diesen Personen um junge Mädchen handelte. Mehr als ein Mal war er in solchen Situationen schon ausgerastet, aber diesmal würde er sich zusammenreißen. Die afghanischen Mädchen, die in Kunduz vor seinen Augen von einer Bombe zerfetzt worden waren, konnte er sowieso nicht wieder zum Leben erwecken. So wenig wie seine kleine Lilly.
»Kapiert«, sagte er. »Wie heißt der Froschmann?«
Es klingelte erneut. Beermann wollte aufstehen, Moewig setzte ihm einen Stiefel auf den Unterleib.
»Ich muss erst zur Tür«, brachte Beermann ächzend hervor.
»Bescheid sagen, dass sie in fünf Minuten noch mal kommen soll.«
»In fünfzehn Minuten. Wie heißt der Froschmann?«
»Dr. Tom Jebens. Das hat er mir zumindest gesagt. Keine Ahnung, ob das sein richtiger Name ist.«
Moewig zog seinen Fuß zurück, und Beermann rappelte sich auf.
»Du bleibst hier, kapiert?« Im Gehen versuchte er, sich den Bademantel zuzubinden, aber der Gürtel war auf dem Boden zurückgeblieben.
Auch Moewig blieb, wo er war, bis Beermann an der Wohnungstür angekommen war. Dr. Tom Jebens, der Name sagte ihm nichts. »Ja, bitte?«, hörte er Beermann in die Gegensprechanlage rufen. »Okay, in zehn Minuten. Ich brauch noch einen Moment.«
Das Apartment lag im fünften Stock. Moewig ging zum Fenster und konnte eben noch sehen, wie fünfzehn Meter

unter ihm ein zierliches Mädchen mit schwarzen Haaren und ein stämmiger Mann mit Lederjacke und schwarzer Nackentolle von der Haustür zurücktraten. Sie wandten sich nach rechts und gingen über den gesandeten Weg in den Park, der direkt neben dem Apartmenthaus begann.

Die Kleine ist praktisch noch ein Kind. Und der Mann – ihr Vater? Ihr Zuhälter? Oder beides in einer Person? Erneut begann der Zorn in Moewig zu brodeln, wieder riss er sich zusammen, während er Beermann in die winzige Eingangsdiele folgte.

»Was war in dem Plastikbeutel?«, fragte er und zog den Dealer an der Schulter zu sich herum. »Was hast du diesem Jebens zugesteckt, als die Zwillinge auf dem Hof erschienen sind?«

Beermanns Augen flackerten. Er hatte rote Flecken im Gesicht, sein Atem ging schneller als normal. Offenbar konnte er es gar nicht erwarten, über die Kleine herzufallen.

»Einen USB-Stick. Jebens ist verrückt nach Infos über Kiddies aus den Flüchtlingsländern. Er will sie retten, sagt er immer, und ich helfe ihm dabei.«

Ein gurgelnder Laut drang aus Moewigs Kehle. »Sie retten?«, wiederholte er. »So nennt ihr Arschlöcher das, wenn ihr Kinder vergewaltigt und an Perverse verscherbelt?«

»Quatsch, doch nicht so was«, protestierte Beermann. Er schielte zu seinem Tisch hinüber und registrierte, dass die blauen Lines noch in der Nachmittagssonne schimmerten, daneben die genauso blaue Pille für den endlosen Raketenflug. »Der Typ ist die wiedergeborene Mutter Teresa, kapiert? Unser Deal ist, dass ich Ausschau nach ›gefallenen Engeln‹ halte, so nennt er die nämlich. Er sagt, es wäre seine Lebensaufgabe, Teenie-Flüchtlinge aus der ›Hölle der Drogensucht und Beschaffungsprostitution‹ zu retten.«

Tatsächlich war Beermann immer schon der Ansicht gewesen, dass das von vorne bis hinten Bullshit war. Jebens fing die illegalen Kids ein, um ganz finstere Sachen mit ihnen zu machen, davon war er überzeugt. Nicht nur, um mit ihnen irgendwelche Schweinereien anzustellen, dafür bräuchte er nicht so einen Aufwand zu treiben und mit Unsummen um sich zu werfen. Was genau er mit den Kiddies trieb, war Beermann nie klargeworden, er dachte auch nicht gerne darüber nach. Und wenn es ihm versehentlich dann doch passierte, fühlte es sich ekelhaft an, als wäre er selbst wieder ein kleiner Junge und so ein widerlicher Typ würde über ihn herfallen. Tatsache war, dass Dr. J. seine menschliche Beute dutzendweise verschliss. Bei irgendwelchen Ritualen, nahm Beermann an, die er da draußen im Berliner Umland auf seinem Rittergut zelebrierte, allein oder mit anderen Perversen, denen einer abging, wenn dunkelhäutige Teenager gefoltert wurden. Bei Jebens hörte sich das natürlich ganz anders an. Angeblich hatte er das abgelegene Rittergut zu einem »Ort des Friedens« herrichten lassen, »wo gebrochene Flügel und zerbrochene Seelen wieder heilen können«.

Fragt sich nur, warum Jebens bei jedem unserer Treffen in seinem eigenen Angstschweiß absäuft, dachte Beermann. *Wieso er sich ständig verstohlen umsieht und weshalb er tausend Euro pro Tipp zahlt.* Wer würde sich so verhalten, wenn er bloß ein paar arme Seelen retten wollte? Für tausend Euro Kopfgeld musste Beermann nur an den Plätzen herumschnüffeln, wo sich die Kids aus Vorderasien und Nordafrika von Freiern ficken ließen und ihren Hurenlohn gleich wieder für Billigdrogen ablieferten. Oder auch an den schwerer aufzuspürenden Orten, wo sie zusammengedrängt wie Fledermäuse zwischen Mitternacht und Morgengrauen schliefen.

Seit einem halben Jahr ging das so. Beermann machte Fotos, notierte Aufenthaltsorte und lieferte seinem Klienten das Material ein- bis zweimal pro Monat auf einem Stick. Im Durchschnitt hatte ihm das satte fünftausend Euro pro Lieferung eingebracht, und dank der zusätzlichen Kohle hatte er sich mehr Stoff und mehr Mädels leisten können als in seinen verwegensten Träumen. Dazu Markenklamotten, einen 3er

BMW Alpine, dem man die hundertsiebzigtausend auf dem Tacho nicht ansah, und dieses Apartment hier, um das ihn die halbe Pankow Boy Group beneidete. Und außerdem heute die kleine Lulu, die mit ihrem »Papa« draußen durch den Park schlenderte. Anstatt hier auf dem Teppich einen Fünf-Sterne-Blowjob abzuliefern, obwohl er schon zwanzig Prozent Anzahlung geleistet hatte.
Er selbst würde nie eins dieser illegalen Kiddies mit zu sich nach Hause nehmen, auch wenn die billig wie Döner waren. Denn erstens waren das fast alles Jungs, und auf Schwänze stand er nicht, egal ob schwarz oder weiß. Und zweitens stand er nicht auf Krätze, Aids und was die sonst noch alles an Todeskeimen in sich trugen.
»Und wo finde ich diesen Retter der Entrechteten?« Mr. Schornsteinfegers angeekelter Gesichtsausdruck verriet Beermann, dass sein Besucher die Gutmenschmasche von Dr. J. genauso zum Kotzen fand wie er selbst.
Er zuckte mit den Schultern. »Keine Ahnung, wo der wohnt. Bisher ist er immer irgendwo da draußen aufgetaucht, wo ich gerade abgehangen habe.«
»Du meinst, wo du gerade Stoff vertickt hast.«
»Wenn du es sagst. Aber ich schwöre dir, wenn ich wüsste, wo er die Kiddies hinbringt, würde ich's dir sagen.«
Um diesen ganzen Alptraum hinter mir zu lassen, fügte Beermann im Stillen hinzu. Seit heute Vormittag sogar die Bullen bei ihm gewesen waren, um ihn wegen der verschwundenen Teenies zu löchern, hatte er sich zu einem Entschluss durchgerungen. Er würde Dr. J. aus seinem Leben streichen, oder zumindest aus seinem Gedächtnis, und zwar so schnell wie möglich. Er war nicht bereit, für einen perversen Kinderfänger seinen Kopf hinzuhalten. Und er war schon gar nicht bereit, sein Date mit Lulu platzen zu lassen wie einen minderwertigen Pariser. *Ich muss Mr. Schornsteinfeger loswerden, verdammt noch mal, und zwar sofort!*
Aber dieser rußfarbene Möchtegern-BKAler hatte weitere

nervtötende Fragen im Gepäck. Und jetzt erhöhte er auch noch den Druck.

»Ich frage es dich genau ein Mal«, sagte Moewig. »Also pass gut auf, und überleg dir deine Antwort lieber eine Minute länger. Das Viagra und die Kleine kannst du dir danach umso genüsslicher reinziehen.« Er zwinkerte Beermann zu. »Oder du hältst weiter dicht, und das bedeutet dann Beihilfe zum Menschenhandel. Macht zehn Jahre Minimum, und im Knast bist *du* dann die Tusse, die von den anderen durchgezogen wird.«

Er nahm mit der Stiefelspitze den Gürtel vom Boden auf, ohne Beermann aus den Augen zu lassen. Mit einer artistischen Fußbewegung schleuderte er die Frotteeschlange in die Luft, fing sie mit beiden Händen auf und legte sie Beermann scheinbar spielerisch um den Brustkorb. Dann zog er den Gürtel mit aller Kraft ruckartig zu, so dass Beermann die Luft aus der Lunge gepresst wurde und er das Gefühl hatte, die Form einer Sanduhr anzunehmen.

»Wie nimmst du Kontakt mit Jebens auf?«

Moewig ließ den Gürtel los. Beermann fiel japsend auf die Knie. Er hatte eine Vision, wie er genau so auf seinen Knien lag, allerdings in einem grau gekachelten Duschraum im Knast, um ihn herum ein Haufen nackter Männer mit behaarten Ärschen, die ihn zwangen, einen Blowjob nach dem anderen abzuliefern.

»Handy«, presste er hervor. »Mit Prepaid-Karte. Unterste Schublade im Bad.«

Unterste Schublade könnte hinkommen, dachte Moewig.

Erneut ertönte die Türklingel. Beermann rappelte sich auf und zog den Frotteefetzen über seiner Brust zusammen.

»Und die Nummer?«, fragte Moewig.

»Ist eingespeichert. Und jetzt verschwinde. Über die Feuertreppe – vom Badfenster aus. Kapiert?«

☠ ☠ ☠

32

**Berlin-Tiergarten, LKA-Gebäude Keithstraße,
Donnerstag, 15. Juli, 16:25 Uhr**

Kriminalhauptkommissarin Wegerich war für ihre Effizienz und Schnelligkeit bekannt. Sie war exzellent vernetzt, daher schaffte sie es immer wieder, im Rekordtempo Informationen aus den unterschiedlichsten Quellen zusammenzutragen. Vor anderthalb Stunden hatte Fred Abel sie angerufen und ihr mit mehrfach versagender Stimme berichtet, was Lars Moewig herausgefunden hatte. »Jebens, Dr. Tom Jebens, sagt Ihnen der Name etwas?«
Sie hatte verneint, doch mittlerweile war sie erheblich schlauer. Ihre Kontakte bei diversen Ämtern und Behörden, Redakteuren und diskreteren Quellen hatten sich selbst übertroffen. Was man in gewisser Weise auch von Abels unheimlichem Gehilfen sagen konnte, diesem Lars Moewig. *Der quadratische Vollstrecker,* so hatte ihn Kollege Maier vom Kriminaldauerdienst getauft. Maier war schauspielerisch begabt und hatte ihr die Figur Moewig plastisch vor Augen geführt. »Solche Typen siehst du normalerweise nur im Milieu. Wenn überhaupt. Söldnerkluft, Muskeln wie Lianenstränge. Und eine Akte, die sich gleichfalls sehen lassen kann. Mehrfach Körperverletzung, knapp am Totschlag vorbei. Den will man lieber nicht zum Feind haben. Und als Freund vielleicht auch nicht.«
Moewig hatte dieser Charakterskizze alle Ehre gemacht, indem er den Zeugen Beermann erneut ausgequetscht und anschließend mit Beermanns Prepaid-Handy telefoniert hatte. Laut Abel war der gespeicherte Anschluss tot, die Nummer nicht vergeben. Abel und Moewig waren mit Beermanns Handy auf dem Weg ins LKA.
Susanne Wegerich schüttelte den Kopf. Moewigs eigenmächtiges Handeln war mit dem Gesetz definitiv nicht vereinbar.

Sie blätterte in einem Schnellhefter, der von Computerausdrucken aus diversen Quellen fast überquoll. Dr. Tom Jebens war achtunddreißig Jahre alt, Sohn und Alleinerbe von Dr. Thomas Jebens, einem erfolgreichen Finanzinvestor, der vorletztes Jahr bei einem Jagdunfall ums Leben gekommen war. Wenige Monate nach der Beerdigung hatte sein Sohn Tom auf einer Selfpublishing-Plattform eine wirre Autobiografie mit dem Titel *Gebrochen, nicht zerstört* herausgebracht. Darin klagte er über seine schwere Kindheit und bezichtigte seinen Vater so ziemlich aller Vergehen, die ein Elternteil seinem Kind zufügen konnte, von Vernachlässigung über Misshandlung und seelische Grausamkeit bis hin zu sexuellem Missbrauch. Angeblich hatte sich Jebens senior nicht nur an seinem eigenen Sohn vergangen, sondern zudem eine nicht genauer bezifferte Anzahl anderer Jungen missbraucht, die Tom Jebens nach eigenen Angaben teilweise ausfindig gemacht hatte.

Der junge Tom war bei Kindermädchen und später im Internat aufgewachsen, während sein Single-Vater in einer Villa im Grunewald residiert hatte, wenn er nicht gerade um den Globus gejettet war, um auf allen Erdteilen Unternehmen zu kaufen, in Fonds zu investieren und Jetset-Partys zu feiern. Ab dem Pubertätsalter war Tom wiederholt in psychiatrischen Einrichtungen gewesen, Angststörung mit Panikattacken. Die Gutachter schilderten ihn als beziehungsunfähigen Einzelgänger mit Borderline-Symptomatik, der sein Zimmer oft tagelang nicht verlassen könne, da er in Gegenwart erwachsener Männer Todesangst empfinde. Dagegen fühle er sich zu Kindern und Jugendlichen hingezogen, insbesondere zu Jungen. Wegen angeblicher exhibitionistischer Vorfälle wurden mehrere Anzeigen gegen Jebens junior erstattet, die Ermittlungen jedoch regelmäßig eingestellt. Trotz seiner psychischen Probleme gelang es Tom, das Abitur abzulegen, ein Universitätsstudium zu absolvieren und sogar einen Doktortitel zu erwerben. Allerdings nicht auf dem Gebiet der Betriebswirtschaft und Finanzmathematik wie sein Vater, sondern im Fachbereich Sozialpsychologie.

Es klopfte an der Tür, und Susanne Wegerichs Kollege Jens Schneider kam herein. Kriminaloberkommissar, Ende dreißig, bärenhafte Statur. Er trat zur Seite, um für Abel Platz zu machen, der seine Aktentasche wie einen Schutzschild vor die Brust gedrückt hielt.

Der Ärmste sieht noch fertiger aus als heute Morgen, dachte Susanne Wegerich. Sie nahm sich vor, auf Sprüche à la »Hab ich's doch gesagt« zu verzichten. Dabei sah alles danach aus, dass sie mit ihrem Ansatz ins Schwarze getroffen hatte, auch wenn sie nicht auf die Idee gekommen war, den Froschmann mit der Pädo-Szene in Verbindung zu bringen. *Aber Jebens hat die klassische Pädophilen-Biographie,* dachte sie. *Vom Opfer zum Täter.*

Als Letzter trat Moewig ein und schloss hinter sich die Tür. Susanne Wegerich kam ihr Büro plötzlich viel zu eng vor.

Sie starrte Lars Moewig an und sah dann, als ihre Blicke sich kreuzten, eine Spur zu hastig weg. Der Mann hatte eine unglaubliche Präsenz. Und eine furchterregende Aura. Dabei war er fast einen Kopf kleiner als Schneider und Abel. Außerdem verhielt er sich völlig unauffällig, er machte eigentlich überhaupt nichts, sondern stand einfach nur da. Sein surreal breites Kreuz der Tür zugewandt, während seine Augen den Raum und die Anwesenden scannten.

☠ ☠ ☠

Abel öffnete seine Aktentasche und entnahm ihr einen Beweismittelbeutel mit Beermanns Prepaid-Handy. »Wie schon am Telefon gesagt, die auf der Eins eingespeicherte Nummer ist tot«, erklärte er, nachdem sie sich gegenseitig begrüßt hatten. »Herr Moewig hat dort angerufen, aber laut automatischer Ansage ist die Nummer nicht vergeben.«

»Normalerweise hätte ich das Ihnen überlassen, Frau Kom-

missarin«, steuerte Moewig bei. »Aber unter den gegebenen Umständen war keine Zeit zu verlieren.«
Susanne Wegerich nahm den transparenten Beutel mit dem Schlicht-Handy der Marke LG entgegen. »Fingerabdrücke können wir vergessen«, sagte sie zu Schneider.
»Überhaupt nicht«, erwiderte Moewig. »Ich habe mir erst Latexhandschuhe übergezogen, bevor ich das Ding an mich genommen habe. Alles nach Vorschrift, die Herrschaften.«
Der Oberkommissar hatte aus dem hinteren Teil des Büros zwei weitere Stühle geholt. Nebeneinander nahmen sie alle drei vor Susanne Wegerichs Schreibtisch Platz. Abel in der Mitte, rechts von ihm Moewig, links Schneider, der noch ein ganzes Stück größer als Abel war, in den Schultern allerdings schmaler als Moewig.
Die Wegerich ertappte sich dabei, wie sie den schwarzen Ex-Söldner, Ex-Soldaten, Ex-Fremdenlegionär schon wieder anstarrte. *Maier hat recht,* dachte sie, *so einen sieht man wirklich nicht alle Tage.* Natürlich hatte auch sie letztes Jahr mitbekommen, dass Abel den Miles-&-More-Killer durch halb Europa verfolgt und seinen Kumpel aus Bundeswehrtagen gerade noch rechtzeitig aus der U-Haft herausgeholt hatte, damit Moewig sich von seinem sterbenden Töchterchen verabschieden konnte. Im LKA waren damals die wildesten Gerüchte herumgeschwirrt, inklusive der konspirativen Version, dass Abel seine Kontakte im BKA und zur Bundesanwaltschaft ausgenutzt hätte, um die Mordserie einem nordafrikanischen Psychopathen anzuhängen, der genau zum richtigen Zeitpunkt der französischen Polizei ins Netz gegangen sei.
Susanne Wegerich hatte keinen Moment lang geglaubt, dass an diesem rufmörderischen Gerede etwas Wahres sei. Dafür kannte sie Abel zu gut. Er war zwar ein Mann, der es mit den Vorschriften nicht immer ganz genau nahm, aber er hatte unverrückbare moralische Grundsätze. Ob sich das Gleiche auch über Moewig sagen ließ, schien ihr weit weniger sicher.

Ohne das Handy aus dem Plastikbeutel zu nehmen, drückte sie den Startknopf und anschließend die Eins. Auf dem Display erschien eine Mobilfunknummer, die auf 7777 endete. »Offenbar ebenfalls eine Prepaid-Nummer«, sagte sie zu Schneider. Prepaid-Nummern wurden automatisch generiert und wiesen typischerweise vier oder fünf identische Ziffern hintereinander auf.

»Dieser Anschluss ist nicht vergeben«, meldete sich eine weibliche Computerstimme. *»Bitte überprüfen Sie die gewählte Nummer.«*

Susanne Wegerich probierte die restlichen Schnellwahltasten durch. Doch die waren allesamt unbelegt. Der Anrufspeicher war, abgesehen von den beiden heutigen Versuchen, gänzlich leer.

»Entweder Beermann hat Sie zum Narren gehalten«, sagte sie zu Moewig, »oder Jebens hat eine fiktive Nummer eingespeichert. Weil er niemals die Absicht hatte, für Beermann erreichbar zu sein.«

Sie schaltete das Handy wieder aus. Der Akku war so gut wie leer. Und ihre Entscheidung, Jebens auf die Pelle zu rücken, stand sowieso schon fest. Sie wartete nur noch auf das Go-Signal von ihren Kollegen in Frankfurt an der Oder. Jebens' Gutshof lag in Brandenburg.

»Variante eins scheidet aus«, sagte Moewig. »Wenn mich jemand zum Narren halten will, kriege ich das mit.«

Susanne Wegerich nickte. Sie sah keinen Grund, diese Selbsteinschätzung anzuzweifeln.

»Was auch immer es mit dem Handy auf sich hat«, sagte sie, »bei dem Mann aus dem Hinterhof handelt es sich eindeutig um Dr. Tom Jebens.« Sie referierte kurz den Inhalt der Autobiografie von Jebens und der psychiatrischen Gutachten. Dann entnahm sie dem Schnellhefter einen DIN-A5-Umschlag, aus dem sie zwei Lichtbilder hervorzog. »Jebens ist, wenig verwunderlich, extrem öffentlichkeitsscheu. Im Internet gibt es kein einziges Foto von ihm.«

Das konnte Abel nur bestätigen. Nicht einmal Sara Wittstock hatte ein Online-Foto von ihm ausgraben können.
»Glücklicherweise habe ich diese Lichtbilder aufgetrieben«, fuhr die Hauptkommissarin fort. »Sie sind schon ein paar Jahre alt, aber die Ähnlichkeit ist unverkennbar.«
Sie schob die Hochglanzabzüge über den Tisch. Moewig kramte links und rechts in seinen Beintaschen, wodurch er sein Camouflage-Hemd an den Schultern fast zum Platzen brachte. Schließlich förderte er ein zerknicktes DIN-A4-Blatt zutage, entfaltete es und plazierte es neben den Fotos.
»Eindeutig«, sagte er.
Auf den Abzügen waren Jebens' Haare noch etwas voller, seine Wangen weniger froschartig aufgebläht, aber ansonsten war es ein und derselbe Mann. Einschließlich der Schweißflecken unter den Achseln, der fettig glänzenden Stirn und dem panischen Gesichtsausdruck.
Susanne Wegerich faltete Moewigs Computerausdruck zusammen und schob ihn aus ihrem Blickfeld. »Mittlerweile wissen wir auch, wo sich das ›Rittergut‹ befindet«, sagte sie, »das Jebens – nach Ihrer Aussage, Herr Moewig – gegenüber Beermann erwähnt hat. Der Ort, an dem die zerbrochenen Seelen heilen sollen, wie er es Beermann gegenüber offenbar ausgedrückt hat.« Sie zog eine Grimasse. »Gefallene Engel, gebrochene Flügel und so weiter: Das ist absolut typischer Pädophilen-Jargon. Nach dem Motto, wir sind die Guten, denn wir lieben die Kinder mehr als die sogenannten Normalen.«
Sie hatte plötzlich etwas im Hals, räusperte sich mehrfach und sandte ihrem Kollegen einen hilfesuchenden Blick.
»Jebens hat unmittelbar nach dem Tod seines Vaters eine Stiftung gegründet«, übernahm Schneider. Seine Stimmlage war so tief, dass die Gläser im Regal hinter Susanne Wegerich zu vibrieren schienen. »Die Stiftung heißt tatsächlich ›Gefallene Engel‹ und hat laut Grundbuchamt vor zweieinhalb Jahren den Gutshof nahe der polnischen Grenze erworben, im

Oderbruch. Das ist nahezu verlassenes Gebiet, deutlich mehr Reiher und Störche als Menschen. Das Areal umfasst ein Herrenhaus und diverse Nebengebäude mit insgesamt zweiundsiebzig Zimmern, außerdem sieben Hektar Grundbesitz. Die nächsten Nachbarn sind zwei bis drei Kilometer entfernt.«

Das Telefon auf Susanne Wegerichs Schreibtisch klingelte. Sie nahm den Hörer ab, lauschte kurz, sagte »danke« und legte wieder auf.

»Nur damit ich das richtig verstehe, Frau Wegerich«, sagte Abel. Bisher hatte er noch kaum ein Wort zu der Unterredung beigesteuert. »Dieser Psychopath kidnappt möglicherweise seit mindestens einem halben Jahr Kinder und Jugendliche und verschleppt sie auf seinen Gutshof – und niemand bekommt auch nur das Geringste von diesen Aktivitäten mit?«

Alle sahen ihn an. Abel war bewusst, dass er einen furchtbaren Anblick bieten musste. Seine Stimme klang in seinen eigenen Ohren fremd. Gepresst und eine halbe Oktave höher als normal.

»Das kann doch eigentlich nicht sein«, fuhr er fort. »Schließlich leben wir in einem Rechtsstaat mit gut organisierten Strafverfolgungsbehörden, oder irre ich mich da?« Susanne Wegerich öffnete den Mund, aber Abel ließ sie nicht zu Wort kommen. »Die einzige Erklärung für dieses eklatante Versagen unserer Polizei besteht für mich darin«, rief er, »dass es sich bei den Opfern um ausländische Minderjährige handelt. Um dunkelhäutige Kinder, da kommt es dann offenbar nicht so genau drauf an!«

Moewig legte ihm eine Hand auf den Arm. Abel wollte sie abschütteln, er war noch längst nicht fertig mit seiner Anklage. Wieder musste er daran denken, wie Noah ausgerufen hatte: »Wir sind immer noch versklavt!«

»Lass gut sein, Freddy«, sagte Moewig. Er sah Abel durchdringend an. »Ich weiß genau, wie du dich fühlst. Aber glaub

mir, du tust deinen Kollegen hier unrecht. Und ich bin sicher, das ist das Letzte, was du willst.«
Abel starrte mindestens dreißig Sekunden lang vor sich hin. Dann fuhr er sich mit der Hand übers Gesicht. Seine Stirn war klatschnass. »Entschuldigung, das war völlig daneben«, sagte er zu Frau Wegerich. »Noch heute Morgen haben Sie mich mit der Nase darauf gestoßen. Und ich wollte nichts davon wissen.«
Die Hauptkommissarin deutete ein mitfühlendes Lächeln an. »Schon vergessen«, sagte sie. »Ich habe zwar keine Kinder, aber wenn ich in Ihrer Lage wäre, würde ich vermutlich auch die Fassung verlieren.« Sie klappte den Schnellhefter zu und stand auf. »Und deshalb werden Sie beide jetzt brav nach Hause gehen, während Schneider und ich unsere Arbeit machen.«
Auch Schneider erhob sich, Abel und Moewig taten es ihm nach. Neben den beiden anderen Männern sah Moewig fast wie ein Zwerg aus, wenn auch wie einer mit quadratischem Rumpf und baumstammdicken Armen. Aber selbst Susanne Wegerich überragte ihn um etliche Zentimeter.
»Was genau haben Sie jetzt vor?«, fragte Abel.
Schneider und die Wegerich wechselten einen Blick.
»Wir sind vor Ort selbst nur Beobachter«, sagte die Hauptkommissarin. »Zuständig sind die Kollegen in Frankfurt/Oder. Sie sind bereits mit einem Durchsuchungsbeschluss und etlichen Beamten inklusive einem MEK auf dem Weg zu Jebens' Gut. Wir gehen davon aus, dass er auch Ihre Kinder entführt haben könnte.«
Ihre Worte dröhnten in Abels Ohren. »Ich komme mit«, sagte er. »Wenn er Manon und Noah in seinen Fängen hat …«
»Das habe ich befürchtet«, fiel ihm Susanne Wegerich ins Wort. Sie kam hinter ihrem Schreibtisch hervor und bahnte sich einen Weg zur Tür, Schneider folgte ihr. In diesem Augenblick meldete sich Abels Smartphone. Er nahm es aus der Hemdtasche und warf einen Blick aufs Display. Lisa. Sie war

noch immer in Brüssel. Wenn sie ihn aus ihrem Meeting heraus anrief, musste sie einen wichtigen Grund haben. Er nahm das Gespräch entgegen. »Lisa? Ist dir eingefallen, wann du dem Froschtyp begegnet bist?«

Jetzt hatte er wieder die volle Aufmerksamkeit aller Anwesenden.

»Gerade eben, Freddy«, sagte Lisa. Ihre Stimme klang heiser. »Er heißt Jebens, Dr. Tom Jebens. Und das war bei der Charity-Veranstaltung für die Kinder-Flüchtlingshilfe im Regent Hotel am Gendarmenmarkt, auf der ich im Februar mit Hannah war. Erinnerst du dich?«

»Ja«, sagte er. »Einen Moment, Lisa. Ich bin im LKA, wir sind gerade am Aufbrechen. Ich stelle dich laut, dann können die zuständigen Kollegen alles mithören, während wir mit ihnen zum Einsatzort fahren.«

»Zum Einsatzort?«, wiederholte Lisa. »Mein Gott, Freddy, was bedeutet das?«

»Sag du es uns«, antwortete Abel. »In welcher Funktion hat Jebens an der Charity-Veranstaltung teilgenommen?«

»In gar keiner Funktion. Er hat versucht, sich mit seiner Stiftung als Kinderretter aufzuspielen, aber zum Glück sind die Organisatoren nicht auf ihn hereingefallen.« Sie begann unvermittelt zu schluchzen. »Du hättest ihn erleben müssen, Freddy!«, brach es aus ihr heraus. »Eine Gestalt wie aus einem Alptraum!«

☠ ☠ ☠

33

**LKA-Einsatzfahrzeug, auf dem Weg ins Oderbruch,
Donnerstag, 15. Juli, 16:57 Uhr**

KOK Schneider saß am Steuer des grauen VW Passats, neben ihm Susanne Wegerich. Abel und Moewig hatten sich auf den Rücksitz gepfercht, zwischen Stapel mit schusssicheren Westen und diversen Einsatz-Kits in Aluminiumbehältern. Schneider stieß mit seiner schwarzen Bürstenfrisur fast an die Wagendecke. Er hatte das Blaulicht aufs Dach gestellt, die Sirene eingeschaltet und fräste sie durch den stockenden Feierabendverkehr.

»Diese Charity-Veranstaltung im ICC«, sagte Lisa. Ihre Stimme klang blechern aus dem Smartphone, das Abel auf volle Lautstärke gestellt hatte. »Hannah wollte unbedingt, dass ich mitkomme.«

Hannah Büttner, Lisas Freundin, war schwerreich und ständig auf der Suche nach Hilfsorganisationen, die sie mit Spenden beglücken konnte. Doch dabei war sie mehrfach auf Betrüger hereingefallen, und seitdem ließ sie die vermeintlichen Wohltäter von Lisa gegenchecken, bevor sie auf den Online-Überweisungs-Button klickte.

»Ja, ich weiß noch«, sagte Abel. »Ihr wolltet, dass ich mitkomme, aber ich hatte keine Zeit.«

Und, um ehrlich zu sein, keine Lust. Er hatte sich vor dem aller Voraussicht nach sterbenslangweiligen Termin gedrückt, was sich jetzt als Fehler herausstellte. Aber wie hätte er voraussehen sollen, dass er damals auf den späteren mutmaßlichen Kidnapper seiner Kinder getroffen wäre?

Das ICC-Gebäude war im Februar schon nicht mehr als »Internationales Congress Centrum« genutzt worden, sondern diente hauptsächlich als Erstaufnahme-Einrichtung für die zehntausendfach in die Stadt geströmten Flüchtlinge. Mit seiner rundlichen Kompaktform und der silbrigen Außenhaut sah es aus wie ein retrofuturistisches Raumschiff, das aus einer Siebzigerjahre-Sci-Fi-Serie abgestürzt und im Westen Berlins gestrandet war. In einem der Säle, die gewöhnlich die Erotikmesse »Venus« beherbergten, stellten Charity-Organisationen ihre Betreuungsprojekte für unbegleitete minderjährige Flüchtlinge vor. Die Veranstalter hatten sechs Projekte ausgewählt, berichtete Lisa, deren Sprecher auf der Bühne mit Multimedia-Präsentationen um Sponsoren werben konnten.

»In der Lobby und draußen vor der Halle«, erklärte Lisa weiter, »hatten unzählige andere Organisationen, deren Projekte es nicht in die Endauswahl geschafft hatten, ihre Infostände aufgebaut. In einer Pause sind Hannah und ich dort herumgelaufen, und da hat sich dieser Dr. Jebens an uns drangehängt und seine Stiftung ›Gefallene Engel‹ angepriesen. Es war wirklich gruselig.«

Abel warf Moewig einen Blick zu. Er sah besorgt aus und wirkte angespannt bis in die Spitzen seines graumelierten Kraushaars.

»Inwiefern gruselig?«, fragte Abel.

»Versteh mich nicht falsch«, sagte Lisa, »seine Ideen waren radikal, aber nicht unbedingt verrückt. Nur *wie* er sein Programm rübergebracht, wie er raunend geredet, sich dabei ruckartig bewegt und ständig in alle Richtungen umgesehen hat – ein Zwangsneurotiker, wenn nicht etwas Schlimmeres. Bei der Vorstellung, so jemandem traumatisierte Kinder anzuvertrauen, ist es Hannah und mir kalt den Rücken hinuntergelaufen. Aber er hat nicht lockergelassen. Allerdings war er dort nicht der einzige abgedrehte Aktivist. Das ganze Spektrum pädagogischer Weltverbesserer war vertreten. Der reinste Basar.«

Susanne Wegerich wandte sich auf dem Beifahrersitz nach hinten. »Was waren das für Ideen – von diesem Dr. Jebens, meine ich? Sorry, Frau Dr. Suttner, ich habe mich noch gar nicht vorgestellt. KHK Wegerich, wir haben letztes Jahr bei dem Kongress in Wiesbaden zur Cyberkriminalität während der Abendveranstaltung an einem Tisch gesessen.«

»Ah, Frau Wegerich, ich grüße Sie«, antwortete Lisa mit routinierter Freundlichkeit. Offenbar erinnerte sie sich nicht im Geringsten an diese Begegnung, aber außer Abel hörte das niemand aus ihrem Tonfall heraus. So wie auch nur er mitbekam, dass Lisa Mühe hatte, sich zu konzentrieren. Sie redete so fahrig, wie er das bei ihr noch nie erlebt hatte. Anscheinend war sie mit ihren Kräften genauso am Ende wie er selbst.

»Was das für Ideen waren, mit denen Jebens hausieren gegangen ist?«, sprach Lisa weiter. »So genau weiß ich das nicht mehr. Radikalliberales Gedankengut, würde ich sagen. Kein Schulzwang, keine Verbote oder Gebote, sondern nur Angebote. Solche Dinge eben. Er wollte eine Umgebung schaffen, hat er immer wieder gesagt, in der die Kinder vollkommen ohne Angst und ohne Zwang aufwachsen können. Eigentlich ganz sympathisch, wenn auch ziemlich realitätsfern. Aber das Gruselige war wie gesagt nicht *was*, sondern *wie* er es rübergebracht hat. Er konnte einem nicht in die Augen sehen, keine Sekunde lang. Er hat geschwitzt und gezuckt wie jemand, der extrem unter Stress steht.«

Lisa verstummte, und eine halbe Minute lang schwiegen auch die vier Menschen im Einsatzfahrzeug, das mittlerweile die A 113 erreicht hatte. KOK Schneider beschleunigte den Passat auf zweihundert Stundenkilometer, betätigte die Lichthupe zusätzlich zu Blaulicht und Sirene und wirkte bei alledem wie ein Sinnbild unerschütterlicher Ruhe.

»Im Rückblick würde ich sagen«, sprach Lisa unvermittelt weiter, »dass er mit seiner Körpersprache das genaue Gegenteil von dem ausgedrückt hat, was er uns verbal nahezubringen versuchte. So, wie wenn jemand sagt, ich will dich beschützen, und dir gleichzeitig die Kehle zudrückt. Oder wenn ein Attentäter versucht, sich wie ein ganz normaler Passant zu verhalten, um dann im dichtesten Gedränge die

Bombe zu zünden.« Sie schwieg erneut für einige Augenblicke.
»Ja, ich glaube, das ist der Grund, warum er Hannah und mir richtig Gänsehaut gemacht hat«, sagte sie dann. »Auch wenn uns das damals nicht bewusst geworden ist. Wir hatten ja nur ein paar Minuten mit ihm zu tun, dann sind wir zurück in den Saal gegangen und haben nie mehr über ihn geredet. Ich schätze, wir haben diese Begegnung sofort wieder verdrängt. Jedenfalls hatte ich ihn völlig vergessen, Freddy, bis du mir das Foto gezeigt hast.«
Abel starrte auf den Blackberry in seiner Hand. »Danke, Lisa«, sagte er. »Das war hilfreich. Wir wissen mittlerweile einiges über seinen Hintergrund. Jebens war mehrfach in der Psychiatrie. Und den Dealer aus dem Bistro-Hinterhof hat er angeheuert, damit der ihm Informationen über unbegleitete Flüchtlingskinder besorgt.«
»Die Jebens dann gekidnappt und auf seinen Gutshof an der polnischen Grenze gebracht hat«, ergänzte Moewig. »Allein oder mit weiteren Helfershelfern, das werden wir ihn gleich fragen.«
»Sie ganz sicher nicht, Herr Moewig.« Susanne Wegerich fuhr auf ihrem Sitz herum und funkelte Moewig an. »Sie werden sich bei diesem Einsatz absolut passiv verhalten und die Anordnungen der Einsatzleitung buchstabengetreu befolgen. Bei dem geringsten Regelverstoß werde ich persönlich dafür sorgen, dass Sie die Konsequenzen zu spüren bekommen. Das gilt auch für Sie, Herr Abel, bei allem Verständnis für Ihre Situation. Haben Sie Dank, Frau Dr. Suttner, auf Wiederhören.«

☠ ☠ ☠

34

**Brandenburg, Lebuser Land, Gutshof »Gefallene Engel«,
Donnerstag, 15. Juli, 18:13 Uhr**

Der SEK-Einsatz war in vollem Gang, als sie den Gutshof der »Gefallenen Engel« erreichten. Zahlreiche Polizeibeamte in ballistischer Schutzausrüstung hatten das Areal umstellt. Abel schätzte, dass es zwischen fünfundzwanzig und dreißig Beamte waren. Das Areal war von einer gut zwei Meter hohen Backsteinmauer umgeben, dahinter bildeten gestaffelte Bäume einen blickdichten grünen Wall.
Die Beamten am Eingangstor winkten sie durch, nachdem Schneider seinen Ausweis gezeigt hatte. Im Schritttempo folgte er einer gekiesten Straße, die sich zwischen Wiesen und Feldern dahinschlängelte. Entgegen allem, was Abel erwartet hatte, machte das Anwesen keineswegs einen düsteren Eindruck. Jedenfalls, wenn man das Gittertor mit seinem martialischen Eisengestänge passiert hatte. Auf den Feldern wuchsen Korn und diverse Gemüsearten. Die Wiesen waren kniehoch und mit Wildblumen gespickt. Pferde grasten auf einer Koppel, hinter einer Stalltür grunzten Schweine. Die Wirtschaftsgebäude hätten einen frischen Anstrich gut vertragen können, aber mit ihren bröckeligen Fassaden und schiefen Fensterläden wirkten sie weniger verwahrlost als malerisch. Das Ganze verströmte einen Hauch von Summerhill oder geradezu von Bullerbü.
Perfekte Tarnung, dachte Abel.
Schneider stoppte zwanzig Meter vor dem schlossartigen Haupthaus. Einsatzfahrzeuge von SEK und Kriminalpolizei, Ambulanzen und Notarztwagen standen kreuz und quer auf dem Vorplatz, in dessen Zentrum ein Springbrunnen plätscherte.
Die Schiebetür eines grauen Mercedes Transporters stand weit offen. An dem Tisch im Innern saß ein Mann in Jeans

und T-Shirt, der grüßend die Hand hob, als Susanne Wegerich aus dem Passat ausstieg.
»Das ist KHK Grabow, der Einsatzleiter«, sagte Schneider zu Abel und Moewig.
Sie gingen zu dem Transporter hinüber. Trotz der fortgeschrittenen Stunde war es immer noch drückend heiß.
Abel konnte die Anspannung kaum mehr ertragen. »Ganz ruhig, Freddy«, sagte Moewig neben ihm. Dabei war Abel nach außen die Ruhe selbst, wie versteinert vor Anspannung und Sorge, während Moewig die Hände zu Fäusten geballt hatte und die Schultern kreisen ließ.
»Wo sind die Kinder, verdammt?«, knurrte Moewig.
In der Ferne waren die Rufe der Hundeführer und das helle Belfern der Spürhunde zu hören. Zehn oder fünfzehn SEKler in voller Combat-Montur, ihre Gesichter unter den Sturmhauben nicht zu erkennen, kamen gerade aus einem schuppenartigen Nebengebäude. Ihre Kollegen standen und saßen schon auf der Freitreppe vor dem Haupthaus, sie hatten die Helme abgesetzt, ihre Gesichter waren von der Hitze gerötet und glänzten vor Schweiß. Offenbar ging der Einsatz gerade zu Ende.
»Da ist ja die Kollegin, die uns den Betriebsausflug spendiert hat«, begrüßte Grabow die Hauptkommissarin. Ein gutmütiges Grinsen ließ sein Gesicht noch runder erscheinen. Er war Mitte vierzig und sah aus wie eines der landestypischen Kartoffelmännchen. Rundlicher Oberkörper, kugelförmiger Kopf, hervorquellende Augen. »War wohl ein Schuss ins Blaue, wie?«, fügte er hinzu, während er aus dem Transporter stieg und Susanne Wegerichs Hand schüttelte.
Sie sah ihn stirnrunzelnd an. »Wie darf ich das verstehen, Herr Grabow?«
Er nickte Schneider, Abel und Moewig bedächtig zu. »Für eine abschließende Lagebeurteilung ist es sicher noch zu früh«, sagte er. »Aber wenn Sie mich fragen, die Kinder und Jugendlichen machen keineswegs den Eindruck, als würden

sie hier gegen ihren Willen festgehalten. Geschweige denn misshandelt oder Schlimmeres.«
»Wo sind die Kinder?«, fragte Wegerich.
Grabow deutete zu einem grün-weiß lackierten Omnibus, der von üppigen Trauerweiden halb verdeckt war. »Da drüben. Vierundzwanzig, alles Jungs zwischen zwölf und siebzehn Jahren, alle ohne Papiere. Syrer, Afghanen, Pakistani, Marokkaner. Hab ich noch eine Nationalität vergessen?« Er fasste sich an die Stirn.
»Franzosen?«, fragte Abel. »Aus der Karibik?«
Grabow starrte ihn an. Die Augen quollen ihm fast aus den Höhlen. Er musste sich sichtlich zusammenreißen, um nicht ausfällig zu werden.
Rasch schob sich Moewig zwischen Abel und den Einsatzleiter.
»Das ist Kriminaldirektor Dr. Abel vom BKA«, sagte er zu Grabow. »Es besteht Grund zu der Annahme, dass seine Kinder von Jebens gekidnappt wurden und hier auf dem Gelände sind. Dunkelhäutige Zwillinge, ein Junge und ein Mädchen, sechzehn Jahre alt. Aus Guadeloupe.«
Grabow runzelte die Stirn. Auf seinem Gesicht zeichnete sich tiefe Skepsis ab, als er seine Blicke von Moewig zu Abel wandern ließ.
»Wir haben hier alles durchkämmt, Zimmer für Zimmer, außerdem den ganzen Wald«, sagte er in seiner langatmigen Art. »Aber dunkelhäutige Zwillinge waren nicht dabei. Überhaupt keine Mädels, wie schon gesagt. Und gekidnappt wurde niemand von denen, die sind alle freiwillig hier. Das große Heulen haben die erst gekriegt, als wir hier in voller Montur reingestürmt sind. War nicht deren bester Tag. Unserer allerdings auch nicht. Die armen Kinder haben doch alle furchtbare Erlebnisse mit Uniformierten und Bewaffneten hinter sich. In ihren Ländern und unterwegs auf der Flucht, aber erklären Sie denen mal, dass die Polizisten hierzulande auf ihrer Seite sind. Das glauben die Ihnen nicht so

ohne weiteres, dabei sprechen die sogar alle ziemlich gut Deutsch.«
»Wie bitte? Das kann ja wohl nicht sein«, sagte Schneider. »Die sind doch erst seit ein paar Monaten im Land.«
»Das fragen Sie am besten die beiden Lehrerinnen.« Grabow zeigte zu einem blau-weiß lackierten Polizeibus. »Die haben wir vorläufig festgesetzt, mitsamt ihren Lebensgefährten. Der eine ist Philosoph, wenn ich das richtig mitbekommen habe. Der andere ein Arzt aus dem Iran.«
Abel setzte sich in Richtung der Trauerweiden in Bewegung. In den Augenwinkeln registrierte er, dass Moewig und die Kriminalbeamten ihm folgten.
»Und wo ist Jebens?«, fragte die Wegerich. Sie hatte einen verwirrten Gesichtsausdruck und klang einigermaßen kleinlaut.
Grabow kratzte sich im Nacken. »Der Mann hat einen Nervenzusammenbruch erlitten, als wir sein Haus gestürmt haben. Momentan müsste er dort sein.« Er deutete auf eine der Notfallambulanzen. »Er ist medizinisch erstversorgt worden. Wenn ich den Doc richtig verstanden habe, hat er ihm eine Beruhigungsspritze verpasst, mit der man ein Kutschpferd sedieren könnte. Auf geringere Dosierungen hat er nämlich nicht reagiert. Er hat wie am Spieß geschrien, und seine Kiddies haben alle mit ihm mitgeheult und versucht, ihn aus unseren Fängen zu befreien. Als wir sie in den Bus verfrachten wollten, haben sie sich an ihre Lehrerinnen geklammert und ›Hilfe, nicht schießen!‹ geschrien. Auf Deutsch und in einem halben Dutzend anderer Sprachen. Allerdings nicht auf Französisch, Herr Kriminaldirektor.«
Abel wollte sich zu ihm umwenden, aber Moewig umfasste seinen Unterarm und zog ihn weiter.
»Mittlerweile sind die Kinder alle erstversorgt und werden im Bus psychologisch betreut«, berichtete Grabow weiter. »Für Misshandlung oder gar für Missbrauch gibt es nach Auskunft der Mediziner bisher keine Anhaltspunkte. Und

wenn Sie meine Meinung hören wollen, Frau Wegerich: Dieser Jebens ist ja bestimmt ein komischer Heiliger, und zweifellos hat er gegen jede Menge Vorschriften verstoßen, als er die Teenies einfach so unter seine Fittiche genommen hat. Aber für die Kids war das hier möglicherweise sogar das Paradies, und wir sind reingetrampelt und haben alles kaputt gemacht.«

Die hintere Omnibustür war offen. Abel stieg ein, die drei Stufen kamen ihm unwirklich hoch vor. Oben blieb er stehen und schaute in verängstigte, verheulte oder ganz einfach erschöpfte Gesichter. Dunkle Haut in verschiedenen Schattierungen, Kinder, Teenies, einige fast schon junge Männer, wie Grabow es gesagt hatte. Er ging von Reihe zu Reihe, schaute in jedes Gesicht, aber keines der Kinder hatte auch nur die geringste Ähnlichkeit mit Noah. Oder gar mit Manon.

Er zog seinen Blackberry hervor, startete die Foto-App und zeigte Bilder von den Zwillingen herum. »Habt ihr die hier gesehen?«, fragte er, auch wenn er keine Hoffnung mehr hatte, seine Kinder bei den »Gefallenen Engeln« zu finden.

Sie starrten durch ihn hindurch, mit Augen wie Murmeln, oder schüttelten den Kopf.

»Nein, mein Herr«, sagte ein Junge auf Deutsch.

»Die sind nicht hier«, sagte ein anderer und brach in Tränen aus. Scheinbar ohne Grund. Oder weil sie alle wieder einmal zu Opfern geworden waren. Diesmal zu Opfern einer gut gemeinten Aktion.

Abel steckte sein Smartphone weg und verließ den Bus, dessen Tür sich zischend hinter ihm schloss.

»Das ist ja mal richtig scheiße gelaufen«, sagte Moewig. »Aber wenn dieser Jebens quasi die Mutter Teresa von Brandenburg ist – warum arbeitet der mit Gesocks wie Leif Beermann zusammen? Ein Klein-Dealer, der sich mit seinem Zeug selbst zuballert, stellt für ihn doch ein unkalkulierbares Risiko dar. Außerdem muss er damit rechnen, dass Beermann von der Polizei überwacht wird.«

Schneider und die Wegerich standen neben ihm im Schatten einer Trauerweide.

»Dieser Jebens tickt vollkommen anders«, sagte die Hauptkommissarin. »Was Sie und ich für verrückt halten, kommt ihm normal vor. Ich habe einen Blick in seine Autobiografie geworfen, *Gebrochen, nicht zerstört*, ein ziemlich konfuses Werk. Aber durchaus aufschlussreich.«

Sie unterbrach sich, als der Busfahrer den Motor anließ. Stumm sahen sie dem Polizeibus mit den minderjährigen Flüchtlingen hinterher, der im Halbkreis um den Springbrunnen und über den Kiesweg zum Tor fuhr.

»In seinem Buch beschreibt Jebens, wie er von seinem Vater über viele Jahre hinweg misshandelt und missbraucht worden ist«, fuhr Susanne Wegerich fort. »Wenn auch nur ein Bruchteil davon stimmt, muss Jebens senior ein schwerstgestörter pädophiler Triebtäter gewesen sein. Laut seinem Sohn hat er auch noch eine Reihe anderer Jungen systematisch missbraucht. In seinem Pamphlet behauptet Jebens junior, er habe einige dieser anderen Missbrauchsopfer ausfindig gemacht und im Namen seines Vaters ›kniefällig um Verzeihung gebeten‹.«

Moewig kniff die Augen zusammen, als er zu der groß gewachsenen Kommissarin hochsah. »Sie meinen, Beermann könnte eines der ehemaligen Opfer von Jebens senior sein?«

»Sehr wahrscheinlich sogar«, sagte sie. »Offensichtlich leidet Jebens an einem schweren Angstsyndrom, bedingt durch die in seiner Kindheit erlittene Traumatisierung. Die mehr oder weniger einzigen Personen, deren Nähe er erträgt oder sogar sucht, sind Jungen und Männer, die ein ähnliches Schicksal wie er selbst erlitten haben. Oder die er vor einem solchen Schicksal bewahren will.«

Abel nickte. »Das klingt für mich plausibel. Vielleicht hat er das Geld, das er Beermann jeden Monat zugesteckt hat, zumindest teilweise auch als Wiedergutmachung gesehen.«

»Und dass Beermann selbst diese Neigung zu sehr jungen

Mädchen entwickelt hat, passt gleichfalls in Bild«, steuerte Schneider bei. »Aus Opfern werden Täter. Nicht zwangsläufig, aber leider nur allzu oft.«
Obwohl es schon auf sieben Uhr abends zuging, flimmerte die Luft über dem Kiesweg vor Hitze. Unaufhörlich schaufelte das Sonnenhoch »Boris« glühend heiße Luftströme nach Mitteleuropa.
»Sobald Jebens wieder vernehmungsfähig ist, wird er uns einige Fragen beantworten müssen«, sagte Susanne Wegerich.
»Das ist sicher so.« Abel zuckte mit den Schultern. »Mit der Entführung meiner Kinder haben er und Beermann aber definitiv nichts zu tun.«
24 Stunden, dachte er, *und wir haben nichts, keinen Hinweis, keine Spur.*
Zusammen mit Moewig ging er zu dem Ambulanzwagen hinüber. Die Schiebetür hinten an der Beifahrerseite war offen, auf der Trage lag Tom Jebens, die Augen geschlossen, in unruhigem Schlaf.
Er sah aus wie ein alt gewordenes Kind, mitleiderregend hässlich und tödlich verstört.

☠ ☠ ☠

35

**Berlin-Grünau, Wohnhaus Fred Abel und Lisa Suttner,
Donnerstag, 15. Juli, 22:44 Uhr**

Wie ein gefangenes Raubtier tigerte Abel durch das geräumige Wohn-Esszimmer. »Die angeblich so heiße Spur ist kälter als kalt. Und andere Anhaltspunkte haben wir nicht. Es ist zum Durchdrehen!«
Auf Moewigs Rat hin hatte Abel die Jalousien vor der Ter-

rassentür und den bodentiefen Verandafenstern geschlossen. Auch die Fenster zur Straße hin waren blickdicht verrammelt. Die LED-Deckenlichter ließen alle Anwesenden noch bleicher und übernächtigter aussehen.
Bunkerstimmung, dachte Timo Jankowski. Laut sagte er: »Das ist so nicht ganz richtig, Freddy.«
Er saß zwischen Moewig und Lisa am Esszimmertisch. Sie hatten Sushi von einem Lieferdienst bringen lassen, aber außer Moewig hatte niemand Appetit. Die meisten Fisch- und Gemüsehäppchen lagen noch unberührt in den Plastikschalen.
»Nach Halfter wird mit Hochdruck gefahndet«, fuhr Jankowski fort. »Jebens und sein schräger Kinderhort waren eine Sackgasse, aber aus kriminalistischer Sicht ist Halfter sowieso der heißere Kandidat. Die Rache-Ankündigung in seinem Tagebuch und der Brief, den er dir ins Büro geschickt hat – beides spricht dafür, dass er der Entführer ist. Und zu seiner narzisstischen Persönlichkeit würde es durchaus passen, dass er deine Kinder kidnappt, sozusagen als Teil eins seiner großspurigen Rache-Inszenierung.«
»Würde er das nicht lauter rausposaunen?«, wandte Moewig ein. »Meiner Ansicht nach passt das zu einem machtgeilen Arschloch wie Jörg Halfter viel besser. Richtig ist aber: Er hat Kontakte ins Milieu.«
Moewig hatte seine massiven Unterarme auf die Tischplatte gestemmt, und als er sich vorbeugte, um ein Lachs-Sushi aus der Schale zu fischen, ächzte der stählerne Tischrahmen.
Nachdem er das Maguro-Toro-Sushi hinuntergeschlungen hatte, fasste er kurz zusammen, was er Abel bereits über Halfters Vorgeschichte berichtet hatte. »Über Kawuttke kann er deine Adresse ohne weiteres herausgefunden haben, Freddy«, fuhr er fort. »Ich habe noch mal versucht, Kalli auf den Zahn zu fühlen, aber der ist auf Tauchstation gegangen. Hätte ich an seiner Stelle auch gemacht. Wenn sich rumsprechen würde, dass er reihenweise Kiezgrößen an uns verpfeift,

wäre er erledigt. Der taucht garantiert erst wieder auf, wenn das hier ausgestanden ist.«

Moewig wischte sich die Hände an einer der Papierservietten ab, die der Sushi-Lieferant zur Verfügung gestellt hatte.

»Falls Halfter den nötigen Mumm hat, kann er selbst euch hier ausgespäht haben, oder er hat einen von Kawuttkes Männern dafür angeheuert«, fuhr er fort. »Dein angeblicher Assistent war aber garantiert keiner von Kallis Truppe. Das sind allesamt Vollpfosten, die könnten so einen Auftritt gar nicht hinlegen.«

»Und Halfter?«, fragte Abel. »Glaubst du, Timo, dass er das hinbekommen hätte?« Er war zum Tisch zurückgekehrt, setzte sich aber nicht hin, sondern stützte sich an der gegenüberliegenden Tischseite mit den Ellbogen auf eine Stuhllehne.

Jankowski zögerte kurz. »Ich hatte noch nicht genug Zeit, um ihn in allen Facetten zu analysieren«, sagte er. »Aber so eine Schauspieleinlage wäre für ihn wohl keine besonders große Herausforderung. Halfter ist ein Psychopath, er kann sich also emotional nicht in andere hineinversetzen, aber er kann typische Verhaltensmuster täuschend echt imitieren. Daran hat er zweifellos auch noch seinen perversen Spaß.«

Er legte seine Hände vor sich auf den Tisch, die Finger gespreizt und angewinkelt, als wollte er gleich ein Chopin-Stück auf einem imaginären Piano spielen. »Überlegt doch mal«, fügte er hinzu, »wer es fertigbringt, als Heteromann nackig in den Schwulenclubs rumzuspringen, ohne Verdacht zu erregen, für den ist diese Assistenten-Nummer ein Klacks.«

»Das leuchtet mir ein«, sagte Lisa. Sie war vor einer halben Stunde von ihrem Antiterror-Meeting in Brüssel zurückgekommen und sichtlich erschöpft. Ihre Frisur und ihr Make-up waren mehr oder weniger makellos, doch Jankowski entgingen weder die feinen Fältchen in Lisas Mund- und Augenwinkeln, die schärfer gezeichnet schienen als gewöhnlich, noch der fast fiebrige Glanz ihrer grünen Augen.

Kein Wunder, dass ihr nicht gleich eingefallen ist, wo sie diesen Jebens schon mal gesehen hat, dachte Jankowski. Lisa war in die oberste Liga der europäischen Terrorabwehr aufgerückt und musste sich ständig mit apokalyptischen Bedrohungslagen auseinandersetzen. Ihr Flieger hatte mit mehrstündiger Verspätung in Brüssel abgehoben, nachdem die ohnehin schon strengen Sicherheitsmaßnahmen wegen eines herrenlosen Koffers am Abfluggate nochmals verschärft worden waren. Für eine private Katastrophe wie die Entführung der Zwillinge hatte sie im Grunde keine freien Ressourcen. *So wenig wie Fred,* ging es Jankowski durch den Kopf.
»Du hast wahrscheinlich recht, Timo«, sagte Abel. »Das könnte Halfter durchaus bringen. Trotzdem habe ich nach wie vor das Gefühl, dass er die falsche Fährte ist.«
»Setz dich doch bitte mal hin, Freddy«, sagte Lisa. »Oder, besser noch, leg dich ein paar Stunden aufs Ohr. Ich sage dir sofort Bescheid, wenn sich irgendjemand meldet.« *Der Kidnapper oder die Polizei,* ergänzte sie in Gedanken. »Im Moment können wir sowieso nichts machen. Nur warten und hoffen.«
Abel schüttelte den Kopf. Er zog den Stuhl zurück und ließ sich darauf fallen. »Das sehe ich ein bisschen anders«, sagte er. Seine Aktentasche lag auf dem Stuhl neben ihm. Er öffnete sie und entnahm ihr das DIN-A5-Blatt, das er aus Manons Skizzenheft herausgerissen hatte. »Ich möchte, dass du nach Guadeloupe fliegst«, sagte er zu Moewig und hielt das Blatt hoch, so dass alle drei sehen konnten, was Manon gezeichnet hatte.
Vor zwei Stunden hatte er endlich mit Claire telefoniert, die sich schon Sorgen gemacht hatte, weil von den Zwillingen keine Nachrichten mehr kamen – und ihre bitteren Vorwürfe hallten ihm noch in den Ohren. »*Hätte ich den beiden doch nie verraten, wer ihr Vater ist!*« Er konnte es ihr nicht verdenken. »*Warum hast du nicht besser auf sie aufgepasst, Fred!*« *Ja, verdammt, warum? Aber was hätte ich machen*

sollen? Sie hier zu Hause anketten? Claire hatte verkündet, dass sie sich in den nächsten Flieger setzen würde. Vor einer halben Stunde war eine SMS von ihr gekommen: *»Morgen 14:40 MEZ TXL. Claire«*. *»Wenn meinen Kleinen etwas passiert, wirst du nie mehr glücklich werden, Fred«*, hatte sie am Telefon noch gesagt. Darauf hatte er nichts erwidert. Wie auch immer sie ihre Worte gemeint hatte, sie waren schlicht und einfach wahr.
Er konzentrierte sich auf Manons Zeichnung. »Der Mann in der Mitte ist Pierre Boucard, der Lebensgefährte von Noahs und Manons Mutter«, erklärte er Moewig und Jankowski. »Pierre ist Galerist, und diese Szene hier hat sich in seiner Galerie in Le Gosier abgespielt, einem Vorort von Pointe-à-Pitre. Manon und Noah haben den Vorfall beobachtet, und Manon hat anschließend diese Zeichnung angefertigt.«
Er tippte den hünenhaften Weißen auf die Stirn. Die Gesichter waren so präzise gezeichnet wie auf einem Phantombild. »Die beiden Schlägertypen sind Osteuropäer«, fuhr er fort. »Jedenfalls haben sie miteinander in einer Sprache geredet, die sich für die Zwillinge slawisch anhörte. Die Typen haben Pierre massiv unter Druck gesetzt, damit er in seiner Galerie dubiose hölzerne Kleinskulpturen verkauft. Angeblich autochthone Kunst aus Schwarzafrika, tatsächlich wohl Imitate von der Insel. Um ihrer Drohung Nachdruck zu verleihen, haben sie Pierre einer erniedrigenden Prozedur unterworfen, wie sie als Strafmaßnahme für Schwarze im Sklavenzeitalter gang und gäbe war.«
Von Moewigs und Jankowskis Gesichtern konnte Abel ablesen, dass sie nicht verstanden, worauf er hinauswollte. Aber sie unterbrachen ihn nicht, sondern hörten aufmerksam zu.
Abel griff erneut in seine Aktentasche und holte die Unheil verkündende Holzfigur hervor. Sie hatte eine spitze Nase, einen wulstigen Mund und eng stehende Augen, die den Betrachter zu durchbohren schienen.
»Das ist ein Exemplar davon«, sagte er. »Noah hat es mitge-

nommen, aus einem Hinterraum der Galerie, in der eine ganze Kiste voll mit den Dingern herumstand. Die Figur enthält einen geheimen Hohlraum.«

Mit der Unterseite schlug er sie in seine geöffnete Hand, so dass sich der verborgene Zapfen löste. Er zog den Zapfen ganz hervor und schüttelte die Figur, bis der winzige Plastikbeutel herausgerutscht kam. Dann legte er alles, die Figur, den Zapfen und das schlauchförmige Plastikteil mit dem handschriftlich beschriebenen Zettel, nebeneinander auf den Tisch.

Mystè, das Wort versetzte ihm erneut einen Stich. »Das ist kreolisch«, sagte er, »für *Mysterium* oder *Geheimnis.*«

Moewig besah sich stirnrunzelnd die aufgereihten Requisiten. »Sorry, Fred, ich verliere gerade etwas den Faden.« Er griff sich das nächste Sushi und verschlang es.

»Noch einen Moment Geduld, Lars«, sagte Abel. »Gleich wird klar, worauf ich hinauswill.« Er setzte die Figur wieder zusammen und zeigte, wie ein Trickkünstler seinen Zuschauern, die Unterseite vor, auf der nun keine Fugen oder Unebenheiten mehr zu sehen waren.

»Ich habe seit gestern viel darüber nachgedacht«, fuhr er fort. »Meiner Meinung nach geht es bei dieser Sache, in die Pierre hineingeraten ist, nicht in erster Linie um Kunstfälschung. Diese Geschichte haben sie Pierre erzählt, damit er nicht erkennt, dass etwas sehr viel Brisanteres dahintersteckt. Eigentlich geht es um die versteckte Ware im Innern der Figuren.«

Jetzt hatte Abel die volle Aufmerksamkeit seiner Zuhörer. Moewig hatte die Rechte schon ausgestreckt, um ein totenbleiches Fisch-Sushi seiner Bestimmung zuzuführen. Doch er zog sie zurück, so dass sie neben Timo Jankowskis linker Hand zu liegen kam. Es sah aus, als wären eine Baggerschaufel und ein komplexes feinmechanisches Meisterwerk zufällig nebeneinander abgelegt worden.

☠ ☠ ☠

»Ich stelle es mir so vor«, sagte Abel. »Die Kunden kommen in die Galerie, Pierre lenkt ihr Interesse auf die Figuren und dreht ihnen gefälschte afrikanische Kunst an. Tatsächlich hat er ihnen aber noch etwas anderes verkauft, nur weiß er selbst nichts davon. Im Gegensatz zu seinen Hintermännern, denen es ausschließlich um das Zeug im Innern der Figur geht. Drogen, Mikrochips oder was auch immer in dem Hohlraum deponiert werden soll.«

Zündmechanismen, dachte Lisa automatisch. *Oder Uran für eine schmutzige Kofferbombe.* Aber sie sprach es nicht aus. Seit sie in der EU-Kommission saß, sah sie überall nur noch Terror-Gefahrenlagen. »Auch die Käufer brauchen nicht unbedingt im Bilde zu sein«, sagte sie stattdessen. »Vielleicht werden sie als Kuriere wider Willen verwendet. Unverdächtige Touristen aus dem EU-Gebiet, die von ihrem Karibikurlaub zurückkehren. Zu Hause in Paris oder wo auch immer wartet dann schon jemand, der ihnen die Skulptur wieder abnimmt.«

Abel massierte sich die Schläfen mit den Fäusten. »Klingt logisch. Aber die Frage bleibt: Was könnten sie nach Europa schmuggeln, das diesen Aufwand lohnt? Diamanten? Das Zeug muss jedenfalls sehr kompakt und ausgesprochen wertvoll sein.«

»Die geopolitische Lage von Guadeloupe ist für Schmuggler ideal«, gab Lisa zu bedenken. »Der Archipel gehört zur EU und ist von Inselstaaten umgeben, die autonom, also nichteuropäisches Ausland sind. Und etliche dieser Nachbarstaaten sind mehr oder weniger bankrott, wodurch die Bereitschaft einiger Bevölkerungsteile, auf riskantere Art und Weise ihren Lebensunterhalt zu verdienen, stark erhöht wird. Haiti ist dafür nur das bekannteste regionale Beispiel.«

»Das wird mir jetzt ein bisschen sehr spekulativ.« Jankowski beugte sich vor, nahm die Holzfigur und drehte sie hin und her. »Und die beiden Schläger haben also mitgekriegt, dass Manon und Noah sie belauscht haben?«, fragte er Abel.

Abel nickte geistesabwesend. Noch immer hallten ihm Claires Worte in den Ohren. *»Ich war mir so sicher, dass du sie beschützen würdest, Freddy.«* Am Ende ihres Gesprächs hatte Claire hemmungslos geweint. *»Ich habe dich nie vergessen können, all die Jahre nicht! Dabei bist du auch nur ein treuloser Idiot!«* Sie hatte noch mindestens eine halbe Minute lang in den Hörer geschluchzt und dann aufgelegt.
»Die Zwillinge sind weggerannt, die beiden Schläger hinter ihnen her«, sagte er. »Manon und Noah sind ihnen glücklich entwischt, aber es war ein Schockerlebnis für die beiden. Am nächsten Tag sind sie abgeflogen, ohne mit Claire oder mit Pierre darüber gesprochen zu haben. Aber sie hatten noch hier in Berlin immer wieder das Gefühl, dass jemand hinter ihnen her wäre. Zuerst kam mir das ziemlich weit hergeholt vor, aber je länger ich darüber nachdenke …«
Er unterbrach sich und starrte vor sich hin. *»Du spinnst doch!«*, hatte Claire gewütet, als er sie auf diese Möglichkeit angesprochen hatte. *»Jetzt soll auch noch Pierre daran schuld sein, dass meine Kleinen am anderen Ende der Welt verschleppt worden sind! Pierre ist ein treuloser Provinz-Casanova, bei dem das Gehirn aussetzt, wenn vor seinen Augen so ein junges Ding mit dem Hintern wackelt – das ist der einzige Grund, warum er ab und zu für ein paar Tage von der Bildfläche verschwindet. Wie gerade jetzt wieder! Aber er macht keine Geschäfte mit Mafiosi! Oder mit irgendwelchen anderen Schwerverbrechern! Hast du das verstanden, Fred?«*
»Man muss nur eins und eins zusammenzählen«, sagte er. »Die Typen werden Pierre gefragt haben, wer die beiden Jugendlichen sind, die ihre Unterredung belauscht haben. So wie sie ihn in die Zange genommen haben, hat er garantiert alles ausgespuckt. Vielleicht hat er sogar extra betont, dass ihr Vater beim deutschen BKA arbeitet. Und dass sie auf dem Weg sind, mich hier in Berlin zu besuchen. Also quasi mit der Botschaft: Lasst nur die Finger von den Kindern, sonst kriegt ihr es mit der deutschen Polizei zu tun.«

»Deine Kinder haben es ja mit der gleichen Masche versucht, als Beermann sie erwischt hat«, sagte Moewig. »Hätte ich an ihrer Stelle genauso gemacht. Mit Big Daddy drohen ist auf jeden Fall besser als flennen und kuschen.«
Abel nickte. »Sie hatten tagelang kein anderes Thema als den Vorfall in der Galerie und was er bedeuten könnte – für Pierre, für sie selbst und sogar für das Verhältnis zwischen Weißen und Schwarzen generell. Die Russen haben Pierre als Sklaven beschimpft, der ihnen genauso gehorchen müsse, wie seine Vorfahren vor zweihundert Jahren tun mussten, was ihr Master ihnen befohlen hat. Weil die Weißen nach wie vor alle Reichtümer besitzen würden und die Schwarzen mittellos wären.«
Er warf Lisa einen auffordernden Blick zu. »Damit haben sie wohl einen wunden Punkt getroffen«, nahm sie den Faden auf. »Fred und ich hatten schon bei unserem Besuch auf der Insel den Eindruck, dass Pierre und Claire über ihre Verhältnisse leben. Seine Galerie ist vermutlich mehr oder weniger pleite, und damit haben ihn die beiden Männer beziehungsweise die dahinterstehenden Strukturen unter Druck gesetzt. Gleichzeitig haben sie versucht, Pierre zu ködern. Die Zwillinge haben jedenfalls gehört, dass ihm eine saftige Provision in Aussicht gestellt worden ist, wenn er sich auf den Handel mit den falschen Kunstwerken einlässt.«
Timo Jankowski lehnte sich zurück und verschränkte seine Hände im Nacken. »Lasst uns da jetzt mal einen Strich darunter machen«, schlug er vor. »Die Hypothese ist also, dass die Insel-Gangster jemanden beauftragt haben, der die Zwillinge hier in Berlin kidnappt. Oder dass sie ihnen vielleicht nachgereist sind und es selbst übernommen haben. So weit richtig, Fred?« Abel nickte. »Und aus welchem Motiv genau?«, fuhr der Profiler fort. »Damit deine Kinder dir nicht erzählen können, was sie gesehen haben, und du die Informationen nicht an Europol weitergeben kannst? Macht das wirklich Sinn?«

Abel blies die Backen auf und ließ die Luft langsam ausströmen. Dabei nickte er zögernd.
Lisa sah Jankowski nachdenklich an. »Du meinst, dann hätten sie schneller zugeschlagen«, sagte sie. Jankowski nickte. »Das klingt für mich plausibel«, fuhr Lisa fort. »Die Kinder erst nach vier Tagen zu kidnappen, wenn sie uns garantiert schon alles erzählt haben, macht aus Sicht der Insel-Mafiosi wenig Sinn.«
Moewig erbarmte sich des vorletzten Sushis. »Das sehe ich anders«, sagte er. »Vielleicht hat Boucard ja nicht sofort gesungen, sondern dem Druck noch ein, zwei Tage standgehalten. Und auch wenn er sofort zusammengebrochen wäre: Bis die Insel-Ganoven so eine Aktion logistisch gestemmt haben, können schon mal ein paar Tage vergehen. Das dürfte bei denen ja nicht jede Woche vorkommen, dass sie eine Entführung auf einem anderen Kontinent in Auftrag geben. Außerdem könnte ich mir auch vorstellen, dass sie die Zwillinge aus einem anderen Grund einkassieren wollten.«
Er schenkte sich Kaffee nach und spülte das allerletzte Sushi mit der schwarzen Brühe hinunter.
»Und der wäre?« Jankowski sah Moewig erwartungsvoll an. Obwohl ihn die kriegerische Aufmachung des schwarzen Ex-Soldaten nach wie vor irritierte, empfand der Profiler zunehmend Sympathie für Abels alten Kumpel. Moewig besaß weder Bildung noch bürgerliche Umgangsformen, aber er war gewieft, geradeheraus und absolut loyal. Sein nahezu kindliches Gemüt verbarg er unter einer nicht nur rauhen, sondern stachligen und gepanzerten Schale, doch davon ließ sich Jankowski nicht täuschen.
»Folgendes Szenario«, sagte Moewig und kniff die Augen zusammen. »Boucard pariert nicht wie gewünscht, die Ganoven brauchen ihn und seine Galerie aber unbedingt als Drehscheibe für ihre mysteriösen Geschäfte. Also verstärken sie den Druck, indem sie die Kinder seiner Lebensgefährtin einfangen. Nach dem Motto: Tu, was wir dir sagen, oder du

kriegst deine Angehörigen als Bausatz zurück. Normale Mafia-Masche, wenn ihr mich fragt.« Er fischte sein Zigarettenpäckchen aus einer Hemdtasche und angelte eine zerdrückte Filterlose heraus. Als er Lisas alarmierten Gesichtsausdruck bemerkte, schob er das Päckchen zurück in sein Hemd und die Kippe separat in die Tasche, in der er sein Zippo aufbewahrte.

»Gut, der Aufwand ist in diesem Fall ziemlich groß«, fuhr er fort, »aber wenn man davon ausgeht, dass sie ein richtig dickes Ding vorhaben und Pierre mitsamt seiner Galerie aus irgendeinem Grund das Nadelöhr ist, durch das alles durchgeschleust werden muss, dann ergibt das für mich sogar sehr viel Sinn.«

»Ein dickes Ding?«, wiederholte Lisa. »Was stellst du dir darunter vor?«

»Bisher noch herzlich wenig«, sagte Moewig. »Da sind wir wohl wieder bei der Frage, womit sie diese Holzteufel befüllen wollen. Aber wenn ihr mich fragt, spricht einiges dafür, dass die Zwillinge wieder auf dem Weg zur Insel sind. Oder sogar schon dort angekommen.« Er stand auf, streckte sich und ließ Kopf und Schultern kreisen. »Ich geh mal nach draußen, eine rauchen. Und danach suche ich mir einen Flieger nach Pointe-à-Dingsbums raus. Oder hast du den Marschbefehl geändert, Freddy?«

Abel hatte seine rastlosen Streifzüge zwischen Wohn- und Essbereich wiederaufgenommen.

»Freddy?«, wiederholte Moewig.

Abel blieb stehen und sah ihn geistesabwesend an. »Dein Flug startet morgen früh um Punkt sieben in Tegel.«

☠ ☠ ☠

36

**Aéroport Pointe-à-Pitre, Guadeloupe,
Freitag, 16. Juli, 13:27 Uhr Ortszeit**

Tropische Blumen am Flugfeld konnten Moewig nicht beeindrucken. Er war schon überall gelandet, in der Wüste genauso wie im Urwald, mit dem Flugzeug oder dem Fallschirm, aber warum mussten es ausgerechnet Bougainvilleas sein, die hier neben der Landebahn wucherten? In genau den gleichen Rot- und Pinktönen wie bei dem Blumenstrauß, den er Marie letztes Jahr geschenkt hatte, an dem Abend, als sie sich nach langer Zeit zum ersten Mal wiedergesehen hatten. Da hatten sie beide noch fest daran geglaubt, dass ihre gemeinsame Tochter Lilly wieder gesund werden würde. Und Moewig hatte sich kurzzeitig sogar Hoffnungen gemacht, dass es zwischen ihm und Marie Lindweg wieder werden könnte wie dreizehn Jahre zuvor. Als sie ein Paar gewesen waren.
Unvermittelt schnürte es ihm die Kehle zu. Sehnsucht nach Lilly, nach Marie, nach einem Leben, wie alle Welt es zu führen schien. Und wie er es auch für sich einmal erhofft hatte. Mit Familie, Sorgen, Glück. Vor langer Zeit, ehe alles aus dem Ruder gelaufen war.
Sentimentaler Schwachsinn, dachte Moewig, während der Air-France-Flieger pünktlich um 13:27 Uhr Ortszeit über die Landebahn des Flughafens von Pointe-à-Pitre rumpelte. *Sehnsucht kann ein heimtückischer Gegner sein. Sie greift dich an, wenn du am wenigsten damit rechnest.* Er lockerte seine Nackenmuskeln.
Seine Beziehung mit Marie hatte zwar deutlich länger gehalten als Abels Liebschaft mit Claire Borel – immerhin fast vier Monate. Aber als Lilly zur Welt gekommen war, hatte Marie ihn längst wieder vor die Tür gesetzt, und Moewig konnte es ihr nicht einmal übelnehmen. Schon lange nicht mehr. Er war

nun mal ein Einzelgänger, in seine Eigenbrötelei eingeschlossen wie eine Schildkröte in ihren Panzer. Und seit seinen Erlebnissen in Kunduz war er ein Sprengsatz auf zwei Beinen, zumindest ab zwei Promille. *Niemandem mehr zumutbar, im Grunde nicht mal mir selbst.*

Das Terminalgebäude war nicht viel größer als eine Stadtteilturnhalle in Berlin. Drei, vier Flieger standen davor, das ganze Areal machte einen verschlafenen Eindruck. Moewig schulterte seinen Rucksack und verließ die Maschine über die Gangway. Eben noch war der Himmel strahlend blau gewesen, jetzt ballten sich schwarze Wolken über dem Empfangsgebäude. Regenzeit in der Karibik. Mit Wolkenbrüchen musste jederzeit gerechnet werden. Aber bei Temperaturen um dreißig Grad war eine gelegentliche Dusche durchaus willkommen.

Wenn man nicht gerade ein paar unangenehme Typen im Nacken hat und die Fluchtwege allesamt überflutet sind, dachte Moewig. Auch solche Situationen hatte er schon erlebt. Und überstanden, wenngleich es einige Male knapp gewesen war.

Doch fürs Erste ließ sich hier alles easy an. Juristisch gesehen befand er sich immer noch in der Europäischen Union. Der Trip von Paris, wo er Flughafen und Flieger gewechselt hatte, nach Pointe-à-Pitre war offiziell ein Inlandsflug. Der gesamte Archipel mit der schmetterlingsförmigen Doppelinsel und diversen, noch winzigeren Trabanten gehörte zum französischen Staatsgebiet.

Außer seinem Militärrucksack mit Rasierzeug, einem Reservehemd und Unterwäsche für zwei Tage hatte Moewig kein Gepäck. In der Ankunftshalle ging er direkt zum Kontrollschalter für EU-Bürger, zeigte einem schläfrigen Uniformierten seinen Pass vor und hatte die Einreiseprozedur hinter sich. Anders als im größten Teil Kontinentaleuropas war seine Hautfarbe niemandem einen zweiten Blick wert. Die Grenzpolizisten in ihren Glaskästen waren ebenso schwarz

wie die meisten Taxifahrer und Passanten draußen auf der Straße. Schwarz oder braun in allen Schattierungen, Weiße waren hier eindeutig in der Minderheit.
Die Hitze ließ die Luft über dem Asphalt flimmern und weckte allerlei Erinnerungen in ihm. An Somalia, Abu Dhabi und Algerien.
Moewig folgte den Schildern zum *Rental Car Center,* wo sein Mietwagen auf ihn wartete. Regen prasselte mittlerweile auf das Plexidach über dem Gehweg. Bougainvilleas, wohin man schaute.
Du hast hier einen Job zu erledigen. Also fokussiere dich.
Die junge Frau am Mietwagenschalter war eine kakaofarbene Schönheit mit herzförmigem Mund, ihr Lachen so fröhlich, dass Moewig unwillkürlich zurücklächelte. Das passierte ihm selten. Er unterschrieb das Übernahmeformular und bekam einen Wagenschlüssel mit Stern-Emblem. *Freddy hat sich nicht lumpen lassen,* dachte er. Abel hatte ihm einen Mercedes GLK gebucht, einen Luxus-Geländewagen mit drei Liter Hubraum und allem, was man sonst noch nicht unbedingt brauchte.
Im Parkhaus umrundete Moewig das glänzend schwarze Vehikel. Im Grunde gehörte es der gleichen Pkw-Klasse an wie sein guter alter Lada Niva, aber außer der vergrößerten Bodendistanz und dem Vierradantrieb hatten die beiden Off-Roader so gut wie nichts gemeinsam. Nachdem Moewig eingestiegen war, hatte er Mühe, so etwas wie einen Schaltknüppel zu finden. Aber schließlich machte er einen winzig kleinen Automatikwahlhebel rechts am Lenker aus und fuhr auf der vierspurig ausgebauten Nationalstraße in Richtung Pointe-à-Pitre.
Nach der dreizehnstündigen Anreise zwischen lärmenden Familien mit karibischem Temperament und unzähligen plärrenden, plappernden Kleinkindern hätte Moewig übernächtigt sein müssen, aber als Soldat in Afghanistan, als Fremdenlegionär in Nordafrika und als Söldner in diversen

Einsatzgebieten hatte er gelernt, auch unter widrigen Bedingungen Schlaf zu finden. Er konnte im Halbschlaf Energie tanken und dabei seine Umgebung quasi mit einem Auge weiter scannen, und er konnte immer wieder minutenweise wegdämmern, selbst wenn um ihn herum Panzerketten rasselten, Sirenen und Schusssalven erschallten. Kindergeschrei und von Rumcocktails befeuertes Gelächter waren im Vergleich damit nur geringfügige Erschwernisse.

Trotzdem war Moewig erleichtert, dass er Pointe-à-Pitre fürs Erste rechts liegen lassen konnte. Mit ihren gerade mal siebzehntausend Einwohnern war die größte Stadt der Insel ein Kaff, aber je kleiner ein Ort war, desto eher fielen Fremde dort naturgemäß auf. Er hatte die Anschrift seines Hotels in Le Gosier in das eingebaute Navi eingegeben und erreichte bereits nach zwanzig Minuten die »Goldene Meile« der Vorstadt für Touristen und Besserverdiener, die Abel und Lisa ihm so anschaulich geschildert hatten. Mit dem pompösen Casino und dem Labyrinth aus gewundenen Zufahrten, die sich zwischen umzäunten, schlagbaumbewehrten Parkplätzen zu den Eingangsportalen der Luxushotels schlängelten. Und mit den afrikanischen, italienischen, karibischen und indischen Restaurants, den Boutiquen, Schmuck- und Souvenirläden auf der dem Meer abgewandten Straßenseite. Irgendwo dort zwischen dem Casino und den Touristenhotels musste Pierre Boucards Galerie sein.

Auf Moewigs dringenden Wunsch hin hatte Abel ihn nicht in einem der Viersternehotels einquartiert, sondern eine bescheidenere Unterkunft für ihn gebucht. Bei den Urlaubern in den großen Strandhotels handelte es sich überwiegend um weiße Familien vom französischen Festland, und zwischen denen würde er doch nur auffallen wie ein bunter Hund. Beziehungsweise wie ein schwarzes Schaf.

Das Zwei-Sterne-Apartmenthotel »Karaïbes« dagegen schien an unkonventionelle Kundschaft gewöhnt zu sein. Moewig stellte den GLK auf dem hoteleigenen Parkplatz ab, zwischen einem schlammbraunen Porsche Cayenne und einem rostdurchlöcherten Kleinstwagen vom Typ Renault Twingo.

☠ ☠ ☠

Der hagere, hochaufgeschossene Schwarze hinter dem Rezeptionstresen beobachtete den Neuankömmling durch die gläserne Eingangstür. Rucksacktouristen stiegen im »Karaïbes« genauso ab wie allein reisende Herren mittleren Alters, die sich im nahe gelegenen Rotlichtviertel amüsieren wollten. Dem ersten Anschein nach konnte der neue Gast beiden Gruppen angehören. Sein einziges Gepäck war ein Rucksack aus ausgemusterten Armeebeständen, und der graue Schimmer auf seinem Kopf verriet, dass er bereits in der Lebensmitte angekommen war.
Der Rezeptionist war Ende fünfzig und arbeitete seit fünfundzwanzig Jahren in der Hotelbranche. Nachdem er den Pass von Monsieur Lars Moewig aus Berlin, Allemagne, studiert und dessen Besitzer näher in Augenschein genommen hatte, ordnete er den Neuankömmling einer dritten Gruppe von Hotelgästen zu – den Profis.
Nur wer die Auftraggeber dieses kompakt gebauten Mannes waren, darauf wollte er sich noch nicht festlegen. Die Zivilpolizisten, die hier hin und wieder abstiegen, wenn das Schmugglerunwesen wieder mal allzu bunte Blüten trieb, bevorzugten Freizeit-Outfits von der Stange. Die Security-Kräfte, die von den umliegenden Luxushotels einquartiert wurden, waren allesamt Muttersprachler, während dieser Kerl mit dem deutschen Namen und dem Camouflage-Outfit ein zwar ganz passables, aber keineswegs fehlerfreies Französisch sprach. *Ehemaliger Fremdenlegionär*, tippte der Hotelangestellte.
Moewig nahm den Schlüssel für sein Apartment im zweiten Stock entgegen, das aus einem Wohnzimmer mit Küchenzeile, zwei Schlafzimmern und Bad bestand. Es hätte einer vier-

köpfigen Familie Platz genug geboten, war schlicht und zweckmäßig eingerichtet und um Klassen komfortabler als alles, was er in den letzten zehn Jahren bewohnt hatte. Von ihm aus hätte Abel ihn auch in einem Schuppen einquartieren können. Er war keineswegs sicher, dass er überhaupt dazu kommen würde, hier zu übernachten. Aber gegen eine Klimaanlage war bei diesen Temperaturen definitiv nichts einzuwenden.
Er stellte sich unter die Dusche, zog ein frisches Hemd an und machte sich auf den Weg zu Pierre Boucards Galerie.

☠ ☠ ☠

37

Le Gosier, Guadeloupe, »Galerie Boucard«, Freitag, 16. Juli, 14:53 Uhr Ortszeit

Die »Galerie Boucard« nahm das gesamte Erdgeschoss eines leicht heruntergekommenen Bauwerks aus den Siebzigern ein, das zwischen dem monströsen Betoncasino und einem anscheinend leerstehenden Hotel eingezwängt war. »*Peintures et Sculptures afro-caraïbes*«, verkündete der Schriftzug aus geschwungenen Neonröhren. Das Schaufenster spiegelte in der Nachmittagssonne, außer ein paar vagen Umrissen konnte Moewig kaum etwas erkennen. Totems und großformatige Gemälde.
Die Ladentür aus Holz und Glas war mit einem massiven Metallgitter verstärkt, das offenbar erst vor kurzem angebracht worden war. Ein auf der Innenseite aufgehängtes Schild verkündete *Fermé*, geschlossen.
Siesta, sagte sich Moewig. Wie überall in den heißen Gegenden erwachte das Leben erst wieder, wenn sich die Sonne an-

schickte, im Meer zu versinken. Aber so lange konnte er nicht warten.
Seit er sein Hotel verlassen hatte und in der drückenden Hitze die Straße entlanggegangen war, hatte er das Gefühl, dass Abels Kinder doch irgendwo hier auf der Insel sein könnten. Wahrscheinlich lag das an den drei weißen Männern, die in der karg möblierten Lobby gesessen und ihn beobachtet hatten, als er die Treppe heruntergekommen und an ihnen vorbei nach draußen gegangen war.
Das gleiche Erscheinungsbild wie die Muskelmänner auf Manons Zeichnung. Bullig, hochgewachsen, kurz geschorene, weißblonde Haare. Alle drei ausgesprochen hellhäutig, am Hals und im Nacken von der Sonne rot verbrannt. Aber keine individuellen Ähnlichkeiten mit den beiden Schlägern, die Manon so lebensecht skizziert hatte, dass er sie sofort wiedererkennen würde, wenn sie ihm über den Weg liefen.
Er drückte die Klinke herunter. Die Ladentür war verriegelt. Moewig ließ seinen Daumen auf dem Messingknopf der Klingel, bis im Innern der Galerie Schritte zu hören waren. Und eine Stimme, die seltsam beschwingt klang, obwohl ihr Besitzer eindeutig fluchte. »Merde, könnt ihr mich nicht mal einen Augenblick in Ruhe lassen?«
Auf der anderen Seite der Glastür erschien ein Typ etwa in Moewigs Alter, mit ausladender Bob-Marley-Frisur und kanariengelbem Jackett. Das musste Pierre Boucard sein, er sah genauso aus wie auf Manons Bild. Anscheinend hatte er mit einem anderen Störenfried gerechnet, seine Miene jedenfalls hellte sich um ein paar Grade auf, als ein ihm unbekannter Schwarzer vor seiner Tür stand.
Boucard deutete auf das *Geschlossen*-Schild, Moewig tippte mit dem Zeigefinger auf seine Armbanduhr. »Ich bin in Eile«, sagte er mit erhobener Stimme auf Französisch und bemühte sich um einen zerknirschten Gesichtsausdruck. Bestimmt kam es doch öfter mal vor, dass ein Tourist schnell noch ein

Souvenir erstehen wollte, bevor er zu seinem Flieger hasten musste.

Dutzende feiner Fältchen zerknitterten Boucards Gesicht, als er mit nachsichtigem Lächeln die Tür aufriegelte. »Eigentlich habe ich geschlossen, Monsieur«, sagte er. »Aber meinetwegen, kommen Sie herein, schauen Sie sich um.« Er trat zur Seite und machte eine einladende Handbewegung.

Zu seinem sittichgelben Sakko trug Boucard schwarze Jeans, Sneakers und ein fliederfarbenes Hemd, dessen obere zwei Knöpfe geöffnet waren. Er war einen halben Kopf größer als Moewig, ein Bäuchlein zeichnete sich unter seinem Hemd ab.

»Das ist sehr freundlich von Ihnen, Monsieur.« Moewig registrierte die Rumfahne, als er an Boucard vorbei in die Galerie trat. »Auf ein bisschen zusätzliches Chaos kommt es auch nicht mehr an«, hörte er den Kariben murmeln.

Der Verkaufsraum hatte saalartige Ausmaße. Die großformatigen Gemälde an der Wand gegenüber der Tür dominierten dennoch den gesamten Raum. Verwirrende Wirbel, dynamische Schnörkel und wie schwerelos schwebende Girlanden in kräftigen Rot-, Blau- und Grüntönen. Moewig hatte keine Ahnung, was diese Kunstwerke darstellen sollten, aber für ihn drückten sie überschwengliche Lebensfreude aus.

Weiter links auf einem Tisch standen acht oder zehn schwarze Holzfiguren, die kleinste von ihnen so groß wie eine geöffnete Männerhand. Moewig hatte sie sofort bemerkt und bemühte sich seither, sie zu ignorieren. Offenbar hatte sich Pierre Boucard auf den Deal mit den »Sklavenhaltern« eingelassen. *Warum? Weil sie die Kinder seiner Lebensgefährtin in ihrer Gewalt haben?*

Um Antworten zu bekommen, musste Moewig zuerst Pierres Vertrauen gewinnen. Also wanderte er langsam an der Wand mit den bunten Ölgemälden entlang, die die Ausmaße von Tischtennisplatten besaßen.

»Die Künstlerin heißt Claire Borel«, sagte Boucard. »Sie lebt hier auf der Insel und ist weit über Guadeloupe hinaus bekannt.«

Moewig nickte. Von den Gemälden ging eine unbekümmerte Fröhlichkeit aus, wie er selbst sie nie empfunden hatte, weder als Kind oder Jugendlicher noch gar in seinem Erwachsenenleben. Er fühlte sich bleischwer und düster, während er die Bilder von Abels heißer Liebe aus vergangenen Zeiten betrachtete. Als stapfte er selbst durch zähen Schlamm, während Menschen wie Claire und Pierre leichtfüßig durchs Leben sprangen.

Unsinn, korrigierte er sich. Zumindest in ihrer jetzigen Lage fühlten sich die beiden ganz bestimmt nicht unbeschwert. Claire musste mittlerweile in Berlin sein, und zweifellos war sie halb tot vor Sorge um ihre Kinder. Auch Boucard war offenbar ziemlich durch den Wind. Er bewegte sich leicht schwankend und schien angetrunkener, als Moewig zunächst vermutet hatte.

»Die Werke von Claire Borel, die Sie hier sehen, kosten zwischen acht- und zwölftausend Euro«, sagte Boucard. Er wich Moewig nicht von der Seite. »Fragen Sie mich ruhig, wenn Sie eines davon in die engere Wahl gezogen haben.«

Moewig nickte erneut.

»Bevorzugen Sie einen bestimmten Stil, Monsieur?«, hakte der Galerist nach. »Abstrakt oder eher gegenständlich?«

Moewig wandte sich von Claire Borels monumentalen Leinwänden ab und sah Boucard offen an. »Also in Wirklichkeit ...«, begann er.

»Ah, die Wirklichkeit«, fiel ihm Boucard ins Wort. »Realismus! Dann habe ich da drüben etwas Passendes für Sie.«

Eigentlich hatte Moewig ihm beichten wollen, dass er zwar ein Freund der Künste, aber im Moment nicht ganz flüssig sei. Was zumindest teilweise geflunkert wäre, aber dezent zu der Frage überleiten würde, ob Monsieur vielleicht einen Mitarbeiter mit Moewigs Fähigkeiten gebrauchen konnte. Doch er kam nicht dazu, und für den Moment vergaß er auch, was er hatte sagen wollen. Boucard zeigte mit ausgestrecktem Arm auf ein schmales, hochformatiges Gemälde am anderen Ende der Galerie. Darauf war eine junge Karibin in Lebensgröße zu sehen. In hyperrealistischem Stil gemalt, vielleicht dreißig Jahre alt, schlank und doch kräftig gebaut, mit herausforderndem Blick und einem so fröhlichen Lächeln, dass Moewig fühlte, wie sich sein Gesicht in die Breite zog.

»Donnerwetter«, sagte er. »Wer ist das denn? Ich meine natürlich, von wem ist dieses Bild?«

Pierre Boucard grinste mit Moewig um die Wette, während sie sich dem Kunstwerk näherten. »Die Antwort ist in beiden Fällen dieselbe«, sagte er. »Sie stehen vor einem Selbstporträt von Julie Lamartine, ein Selfie in Acryl, wenn Sie so wollen. Neben Claire Borel ist sie die bedeutendste Künstlerin, die ich als Galerist vertrete. Mademoiselle Lamartine stammt aus Martinique.«

Und ihr Kleid auf dem Selbstporträt hat die gleiche kanariengelbe Farbe wie dein Sakko, mon ami. Moewig wurde schlagartig klar, warum sich Claire – wie die Zwillinge beobachtet hatten – heulend in ihr Schlafzimmer einschloss, wenn Pierre wieder mal für drei Tage nach Martinique gereist war. Zu einer angeblichen Auktion.

»Aber zurzeit ist sie hier.« Pierre Boucard war erneut in sein gemurmeltes Selbstgespräch verfallen. Sein Lächeln war erloschen, er sah alles andere als glücklich aus.

Julie Lamartine scheint ein Teil des Chaos zu sein, in das sich sein Leben verwandelt hat, folgerte Moewig.

»Sie ist hier?«, wiederholte er.

»Am Strand.« Pierre Boucard fuhr sich mit der Hand über Stirn und Augen. »Wäre das etwas für Sie?« Er deutete auf das Selfie in Acryl. »Viertausend Euro, bestens angelegtes Geld, wenn Sie mich fragen. Julie hat eine grandiose Zukunft vor sich.«

»Das glaube ich gern. Das Gemälde gefällt mir ausgezeichnet.« Moewig brauchte sich nicht zu verstellen. Er konnte

sich kaum von dem Anblick losreißen. »Ich würde es am liebsten sofort mitnehmen, aber um ehrlich zu sein, viertausend Euro sind mehr, als ich momentan ausgeben kann.«
Pierre Boucards Augen waren von geplatzten Äderchen durchzogen. Sein mit getrocknetem Schweiß bedecktes Gesicht schimmerte bläulich im Schein der LED-Deckenstrahler.
»Ich suche einen Job«, fuhr Moewig fort, als Boucard ihn nur abwartend ansah. »Ich bin Spezialist für Sicherheitsfragen. Bei den vielen Kostbarkeiten hier in der Galerie können Sie ja vielleicht einen erfahrenen Objekt- und Personenschützer gebrauchen?«
Er hatte es halb wie einen Scherz klingen lassen, aber Pierre sah ihn aus großen Augen an. Sein Blick wanderte über Moewigs muskelbepackten Oberkörper, seinen gewaltigen Bi- sowie Trizeps. Kurz flackerte so etwas wie Hoffnung über sein Gesicht, doch dann schüttelte er den Kopf.
»Danke, nein, kein Bedarf«, sagte er.
Moewig hatte in seinem Mienenspiel gelesen wie in einem offenen Buch. Boucard traute sich nicht, sich offen gegen seine Peiniger zu stellen. Nicht einmal mit einem Kämpfer wie Moewig an seiner Seite.
Warum nicht? Weil er weiß, dass sie die Zwillinge haben?
»Schade«, sagte Moewig. »Darf ich noch einen Blick auf die Holzfiguren dahinten werfen?« Er zeigte zum anderen Ende der Galerie. »Vielleicht sind die ja eher in meiner Preisklasse.«
Ohne Boucards Antwort abzuwarten, marschierte er quer durch den Ausstellungsraum, wo die finsteren Skulpturen auf einem Tisch aufgereiht standen. In den Augenwinkeln registrierte er, dass der Galerist ihm eher widerwillig folgte. Anscheinend hatte er die Nase voll von dem seltsamen Kunden.
Oder er war misstrauisch geworden.

☠ ☠ ☠

»Es handelt sich um Originalwerke aus dem Senegal«, sagte Boucard.
Er nahm eine der Figuren vom Tisch und reichte sie Moewig. Sie war etwa ein Drittel größer als der hölzerne Dämon, den die Zwillinge mitgebracht hatten. Aus irgendeinem Grund hatte Moewig angenommen, dass die Skulpturen alle gleich groß waren und mehr oder weniger gleich aussahen. Doch das Gegenteil traf zu. Sie wiesen eine unverkennbare Familienähnlichkeit auf, aber es gab keine zwei identischen Exemplare. »Die Herkunft jeder Figur wird durch ein Echtheitszertifikat bescheinigt«, fuhr Boucard fort.
Moewig beobachtete ihn in den Augenwinkeln. Der Galerist lächelte gequält, zerrte ein Taschentuch aus seiner kanariengelben Jacke und wischte sich damit über die Stirn. Anscheinend fühlte er sich äußerst unwohl in seiner Haut.
Ein guter Lügner bist du schon mal nicht, mon ami, dachte Moewig.
Er drehte die Figur in seinen Händen, betastete den Sockel und drückte darauf herum. Kein Zapfen, überhaupt keine Erhebung oder gar Fuge. Jedenfalls konnte er nichts dergleichen ertasten. Aber das war bei der Figur, die Freddy ihnen gezeigt hatte, nicht anders gewesen.
»Und was kostet so ein Holzteufel?«, fragte Moewig.
»Zwischen neunzehnhundert und zweitausendfünfhundert Euro, je nach Größe und Ausführung.«
Moewig pfiff durch die Zähne. Er wandte sich halb von Boucard ab und schlug die Figur mit der Unterseite auf seine geöffnete Hand. Der Effekt war gleich null. Aber nur bei der Figur.
»Was machen Sie da, Monsieur?«, rief Boucard. »Wie kommen Sie dazu …« Er brachte seinen Satz nicht zu Ende.
Moewig wandte sich zu ihm um. Der Galerist tat ihm beinahe leid, so verängstigt sah er aus. Aber nur beinahe.
»Ich versuche, das Mysterium zu ergründen«, sagte Moewig.
»*Le mystè, vous comprenez?*«

Boucard schüttelte den Kopf, dass seine Ballonfrisur wogte. »Bedaure, Monsieur, ich verstehe kein Wort.«
Okay, dachte Moewig, *dann eben die harte Tour.* Er hätte es vorgezogen, sich von Boucard anheuern zu lassen. Als Bodyguard und Security-Mann hätte er sich umschauen können, ohne Verdacht zu erregen, aber so würde es auch gehen.
»Und ob du mich verstehst«, sagte er.
Er knallte die Figur mit der Sockelkante auf den Tisch. Die anderen Skulpturen machten einen kleinen Satz und purzelten durcheinander. Der Zapfen löste sich aus dem Sockel und kullerte über die Tischplatte. Moewig schlug sich die Figur erneut auf seine flache Hand, bis ein winziger Plastikbeutel aus dem Hohlraum gerieselt kam.
»Mon Dieu«, stammelte Boucard. »Wer sind Sie? Wer hat Sie hierhergeschickt?« Sein Gesicht glitzerte vor Schweiß.
»Ich komme aus Berlin«, sagte Moewig. »Von Dr. Abel, dem Vater von Manon und Noah. Die Zwillinge sind entführt worden, das dürftest du ja wohl mitbekommen haben.«
Pierre starrte ihn mit offenem Mund an. Er hatte offenbar mit einer ganz anderen Antwort gerechnet.
»Ich weiß schon, deshalb ist Claire nach Berlin geflogen«, sagte er in schleppendem Tonfall. »Sie ist halb verrückt vor Sorge. Dabei habe ich noch versucht, sie zu trösten. Die beiden haben bestimmt nur die Zeit vergessen, weil sie Tag und Nacht Party machen – dafür ist Berlin doch berühmt, oder?«
»Kann schon sein.« Moewig zog den transparenten Plastikbeutel auseinander und schüttelte den winzigen Papierfetzen heraus. »Aber die Zwillinge sind bestimmt nicht deshalb seit zwei Tagen verschwunden. Alles spricht dafür, dass sie entführt worden sind. Und die heißeste Spur führt hierher. In deinen Laden, Pierre.«
Boucard stützte sich mit einer Hand auf dem Tisch ab. »Ich muss erst mal was trinken.«
Er wollte sich in Richtung Hintertür davonmachen, aber

Moewig packte ihn beim Unterarm. »Hiergeblieben.« Er hielt ihm das aufgerollte Papier unter die Nase. »Was für ein Mysterium steckt hinter diesen Figuren?«, fragte er. »Noah und Manon haben gesehen, wie dich zwei Männer – dem Typ nach Osteuropäer – unter Druck gesetzt haben. Sie haben mitbekommen, dass die Figuren genauso falsch sind wie die Zertifikate. Die Typen wollten, dass du das Ramschzeug in deiner Galerie verscherbelst. Du hast dich zwar anfangs geweigert, aber jetzt stehen die Dinger hier bei dir im Laden. Daraus ergibt sich eine einfache Frage: Was hat deinen Sinneswandel bewirkt?«

»Ich muss was trinken«, wiederholte Boucard. »Mir ist schlecht, ich bin völlig fertig.«

Er setzte sich erneut in Bewegung, und diesmal hielt ihn Moewig nicht zurück. Er folgte dem Galeristen durch die Hintertür in die Küche und warf einen raschen Blick in die angrenzenden Räume. Das mit Bildern und Skulpturen vollgestopfte Lager, die Rumpelkammer, die hintere Haustür, durch die sich die Zwillinge hereingeschlichen hatten. Alles sah deutlich schäbiger und beengter aus, als Moewig es nach Freddys Schilderungen erwartet hatte. Aber der kannte die Hinterräume ja auch nur aus den Erzählungen der Zwillinge. In dem Küchen- und Aufenthaltsraum hatte sich Boucard unterdessen einen großzügigen Cocktail aus braunem Rum und Fruchtsaft gemixt. Er bot auch Moewig einen Drink an, doch der lehnte ab. Boucard leerte sein Glas zu einem Drittel, goss Rum nach und trank abermals. Als er das Glas absetzte, sah er deutlich gefasster aus.

»Also noch einmal, Pierre«, sagte Moewig. »Was hast du für einen Deal mit diesen Russen – oder wo immer die Typen herkommen – am Laufen? Und wie haben sie dich dazu gebracht, mitzumachen, obwohl du dich zuerst dagegen gewehrt hast?«

Boucard sah ungefähr eine halbe Minute lang vor sich hin, ohne ein Wort zu sagen.

Moewig verlor die Geduld. »Wir haben zwei Möglichkeiten. Variante eins: Ich bringe dich auf eine Weise zum Sprechen, die sehr, sehr schmerzhaft ist. Hat sich in Nahost tausendfach bewährt.«

Boucards Gesicht verzerrte sich vor Angst. *Der ist jetzt schon weich wie eine überreife Mango*, dachte Moewig.

»Oder Variante zwei«, fuhr er fort, »du ersparst dir diese wirklich ekelhaften Schmerzen und beantwortest meine Fragen sofort.«

Boucard stärkte sich mit einem weiteren Schluck. »Es sind Litauer, keine Russen. Jedenfalls reden sie untereinander ständig von Vilnius. Ich habe das extra gegoogelt, Vilnius ist die litauische Hauptstadt.«

»Super«, sagte Moewig. »Danke für den Erdkundeunterricht. Das waren aber nicht meine Fragen, Pierre.« Er rückte ihm näher auf die Pelle. »Soll ich nachgucken, ob du auch so einen Zettel in deinem Arsch stecken hast? Oder machst du jetzt das Maul auf?«

Boucard zog den Kopf ein und hob einen Arm vors Gesicht, seine Augen flackerten. »Die erpressen mich, was soll ich denn machen?«, brach es aus ihm heraus. »Die Figuren sind Fälschungen, von illegalen Haitianern irgendwo hier auf der Insel für einen Hungerlohn geschnitzt! Normalerweise werden die Dinger mit den Seelen von Voodoo-Anhängern gefüllt – da hast du dein *Mystè*.«

»Was, zum Teufel? Seelen?« Moewig hatte die Schnauze voll. Er packte Boucard bei seinen Jackettaufschlägen und drückte ihn gegen den Kühlschrank. »Willst du mich verarschen, oder was?«

»Nein, wieso denn?«, stammelte Boucard. »Die Figuren verkörpern Voodoo-Schutzdämonen. Die Priester führen ein Ritual durch, das ist wie die Erstkommunion bei den Katholiken. Oder jedenfalls so ähnlich. Sie schneiden dem jugendlichen Gemeindemitglied Fingernägel, Haare und was weiß ich noch alles ab und füllen es in die Figur ein. Und die Voodoo-Anhänger glauben, dass von da an ihre Seele von dem Schutzdämon behütet wird.«

Moewig ließ Boucard los und trat einen Schritt zurück. Er hatte geglaubt, dass ihn nichts mehr in Erstaunen versetzen könnte, aber da hatte er sich offenbar getäuscht. Stundenlang hatten Freddy, Jankowski und er hin und her überlegt, was im Innern der Figuren versteckt sein könnte, Drogen, Datenträger, Blutdiamanten. Auf Seelen wären sie nie und nimmer gekommen, schon gar nicht auf abgeschnittene Fingernägel, die irgendwie die Seelen darstellen sollten.

»Das ist doch Schwachsinn«, sagte er. »Warum sollte irgendjemand zweitausend Euro für so was ausgeben?«

Boucard leckte sich die Lippen und schielte nach seinem leeren Glas. »Du hast keine Ahnung, wie der Kunstmarkt funktioniert. Ich habe einen erstklassigen Ruf als Kunsthändler, gerade für afrokaribische Skulpturen. Solange nicht rauskommt, dass das Fälschungen sind, verkaufen sich die Dinger wie warme Semmeln. Über kurz oder lang wird irgendjemand merken, dass das alles Fake ist, aber das kümmert die Typen einen Dreck. Die saugen dich aus, schmeißen dich weg und nehmen sich das nächste Opfer vor!«

Moewig schob Boucard zur Seite, nahm sich aus dem Kühlschrank eine Cola und öffnete sie mit den Zähnen. »Und warum machst du das Spiel mit?«, fragte er, nachdem er die Flasche in einem Zug geleert hatte.

Boucard sackte auf einen der Klappstühle neben dem Tisch. Er wollte sich Rum nachschenken, aber Moewig nahm ihm die Flasche weg.

»Sie haben mir keine Wahl gelassen«, sagte Boucard. »›Du kaufst das Zeug bei uns ein und verhökerst es in deinem Laden, Minimum zwanzig Stück pro Monat, oder wir machen dich fertig!‹ Jeweils zur Monatsmitte soll ich ihnen achttausend Euro Abschlagszahlung abliefern, den Rest dann zum Monatsende. Ob ich die Figuren losschlagen kann oder nicht, ist ihnen scheißegal. Sie wollen die Kohle, alles andere interessiert sie nicht. Und wenn ich nicht mitspiele, kann ich nicht bezahlen. Mehr *Mystè* ist da nicht.«

»Ein bisschen mehr schon«, widersprach Moewig. »Solange das Geschäft brummt, kassierst du ganz ordentlich mit, oder sehe ich das falsch?«

»*Merde,* ja, erbärmliche zwanzig Prozent. Aber was soll ich machen? Ich bin pleite, die Galerie läuft nicht mehr. Claire Borel hat ihre beste Zeit als Künstlerin hinter sich, und Julie Lamartine kennen bisher nur ein paar Insider. Das ist zu wenig zum Leben und zum Sterben beinahe auch!«

Er beugte sich blitzschnell vor und griff sich die Rumflasche, die Moewig am anderen Tischende deponiert hatte. Moewig beschloss, ihm einen weiteren Schluck zu gönnen. Boucard sah fix und fertig aus.

»Aber zuerst wolltest du nicht mitmachen«, sagte er. »Wie haben die Typen dich rumgekriegt? Mit der altbewährten Mafia-Drohung: ›Wir wissen, wo deine Familie wohnt‹?«

Boucard schenkte sich zwei Fingerbreit Rum ein und trank die Hälfte davon. »Davon war nie die Rede«, sagte er. »Und ich glaube auch niemals, dass die so was wie eine Entführung hinbekommen würden. Nicht mal hier auf der Insel, geschweige denn am anderen Ende der Welt. Das sind einfach brutale Schläger. Einmal habe ich nein gesagt, am nächsten Tag waren sie wieder da. Der eine hat mich festgehalten, der andere hat mir seine Faust hier- und hierhin gerammt.« Er deutete auf seine Leber und auf seinen Solarplexus. »Was hätte ich deiner Meinung nach machen sollen? Sie mit Handkantenschlägen in die Flucht schlagen?« Er zeigte Moewig seine Hände, die zart und gepflegt aussahen. Keine Schwiele, keine Schramme.

Du hättest zur Polizei gehen können, dachte Moewig, aber er sprach es nicht aus. Es hätte bedeutet, dass Boucard pleitegegangen und trotzdem von der Erpresserbande fertiggemacht worden wäre.

»Und die Zwillinge? Hast du mit den Typen über die beiden

geredet? Die wollten doch bestimmt von dir wissen, wer die Kiddies in deiner Küche waren.«

Boucard leerte sein Glas bis auf den letzten Tropfen, bevor er Moewig Antwort gab. »Na klar haben sie nach Manon und Noah gefragt. Ich habe gesagt, das müssten Touristen gewesen sein, die sich durch die Hintertür in die Galerie verirrt hätten. Aber das alles ist kein Thema mehr für Mikail und Sergej.« Er lehnte sich zurück und sah Moewig mit einem trotzigen Lächeln an.

»Wieso kein Thema mehr?«, fragte Moewig.

»Weil wir jetzt Geschäftspartner sind. Ich hab die beiden noch ein bisschen runtergehandelt – auf fünfzehn Stück Mindestabnahme pro Monat – und dann den Liefervertrag unterschrieben.«

Moewig schnalzte mit der Zunge. »Das nenne ich mal ein originelles Geschäftsmodell. Schutzgelderpressung, mit Kunstfälschung kombiniert. Und damit alle glücklich werden, kassiert das Opfer auch noch Provision.«

Boucards Lächeln erstarb. »Glücklich ist nicht das richtige Wort. Ich würde eher sagen ...«

»Du wirst mir jetzt sagen, wie ich an deine noblen Geschäftspartner herankomme«, schnitt ihm Moewig das Wort ab. »Und zwar plötzlich.«

Boucard zuckte zusammen und sah gehetzt auf seine Armbanduhr. »Mon Dieu, ich muss los! Mikail und Sergej die Abschlagszahlung bringen!« Er wurde so blass, wie das bei seiner Hautfarbe möglich war.

☠ ☠ ☠

38

**Baie-Mahault, Guadeloupe, »Bar des Sports«,
Freitag, 16. Juli, 17:17 Uhr Ortszeit**

Gerade als er Boucard in seinen GLK verfrachtet hatte, meldete sich Moewigs Smartphone mit den ersten Takten von *Won't Get Fooled Again*. Er hatte einige seiner Kontakte mit bestimmten Klingeltönen individualisiert, der Hit von *The Who* gehörte zu Abel.

»Hi, Freddy«, sagte er.

»Hast du was rausgefunden?« Abel hörte sich krank vor Sorge an.

»Bisher negativ. Du, Freddy, das ist jetzt ganz schlecht. Muss noch was checken. Ich melde mich.«

Er beendete das Gespräch, bevor Abel etwas erwidern konnte.

Tut mir leid, Kumpel, dachte er. *Aber diese Chance hier darf ich nicht vermasseln.* Um sechs Uhr sollte Boucard bei seinen »Geschäftspartnern« antanzen. Jour fixe zur Monatsmitte.

»Wie heißt das Kaff noch mal?« Moewig knallte die Fahrertür zu – viel zu wuchtig, wie er es von seinem Lada aus Russenstahl gewohnt war – und parkte rückwärts aus.

»Baie-Mahault.«

»Und wie lange brauchen wir bis dorthin?«

»Halbe bis Dreiviertelstunde«, antwortete Boucard. Er hatte sein sittichgelbes Sakko gegen ein schwarzes Jackett und die Überreste seines Lächelns gegen eine Friedhofsmiene eingetauscht. Noch immer schien er wenig begeistert darüber, dass Moewig zu seinem Treffen mit den Litauern mitkam. Offiziell als sein neu angeheuerter Assistent.

»Mach dich locker, Pierre«, sagte Moewig. »Wenn du mich nicht angelogen hast und die Typen mit dem Kidnapping wirklich nichts zu tun haben, war's das hier für mich. Ich

verschwinde, und du lässt dich von deinen Partnern weiter in die Scheiße reiten. Wo muss ich langfahren?«
Widerwillig beschrieb ihm Boucard den Weg nach Baie-Mahault. Um Punkt achtzehn Uhr sollte er in der dortigen »Bar des Sports« antanzen, um seine erste Abschlagszahlung abzuliefern.

☠ ☠ ☠

Abermals ließ Moewig Pointe-à-Pitre rechts liegen, fuhr über die Brücke, die die Inselhälften miteinander verband, und auf dem linken Schmetterlingsflügel landeinwärts. Boucard zeigte ihm den Weg, sprach ansonsten wenig. Die Straße führte durch ein ausgedehntes Gewerbegebiet. Niederlassungen von Autohändlern wechselten sich mit Spielcasinos, Baumärkten und Discountern ab. Der GLK ließ sich mit zwei Fingern lenken, außer dem Säuseln des Fahrtwinds war von dem tonnenschweren Gefährt nichts zu hören.
Bevor sie losgefahren waren, hatte Boucard ein dickes Kuvert in die Innentasche seines Jacketts geschoben. Die Abschlagszahlung, nahm Moewig an. Eigentlich sollte Pierre froh sein, dass er einen erfahrenen Personenschützer an seiner Seite hatte. Auch wenn er das offensichtlich im Moment anders sah.
Pierre will jede Konfrontation mit den Litauern vermeiden, dachte Moewig. *Warum? Weil sie die Zwillinge doch gekidnappt haben?*
Dann müsste Boucard allerdings ein genialer Schauspieler sein, und diesen Eindruck hatte Moewig nicht von ihm gewonnen.
Alles sprach dafür, dass er sich schlicht mit seiner Misere arrangiert hatte. Er hatte sich der Erpressung gebeugt und schien sich sogar der Illusion hinzugeben, dass er durch schwunghaften Handel mit den gefälschten Kunstwerken der drohenden Pleite entgehen könnte. Doch in diesem Fall

würde er ein böses Erwachen erleben, sagte sich Moewig. Boucard glich einem Schiffbrüchigen, der sich an einen Haifisch geklammert hatte, in der Hoffnung, sich dadurch vor dem Ertrinken zu retten.
Nicht mein Problem, dachte Moewig. *Ich will mich nur vergewissern, dass diese Typen wirklich nichts mit der Entführung zu tun haben. Dann können sie alle hier ruhig weiter im Trüben fischen.*
»Baie-Mahault ist ein ganz übler Flecken«, sagte Boucard unvermittelt, nachdem sie eine Weile schweigsam dahingerollt waren. »Und außerdem einer der wenigen wirklich hässlichen Orte hier auf der Insel.«
Das hört sich nach Gewissensbissen an, dachte Moewig. *Oder vielleicht ist ihm mulmig, weil ihm allmählich klarwird, mit was für einer Sorte »Partner« er sich eingelassen hat.* Immerhin war es für Boucard der erste »Jour fixe«, zu dem er in der Räuberhöhle antanzen musste.
»Warum ist dieses Mahault ein übler Flecken?«, fragte er.
»Baie-Mahault«, sagte Boucard. »Alles ziemlich heruntergekommen, und jede Menge Spelunken. In den meisten Familien, die dort wohnen, hat seit Generationen niemand mehr sein Geld mit eigener Arbeit verdient. Im Grunde, seit ihre Urururgroßeltern von der Sklaverei befreit worden sind.« Er befühlte mit beiden Händen seine Frisur. »Die einen halten die Hand in Richtung Vater Staat auf, die anderen sind gelernte Verbrecher. Diebe, Einbrecher, Schmuggler. Illegale aller Art.«
Da krieg ich ja richtig heimatliche Gefühle, dachte Moewig. Was Boucard über die Ortschaft mit dem umständlichen Namen gesagt hatte, ließ sich eins zu eins auf seinen Berliner Heimatkiez übertragen. Auf den ursprünglichen Wedding jedenfalls, vor der sogenannten Gentrifizierung. Anders als in Baie-Mahault hatte dort allerdings nie irgendwer in Sklaverei gelebt. Oder höchstens als Sklave schlechter Angewohnheiten und mangelnder Selbstkontrolle.

»Und warum wollen sich deine Partner ausgerechnet in diesem Verbrecherkaff mit dir treffen?«

Boucard zuckte mit den Schultern. »Sie haben die dortige ›Bar des Sports‹ übernommen. Das war bis vor kurzem ein hundsgewöhnlicher Puff. Aber jetzt wohnen die Litauer dort und führen von der Bar aus anscheinend ihre Geschäfte. Ich war schon letzte Woche einmal da, um den Liefervertrag zu unterschreiben. Ein trostloser Ort, sogar für Baie-Mahault.«

»Die Typen wohnen in einem ehemaligen Puff?«, vergewisserte sich Moewig.

»Wenn du ›ehemalig‹ streichst, kommt es ungefähr hin. Die Nutten sind geblieben, die Barkeeper auch, aber der Laden scheint nicht mehr zu laufen.« Boucard kam allmählich wieder in Schwung. Längere Zeit zu schweigen ging ihm offenbar gegen die Natur. »Als ich da war, hatten sie so gut wie keine Kunden. Außer den Litauern selbst natürlich. Ein halbes Dutzend dieser muskelbepackten Kerle hing am Tresen rum. Alle mit einem mordsmäßigen Sonnenbrand und einer mieser drauf als der andere. Was wollen die hier bei uns, verdammt noch mal? Warum nehmen die nicht ihre eigenen Landsleute in Litauen aus?«

Moewig sah ihn von der Seite an. Wenn man sein Leben in Kunstausstellungen und auf Künstlerpartys verbrachte, bekam man von der Wirklichkeit anscheinend wenig mit.

Warum lässt du *dich von ihnen ausnehmen, Pierre?*, dachte er wieder. *Wirklich nur, weil sie dich eingeschüchtert haben und du idiotischerweise hoffst, von dem Deal auch noch selbst zu profitieren? Oder haben sie doch noch etwas anderes gegen dich in der Hand?* Jemand *anderen, genauer gesagt?*

Er sprach die Fragen nicht aus. Eben hatten sie ein Schild mit der Aufschrift »*Baie-Mahault – Centre*« passiert.

Je mehr sie sich dem Ortszentrum näherten, desto verwahrloster waren die Behausungen. Einige Straßenzüge ließen sich im Grunde nur als Slum bezeichnen, mit ihren Holz- und Wellblechhütten inmitten verwilderter Gärten, in denen verrostete Schrottkarren und undefinierbares Gerümpel von der tropischen Vegetation überwuchert wurden. Streunende Hunde und an den Kreuzungen herumlungernde Männer aller Altersklassen vervollständigten das Bild. Die jüngeren hatten aufgepumpte Muskeln, die älteren waren auf die spezielle Art ausgemergelt, die auf jahrzehntelangen Rumkonsum schließen ließ.

»Da vorne rechts und dann noch ein Stück die Straße entlang«, sagte Boucard nach einer Weile. »Das hier ist die Flaniermeile, der ganze Stolz der Stadt«, fügte er mit sarkastischem Unterton hinzu.

Bars und Fast-Food-Buden reihten sich aneinander. Junge Schwarze in getunten BMWs und Audis älterer Bauart cruisten auf der engen Straße auf und ab. Aus den grell lackierten Karren wummerten Rap-Beats. Vor den Bars saßen Unmengen tätowierter Männer. Ihre Gefährtinnen trugen Miniröcke und tief dekolletierte Shirts. Auf den Tischen standen Bier- und Rumgläser. Obwohl alle reichlich alkoholisiert waren, schien die Stimmung eher gedrückt.

»Da vorne. Du kannst direkt davor parken.« Boucard zeigte auf ein eingeschossiges, knallblau angestrichenes Gebäude, das einige Meter von der Straße zurückgesetzt war. Davor befand sich ein ungepflasterter Hof, auf dem kreuz und quer Schrottautos und Angeberkarren parkten. Auf der Holzterrasse vor der Fassade standen Plastikstühle und Blechtische, allesamt verwaist. »Bar des Sports«, der blutrote Neon-Schriftzug, erstreckte sich fast über die gesamte Breite des Gebäudes.

Die Fenster im oberen Stockwerk waren mit blutroten Herzen dekoriert. Nur für den Fall, dass irgendjemand herumrätselte, welche Sportarten an diesem Ort bevorzugt wurden.

»Lass mich reden«, sagte Boucard noch, als sie vor der Eingangstür standen. »Misch dich nicht ein, außer wenn ich es ausdrücklich sage.«

»Du bist der Boss, Pierre«, antwortete Moewig. »Aber wenn

es hart auf hart kommt ...« Ohne Vorwarnung zerriss ein gewaltiger Donnerschlag den Himmel und übertönte seine Worte.
Regentropfen so groß wie Pingpongbälle prallten unvermittelt auf die Holzveranda, es hörte sich wie Sperrfeuer an.

☠ ☠ ☠

In der Bar herrschten Dämmerlicht und karibische Buntheit in den unvermeidlichen Papageienfarben. Aus den Lautsprechern plärrte synthetischer Reggae Pop. Der schwarze Barkeeper hinter dem Tresen sah nur kurz zu ihnen hin, als Boucard und Moewig an seinem Tresen vorbeimarschierten. Er war hochgewachsen und trug Rastalocken und ein papageienbuntes Muscle-Shirt, aus dem er beinahe herausplatzte.
Vier hellhäutige Männer von hünenhafter Statur saßen auf Barhockern vor farbenfrohen Drinks. Sie beobachteten Boucard und Moewig betont unauffällig. Aus dem Hintergrund der Bar kamen zwei schwarze junge Frauen angetänzelt, mit knappen Tops und Miniröcken, die eigentlich nur bunte Gürtelschärpen waren.
»Wo ist Mikail?«, fragte Boucard den Barkeeper auf Kreolisch. »Hinten?«
Der schwarze Mann hinter dem Tresen starrte nur weiter vor sich hin, doch in die vier weißen Hünen auf den Barhockern kam plötzlich Leben. Alle vier erhoben sich gleichzeitig, einer postierte sich am Ausgang, der zweite bei der Hintertür, über der ein Icon mit den Umrissen einer männlichen und einer weiblichen Gestalt prangte, die Geschlechtsteile jeweils drastisch hervorgehoben. Die beiden anderen Weißen traten Pierre und Moewig in den Weg.
Keine Ähnlichkeit mit Manons Zeichnung, dachte Moewig. Diese Männer hier waren jünger als die Typen auf Manons Skizze, vielleicht Ende zwanzig. Sie trugen eng anliegende

weiße Hemden mit den unvermeidlichen Schweißflecken unter den Achseln. Von dem kreidigen Weißton hob sich ihre sonnenverbrannte Haut umso röter ab.

»Pierre Boucard«, sagte Boucard und streckte ihnen die Hand hin.

Die schütteln keine Hände, dachte Moewig, *die brechen sie höchstens.*

Boucard musste noch viel lernen, und Moewig bezweifelte, dass seine neuen Lehrer die nötige Geduld aufbringen würden.

»Arme hoch, Beine auseinander«, blaffte der Größere der beiden.

»Wenn ihr Waffen dabeihabt, sagt es lieber gleich«, steuerte sein Kumpan bei. Sie sprachen leidliches Englisch mit schwerem osteuropäischem Akzent.

Moewig verschränkte die Hände hinter dem Kopf und stellte sich breitbeinig hin, Boucard machte es ihm unbeholfen nach. Während er die Prozedur über sich ergehen ließ, grinste Moewig den jungen Frauen zu, die sich wieder an ihren Tisch im Hintergrund der Bar zurückgezogen hatten. Die mit dem granatapfelroten Minirock lächelte zurück. Er nickte ihr zu, sie hob den Daumen. Ihre Fingernägel waren in dem gleichen Rotton lackiert, den auch ihr Minirock aufwies.

Dann bis gleich, Mädchen, dachte Moewig. In den Augenwinkeln hatte er registriert, dass dem Barkeeper die diskrete Anbahnung nicht entgangen war. Er nahm an, dass man bei dem Mann am Zapfhahn die übliche »Gebühr« entrichten musste, bevor man sich mit dem Mädchen seiner Wahl in die obere Etage zurückzog. Dieses Prozedere hatte sich mehr oder weniger rund um den Erdball bewährt.

»Abmarsch«, sagte der eine Litauer zu Boucard. Er legte ihm eine Hand zwischen die Schultern und schob ihn vor sich her, auf die Hintertür mit dem vieldeutigen Hinweisschild zu. Sie führte offenbar nicht nur zu den Toiletten und zu den

Bordellzimmern, sondern auch zu einem Hinterzimmer, in dem die diskreteren Geschäfte abgewickelt wurden.

Nicht viel anders als zu Hause im »Scharfen Eck«, dachte Moewig.

»Und du wartest so lange hier«, sagte der zweite Litauer zu ihm. Falls es wirklich Litauer waren. Zumindest wiesen sie eine typologische Ähnlichkeit mit den beiden älteren Männern auf Manons Zeichnung auf. Schrankartige Statur, runder Kopf, sehr helle Haut und weißblonde Haare.

»Monsieur Moewig ist mein Assistent«, sagte Boucard. »Er muss kurz mit nach hinten kommen. Künftig wird er das Geld bringen. Ich will ihn mit euren Bossen bekannt machen. Anschließend kann er hier vorne warten.«

Befriedigt registrierte Moewig, dass Boucard den vorher vereinbarten Text aufsagte. Und dass die beiden rot verbrannten Gorillas den Köder offenbar schluckten. Nach einem kurzen Blickwechsel nickten sie fast gleichzeitig.

»Also los jetzt«, knurrte der Kleinere. »Ihr seid sowieso schon spät dran.«

Die beiden eskortierten sie durch die Hintertür. Sie führte in einen schmucklosen dämmrigen Gang. Links führte eine Treppe hoch in den Bordellbereich, rechts waren die Toiletten, weiter den Flur hinter gab es noch eine Tür.

Als sie vor der schlichten Sperrholztür angekommen waren, wirkte Pierre einen Moment lang verzagt. Moewig nickte ihm zu, er straffte sich, drückte die Klinke herunter und trat ein.

Mikail und Sergej saßen nebeneinander auf burgunderroten Sesseln. Moewig erkannte sofort, dass es sich um die beiden Männer von Manons Zeichnung handeln musste. Sie trugen weiße Hemden mit aufgekrempelten Ärmeln und hatten die Arme auf den üppigen Lehnen abgelegt. Es sah fast gemütlich aus.

Der etwa vier mal vier Meter große Raum war exakt so eingerichtet, wie sich Moewig ein altmodisches Puff-Séparée

vorstellte. Weinrote Plüschmöbel, auch die Wände mit rotem Stoff bespannt. An der Decke ein bizarrer Kristalllüster, der unablässig klirrte, da sich daneben ein gewaltiger Ventilator drehte. Es gab keine Fenster, nur zwei Türen, die einander gegenüberlagen und von innen gleichfalls mit rotem Stoff verkleidet waren. Moewig kam sich vor wie im Innern eines überdimensionalen Sargs. Der Kontrast zum Schankraum im vorderen Bereich hätte nicht krasser sein können.
»Wer ist der Kerl?«, blaffte der Größere der beiden Boucard an. Seine Stimme war ungewöhnlich tief.
Moewig war in der Tür stehen geblieben, Pierre stand einen Schritt vor ihm. In erstarrter Haltung wie ein Angeklagter vor seinem Richter. Oder wie ein Sklave vor seinem weißen Herrn.
»Mein Assistent, Monsieur Mikail«, brachte er hervor. »Er wird Ihnen künftig die Zahlungen bringen. Ich wollte ihn Ihnen beiden vorstellen, damit Sie wissen, wen Sie vor sich haben.«
Moewig trat über die Schwelle und schloss hinter sich die Tür. »Ihr könnt mich Lars nennen«, sagte er. »Dann bist du also Sergej?«, wandte er sich an den zweiten Litauer.
Sie starrten ihn an. Mikails Gesicht verzerrte sich. Er griff sich ein Wasserglas, das zur Hälfte mit einer klaren Flüssigkeit gefüllt war, und leerte es mit einem Zug.
»Du solltest allein kommen, du Affe«, sagte Sergej zu Boucard. Er war eine Spur kleiner als sein Kumpan, aber gleichfalls von hünenhafter Statur. Beide sprachen Englisch mit starkem Akzent. »Was habt ihr schwarzen Wichser eigentlich in euren Schädeln?« Er schlug sich mit der flachen Hand gegen die Stirn.
»Jedenfalls keine weiße Scheiße«, sagte Moewig. »Wenn ihr auf meinem Boss rumhackt, gibt es Ärger, kapiert?«
Sergej stemmte sich aus seinem Sessel. Moewig straffte sich und nahm Kampfhaltung ein.
»Wir wollen doch bitte friedlich bleiben.« Boucard sah Moe-

wig mit gequältem Lächeln an. »Es ist alles in bester Ordnung«, sagte er dann zu Sergej. »Ich habe das Geld mitgebracht.«

»Das will ich dir auch geraten haben!«, bellte Sergej. Er baute sich mit seiner vollen Größe neben Boucard auf. Pierre musste den Kopf zurücklegen, um ihm ins Gesicht zu sehen. *Fehlt nur noch, dass Mikail sich auf seiner linken Seite postiert*, dachte Moewig. *Dann haben sie die Szene auf Manons Skizze perfekt rekonstruiert.* Ohne Zweifel handelte es sich um die Männer, die die Zwillinge damals in der Galerie gesehen hatten.

Boucard zog das Kuvert aus seinem Jackett. Sergej riss es ihm geradezu aus der Hand und fing sofort an, den Inhalt zu zählen. Dabei schnaufte er und schmatzte mit den Lippen. Mikail sah ihm mit einem gierigen Glitzern in den Augen zu.

Das sind ganz gewöhnliche Ganoven, dachte Moewig. *Schutzgelderpresser, die die übliche Masche um ein paar Grad verfeinert haben, aber das war's dann auch schon. Außerdem geht es bei ihrem Deal mit Pierre um vergleichsweise bescheidene Beträge. Dafür würden die doch nicht den logistischen Kraftakt mit doppeltem Kidnapping in Berlin stemmen!*

Moewig war sich jetzt zu neunzig Prozent sicher, dass die Litauer mit der Entführung der Zwillinge nichts zu tun hatten. Aber wenn er schon hier war, würde er auch die restlichen zehn Prozent nach Möglichkeit noch abchecken.

»Die Idee mit den Figuren und Zertifikaten ist übrigens genial«, sagte er und zwinkerte Mikail zu.

Der Litauer schenkte ihm keine Beachtung, aber Moewig quasselte einfach weiter. In dem nervig beflissenen Tonfall, der ihm für den Anlass geeignet schien.

»Man sieht es mir vielleicht nicht an, aber ich habe einen *deutschen* Pass. Und ihr wisst ja, *deutsche* Ehrlichkeit genießt in der Welt das größte Ansehen.« Er zwinkerte erneut, diesmal in Sergejs Richtung. Keiner der beiden Litauer hatte

auch nur mit der Wimper gezuckt, als er »deutsch« gesagt hatte. Weder beim ersten noch beim zweiten Mal.
»Ich komme aus *Berlin*«, legte er noch einen drauf, »und da gibt es jede Menge hochqualifizierter Wissenschaftler, die finanziell ständig klamm sind. Wenn ihr also noch ein Gutachten braucht, das die Echtheit der Holzfiguren bestätigt – für mich kein Problem. Ich kenne sogar einen *deutschen Rechtsmediziner*, auch aus *Berlin* und mit *Doktortitel*, der für ein paar tausend Euro jede gewünschte Todesart in sein Gutachten schreibt.«
So viel am Stück hatte Moewig seit langem nicht geredet. Erst recht nicht mit derart künstlicher Betonung. Doch die Litauer zeigten keinerlei Reaktion, er hätte seinen Bühnenmonolog genauso gut an zwei Felsbrocken richten können. So gut hatte sich niemand unter Kontrolle, sagte sich Moewig, einer der beiden hätte zumindest kurz zusammenzucken oder seine Augen hätten sich für einen winzigen Moment verengen müssen, als er sie mit allen in Frage kommenden Reizwörtern bombardiert hatte.
»Wollte ich nur mal gesagt haben. Weil man ja nie wissen kann«, schob er hinterher.
Sie ignorierten ihn weiterhin. Sergej hatte das Banknotenbündel mittlerweile zum zweiten Mal durchgezählt. Beide Litauer schienen sehr zufrieden und versuchten es sich nicht anmerken zu lassen.
»Du verpisst dich jetzt«, sagte Mikail zu Moewig. »Warte vorne in der Bar.«
Das ließ sich Moewig nicht zweimal sagen. Er gab sich Mühe, enttäuscht auszusehen, während er den Litauern und seinem vermeintlichen Boss zunickte. Boucard warf ihm noch einen verworrenen Blick zu, halb hoffnungsvoll, halb verzweifelt, dann war Moewig draußen und machte die Séparée-Tür hinter sich zu.

☠ ☠ ☠

Vorn in der Bar ging Moewig direkt zum Tresen und legte einen Hunderteuroschein auf das fleckige Chrom.
»Wie heißt die Kleine?«, fragte er.
»Frag sie selbst. Zuletzt hieß sie Gabrièle.«
Als die junge Frau mit dem granatapfelroten Minirock neben ihm stand, fragte Moewig sie gar nichts. Er ließ sich von ihr bei der Hand nehmen und erneut durch die Tür mit den vielsagenden Icons ziehen. Dann die Treppe hinauf und in einen Gang, der so schmal und schmucklos war wie der Flur darunter, aber schummrig rot beleuchtet. Auf beiden Seiten zweigten je fünf Türen ab, und den Geräuschen nach zu urteilen, die nach draußen drangen, gingen die Bewohner keinen meditativen Beschäftigungen nach.
Gabrièle schnüffelte an Moewigs Achselhöhle. »Erst frisch machen, chéri«, sagte sie und zeigte auf die erste Tür rechts. Dazu lächelte sie mit granatapfelroten Lippen. Sie konnte höchstens Anfang zwanzig sein, und wenn sie lächelte, sah sie hinreißend aus. Solange man nicht den Fehler machte, ihr in die Augen zu sehen. Schwarze Lavasteine konnten nicht toter sein. »Ich warte dahinten«, fügte sie hinzu und zeigte auf die Tür ganz hinten links.
»Ich beeile mich«, versicherte Moewig. Dem Schein halber ging er ins Bad, wartete kurz, bis sich Gabrièles Schritte entfernt hatten, und kehrte auf den Flur zurück.
Methodisch nahm er sich ein Zimmer nach dem anderen vor, auch wenn er nicht ernsthaft damit rechnete, dass die Zwillinge hier gefangen gehalten wurden. Vorsichtig drückte er die Klinke herunter und schob seinen Kopf durch den Türspalt. Er murmelte »Excusez«, zog die Tür wieder zu und wiederholte die Prozedur nebenan. So arbeitete er sich die linke Flurseite hoch und die rechte wieder herunter.
Weiß auf Schwarz, darauf lief es jedes Mal hinaus. Wenig überraschend. Der eine oder andere hatte die Socken anbehalten, einige Mädchen trugen Strapse, eine war mit Handschellen ans Bett gefesselt. *So weit alles im Rahmen,* dachte

Moewig. Ein Mädchen, das Manon ähnlich sehen würde, war nicht dabei, und männliche Schwarze gab es hier oben überhaupt nicht. Außer ihm selbst.
Gerade als er die erste Tür rechts wieder schloss, ging hinten links die Tür auf, und Gabrièle schaute heraus. Ihr Zimmer hatte Moewig ausgespart, nun winkte er ihr zum Abschied zu, machte noch eine entschuldigende Geste und lief die Treppe hinunter. Einen Keller gab es nicht, Nebengebäude auch nicht, in denen man Geiseln gefangen halten könnte.
Natürlich konnten Mikail & Co. die Zwillinge irgendwo auf der Insel eingesperrt haben, aber das glaubte Moewig nicht. Er war sich nun ziemlich sicher, dass die Litauer mit der Sache nichts zu tun hatten. *Das ist einfach nicht deren Liga,* dachte er. *Die sind gut darin, Druck zu machen, notfalls mit den Fäusten nachzuhelfen, dann abzukassieren. Alles ohne großen Aufwand. Und nachdem Pierre klein beigegeben hat, haben sie sowieso keinen Grund mehr, ihn weichzukochen.*
Gerade als er wieder in die Bar gekommen war, ging hinter ihm erneut die Tür auf und Boucard kam herein. Er sah ziemlich mitgenommen aus, seine Ballonfrisur zusammengefallen, das fliederfarbene Hemd auf Brust und Bauch dunkel vor Schweiß.
»Was ist passiert?«, fragte Moewig, obwohl er die Antwort schon ahnte.
»Sie wollen, dass ich ihnen ab Oktober mindestens dreißig Figuren abnehme! Hundert Prozent mehr! Wenn ich das nicht schaffe, kürzen sie mir die Provision auf zehn Prozent.«
Und das ist erst der Anfang, mon ami, dachte Moewig.
»Fahren wir«, sagte er und schob Boucard an den Litauern und dem Barmann vorbei nach draußen. Das Unwetter hatte so schnell aufgehört, wie es begonnen hatte, die Holzveranda war schon wieder getrocknet, nur die Schlaglöcher auf der asphaltierten Fläche davor waren noch mit Regenwasser gefüllt, das im Schein der Straßenlaternen glitzerte.

Es war dunkle Nacht und nach wie vor dampfend heiß.
»Wenn du einen guten Rat hören willst«, sagte Moewig, »brich deine Zelte ab und such dir eine andere Insel. Hier kriegst du deinen Fluch der Karibik nicht mehr los.«
Er startete den GLK und schaltete den Klingelton bei seinem Smartphone wieder ein. Kaum waren sie vom Parkplatz der »Bar des Sports« auf die Straße eingebogen, meldete sich sein Handy mit *Won't Get Fooled Again*.
Moewig klemmte es sich zwischen Schulter und Ohr. »Freddy? Ich wollte dich auch gerade anrufen. Die Ganoven aus Pierres Galerie haben mit der Entführung nichts zu tun. Und wie sieht's bei dir aus?«
»Ich habe eben einen Anruf bekommen«, sagte Abel. »Von der Wegerich – Manon und Noah sind frei.« Seine Stimme drohte zu brechen. Er musste sich mehrfach räuspern, bevor er weitersprechen konnte. »Sie waren in einem stillgelegten Kleinflughafen an der polnischen Grenze festgehalten worden«, fuhr er fort, »zusammen mit sechs anderen Kindern und Jugendlichen, überwiegend schwarze Flüchtlinge.« Er verstummte erneut. Aus dem Hörer drangen Geräusche, die sich wie unterdrücktes Schluchzen anhörten. »Du kannst dir nicht vorstellen, wie erleichtert ich bin!«, brach es aus Abel heraus. »Der Notarzt sagt, es geht ihnen den Umständen entsprechend gut. Aber sie sind mit Sedativa vollgepumpt und nicht ansprechbar.«
Moewig atmete tief durch. »Gott sei Dank, Freddy.«

☠ ☠ ☠

39

**Kleinflugplatz Casekow, nordöstlich von Berlin,
Samstag, 17. Juli, 07:56 Uhr MEZ**

Abel fuhr so schnell, wie er es gerade noch vertreten konnte. Die Fensterscheiben in sämtlichen Türen seines Audis klirrten, der Motor dröhnte. Neben ihm saß Claire, auf der Rückbank Lisa. Niemand sagte etwas, während Ausfahrtsschilder mit slawisch klingenden Ortsnamen an ihnen vorüberrasten. Rüdnitz, Gramzow, Randowtal.

Er war zum Zerbersten angespannt. Warum fühlte er sich so beklommen, obwohl sie doch gerade die wie nichts anderes ersehnte Nachricht bekommen hatten? Um Abels Brustkorb hatte sich ein eisernes Band geschlungen, jedenfalls fühlte es sich so an.

Wieder lag ihr Ziel im äußersten Osten des Landes, wenige Kilometer vor der polnischen Grenze. Doch der Kleinflughafen, in dessen Hangar die Kinder entdeckt worden waren, befand sich rund hundertfünfzig Kilometer nördlich von Dr. Jebens' Gutshof, fast schon in Höhe von Stettin.

Laut Susanne Wegerich hatte jedes der sedierten Opfer ein Plastiketui mit seinen persönlichen Papieren bei sich. Bei einem Jungen und einem Mädchen, die schlafend nebeneinanderlagen, waren französische Reisepässe auf die Namen Noah und Manon Borel gefunden worden. Der Einsatzleitung zufolge waren die beiden ungefähr sechzehn Jahre alt, schwarz und sahen sich auffällig ähnlich. »Verwechslung ausgeschlossen«, hatte die Wegerich am Telefon zu Abel gesagt.

Claire saß reglos neben ihm auf dem Beifahrersitz, die Beine zusammengepresst, ihre Handtasche von den Ausmaßen eines Bordkoffers auf den Knien. Die Tasche und ihr Kleid hatten genau den gleichen Farbton, ein düsteres Rot, fast wie getrocknetes Blut.

»Wenn diese Bestien meinen Kleinen auch nur ein Haar gekrümmt haben ...«, hatte sie geschrien, nachdem Abel ihr von seinem Telefonat mit Susanne Wegerich berichtet hatte.
»Bitte beruhige dich«, hatte Abel geantwortet. »Es geht ihnen gut, sie schlafen.«
Was er nicht erwähnt hatte, waren die herberen Details der Auffindesituation. Gegen 18:15 Uhr hatte die Notrufzentrale in Brandenburg den Anruf bekommen. Ein Mann hatte in gebrochenem Englisch erklärt, dass in dem Hangar des stillgelegten Kleinflugplatzes bei der Ortschaft Casekow *»lots of fresh vegetables, mainly salsify«* gelagert seien, »jede Menge Frischgemüse, hauptsächlich Schwarzwurzel«. Auf die Nachfrage des Beamten hin hatte er seine Formulierung wiederholt und anschließend aufgelegt, ohne seinen Namen zu nennen.
»Frischgemüse« oder auch »Grünzeug« waren in der Pädophilen-Szene gängige Codewörter für minderjährige Sexsklaven. Sofort nach dem Anruf war KHK Wegerich von ihren Brandenburger Kollegen verständigt worden. In dem Hangar hatte sich ihnen dann ein makabrer Anblick geboten: acht Kinder und Jugendliche, nebeneinander auf Klapptragen liegend, allesamt in Tiefschlaf versetzt und reisefertig angeschnallt. Jedes Kind hatte ein wasserfestes Etui an einem Riemen um den Hals getragen, mit Identitätspapieren, die ihre Häscher vermutlich bei ihnen vorgefunden hatten. Bei der Mehrzahl der Entführungsopfer waren das lediglich Bescheinigungen von Grenzbehörden beziehungsweise vom Bundesamt für Migration und Flüchtlinge. Nur die beiden augenscheinlichen Geschwister hatten reguläre Pässe bei sich getragen, die sie als Noah und Manon Borel auswiesen, wohnhaft in Guadeloupe.
»Beim jetzigen Stand der Ermittlungen gehen wir davon aus, dass der oder die Auftrags-Kidnapper vergeblich auf den Flieger gewartet haben, der ihre Beute dort abholen sollte«, hatte Susanne Wegerich gesagt. »Da scheint es ein Problem

mit der Lieferkette gegeben zu haben, wie das auch bei den OK-Strukturen mittlerweile heißt. Und als es den Zulieferern zu heiß geworden ist, haben sie sich offenbar abgeseilt. Glücklicherweise scheint einer von ihnen einen Rest von Gewissen in seinen verrotteten Innereien entdeckt zu haben, oder vielleicht hat er schon mal vorgebaut für den Fall, dass er eines Tages auffliegen sollte. Jedenfalls hat er den Notruf gewählt und damit die Kinder vor einem qualvollen Sterben bewahrt.«

Die Hauptkommissarin hatte diesen Gedanken nicht weiter ausgeführt, aber Abel hatte auch so verstanden. Bevor irgendjemand die gefesselten Opfer in der verschlossenen Halle, weitab von der nächsten menschlichen Siedlung, per Zufall entdeckt hätte, wären sie höchstwahrscheinlich verdurstet und verhungert. Auch dieses Detail hatte er für sich behalten.

Abel verließ die Autobahn und folgte einer schmalen, stellenweise unbefestigten Landstraße, die zwischen Wiesen und brachliegenden Feldern in Richtung Osten verlief. Hier wohnte buchstäblich niemand. Auch der Flecken namens Casekow, Ortsteil Biesendahlshof, den sie gegen acht Uhr abends erreichten, war im Grunde nur ein ehemaliges Gutshaus mit ein paar verstreuten Gebäuden im Umkreis, die einen mehr oder weniger verlassenen Eindruck machten.

»Was für ein Land«, murmelte Claire. Offenbar graute es ihr noch im Nachhinein bei dem Gedanken, dass sie vor siebzehn Jahren beinahe mit Abel nach Deutschland gegangen wäre. Abel sah die öde Landschaft mit ihren Augen, verglich die struppigen Wiesen, den blassblauen Himmel, die verlassenen Bauernhöfe mit der üppigen Vegetation, der karibischen Buntheit ihrer Insel.

Sie wird die Kinder nehmen und für immer von hier verschwinden, dachte er.

Der kleine Flugplatz war in den 1990ern auf Betreiben eines Industriellen errichtet worden, der kurz nach Fertigstellung der Anlage mit seinem Abfüllbetrieb pleitegegangen war. Seitdem lag das Areal »im Dornröschenschlaf«, wie Susanne Wegerich sich ausgedrückt hatte. *»Im Koma« hätte es besser getroffen,* sagte sich Abel, nachdem er den geteerten Zubringer gefunden hatte, der hinter einem Waldstück von der Landstraße abzweigte.

Die Fassade des Abfertigungsgebäudes, eines schmucklosen Funktionsbaus, war rußgeschwärzt, die Fenster mit Brettern vernagelt. Die Rollbahn wies wulstige Wölbungen und armdicke Risse auf. Der Hangar bot einen nahezu surrealen Anblick mit seinen bemoosten Wellblechwänden und dem Flachdach, aus dem Wildblumen und Schösslinge wuchsen. Desto realer wirkten die Ambulanz- und Notarztwagen auf dem Flugfeld davor, dazu ein halbes Dutzend Polizeiwagen mit Potsdamer Kennzeichen und der graue Passat vom Berliner LKA.

Die medizinische Erstversorgung der Opfer war gerade beendet, als Abel knapp hinter dem Flatterband stoppte. Nacheinander traten drei Notärzte mit Erste-Hilfe-Koffern, zwei Männer und eine Frau, aus der schmalen Metalltür, die in das Rolltor des Hangars eingelassen war.

Claire stieß die Beifahrertür auf, stieg aus und knickte mit ihren High Heels auf dem löchrigen Untergrund um. Sie schrie auf. »Merde!« Sie hatte Tränen in den Augen, als sie sich notgedrungen bei Abel einhängte.

Er führte sie zum Eingang des Hangars. Davor hielten zwei Uniformierte ungebetene Gäste fern. Er nannte seinen Namen, hatte seinen BKA-Ausweis schon in der Hand. Glücklicherweise durften sie diesmal ohne größere Zeremonien passieren. Abel konnte kaum atmen, so eng lag das Eisenband um seine Brust.

In der Halle ging es betriebsam zu. Polizisten, Sanitäter und Kriminalbeamte in Zivil eilten im grellen Licht der KT-Scheinwerfer hin und her. Die Luft war stickig heiß. Überall standen und lagen Überreste von Kleinflugzeugen herum. Defekte Propeller, zerbrochene Tragflächen, ein zerschlissener Pilotensitz.

»Um Gottes willen, wo sind meine Kinder?«, stieß Claire hervor. Schwer stützte sie sich auf Abels Arm.

Lisas Smartphone klingelte, sie zog es aus ihrer Kostümjacke, warf einen Blick aufs Display und schaltete das Gerät aus.

State of Emergency, ging es Abel durch den Kopf. Er fühlte sich wie in seinem Alptraum, als er im Schneckentempo versucht hatte, vor seinen Peinigern zu fliehen. Auch hier schien es auf alptraumhafte Weise nicht voranzugehen.

Schließlich entdeckte er die bärenhafte Silhouette von Oberkommissar Schneider, der weiter hinten in der Halle stand und sie zu sich heranwinkte. Unweit von ihm standen acht Tragen aufgereiht, umringt von Sanitätern, die sich anschickten, die kleinen Patienten zu den Ambulanzwagen hinauszubringen. Susanne Wegerich ging noch weiter hinten im Hangar telefonierend auf und ab.

»Gut, dass Sie es rechtzeitig geschafft haben«, sagte Schneider zu Abel. »Ihre beiden liegen ganz da drüben.« Er zeigte zum anderen Ende der Reihe. »Erschrecken Sie nicht«, fügte er hinzu. »Sie sind bandagiert und verpflastert, aber der Doc hat mir versichert, dass sie keine ernsthaften Verletzungen haben. Anscheinend haben sie erbitterte Gegenwehr geleistet, als die Kidnapper sie geschnappt haben.«

Abels Muskeln verkrampften sich noch mehr. »Was für Verletzungen?«.

»Schrammen, Prellungen, Blutergüsse«, zählte Schneider auf. »Der Arzt sagt, wir sind rechtzeitig gekommen. In jeder Hinsicht«, fügte er hinzu und sah Abel bedeutungsschwer an.

Sein Blick wanderte zu der blutrot gekleideten Schwarzen an Abels Seite, und ihm schien zu dämmern, wen er vor sich hatte. »Madame«, sagte er und deutete eine Verbeugung an. Doch Claire achtete nicht auf ihn. Sie löste sich von Abels

Arm und humpelte die Reihe der Tragen entlang. »Um Himmels willen, wo sind sie?«, stieß sie hervor.
Abel und Lisa folgten ihr zu den beiden Liegen, auf die Schneider gezeigt hatte. Die Notärzte hatten jedes Kind an eine Infusion angeschlossen und bis zum Hals mit einer goldfarbenen Rettungsdecke zugedeckt. Noah hatte eine Bandage um den Kopf, die seine Stirn verdeckte, außerdem Pflaster auf beiden Wangen und auf dem Kinn. Manons linkes Ohr war bandagiert, ihre Nase war stark geschwollen. Beide hatten die Augen geschlossen, offenbar waren sie noch immer betäubt.
Claire beugte sich kurz über eine der Liegen, richtete sich ruckartig wieder auf. »Wo sind meine Kinder?«, rief sie erneut. Sie wollte zurückhumpeln, wieder zum Anfang der Reihe, doch Abel hielt sie an den Armen fest.
Sie steht unter Schock, dachte er. »Hier sind sie, Claire«, sagte er. »Sieh doch.« Aber sie schrie immer weiter, als wäre sie verrückt geworden, und riss sich von Abel los.
»Was geht hier vor, Fred?«, schrie Claire. »Wo sind meine Kleinen? Wo sind sie?« Sie ballte ihre Hände zu Fäusten und schlug auf Abel ein.
»Claire hat recht«, hörte er Lisa sagen. »Das ist nicht Manon. Und nicht Noah.«

☠ ☠ ☠

Wie betäubt starrte er Lisa an, folgte dann ihrem Blick. *Oh Gott,* dachte er, *das gibt es doch nicht, das kann doch einfach nicht wahr sein!*
Lisa schlug die Rettungsdecke auf der einen Liege, dann auf der anderen zurück. Ein Stacheldraht-Tattoo lief um den Hals des Jungen. Das Mädchen hatte wulstige rosa Narben innen auf den Unterarmen. Selbstverletzungen, typisch für Missbrauchsopfer. Ihre Kleidung stammte offensichtlich aus der Kleiderkammer.

»So eine verdammte Scheiße!«, schrie Abel. »So viel Unfähigkeit kann es doch gar nicht auf einem Haufen geben!« Er hatte das Gefühl, dass in ihm etwas zerbrach. Etwas, das nie mehr zusammenzufügen war.
Die Sanitäter, die gerade die ersten Tragen nach draußen bringen wollten, erstarrten in der Bewegung. Mehrere Uniformierte eilten auf Abel zu.
Auch Oberkommissar Schneider kam zu ihnen herüber, gefolgt von Susanne Wegerich, die eben ihr Telefongespräch beendet hatte.
»Was ist los, Herr Abel?«, fragte sie.
»Das sind nicht unsere Kinder«, stieß er hervor. »Ich will wissen, welches dumme Arschloch für diese Verwechslung verantwortlich ist.«
»Eine Verwechslung? Das kann nicht sein«, sagte die Wegerich. Kurz erschien das automatisierte Lächeln in ihrem Gesicht, dann knipste sie es wieder aus.
»Schwachsinn!«, schrie Abel. »Was heißt hier ›kann nicht sein‹? Wollen Sie mir vielleicht sagen, dass ich meine eigenen Kinder nicht erkenne?«
Claire fiel auf die Knie und bekam einen Heulkrampf. Susanne Wegerich redete auf Abel ein, aber er bekam nicht mehr mit, was sie sagte.
In seinen Ohren rauschte und pfiff es, als wäre direkt neben ihm ein Schuss abgefeuert worden. Er sah, wie sich die Lippen der Hauptkommissarin bewegten, und er sah, wie Lisa sich neben Claire hinkauerte und sie zu beruhigen versuchte, aber er verstand nicht, was sie redeten.
Er verstand überhaupt nichts mehr. Nur, dass sich alle Hoffnungen zerschlagen hatten. Alle Spuren waren kalt. Alle Fährten hatten sich als Sackgassen herausgestellt. Apathisch sah er zu, wie die Tragen mit den fremden Kindern abtransportiert wurden.
Manon und Noah sind seit mehr als achtundvierzig Stunden verschwunden, dachte er. *Und wir stehen mit leeren Händen*

da. Ohne den kleinsten Anhaltspunkt. Ohne einen Hinweis darauf, was mit ihnen geschehen ist. Wo sie sind, wie es ihnen geht, ob sie überhaupt noch leben.

☠ ☠ ☠

40

**Berlin-Tiergarten, LKA-Gebäude Keithstraße,
Samstag, 17. Juli, 10:44 Uhr**

Unsere Leute waren den ganzen Morgen auf Achse«, sagte Susanne Wegerich. »Sie haben sich an den Treffpunkten der untergetauchten Migranten umgehört und Fotos herumgezeigt. Mittlerweile wissen wir, dass die beiden aus Gambia stammen. Und wir haben ein ziemlich klares Bild, wie sie an die Papiere Ihrer Kinder gekommen sind.«
Die Hauptkommissarin unterbrach sich, um ihre Tasse aufzufüllen. Kaffee aus der Thermoskanne, zwei Stücke Zucker, ein Schuss Milch.
Abel sah ihr dabei zu und starb fast vor Ungeduld. *Gambia also. Und weiter?* Aber nachdem er eben erneut mit ihr aneinandergeraten war, riss er sich zusammen. »Wir sind gerne bereit, Sie über unsere Ermittlungen auf dem Laufenden zu halten, Herr Abel«, hatte sie gerade zu ihm gesagt. »Aber Ihre Unterstellungen müssen ab sofort aufhören.« Dazu ihr maschinelles Lächeln.
Sie führte die Tasse mit dem Aufdruck *Schreibtischstute – Vorsicht, bissig!* zu ihrem Mund, blies hinein und trank einen winzigen Schluck. »Das Ergebnis ist absolut erstaunlich«, fuhr sie fort.
Oberkommissar Schneider nickte zustimmend. Er saß auf dem zweiten Besucherstuhl vor ihrem Schreibtisch und blät-

terte in dem blassgelben Schnellhefter, der inzwischen aus allen Nähten platzte.

»Die beiden sind tatsächlich auch Geschwister«, sagte Schneider mit seiner dunklen Bassstimme. »Keine Zwillinge, aber Bruder und Schwester, ungefähr fünfzehn beziehungsweise sechzehn Jahre alt. So ganz genau konnte uns das niemand sagen. Sie nennen sich Tairu und Binta Sene und kommen aus Gambia. Wahrscheinlich sind sie über Italien illegal in die EU eingereist und seit zirka drei Monaten in Deutschland. Einige Hundert von ihrer Sorte – minderjährig, aus den verschiedensten Herkunftsländern – hausen im Berliner Stadtgebiet an wechselnden Plätzen, auf Brachflächen, in Bauwagensiedlungen, unter Brücken et cetera. Es gibt eine Reihe von Helfern, die sie konspirativ mit Lebensmitteln und Kleidung versorgen, und unser Mann hat sich wohl als ein solcher Helfer ausgegeben.«

Susanne Wegerich trank einen weiteren Schluck, Schneider griff gleichfalls zu seiner Tasse, Abel hatte dankend abgelehnt. Lisa war mit Claire zu ihnen nach Hause gefahren, nachdem einer der Notärzte Claire noch im Hangar eine Beruhigungsspritze verabreicht hatte. Sie hatte Abel beschuldigt, ihre Kinder »weggeworfen« zu haben, »verkauft, verschleudert«, sie hatte geschrien und mit den Fäusten um sich geschlagen wie eine Verrückte.

Verrückt vor Angst, dachte Abel. Jede noch so kleine emotionale Regung fühlte sich an, als würde ihm ein Stück Haut mit dem Messer abgeschält.

»Die von uns befreiten Jugendlichen beschreiben den Mann als Weißen mittleren Alters, kräftige Statur, kahlgeschorener Schädel«, sprach Susanne Wegerich weiter. »Jeans, T-Shirt, Sportschuhe. Von der Sorte laufen in Berlin ungefähr eine Million herum.« Ihr Lächeln flackerte auf und erlosch wieder. »Unsere Leute haben Fotos von Halfter herumgezeigt. Einige Zeugen haben gesagt, ›das könnte er sein‹, andere dagegen, ›das ist er auf keinen Fall‹. Die übliche Gemengelage also. Der Unbekannte hat sie jedenfalls mehrere Tage hintereinander mit Obst versorgt, kistenweise Bananen und Äpfel, die er mit einem Lastwagen gebracht hat. Auf Details wie Kennzeichen oder Lkw-Marke hat natürlich niemand geachtet, aber den vagen Beschreibungen nach handelt es sich wohl um einen Siebeneinhalbtonner mit geschlossenem Laderaum und Kühlungsventilator. An das Geklapper von der Kühlung haben sich mehrere Zeugen erinnert.«

Das Telefon auf ihrem Schreibtisch klingelte. Die Hauptkommissarin nahm den Hörer ab, sagte »Jetzt nicht« und legte wieder auf.

»Wie hat der Mann mit den Jugendlichen gesprochen?«, fragte Abel. »Deutsch? Russisch? Englisch?«

Schneider blätterte in der Akte. »In der Hauptsache wohl mit Händen und Füßen«, sagte er. »Bei Bedarf auch mit ein paar englischen Brocken. Aber bei solchen konspirativen Treffen wird nicht viel geredet. Der Unterstützer kommt zum Treffpunkt, die Kids laden ab, was er für sie mitgebracht hat. Dann bye-bye, und das war's. Schließlich bewegen sich diese heimlichen Helfer hart an der Grenze der Legalität. Unterstützung untergetauchter Migranten, die aus der im Prinzip gleichen Gruppe stammen, aus der auch terroristische und kriminelle Netzwerke ihren Nachwuchs rekrutieren.«

Abel nickte. Er versuchte sich vorzustellen, wie der Darkroom-Killer mit einem Lastwagen voller Gemüse bei geheimen Schlafplätzen unbegleiteter minderjähriger Flüchtlinge vorfuhr, obwohl in ganz Berlin und bundesweit nach ihm gefahndet wurde, sein Foto in allen Medien publiziert, an allen Polizeidienststellen aufgehängt worden war. Woher sollte Halfter überhaupt wissen, wo sich diese Treffpunkte befanden? Wo hatte er den Lastwagen mitsamt Obst- und Gemüsekisten her? Nein, das ergab keinen Sinn. Oder höchstens einen, der sich ihm nicht erschloss.

Die Blutspur an den Überresten von Manons iPhone stamm-

te jedenfalls nicht von Halfter, das hatte Oberkommissar Schneider ihm noch in dem Hangar in Casekow berichtet. Auch nicht von Manon oder Noah, sondern von einer unbekannten Person mit der Blutgruppe A+, deren DNA in der Datenbank des BKA nicht gespeichert war. Theoretisch konnte es sich um Blut des angeblichen Assistenten von Abel handeln, der sich möglicherweise verletzt hatte, als er Manons Smartphone gewaltsam geöffnet hatte, um den fest verbauten Akku zu entfernen. In diesem Fall käme Halfter als möglicher Kidnapper definitiv nicht mehr in Betracht.
Aber die Überreste der beiden Handys hatten so lange im Rinnstein der belebten Straße am S-Bahnhof Gesundbrunnen gelegen, dass die darauf sichergestellten Spuren auch von einem unbeteiligten Dritten herrühren konnten. Das hatte Schneider jedenfalls angeführt, und Abel musste ihm recht geben. In dem Park auf der anderen Seite der Brunnenstraße hielten sich zu jeder Tages- und Nachtzeit gewaltbereite Obdachlose auf, die sich in alkoholisiertem Zustand nicht selten blutige Schlägereien lieferten. Vielleicht hatte einer von ihnen gehofft, ein funktionsfähiges Smartphone gefunden zu haben, das zerbrochene Gehäuse in die Hand genommen und dabei mit Blut beschmiert.
Vielleicht, möglicherweise, unter Umständen, dachte Abel. Es war zum Verrücktwerden.
»Am Donnerstag, also vorgestern, hat der Unbekannte die beiden Gambier zu sich herangewinkt und ihnen die Pässe Ihrer Zwillinge ausgehändigt«, nahm Susanne Wegerich den Faden wieder auf. »Die Zeugen berichten, dass die beiden vor Freude außer sich gewesen seien und immer wieder gesagt hätten, jetzt bräuchten sie sich nicht mehr zu verstecken. Kurz darauf waren sie verschwunden, und die anderen Jugendlichen nahmen an, dass sie zur deutschen Meldebehörde oder gleich zur französischen Botschaft gegangen waren. Auf die Idee, dass sie ohne französische Sprachkenntnisse sofort auffliegen würden, scheint niemand von ihnen gekom-

men zu sein. Jedenfalls waren sie nicht überrascht, als Tairu und Binta von der Bildfläche verschwunden waren. Sie waren nur traurig, weil auch der Mann mit dem Gemüselaster nicht mehr vorbeikam. Denn sie hatten gehofft, dass er sie alle nach und nach mit EU-Pässen ausstaffieren würde.«
Schneider zog eine Grimasse. »Naive Kindsköpfe. Wie der Mann das anstellen sollte und, vor allem, was er überhaupt im Schilde führte, war ihnen offenbar keinen Gedanken wert.«
Abel schüttelte den Kopf. »Das kann doch alles nicht wahr sein«, murmelte er. »Angenommen, Ihre Zeugen sagen die Wahrheit«, fuhr er etwas lauter fort, »woher hatte dieser Typ die Pässe von Manon und Noah? Und warum sollte er sie an andere Jugendliche weitergeben?« Hilfesuchend sah er Susanne Wegerich an.
Die Hauptkommissarin tippte sich mit der Spitze ihres türkis lackierten Zeigefingernagels ans Kinn. »Frage eins beantwortet sich quasi von selbst. Der Mann ist entweder der Entführer Ihrer Kinder oder steht mit dem Kidnapper in Verbindung. Natürlich könnte er die Papiere auch rein zufällig gefunden haben, aber solche Zufälle kommen in der Realität äußerst selten vor.«
Sie verstummte und sah Abel durchdringend an, als wäre ihr ein unerwarteter Gedanke gekommen. Ihre blonden, kurzen Haare standen wie Igelstachel in alle Richtungen ab.
»Frage zwei ist schon etwas komplexer«, fuhr sie fort. »Was hat den Unbekannten dazu veranlasst, die Pässe an die beiden Gambier weiterzugeben? Hatte er vor, als Nächstes dieses Geschwisterpaar zu kidnappen? Dann wäre es ausgesprochen töricht von ihm, seinen Zielpersonen diese erstklassige Fluchtmöglichkeit in die Hände zu spielen. Auf dem Schwarzmarkt ist ein EU-Pass weit über tausend Euro wert, ein Vermögen für Migranten ohne Papiere, die ihnen zu einem Bleiberecht verhelfen können.«
Sie leerte ihre Kaffeetasse und lehnte sich zurück. Obwohl

die Sonne hoch am Himmel stand, war in ihrem Büro das Deckenlicht eingeschaltet. Die Neonröhren brummten, trotzdem war es düster.

»Natürlich können wir nicht vollkommen ausschließen, Herr Abel«, sagte sie, »dass der Mann nicht nur Ihre Zwillinge entführt, sondern zwei Tage später auch die gambischen Geschwister gekidnappt hat, nachdem er ihnen die Pässe Ihrer Kinder zugesteckt hat. Aber das würde dann wohl bedeuten, dass der Mann nicht ganz zurechnungsfähig wäre.«

Sie tippte sich an die Stirn und schüttelte anschließend den Kopf. »Das widerspricht jeder Erfahrung. Die global operierenden Strukturen sind hocheffizient organisiert. Die setzen keine Irren, die verrückte Risiken eingehen, als Scouts oder Auftrags-Kidnapper ein. Nein. Wir müssen davon ausgehen, dass wir es mit zwei unabhängig voneinander operierenden Tätern oder Tätergruppen zu tun haben.«

Abel runzelte die Stirn. »Wenn ich Sie richtig verstehe ...« Er unterbrach sich und setzte neu an. »Sie meinen also, Täter eins hat meine Kinder entführt und ihre Pässe an die afrikanischen Teenager verschenkt? Die kurz darauf von einem zweiten Täter gekidnappt worden sind?«

Susanne Wegerich setzte ein Lächeln auf, das nur als nachsichtig bezeichnet werden konnte. »Zusammen mit sechs anderen unbegleiteten minderjährigen Flüchtlingen«, sagte sie und nickte mehrfach. »Täter zwei ist ein professioneller Auftrags-Kidnapper, da gehe ich jede Wette ein. Er hatte sein Auftragsbuch mit den Steckbriefen und hat seine Targets gezielt eingesammelt. Er hat sie zum Treffpunkt geschafft, abholfertig verpackt und jedem einen Beutel mit den Papieren umgehängt, die er bei ihnen vorgefunden hat. Das übliche Verfahren. Dass die gambischen Geschwister französische Papiere bei sich hatten, war ihm vorher nicht bekannt und spielte für ihn auch keine Rolle.«

Sie beugte sich vor und faltete die Hände auf der Schreibtischplatte. »Täter eins dagegen hatte es einzig und allein auf

Ihre Kinder abgesehen, Herr Abel. Die Papiere von Manon und Noah kann er eigentlich nur aus einem Grund an das andere Geschwisterpaar weitergegeben haben. Er muss die Gambier gezielt ausgesucht haben, um Verwirrung zu stiften. Er wollte, dass es zu einer Verwechslung kommt, um Ihnen noch einen zusätzlichen Tiefschlag zu verpassen. Natürlich konnte er nicht im Voraus wissen, was genau passieren würde. In jedem Fall konnte er sich aber sicher sein, dass es Ihren Kummer, Ihre Konfusion, Ihre Panik nochmals beträchtlich steigern würde. Wie es sich dann tatsächlich entwickelt hat, muss seine kühnsten Erwartungen übertroffen haben. Wenn wir davon ausgehen, dass er Sie fertigmachen, in den Wahnsinn treiben, Ihren Lebensmut zerstören will, dann könnte es für ihn gar nicht besser laufen.«
Abel schloss die Augen, wurde von jähem Schwindelgefühl erfasst. Rasch macht er die Augen wieder auf. »Also doch Halfter, der Darkroom-Killer? Der Rächer aus dem Wedding? Ist das Ihre neue Hypothese, Frau Wegerich?«
Sie zögerte kurz, nickte dann fast unmerklich. »In seinem großmäuligen Brief hat er ja mit zweihundert Dezibel angekündigt, dass er Sie fertigmachen will.«
»Nur damit ich das richtig verstehe«, sagte Abel. »Halfter kidnappt also meine Kinder, sperrt sie irgendwo ein, besorgt sich einen Gemüselaster, macht illegal eingereiste Teenager ausfindig, gewinnt ihr Vertrauen, überwacht und versorgt zwischendurch die Zwillinge, findet ein einigermaßen entsprechendes Geschwisterpaar, schenkt ihnen die Pässe meiner Kinder? Und diesen ganzen Aufwand nimmt er auf sich, weil er hofft, dass ich an dem von ihm angerichteten Chaos zerbrechen werde? Und das alles, während mit Hochdruck nach ihm gefahndet wird? Ist das so korrekt, Frau Hauptkommissarin?«
Susanne Wegerich nickte erneut, allerdings eine Spur zögerlicher. »Im Großen und Ganzen ja.«
Im Großen und Ganzen? Abel stutzte kurz und beschloss

dann, diesen Punkt später zu klären. »Aber so ganz von Ihrer eigenen Hypothese überzeugt scheinen Sie nicht zu sein?«, hakte er nach.

»Von meiner Hypothese schon«, sagte Susanne Wegerich. Sie sandte Abel ein fast entschuldigendes Lächeln. »Wir haben es hier mit einem Profi und mit einem Amateur zu tun. Ihre Handschriften unterscheiden sich wie Tag und Nacht. Allerdings wäre mir wohler, wenn wir für den Amateur-Part außer Halfter noch einen anderen Tatverdächtigen mit einem zwingenden Motiv hätten. Für einen Rachefeldzug ist das in der Tat ziemlich viel Risiko und Aufwand, zumal Sie für Halfter nur eine Art Sündenbock sein können. Er kennt Sie ja nicht einmal persönlich. Trotzdem spricht im Moment alles dafür, dass er Ihre Kinder entführt und gezielt die Verwirrung mit den Pässen angerichtet hat.«

Abel sah die Hauptkommissarin an, ohne sie bewusst wahrzunehmen. *Ein zwingendes Motiv ...* In seinem Kopf wollte sich ein Gedanke formen, doch als er ihn zu greifen versuchte, verlor sich alles im Nebel.

»Fahren Sie nach Hause, Herr Abel«, sagte Susanne Wegerich. »Die Fahndung nach Halfter läuft auf Hochtouren, es gibt eine ganze Reihe vielversprechender Spuren, die derzeit überprüft werden. Sowie sich etwas Neues ergibt, werden Sie von uns verständigt. Aber bis dahin kommen Sie unbedingt erst einmal zur Ruhe.«

»Ich kann Sie gerne mit einem Streifenwagen nach Hause bringen lassen«, bot Schneider an. »Sie sehen aus, als könnten Sie sich kaum mehr auf den Beinen halten.«

Abel erhob sich von seinem Stuhl. Der Boden schien unter ihm zu schwanken wie am Sonntag nach ihrer Bootspartie, als er wieder Land unter den Füßen hatte. *Vor nicht mal einer Woche.* Es fühlte sich an wie die Erinnerung an ein anderes Leben.

»Eines noch, Frau Wegerich«, sagte er. »Vorhin habe ich Ihre Hypothese zusammengefasst, und Sie haben gesagt, das sei

›im Großen und Ganzen‹ zutreffend. Worauf bezog sich diese Einschränkung?«
Susanne Wegerich stand gleichfalls auf und verschränkte die Arme, als würde sie plötzlich frösteln. Sie sah ihn ohne den Anflug eines Lächelns an, während er seine Zusammenfassung in Gedanken noch einmal durchging.
Abrupt wandte sich Abel ab und verließ das Büro. Er spürte die Blicke der beiden Kommissare auf seinem Rücken, aber er wandte sich nicht noch einmal um. Er zitterte vor Zorn, dabei wusste er ja, dass Susanne Wegerichs Einschätzung realistisch war. Und dass sie aus Rücksicht oder Mitleid gewartet hatte, bis er von sich aus den Tatsachen ins Auge sah.
Von allen Punkten, die er aufgezählt oder stillschweigend vorausgesetzt hatte, gehörte nur einer nicht notwendig dazu. Die Annahme, dass Noah und Manon noch am Leben waren.

☠ ☠ ☠

41

Berlin-Grünau, Wohnhaus Fred Abel und Lisa Suttner, Samstag, 17. Juli, 14:10 Uhr

Claire war endlich zur Ruhe gekommen, sie lag oben in Manons Bett. Auch Abel hatte sich hingelegt, nachdem Lisa ihn überredet hatte, eine Schlaftablette einzunehmen. Sie machte sich furchtbare Sorgen, nicht nur wegen der Zwillinge, sondern genauso wegen Abel. Er war noch längst nicht wieder so stabil, wie er selbst geglaubt und sie zumindest gehofft hatte. Lisa fragte sich, ob er einen Rückschlag erleiden, sein Kreislauf womöglich kollabieren konnte.
Timo Jankowski hatte angerufen, dann Paul Herzfeld, schließ-

lich Abels Schwester Marlene und vor einer Viertelstunde sogar Susanne Wegerich. Jeder von ihnen hatte gefragt, wie es Abel ging, ob Claire sich beruhigt hatte, und dann zum Schluss, scheinbar beiläufig: Ob es irgendwelche Neuigkeiten gebe?

Eine Nachricht von den Entführern, sollte das wohl heißen. Lisa hatte verneint. Ihre Telefonanschlüsse, Mobilfunk ebenso wie Festnetz, wurden vom LKA überwacht, doch der Entführer hatte sich nicht gemeldet. Weder telefonisch noch auf irgendeinem anderen Weg.

Die Zeit kroch. Die Stille dröhnte. Lisa konnte die Schläge ihres Herzens in der Kehle spüren. Und mitzählen. Wie Hammerschläge.

Bevor er sich hingelegt hatte, hatte Abel versucht, Lars Moewig zu erreichen. Aber da war es in Guadeloupe noch früh am Morgen gewesen, und Moewig hatte den Anruf nicht entgegengenommen. Wahrscheinlich schlief er noch in dem beruhigenden Glauben, dass die Zwillinge wieder frei und bei ihrem Vater seien. *Bestimmt hat er einen Streifzug durch die Hafenkneipen in Pointe-à-Pitre gemacht,* dachte Lisa. Sie gönnte es ihm von Herzen, sie hatte überhaupt nichts gegen Freddys alten Kumpel, auch wenn ihr in seiner Gegenwart meist etwas unbehaglich war. Moewig war gutherzig wie ein Hütehund, aber er hatte auch eine dunkle, gewalttätige Seite, und dieser düstere Moewig war ihr nicht geheuer.

Gerade als sie in die Vordiele hinausgegangen war, um nachzuschauen, ob Fred eingeschlafen war, meldete sich sein Smartphone. Sie blieb vor der Schlafzimmertür stehen, überlegte, ob sie das Gespräch für ihn entgegennehmen sollte. Dann hörte sie, wie Fred sich mit schlaftrunkener Stimme meldete.

☠ ☠ ☠

»Hallo?« Abel hörte ein Knattern in seinem Blackberry, wie von einem startenden Motorrad. Er war aus dem Tiefschlaf gerissen worden, sein Gehirn arbeitete schwerfällig.
Doc Able?
»Wer spricht da?« Er warf einen Blick aufs Display. *Nummer unterdrückt.*
»Ein guter Freund, der wahre Schätze für dich aufbewahrt.« *True treasures.* Abel war mit einem Schlag hellwach. Der Anrufer redete Englisch mit starkem Akzent, »Abel« klang bei ihm wie das englische »able«. Vor allem aber sprach er offensichtlich durch einen elektronischen Verzerrer, der seine Stimmfrequenz willkürlich veränderte. Kurzzeitig hörte es sich an, als hätte er Helium inhaliert, im nächsten Moment dröhnte ein tiefer Bass in Abels Ohr. Eine akustische Achterbahnfahrt.
»Und was sollen das für Schätze sein?«, fragte Abel auf Englisch zurück. Das Herz klopfte ihm fast schmerzhaft gegen die Rippen.
»*I can smell your fear*«, sagte der Anrufer, ohne auf Abels Frage einzugehen. »Ich kann deine Angst riechen.« Seine Stimmhöhe schwankte auf und ab wie bei einer Feuersirene. *Ein Osteuropäer, vielleicht Russe? Ein Skandinavier?* Unmöglich, den Akzent einzugrenzen. Zumal im Hintergrund Motoren knatterten und dröhnten.
»Deine Angst stinkt wie saurer Essig«, sagte der Anrufer. »Wie faule Eier. Wie eingetrocknete Wichse auf den Lippen der Schlampe, die es dir besorgt hat.« Es klang fast, als würde er singen.
Übelkeit stieg in Abel auf. Seine Nerven spielten verrückt, seine Phantasie. Horrorbilder von Manon und Noah in einem Verlies. Der Unbekannte, der sie schlug, bespuckte, sich an ihrer Angst, ihren Schmerzen aufgeilte.
Ich bringe dich zur Strecke, du Schwein. Und wenn es das Letzte ist, was ich noch hinkriege. Wenn ich selbst dabei draufgehe.

»Deine Angst stinkt wie Zahnfäule. Wie Wundbrand. Wie verrottende Ratten in einer Regentonne.«
Like rotten rats in a rain barrel. Der Anrufer rollte die R so schwer, als ob es selbst Fässer wären. *Ein Slawe*, dachte Abel. *Oder ein Süddeutscher, ein Österreicher, ein Schweizer?* Auf jeden Fall ein Psychopath, der sich an seiner angemaßten Macht berauschte. Und über einen bemerkenswerten Wortschatz verfügte.
»Du kannst dich abschrubben, mit Deo einnebeln«, teilte ihm der Anrufer mit, »der Geruch kommt immer wieder durch. Der Gestank deiner Angst. So stinkt man halt, wenn man ein minderwertiges Stück Scheiße ist. Riechst du es, Doktor? Es kriecht dir schon aus allen Poren.«
Die Verzerrer-Software verwandelte die rüden Schmähungen in irren Gesang. Dazu dröhnten Motoren, quietschten Bremsen in unmittelbarer Nähe des Anrufers. Oder der Anruferin? Nicht einmal das Geschlecht ließ sich wegen der wechselnden Stimmlage bestimmen. Aber Psychopathen mit Macht- und Zerstörungsphantasien waren fast ausnahmslos Männer.
»Ich habe keine Ahnung, wovon Sie reden«, behauptete Abel.
Je länger er den Anrufer in der Leitung hielt, desto größer war die Chance, ihn anhand der Verbindungsdaten später ausfindig zu machen. Sara Wittstock hatte Abel erklärt, dass man auch Prepaid-Handys mit anonymisierter Rufnummer lokalisieren konnte.
»Was wollen Sie von mir?« Abel presste das Smartphone an sein Ohr. Außer seinem eigenen, stark beschleunigten Atem und dem Motorenlärm am anderen Ende der Leitung war nichts zu hören.
»Meinen Schatz natürlich. Denk nach, Doc Disabled, dann kommst du schon noch drauf. Aber lass die Bullen aus dem Spiel!«
Disabled, behindert, deaktiviert. Abel schwitzte am ganzen

Körper. *Er ruft von einer Autowerkstatt aus an*, dachte er. *Oder von einem Rastplatz aus, zwischen einparkenden und startenden Trucks und Motorrädern. Oder ist auch diese akustische Kulisse nur simuliert?*

»Und lass dir nur nicht zu viel Zeit damit«, setzte der Anrufer seinen irren Gesang fort. »Ich vertreib mir so lange mit deinen Kleinen die Zeit.«

»Wagen Sie nicht, die beiden anzurühren«, stieß Abel hervor. »Ich bringe Sie für den Rest Ihres beschissenen Lebens hinter Gitter.« Er atmete tief durch, versuchte, sich zu beruhigen. »Nennen Sie Ihre Forderung. Was für ein Schatz? Geht es um Lösegeld? Wie viel?«

Der Anrufer lachte. Es klang wie ein Hustenkrampf. Abel sah urplötzlich Noah vor sich, wie er keuchend um Luft rang. Erneut überkam ihn Angst.

»Der Junge bläst wie ein Posaunenengel« sagte der Anrufer. »Das Mädchen ist noch etwas schüchtern, aber mit jeder Runde wird sie heißer. Hey, haben sie dir auch schon mal den Schwengel geschrubbt? Probier es einfach mal aus, Sugardaddy. Aber vorher musst du noch die kleine Denksportaufgabe lösen.«

Abel blieb die Luft weg. Bevor er etwas antworten konnte, hatte der Anrufer aufgelegt.

☠ ☠ ☠

42

**Le Gosier, Guadeloupe, Hotel »Karaïbes«
Samstag, 17. Juli, 08:41 Uhr Ortszeit**

Won't Get Fooled Again, in voller Lautstärke direkt neben seinem Ohr. Moewig griff sich sein Smartphone. Es war viel zu hell im Zimmer.
»Oh Gott, Freddy, ist dir eigentlich klar, wie früh …«
»Gleich neun bei dir«, fiel ihm Abel ins Wort. »Nicht gerade früher Morgen. Ich versuche seit einer Stunde, dich zu erreichen, Lars.«
Moewig lag auf der rechten Seite. Mit einem Auge spähte er nach seiner Armbanduhr, die auf dem Nachttisch lag. *Tatsache, schon kurz vor neun.* Um elf sollte er in Pierres Galerie sein. *Also alles im grünen Bereich.*
»Geht's Manon und Noah gut?«
Abels Antwort war nicht genau zu verstehen. Die Verbindung war ziemlich mies. Für Moewig hörte es sich an wie »So weit alles okay«. *Na, Gott sei Dank,* dachte er und kämpfte gegen den Drang, wieder einzuschlafen.
Vorsichtig rollte er mit den Augen. Der Kopf brummte ihm, seine Lider fühlten sich wie Bleikappen an, aber nach den Rum-Rationen letzte Nacht hätte es auch schlimmer kommen können. Viel schlimmer.
Sie waren von einer Bar zur nächsten gezogen. Pierre und seine Freunde hatten die Cocktails wie Limonade runtergekippt.
Moewig hatte nur bei jeder dritten oder vierten Runde mitgehalten, trotzdem schien er am schnellsten betrunken zu werden. *Diese Burschen stecken ganz schön was weg.*
»Du hast mir die Augen geöffnet, Lars!«, hatte Boucard ihm ein ums andere Mal versichert. Er war wie umgewandelt gewesen, völlig befreit und entspannt, seit er sich zu dem Entschluss durchgerungen hatte, den er angeblich seinem »*ami*

allemand« verdankte. Zu dem Entschluss, Guadeloupe zu verlassen und zu Julie Lamartine nach Martinique zu ziehen. Vor Moewigs geistigem Auge erschienen kakaohäutige Tänzerinnen, die sich auf einer Bühne um Edelstahlstangen wanden. *Wo war das? Irgendwo im Hafenviertel in Pointe-à-Pitre.* Sein Gedächtnis gab weitere Erinnerungsfetzen preis: Pierre, der ihm lachend auf die Schulter schlug. Pierres Freunde, die grinsend das Taxi umringten, das Moewig mit beträchtlicher Mühe enterte. Erst nach einer gefühlten Ewigkeit hatte er die Tür hinten rechts aufbekommen, und als er sich auf der Rückbank ausstreckte, lag er plötzlich mit seinem Hinterkopf in einem Schoß. Einem weichen, zweifellos weiblichen und mehr oder weniger textilfreien Schoß.
Die Tänzerin! Moewig warf sich herum, scannte sein Bett. *Niemand da.*
Er stöhnte vor Erleichterung. Und vor Schmerzen. Sein Kopf dröhnte nach der abrupten Bewegung.
»Hörst du mich, Lars? Die Verbindung ist nicht besonders gut. Soll ich noch mal anrufen?«
Abels Stimme drang glasklar aus dem Smartphone, das auf Moewigs Kopfkissen ruhte.
»Ich höre dich bestens«, sagte er. Dann begann eine Klospülung zu rauschen. Nicht irgendwo, sondern direkt nebenan. Moewig erstarrte.
Die Tänzerin, also doch ...
»Jetzt höre ich dich wieder ganz schlecht, Freddy«, sagte er schnell. »Ich rufe gleich zurück.« Er beendete das Gespräch, bevor Abel noch etwas sagen konnte.
Juanita. Auch ihr Name fiel Moewig plötzlich wieder ein. »*Call me Anita.*« Angeblich aus Santo Domingo. Er stöhnte erneut.
Die Schlafzimmertür ging auf, und Juanita kam herein. Sie hatte geduscht und sich die Haare gewaschen. Die langen, üppigen Haare hingen ihr wie ein schwarzer Schleier vor dem Gesicht. Aus irgendeinem Grund kämmten Frauen sich

die Haare manchmal nach vorne aus. Kurzzeitig sahen sie für Moewig dann wie diese bleichen Mädchen aus, die in Horrorfilmen aus Brunnen hervorkrochen, ihre vermoderten Gesichter hinter dem Haarschleier versteckt.
Von vermodert konnte bei Juanita keine Rede sein. Von bleich sowieso nicht. Und anstelle der schlammigen Leichenhemden, in denen untote Horrormädchen in Erscheinung traten, trug sie nur ihre natürliche Bräune.
Juanita warf ihre Haare zurück, machte eine Tanzbewegung und lächelte Moewig verheißungsvoll an. Er überlegte, wie er sie abwimmeln, sanft, aber entschieden in Richtung Ausgang manövrieren könnte, ohne unhöflich zu sein. Erneut meldete sich sein Smartphone mit *Won't Get Fooled Again.*
»Freddy? Ich war gerade dabei, dich zurückzurufen.« Er sah Juanita entschuldigend an. Sie hörte abrupt auf zu lächeln, warf ihm eine Kusshand zu und sammelte ihre übersichtliche Garderobe ein. Fünfzehn Sekunden später hörte Moewig das diskrete Klacken der Tür, als Juanita sie hinter sich zuzog.
Profis unter sich, dachte Moewig. Schon vor vielen Jahren war ihm aufgegangen, dass Frauen aus dem Vergnügungsgewerbe und Söldner wie er selbst sich in mancherlei Hinsicht ähnlich waren. Illusionslos, was keineswegs dasselbe wie zynisch war. Engagiert und loyal gegenüber dem Auftraggeber, bis die vereinbarte Leistung erbracht worden war. Und kein sentimentales Gefasel darüber hinaus. Für jemanden, der nicht willens und/oder imstande war, eine engere Beziehung einzugehen, war es zumindest die zweitbeste Lösung. Von Zeit zu Zeit alternativlos, zum Beispiel, wenn man die Nacht damit verbracht hatte, durch einen großzügigen Querschnitt der Bars und Clubs von Pointe-à-Pitre zu ziehen. Mit einem Pierre an der Seite, der ihm alles spendiert hatte, was die Leistungsverzeichnisse der Etablissements hergaben.
Mission erfüllt, dachte Moewig. Die Zwillinge konnten gefahrlos auf die Insel zurückkehren. Wenn Pierre Boucard nach Martinique zog, würden die Litauer ihn aus den Augen

und damit auch jedes etwaige Interesse an seinem privaten Umfeld verlieren.

»Lars, du musst wieder nach Berlin kommen. Sofort!«

Abel klang so verzweifelt, dass bei Moewig plötzlich alle Alarmglocken schrillten. Sein Kokon aus Kater, Müdigkeit, trüben Erinnerungen zerriss. »Was ist denn los, Freddy?«

»Der Entführer hat sich gemeldet. Ein Psychopath. Er treibt ein krankes Spiel, und ich habe keine Ahnung, was er von mir will.«

»Aber ich denke, deine Kinder sind wieder frei?«

Abel erklärte ihm, was sich abgespielt hatte, und Moewig sträubten sich die Nackenhaare. Er brauchte Kopfschmerztabletten und jede Menge Kaffee. Und er musste auf der Stelle seinen Rückflug umbuchen. Fred brauchte seine Hilfe dringender denn je.

»Woher weißt du, dass er die Zwillinge wirklich hat?«, fragte er, während er aufstand, das Handy zwischen Ohr und Schulter klemmte und Sachen in seinen Rucksack zu stopfen begann.

»Er hat ein Video hochgeladen und mir vor einer Stunde den Link als SMS geschickt. Noah und Manon in einem stockdunklen Raum, man sieht nur ihre Gesichter, vermutlich von einem Beamer angeleuchtet, und über ihnen die Online-Seite der *B.Z.* Die Schlagzeile ist erst ein paar Stunden alt. ›*Acht Teenager aus perversem Netzwerk befreit – Verwirrung um afrikanisches Geschwisterpaar*‹. Nach dem ersten Aufruf wurde der Link zu dem Video deaktiviert.«

»Und deine Kids?« Moewig zögerte. »Ich meine, sind sie in dem Film …«

»Sie leben«, sagte Abel. »Ihre Augen haben sich auf dem Video bewegt. Keine sichtbaren Verletzungen. Sie waren offenbar sediert. Dieses perverse Arschloch, Lars!«, brach es aus ihm heraus. »Wenn ich den in die Finger kriege, dem drehe ich den Hals um! Er atmete schnaufend aus und ein. »Willst du hören, was er zu mir gesagt hat?«

»Nicht gerne, Freddy, wirklich nicht«, sagte Moewig. »Aber trotzdem, ja, sag es mir. Damit ich mir ein Bild machen kann.«

Abel schluckte hörbar, räusperte sich. Dann fasste er zusammen, was der Anrufer zum Besten gegeben hatte. Über die Geruchsnoten der Angst, über die perversen Dinge, zu denen er die Zwillinge angeblich gezwungen hatte. Und weiter zwingen würde. Bis Abel die »Denksportaufgabe« gelöst hatte, die ihm von dem Anrufer gestellt worden war.

»Und was soll das heißen?«, fragte Moewig. Er hatte schon begonnen, seine Kleidung von gestern überzustreifen. Aber nachdem Abel das Thema »Geruchsnoten« angeschnitten hatte, war er wieder aus seiner Hose gestiegen, um erst noch schnell zu duschen.

»Er behauptet, ich hätte einen ›Schatz‹, der ihm gehört. Keine Ahnung, was er damit meint. Du musst mir helfen, Lars, bevor er meine Kinder …« Abels Satz endete in einem Krächzen.

Moewig gab beruhigende Brummlaute von sich, während er in Richtung Bad marschierte.

»Ganz ruhig, Freddy, das kriegen wir hin, ich schwöre es dir. Ich lasse mich auf den nächsten Flieger umbuchen. Sobald ich weiß, wann ich morgen in Berlin lande, hörst du von mir.«

☠ ☠ ☠

43

**Berlin-Grünau, Wohnhaus Dr. Fred Abel und Lisa Suttner,
Samstag, 17. Juli, 15:55 Uhr**

Der schmal gebaute, sehnige Mann vor Abels Haustür war offenkundig asiatischer Herkunft. Für Abel sah er aus wie Anfang dreißig, was vermutlich bedeutete, dass er Mitte vierzig war.

»Herr Dr. Abel? Hauptkommissar Richard Hu. Wir haben vorhin telefoniert.«

Abel schüttelte ihm die Hand und trat zur Seite, um Hu hereinzulassen. Der Asiate war einen Kopf kleiner als er, trug sandfarbene Flechtsandalen zu einem schwarzen, eng geschnittenen Leinenanzug und hatte die Aura eines mönchischen Nachwuchsgelehrten. Eines buddhistischen Novizen vielleicht. Abel ging ihm voraus zum Esstisch, wo Lisa eine frische Kanne Kaffee bereitgestellt hatte. Sie selbst war nach oben gegangen, um nach Claire zu sehen.

»Wo ist eigentlich Frau Wegerich?«, fragte er. »Und was ist mit Oberkommissar Schneider? Haben die beiden einen anderen Fall übernommen?«

»Feierabend.« Hu verzog keine Miene. »Ihr Dienst beginnt erst wieder Montagmittag. Ich gehöre zur Wochenendschicht.«

Abel hatte eine Entgegnung auf der Zunge, schluckte sie aber hinunter. Nur die fiktiven Kommissare in so beliebten wie lebensfernen Fernsehserien opferten sich im Kampf gegen das Verbrechen rund um die Uhr auf. Reale LKAler hatten geregelte Arbeitszeiten und wurden am Ende ihrer Schicht von Kollegen abgelöst. Das war Abel natürlich bekannt, und bei den »Extremdelikten« war es im Grunde nicht anders. Trotzdem fühlte es sich für ihn so an, als wäre er von Susanne Wegerich an einen weniger erfahrenen Kollegen abgeschoben worden. Vielleicht hielt sie sich für unterfordert, weil

Abels Kinder nur von einem »Amateur« gekidnappt worden waren. Statt von einem ihrer »global operierenden Netzwerke«, von denen sie geradezu besessen schien.

Ihm war bewusst, dass seine Gedanken ungerecht und irrational waren. Aber wenn man sich fühlte, als hätte man zerstoßenes Glas in den Nervenbahnen, war es kaum möglich, gerecht und emotionslos zu sein.

»Die Kollegen von der KT haben das Telefonat ausgewertet«, sagte Hu. »Der Anrufer hat ein Handy mit Prepaid-Karte verwendet, vermutlich vom Schwarzmarkt. Der offizielle Besitzer hat ausgesagt, dass ihm das Gerät schon vor Monaten abhandengekommen sei. Ein Hochschuldozent, der zur Zeit des Anrufs ein Seminar geleitet hat. Absolut glaubwürdig, fünfundvierzig Zeugen. Trotzdem ist die Auswertung des Telefonats aufschlussreich. Hier ist das Transskript.«

Er zog ein zweifach zusammengefaltetes DIN-A4-Blatt aus der Innentasche seines Jacketts, das er auch im Sitzen nicht aufgeknöpft hatte. Mit seinen dichten, tiefschwarzen Haaren, die zu einer Mützenfrisur geschnitten waren, dem faltenlosen Gesicht, den schmalen, hellwachen Augen kam er Abel wie ein eifriger Schüler vor. Durchaus sympathisch, nur hätte Abel seinen Fall lieber in den Händen eines erfahrenen Meisters gesehen.

Hu entfaltete das engzeilig bedruckte Blatt. »Vielleicht möchten Sie sich neben mich setzen, Herr Dr. Abel. Dann können wir beide darin lesen.«

Er sprach grammatikalisch korrekt und völlig akzentfrei. Trotzdem klang sein Deutsch in Abels Ohren hölzern, wie aus dem Schulbuch.

»Ich habe auch eine Kopie des Briefs von Halfter mitgebracht«, sagte Hu, während Abel neben ihm Platz nahm. Er zog ein zweites Blatt Papier hervor, entfaltete es gleichfalls und plazierte es exakt neben der Abschrift des Telefonats. »Der Vergleich der beiden Dokumente ist auch sehr aufschlussreich.«

Abel konnte nicht länger an sich halten. »Hat die KT denn zumindest herausgefunden, wo sich der Mann zum Zeitpunkt des Anrufs aufgehalten hat?«

Hu richtete die beiden Schriftstücke noch exakter parallel aus. »Die Dreieckspeilung hat ergeben, dass er zum fraglichen Zeitpunkt im Bereich des Gewerbezentrums Waltersdorf war. Also in unmittelbarer Nähe des Flughafens Schönefeld.«

Keine zehn Kilometer von hier, dachte Abel.

»In dem Gewerbegebiet befinden sich mehrere Großparkplätze und Autowerkstätten, zu denen die Geräuschkulisse passen würde«, erläuterte Hu weiter in seiner pedantischen Art. »Wir haben sofort ein MEK hingeschickt, aber die Kollegen haben keine verwertbaren Hinweise gefunden.«

Hu glättete das Transskript mit der linken Hand, die er zu einer Kinderfaust geballt hatte. »Wir gehen davon aus, dass der Anrufer Ihre Kinder in einem Lkw gefangen hält und Sie auch von dem Lastwagen aus angerufen hat. Beziehungsweise aus der unmittelbaren Nähe, so dass er den Wagen im Auge behalten und erforderlichenfalls sofort weiterfahren konnte.«

Abel runzelte die Stirn. Natürlich sprach einiges dafür, dass der Unbekannte mit dem Lkw, der den Gambiern die Pässe zugesteckt hatte, auch der Kidnapper der Zwillinge war. Aber allein daraus ließ sich ja nicht ableiten, dass er Noah und Manon die ganze Zeit über in seinem Gemüselastwagen herumfuhr.

Es würde allerdings erklären, überlegte Abel, *wie ein einzelner Täter seine Geiseln überwachen und gleichzeitig unbegleitete minderjährige Flüchtlinge mit Bananen und Reisepässen versorgen konnte.*

»In einem Lkw?«, wiederholte er. »Was veranlasst Sie zu dieser Annahme?«

»Die Audio-Aufzeichnung«, sagte Hu. »Unsere Techniker haben die Datei analysiert. Die Stimmverzerrungs-Software

haben sie noch nicht geknackt, aber das Ergebnis ist auch so schon sehr aufschlussreich.«
Abel riss erneut der Geduldsfaden. »Herr Hu, bitte sagen Sie mir jetzt einfach, was Sie herausgefunden haben.«
»Darf ich?« Hu deutete auf die Kaffeekanne. Ehe Abel auch nur nicken konnte, hatte er sich vorgebeugt, eine Tasse gefüllt und einen halben Teelöffel Zucker hinzugegeben. Er rührte mit einer präzisen Kreisbewegung um, trank mit gespitzten Lippen und nickte zustimmend.
»Während des Anrufs ist ständig das Klappern einer Kühlung zu hören«, fuhr Hu fort, »wie sie in Lastwagen verwendet wird, die leicht verderbliche Lebensmittel transportieren. Das Video von Ihren Kindern konnten wir leider nicht analysieren, da der Link nach dem ersten Aufruf deaktiviert worden ist.«
Er warf Abel einen Seitenblick zu, versagte sich aber jeden weiteren Kommentar. Abel hatte auch so schon verstanden, er hätte es den Kriminalbeamten überlassen sollen, das Video aufzurufen. Aber an die Möglichkeit, dass der Film nach einmaligem Abspielen im digitalen Nirwana verschwinden könnte, hatte er in seiner Aufregung nicht gedacht.
»Was Sie mir vorhin am Telefon als Inhalt des Videos geschildert haben, passt zu unserer Interpretation der akustischen Informationen.« Hu drehte sich nach links und sah Abel mit hochgezogenen Augenbrauen an. »Wenn Sie sich den Film in Erinnerung rufen, fällt Ihnen noch etwas auf? Einzelheiten, aus denen sich ableiten lässt, in welcher Umgebung Ihre Kinder gefilmt worden sind?«
Abel erwiderte den Blick des Asiaten. Allmählich wurde ihm klar, dass er Hu unterschätzt hatte.
Er schloss die Augen, rief sich das Video ins Gedächtnis zurück. »Der Film hatte keine Tonspur, wie schon gesagt. Die Kamera war starr auf die Gesichter von Noah und Manon gerichtet. Der mutmaßliche Beamer, mit dem die Online-Seite an die Wand über ihnen projiziert wurde, war die einzige

Lichtquelle, rundherum alles dunkel. Oder nein, Moment mal ...«

Er bedeckte seine geschlossenen Augen zusätzlich mit einer Hand. »Auf dem Video muss es noch eine zweite Lichtquelle gegeben haben«, sagte er nach einer Weile. »Rechts von dem Beamer, der vermutlich die Online-Seite projiziert hat, und sehr viel schwächer.« Sein Herz begann heftig zu klopfen, aber nicht vor Angst. Sondern weil er zum ersten Mal, seit die Zwillinge verschleppt worden waren, einen Hoffnungsschimmer sah. Buchstäblich.

»Deshalb ist sie mir nicht gleich aufgefallen«, fuhr er fort, »aber jetzt sehe ich es deutlich vor mir: Über die Gesichter meiner Kinder bewegen sich abwechselnd graue Schatten und rötliches Licht. Wie wenn die Abend- oder Morgensonne durch einen langsam drehenden Ventilator hindurchscheint. In der gleichen Frequenz wie das flappende Geräusch während des Anrufs.«

Er öffnete die Augen und schaute in das reglose Gesicht von Richard Hu. »Sehr schön, Herr Dr. Abel«, sagte der Hauptkommissar, »auch Ihr Gedächtnis ist aufschlussreich. Der Film wurde also aller Wahrscheinlichkeit nach im Laderaum eines fahrenden oder stehenden Lkw aufgenommen, und zwar desselben Lkw, von dem aus der mutmaßliche Täter Sie angerufen hat. Und da der selbsternannte Flüchtlingshelfer gleichfalls einen Lastwagen mit akustisch auffälliger Kühlung benutzt hat, können wir fast sicher davon ausgehen, dass es sich in beiden Fällen um ein und dieselbe Person handelt.«

Er hob seine Tasse zum Mund und nahm erneut einen winzigen Schluck. »Des Weiteren gehen wir unverändert davon aus«, fügte er hinzu, »dass es sich bei dieser Person um Jörg Halfter handelt. Den Darkroom-Killer.«

»Ist das Ihr Ernst?« Abel fiel aus allen Wolken. Eben noch hatte er geglaubt, dass er Hu unterschätzt hätte, und jetzt kam ihm der mit so einem Stuss! »Vergleichen Sie doch mal

Ihr Transskript mit dem Brief von Halfter.« Abel schüttelte den Kopf. »Für mich sind das zwei grundverschiedene Persönlichkeiten! Halfter schreibt in einem herrischen Stil, wie ein Scharfrichter, der ein Todesurteil verkündet. Außerdem schreibt er auf Deutsch. Der Anrufer dagegen spricht Englisch mit starkem Akzent, schweift ab, verliert sich in abartigen Phantasien. Vor allem das mit dem ›wahren Schatz‹ passt überhaupt nicht zu Halfter. Ich bin ihm nie begegnet, er müsste völlig weggetreten sein, um zu glauben, dass ich irgendetwas besitzen könnte, das eigentlich ihm gehört.«

»Es geht hier nicht um einen Schatz im herkömmlichen Sinn, um Kostbarkeiten oder Schmuck«, sagte Hu. »Sondern um Schätze anderer Art, die Sie ihm weggenommen haben. Seine Freiheit. Seine Unbescholtenheit. Seine Macht über hilflose Opfer. Und nicht zu vergessen seine sprudelnden Nebeneinkünfte. Das alles sind aus seiner Sicht durchaus Schätze, die Sie ihm geraubt haben, Herr –« Er unterbrach sich. »Ist Ihnen nicht gut?«

Abel schüttelte den Kopf. »Mir ist nur gerade ein Gedanke gekommen.«

☠ ☠ ☠

Der Silberring mit der kyrillischen Gravur. Ist das der Schatz, um den es hier geht?
Abel hatte ihn vor ungefähr zwei Jahren in seinen Tresor gelegt und nie mehr an das mysteriöse Fundstück aus dem Kalkcontainer in Transnistrien gedacht. Der Ring musste Juri Burkjanov gehören, auch wenn es ihm damals nicht gelungen war, den Besitzer eindeutig zu identifizieren. Doch außer dem transnistrischen Ex-Geheimdienstchef kam eigentlich niemand in Betracht.
Ein Schatz?, überlegte Abel. *Damals wäre der Ring wohl eher eine Bombe gewesen, jedenfalls, wenn er in die entsprechenden Hände geraten wäre.* Aber das war lange her. Heute

konnte der Ring – egal für wen – eigentlich nur noch nostalgischen Wert haben.

Er kratzte sich im Nacken, schüttelte erneut den Kopf. »Bitte sprechen Sie weiter«, sagte Abel. »Ich habe Sie unterbrochen.«

Vor seinem geistigen Auge verblasste der Ring, während Hu weiter erklärte, was aus seiner Sicht dafür sprach, dass Halfter der anonyme Anrufer war. Und folglich auch der Kidnapper der Zwillinge.

»Soweit wir wissen, hat sich Halfter an seinen bisherigen Opfern nicht vergangen«, sagte Hu. »Insofern scheinen die sexuellen Drohungen, die er hinsichtlich Ihrer Kinder von sich gegeben hat, nicht zu seinem Profil zu passen. Aber das stimmt eben nur auf den ersten Blick. Warum hat er sich ausgerechnet darauf spezialisiert, homosexuelle junge Männer in sogenannten Darkrooms zu betäuben und auszurauben? Stellen Sie sich das Setting einmal plastisch vor. Täter und Opfer sind nackt, um sie herum läuft eine schwule Orgie ab, während der Täter dem Opfer K.-o.-Tropfen verabreicht, die klassische Vergewaltigungsdroge. Das Ganze hat doch eine drastische sexuelle Note, oder nicht? Und was macht Halfter mit diesem Szenario?« Hu sah Abel sinnend an.

»Die Obduktionen haben jeweils ausgeschlossen, dass er in oder auf die Körper seiner Opfer ejakuliert hat«, beantwortete er sich seine Frage schließlich selbst. »Aber damit bleibt doch ein weites Feld sexueller Betätigungsmöglichkeiten, die keine Spuren hinterlassen. Oder zumindest keine, die bei der Ermittlungsroutine bemerkt worden wären. Halfter kann seine Opfer begrabscht und manuell penetriert haben, um nur die naheliegendsten Möglichkeiten zu erwähnen. Er kann ihnen auch seinen Penis in den Mund geschoben haben, und ich vermute stark, dass er genau das getan hat. Natürlich erst, nachdem er sich ein Präservativ übergezogen hat.«

Hu unterbrach sich erneut, und Abel sah ihn erschrocken an. »Wieso vermuten Sie das?«, fragte er.

»Weil der Anrufer Ihnen genau das mitgeteilt hat, Herr Dr. Abel. Indirekt, aber ziemlich drastisch.« Hu fuhr mit einem zerbrechlich aussehenden Zeigefinger die Zeilen entlang, bis er die gesuchte Passage in seinem Transskript gefunden hatte. »›Der Junge bläst schon wie ein Posaunenengel‹«, zitierte er. Als er Abel wieder ansah, wirkte er eine Spur verlegen. »Ich kann mich täuschen«, fuhr Hu fort, »aber die Inszenierung in dem Video lässt sich eigentlich gar nicht missverstehen. Erstens hat Halfter Ihre Kinder nicht in einem ausgeleuchteten Zimmer gefilmt, sondern in einem *dunklen Raum,* wie Sie ja selbst gesagt haben, also buchstäblich in einem *Darkroom.* Zweitens waren sie nach Ihrer Einschätzung sediert. Und wenn Sie nun drittens noch die eindeutigen sexuellen Anspielungen bei seinem Anruf hinzunehmen – Stichwort ›Posaunenengel‹ –, dann haben Sie die wichtigsten Bausteine des Szenarios der Darkroom-Delikte beisammen. Dunkler Raum, betäubte Opfer, homosexuelle Handlungen. Auf seine verdrehte, für Psychopathen typische Art hat Halfter Sie damit wissen lassen, dass er der Kidnapper ist.«
Abel schwirrte der Kopf. Die Bilder, die Hu heraufbeschworen hatte, verursachten ihm Brechreiz. Abrupt stand er auf und begann den Tisch zu umkreisen.
Hatte Hu sich hier etwas zusammengesponnen, oder waren seine Überlegungen plausibel? War Halfter wirklich der Anrufer, hatte er also die Zwillinge entführt? Und konnte es sein, dass der Darkroom-Killer nicht nur ein empathiefreier Raubmörder war, sondern zugleich ein verkappter Sexgangster, der seine betäubten Opfer missbrauchte?
Der Hoffnungsschimmer, den Abel eben noch gesehen hatte, war jedenfalls wieder verblasst.
»Der Anrufer hat Englisch gesprochen, mit starkem Akzent«, sagte Abel. »Und er hat sich in irre, unflätige Phantasien hineingesteigert.«
»Und Sie meinen, das würde nicht zu Halfter passen?«, fragte Hu. »Weil Sie glauben, dass er immer mit kalter Rationali-

tät und maximaler Selbstkontrolle agiert? Ich dagegen glaube, dass seine Persönlichkeit auch solche Facetten aufweisen kann. Dass er sich verstellen und seinen perversen Spaß daran haben kann, jemanden hinters Licht zu führen. Und dass es bei einer gestörten Persönlichkeit wie ihm fast zwangsläufig auch zu quasipsychotischen Durchbrüchen kommt, in denen er von den Geruchsnoten der Angst oder von verrottenden Ratten deliriert.«

Ein dünnes Lächeln belebte kurzzeitig Hus Gesicht. »Ich habe mich ausführlich mit dem Darkroom-Killer beschäftigt«, fuhr er fort. »Offen gesagt, ich hatte gehofft, in die Soko ›Dunkelkammer‹ berufen zu werden, aber leider wurde ich nicht berücksichtigt. Ich vertrete nämlich die Ansicht, dass er schon längst gefasst worden wäre, wenn die Verantwortlichen etwas mehr kritische Distanz zu den Weissagungen der Profiler wahren würden. Mit so einer Position macht man sich nicht unbedingt beliebt.«

»Was haben Sie gegen eine saubere Fallanalyse einzuwenden?«, fragte Abel. »Gerade bei der Identifizierung von Serientätern hat dieser Ansatz doch zu bahnbrechenden Erfolgen geführt.«

»Das sehe ich exakt genauso«, sagte Hu. »Vor der Arbeit Ihres BKA-Kollegen Timo Jankowski beispielsweise habe ich größten Respekt. Meine Kritik betrifft auch nicht die Fallanalyse selbst, sondern die Gefahr, dass man aus den Analysen der Profiler allzu schablonenhafte Vorstellungen von der Täterpersönlichkeit ableitet. Und von den Tatmustern, die angeblich zu dieser Persönlichkeit passen oder eben nicht. Die Annahme, dass es dem Darkroom-Killer nur um das Geld seiner Opfer geht und dass Sex, Macht und Zerstörung für ihn keine besondere Rolle spielen, ist meiner Ansicht nach falsch. Die Persönlichkeit von Psychopathen ähnelt einem in diverse Scherben zerbrochenen Gefäß. Je nachdem, welches Bruchstück gerade dominant ist, kann der Betreffende in kürzester Zeit dramatische Verwandlungen durchmachen. Vom Kontrollfreak zum chaotischen Zerstörer und zurück, beispielsweise.«

Abel dachte darüber nach, während er rastlos den Tisch umkreiste. Der Silberring mit der kyrillischen Prägung spukte ihm noch immer im Hinterkopf herum. Er hatte Mühe, sich zu fokussieren, zumal Hu ihn keine Sekunde aus den Augen ließ. Sogar als er seinen letzten Rest Kaffee trank, hielt er seinen Blick über den Tassenrand hinweg auf Abel gerichtet.

Ich werde Timo fragen, was er von Hus Hypothese hält, beschloss Abel. Nach wie vor fühlte es sich für ihn falsch an, dass Halfter und der anonyme Anrufer ein und dieselbe Person sein sollten. Aber was sich falsch anfühlte, musste nicht unbedingt unrichtig sein.

»Der Anrufer hat mich aufgefordert, ihm seinen ›Schatz‹ zurückzugeben«, sagte er. »Im Austausch gegen meine Kinder. Angenommen, Halfter wäre der Anrufer, und mit seinem ›Schatz‹ wären seine Freiheit, kriminelle Nebeneinkünfte und so weiter gemeint, wie Sie das eben ausgeführt haben, Herr Hu. Was hat seine Forderung dann für einen Sinn? Es liegt doch überhaupt nicht in meiner Macht, ihm irgendeinen dieser verlorenen Schätze zurückzugeben. Die Beweislage ist erdrückend und lässt sich auf keine Weise mehr aus der Welt schaffen.«

Anders als damals im Fall Burkjanov, ging es ihm durch den Kopf. Er schüttelte den Gedanken ab. *Das ist doch Schnee von gestern! Burkjanov ist ein gebrochener alter Mann, der von seiner Zelle aus ganz bestimmt keinen Kidnapper in Marsch setzen kann. Und selbst wenn er es könnte, er hätte kein Motiv mehr.*

Abel unterbrach seinen eigenen Marsch rund um den Tisch und stützte sich Hu gegenüber auf eine Stuhllehne. »Was hat Halfter davon, mir eine unerfüllbare Forderung zu stellen?«, fragte er.

Hu nickte, als hätte er auf diese Frage gewartet. »Die Antwort finden Sie in seinem Brief.« Wieder fuhr sein Zeigefinger suchend die Zeilen entlang. »Hier kündigt er an, Sie würden ›alles verlieren, was Ihnen lieb und teuer ist‹.« Hu faltete beide Blätter akkurat wieder zusammen, verstaute sie in seinem Jackett und erhob sich. »Damit seine Prophezeiung eintrifft, muss er Ihnen logischerweise eine Forderung stellen, die für Sie unerfüllbar ist.«

☠ ☠ ☠

44

**Berlin-Reinickendorf, Wohnung Sara Wittstock,
Samstag, 17. Juli, 18:34 Uhr**

Timo Jankowski wartete schon auf dem Bürgersteig vor dem zitronengelben Mietblock, in dem Sara Wittstock wohnte. In alle Himmelsrichtungen türmten sich Sechzigerjahre-Hochhäuser zu Betongebirgen auf.
»Märkisches Viertel, zwölfter Stock, anonymer geht's nicht«, sagte Jankowski, als Abel und er im Lift nach oben fuhren. Abel nickte. »Plattenbau West.« Er hatte die Umgebung kaum zur Kenntnis genommen. Von ihm aus hätte die IT-Spezialistin auch zehn Etagen unter der Erde wohnen können. Wenn sie ihm nur half, seine Kinder zu finden.
Vorhin am Telefon hatte er Jankowski knapp über die aktuelle Lage informiert. Und über die Spekulationen von Hauptkommissar Hu, dass Jörg Halfters »zerbrochene Persönlichkeit« Facetten aufweisen konnte, die bei der bisherigen Profilerstellung nicht berücksichtigt worden seien.
Jankowski hatte sich das angehört, ohne gleich darauf zu antworten. Das entsprach seiner gründlichen und unaufgeregten Art, die Abel normalerweise sehr zu schätzen wusste.

Doch in der jetzigen Situation strapazierte seine Bedächtigkeit Abels ramponierte Nerven nur noch mehr.
»Was sagst du nun zu der Hypothese, dass Halfter trotz allem der Kidnapper sein könnte?«, fragte er, während sich die flächendeckend mit Graffiti verzierte Liftkabine zitternd in die Höhe quälte.
Der Profiler zuckte mit den Schultern. Abel wurde klar, dass sein Freund im Augenblick von Ruhe und Bedächtigkeit fast so weit entfernt war wie er selbst. Wenn auch aus einem ganz anderen Grund. Jankowski hatte rote Flecken am Hals und auf den Wangen. Er war nervös wie ein Teenager bei seinem ersten Rendezvous.
»Lass mich erst mal mit ihr sprechen«, sagte er zu Abel. Hektisch rieb er sich die Hände an den Hosenbeinen trocken.
»Aber sie weiß doch, dass wir kommen?«
»Ja, klar«, sagte Jankowski. »Ich habe ihr auf die Mailbox gesprochen«, setzte er nach kurzem Zögern hinzu. »Sie geht nie direkt ans Telefon.«
Abel holte tief Luft. Timo hatte recht, es war besser, wenn er sich zurückhielt. Ohne Sara Wittstocks Hilfe hatte er nicht die geringste Chance, den Lkw aufzuspüren.

☠ ☠ ☠

Das Apartment der IT-Spezialistin befand sich am Ende eines klaustrophobisch schmalen Korridors. Schimmelgrün gestrichene Wände, abgetretener Linoleumbelag und gefühlt alle zwei Schritte Wohnungstüren auf beiden Seiten des Flurs. Jankowski erinnerte sich an eine Reportage über das Märkische Viertel, das alteingesessene Berliner auch »Merkwürdiges Viertel« nannten. Politiker und Feuilletonschreiber hatten die Hochhaussiedlung anfangs als Triumph moderner städtischer Architektur gefeiert, doch die Jubelgesänge waren verstummt, als es zur ersten Suizidwelle unter den Bewohnern gekommen war.

Weshalb um Himmels willen hatte sich Sara ausgerechnet in dieser Betonwüste eingemietet? Als BKA-Beamtin konnte sie sich definitiv eine bessere Wohngegend leisten. *Sie lebt so versteckt, als wäre die Mafia hinter ihr her,* dachte Jankowski.
Er zeigte auf die stahlgraue Tür mit der Aufschrift *12-34*. Ein Namensschild gab es hier so wenig wie unten auf dem Klingelbrett, das die Ausmaße eines Billardtischs besaß. »Ich bin die 1-2-3-4«, hatte Sara gestern aus heiterem Himmel zu Jankowski gesagt. »Aber behalte es für dich.« Jankowski hatte sie zuerst wie ein Trottel angeglotzt. Nachdem er kapiert hatte, was die Zahlen bedeuteten, hatte er gehofft, dass sie ihn nun zu sich einladen würde, aber direkt nach diesem bizarren Dialog war Sara wieder in ihrem mentalen Tunnel verschwunden.
Sie war ein Mysterium, und je eifriger Jankowski sie zu ergründen versuchte, desto rätselhafter wurde sie. Mittlerweile hatte er so ziemlich alles probiert, was erfolgversprechend schien, um Sara näherzukommen. Sie zum Essen eingeladen, ins Kino, zu einem Rockkonzert, an einen Badesee, sogar ins Theater. Sie hatte ihn immer nur mit diesem leicht befremdeten Silberblick angesehen, der ihn gleichzeitig depressiv und kribbelig machte. Als wäre er ein Insekt, das von außen an ihrer Fensterscheibe kratzte. In so einer Situation war Jankowski noch nie gewesen. Nach herkömmlichen Maßstäben war er nicht besonders gutaussehend, er hatte weder breite Schultern noch definierte Muskeln oder gar ein Grübchen am Kinn. Aber es gab genügend Frauen, die seinen jungenhaften Charme und seine Einfühlsamkeit mochten. Und um seine Pianistenfinger wickelten sich viele Frauen ganz von selbst, er musste praktisch nur die Hand nach ihnen ausstrecken.
Bei Sara Wittstock aber schien er nicht den Schatten einer Chance zu haben. Und das machte ihm mehr zu schaffen, als er sich jemals hätte vorstellen können. Er hatte keinen Appe-

tit mehr, außer auf Sara. Er konnte sich auf nichts mehr richtig konzentrieren, weil er über kurz oder lang immer wieder bei der Frage landete, wie er doch noch bei ihr landen konnte. Als Verliebtheit konnte man seinen Zustand kaum mehr bezeichnen, eher war es eine Art Besessenheit.
Als hätte mich die finstere Schnitzfigur von Freddys Insel verzaubert, dachte Jankowski. Eigentlich hatte er beschlossen, sich Sara aus dem Kopf zu schlagen, ihr nach Möglichkeit aus dem Weg zu gehen. Er machte ihr keinen Vorwurf, sie war schließlich nicht verpflichtet, seine Balzbemühungen gutzuheißen oder auch nur zur Kenntnis zu nehmen. Aber so, wie es momentan lief – oder eben nicht lief –, machte Sara ihn schlichtweg krank.
Doch seinen Entschluss, sich von ihr fernzuhalten, konnte er gerade jetzt nicht in die Tat umsetzen. Ganz im Gegenteil, hier war er vor ihrer Wohnungstür und fragte sich, wie um Himmels willen er Sara erklären sollte, warum sie am Samstagabend gleich zu zweit bei ihr auf der Matte standen. Auf ihrem Fußabtreter, der mit dem Schriftzug »Restricted Area – Keep Out!« und einem stilisierten Totenkopf versehen war.

☠ ☠ ☠

Abel und Jankowski wechselten einen Blick. Der Profiler schluckte, dass sein Adamsapfel Achterbahn fuhr, und drückte auf die Klingel.
Es dauerte keine zwanzig Sekunden, dann näherten sich von innen Schritte, und ein Auge wurde an den Türspion gedrückt. Jankowski war zur Seite getreten, geistesgegenwärtig oder aus Nervenschwäche, jedenfalls war aus Sara Wittstocks Perspektive nur Fred Abel zu sehen. Unrasiert, mit tiefschwarzen Augenrändern und Schweißflecken unter den Achseln.
Die IT-Expertin begann, Schlösser zu öffnen. Ein Klappern und Rasseln wie bei einem mittelalterlichen Burgtor. Als die

Tür schließlich aufschwang, glaubte Abel zuerst, dass sie am falschen Apartment geklingelt hätten. Aber es war Sara Wittstock, nur im übergroßen, schlammfarbenen Trainingsanzug, mit total zerzausten Haaren und verquollenen Augen.
»Ja?«, sagte sie und schaute an Abel vorbei den Flur entlang. Als sie Jankowski bemerkte, hellte sich ihr Gesicht um eine Nuance auf. Der Profiler schöpfte neuen Mut, doch sein Lächeln nahm Sara schon nicht mehr wahr. »Fred, oder?«, wandte sie sich an Abel und zog den Inhalt ihrer Nase hoch. Abel nickte. Da Jankowski nur mit verrutschtem Lächeln vor sich hinstarrte, blieb Abel nichts anderes übrig, als doch gleich das Wort zu ergreifen. »Es ist mir wirklich unangenehm, dass wir dich am Wochenende einfach so überfallen, Sara. Aber der Kidnapper hat sich gemeldet. Er hält meine Kinder in einem Lkw fest. Ich brauche dringend deine Hilfe.«
Sie wischte sich mit dem Ärmel über die Augen. Zuerst hatte Abel geglaubt, dass sie erkältet wäre, aber nun dämmerte ihm, dass ihre Augen aus einem anderen Grund so verquollen aussahen.
Die IT-Expertin, die scheinbar keine Gefühle kannte, hatte sich die Augen ausgeweint.

☠ ☠ ☠

Sara Wittstocks Zweizimmerwohnung war mit Möbelstücken aus dem Secondhandmarkt möbliert. Gebrechlich aussehende Sessel mit Chromgestell und Kunstlederbespannung. Ein Holztisch, dessen Platte so zerkratzt war, dass man unwillkürlich anfing, nach eingeritzten Botschaften zu suchen. Auf dem verschrammten Parkettboden lag ein überdimensionaler Flokatiteppich, der mit Flecken in allen erdenklichen Farben gesprenkelt war.
Abel und Jankowski hatten auf einer Couch mit braunem Cordbezug Platz genommen, die auch schon etliche Jahrzehnte auf dem Buckel haben musste. Die Jalousie vor dem

Panoramafenster war zu drei Vierteln heruntergelassen. Die Wände waren kahl und angegilbt. Alles wirkte lieblos zusammengewürfelt und unpersönlich.

Bestimmt hat sie die Einrichtung komplett von den Vormietern übernommen, dachte Jankowski. Der ganze Raum war wie aus der Zeit gefallen, die Atmosphäre künstlich, fast paranoid. Fotos von den konspirativen Wohnungen der »Rote-Armee-Fraktion« kamen ihm in den Sinn. Diese selbsternannten Revolutionäre hatten in den Siebzigern genauso solche anonymen Hochhauswohnungen angemietet und nur mit dem Allernötigsten ausgestattet, immer auf dem Sprung zu einem anderen Unterschlupf.

Sara hockte zusammengesunken auf ihrem Schreibtischstuhl, den sie zu ihren Besuchern herumgeschwenkt hatte. Hinter ihr surrten diverse PCs und Laptops. An der Wand über dem Schreibtisch hingen drei Flatscreens nebeneinander. Sie kramte links und rechts in den Taschen ihres Trainingsanzugs, förderte ein Papiertaschentuch zutage und putzte sich ausgiebig die Nase.

»Geht es dir nicht gut?«, fragte Jankowski. »Du hast wohl eine Erkältung erwischt?«

»Allergischer Schnupfen«, sagte sie, ohne zu ihm hinzusehen. »Krieg ich ab und zu. Ursache unbekannt.« Sie wedelte mit dem Tempo in Abels Richtung. »Der Kidnapper, Fred. Hast du seine Handynummer? Oder das Kfz-Kennzeichen von dem Lkw?«

Abel schüttelte den Kopf. »Nein, er hatte seine Nummer unterdrückt, als er mich heute Nachmittag angerufen hat. Von dem Lkw wissen wir eigentlich nur, dass der Laderaum mit einer Kühlung ausgestattet ist, die auffällig laut rattert.«

»Und jetzt?« Sie sah ihn ausdruckslos an. »Hältst du mich für eine Wahrsagerin? Siehst du hier irgendwo eine Kristallkugel rumstehen?«

Sie zeigte auf ein halbleeres Ikea-Regal, danach auf eine Schrankwand mit abgeplatztem Plastikfurnier. Eine Handvoll Bücher waren die einzigen halbwegs persönlichen Gegenstände, die Abel entdecken konnte. Wahrscheinlich handelte es sich um Dummys, wie sie in Möbelhäusern als Dekoration dienten.

»Natürlich nicht«, sagte er. »Beim LKA haben sie den Anruf aufgezeichnet, der Typ hat seine Stimme elektronisch verfremdet. Der Anruf konnte zurückverfolgt werden, aber weil der Täter meine Kinder offenbar in dem Lastwagen gefangen hält ...«

Er brachte den Satz nicht zu Ende, doch im Grunde war auch alles gesagt. Saras Frage war vollkommen berechtigt. Selbst ein IT-Crack wie sie war machtlos, solange es keine Hinweise gab, wen sie überhaupt suchten.

»Hat er gesagt, dass er sich wieder bei dir meldet?«, fragte sie.

Abel nickte.

»Dann brauche ich deine Handydaten. Rufnummer, PIN, Provider. Ich häng dich an ein Programm, das alle Anrufe automatisch zurückverfolgt. Wenn sich der Typ das nächste Mal bei dir meldet, packe ich ihn bei den Eiern.«

Jankowski zuckte zusammen. An Saras rustikale Ausdrucksweise hatte er sich gewöhnt, aber verbale Tiefschläge waren eigentlich nicht ihre Art. *Sie ist durcheinander,* dachte er, *verletzt und wütend. Warum?*

Zum ersten Mal bekam er ihre emotionale Seite zu sehen. Ihre roten Augen kamen eindeutig nicht von einem allergischen Schnupfen. *Du hast geweint, Sara,* dachte Jankowski. *Wegen wem?* Hatte sie eine Beziehung, die gerade in die Brüche gegangen war? Es würde vieles erklären, überlegte er, ihr ambivalentes Verhalten ihm gegenüber, ihre Tränen und dass sie vorhin sogar gelächelt hatte, als er vor ihrer Tür aufgetaucht war. *Oder ist das reines Wunschdenken von mir?* Normalerweise konnte er sich auf seine Fähigkeit verlassen, die Gefühle anderer Menschen zu lesen, aber bei Sara kam er sich wie ein emotionaler Analphabet vor.

»Was meinst du, Timo?« Abel sah ihn fragend an.

Jankowski musste sich erst einen Augenblick besinnen. »Ob sie dein Handy anzapfen soll? Ja, klar. Nichts gegen die Kollegen vom LKA, aber wenn die mit ihrem Latein am Ende sind, fängt für Sara die Show erst richtig an.«

Auf dem Tisch lagen ein buntes Post-it-Heftchen und ein Kugelschreiber mit dem Werbeaufdruck einer Umzugsfirma. Abel beugte sich vor und schrieb seine PIN und Mobilnummer auf.

»Bitte gleich wieder vernichten«, sagte er, als Sara nach dem pinkfarbenen Heftzettel griff.

Sie ignorierte ihn, wandte sich um und begann, ihr Keyboard zu bearbeiten. Einer der Flachbildschirme erwachte zum Leben. Kryptische Codezeilen jagten über den Monitor, dann baute sich eine Grafik auf. Eine Stadtlandschaft, Berlin und Umgebung, aus der Perspektive eines Satelliten.

»Wo hatten die LKAler den Typ lokalisiert?«, fragte Sara, ohne sich umzuwenden.

»Gewerbegebiet Waltersdorf«, sagte Abel.

»Genauer hatten die es wohl nicht«, sagte Sara. »Weil sie nur Dreieckspeilung mit den Handymasten machen dürfen.« Sie tippte etwas ein. Das Bild verschwamm kurzzeitig, dann war die typische Mischbebauung eines Gewerbegebiets zu sehen. Produktionshallen, Baumärkte, Autowerkstätten, Parkplätze. »Wenn du dich zusätzlich ins GPS-Satellitensystem einloggst, kriegst du punktgenaue Positionsdaten. Und Uncle Sam liefert auch gleich die Bilder dazu.«

Abel war natürlich bekannt, dass US-Geheimdienste durch digitale Hintertüren auf eine Vielzahl von Kameras und sonstigen Überwachungssystemen rund um den Globus zugreifen konnten, auch wenn diese offiziell zivilen Zwecken dienten oder sogar dem Militär anderer Staaten gehörten. Und auch wenn die Regierungen der betreffenden Staaten diese Zweckentfremdung weder genehmigt hatten noch auch nur Kenntnis davon besaßen. Aber dass ein IT-Crack wie Sara Wittstock einfach so durch die von »Uncle Sam« eingerichteten Hintertüren marschieren konnte, war auch Abel neu.

»Einloggst?«, wiederholte er und wechselte einen Blick mit Jankowski.

»Nenn es, wie du willst«, sagte sie. »Ruf ihn mal an, Timo.«
Jankowski zog seinen Blackberry hervor und tippte auf die Kurzwahltaste, unter der er Abel gespeichert hatte. Abels Smartphone meldete sich mit einem Jingle. Er nahm das Gespräch entgegen, und im nächsten Moment veränderte sich die Grafik auf dem Bildschirm. Wie im Vogelflug schien sich die Kamera vom äußersten Südosten in den Norden Berlins zu bewegen, wo das Märkische Viertel lag. Dann zoomte sie im Sturzflug auf Saras Straße hinunter und punktgenau auf den Abschnitt vor ihrer Haustür, wo Jankowski vorhin auf Abel gewartet hatte. Passanten gingen vorbei, ein alter Mann quälte sich mit dem Rollator über die Kreuzung. Ein Porsche-Cabrio-Fahrer cruiste die Straße entlang, die Abendsonne spiegelte sich in seiner Glatze, die von einem schütteren grauen Haarkranz gesäumt war.

»Big Brother sieht alles«, sagte Sara. »Er mag es nicht, dass man ihm über die Schulter schaut. Aber ich mag auch nicht alles, was er so treibt.«

Abel kämpfte sich aus der breiig weichen Cordcouch hervor und trat hinter Saras Stuhl. Aus der Nähe war der Detailreichtum der Satellitenbilder noch erstaunlicher. Es war, als würde man aus dem ersten Stock eines Hauses auf die Straße sehen – und nicht aus einer Höhe von zehntausend Metern oder mehr.

»Und das ist Echtzeit?«, fragte er.

»Nee, Fred. Eiszeit.«

Jankowski, der gleichfalls aufgestanden war, stopfte sich eine Faust in den Mund, um nicht hysterisch zu kichern. Seit er Sara kannte, kamen ihm alle anderen Frauen konventionell vor. Allerdings auch deutlich weniger anstrengend.

Abel rieb sich mit einer Hand im Nacken, während er mit

der anderen den pinkfarbenen Notizzettel wieder an sich nahm. Es gefiel ihm nicht, dass Sara Wittstock seine Mobilfunkaktivitäten mitverfolgen konnte, aber gleichzeitig gab es ihm neue Hoffnung. Und die konnte er dringend gebrauchen. Seit mehr als zweiundsiebzig Stunden waren die Zwillinge jetzt schon verschwunden.
»Wenn der Typ das nächste Mal anruft, gebe ich dir seine Position durch«, sagte Sara. »Wenn er auf Achse ist, lotse ich dich hinter ihm her. Aber ohne Anruf keine Ortung.«
Sie drehte sich mitsamt ihrem Stuhl wieder zu ihnen herum. Abel machte hastig einen Schritt rückwärts, damit ihre Beine sich nicht ins Gehege kamen.
»Vielleicht ist in seinem Lkw ja ein Navi verbaut«, sagte Jankowski. »Dann wäre auch der Truck über GPS lokalisierbar.«
»Wenn du seine Kennung kennst«, sagte Sara.
Sie lehnte sich zurück und sah an Jankowski hoch, bis sie bei seinem Gesicht angekommen war. Der Profiler erschauerte. Seine Nerven waren eindeutig überreizt. Ihr Blick, der langsam an ihm emporgewandert war, hatte sich wie eine Berührung angefühlt. Nicht unbedingt zärtlich, aber eine Berührung. Und ihr Lächeln, das jetzt wie ein Sonnenstrahl über ihr Gesicht huschte, ließ Stromstöße durch seinen Körper zucken.
»Falls die Kiste mehr als siebeneinhalb Tonnen hat, muss sie außerdem mit einer OBU ausgerüstet sein«, fügte Sara hinzu. »Dann ist auch Toll Collect eine Option.«
Jankowski und Abel verstanden nur Bahnhof. Sara fischte ein Päckchen Kaugummi aus ihrem Trainingsanzug, schob sich einen zuckrigen Streifen in den Mund und sah kauend von Abel zu Jankowski.
»OBU?«, echote Jankowski.
»On-Board-Unit«, sagte sie. »Das sind die Elektronikteile, die jeder Lkw über 7,5 Tonnen installiert haben muss, wenn er auf mautpflichtigen Straßen in Deutschland unterwegs ist. Der Truck gibt seine Position an Toll Collect durch, das ist

der Laden, der das Mautsystem betreibt. Dadurch ergeben sich traumhafte Möglichkeiten, wenn man in das System reinkommt.«

Was für Sara Wittstock garantiert kein unüberwindbares Problem darstellte. Abel wollte lieber nicht wissen, wie viele Gesetze sie bereits gebrochen hatte, um ihm zu helfen. Und wie viele sie noch brechen würde. »Beim LKA gehen sie von einem Kleintransporter aus«, sagte er.

»Dann hat er auch keine OBU. Und jetzt gib mir mal die Datei, Fred.«

Sara besaß die Gabe, ihre jeweiligen Gegenüber wie Trottel aussehen zu lassen. Sie legte es nicht darauf an, sie verschwendete schlichtweg keinen Gedanken darauf, ob man ihr folgen konnte oder nicht. Stattdessen starrte sie mit diesem Tunnelblick ins Leere, bis bei Abel der Groschen gefallen war.

»Von dem Anruf, meinst du? Die ist leider nur auf dem LKA-Server gespeichert.«

»Wieso leider?« Sie rotierte zurück zu ihrem Schreibtisch und hackte auf die Tastatur ein. Ein weiterer Bildschirm erwachte zum Leben. »Ich zieh mir die Daten aus der Keithstraße«, verkündete sie. »Die NSA hat eine App entwickelt, mit der kannst du praktisch jeden Zerhacker-Algorithmus aus einem Audiofile wieder herausrechnen.«

Eine NSA-App? Vom US-Geheimdienst? Abel blieb der Atem weg.

Auf dem Monitor erschien eine vielfarbige Zickzackgrafik. Sara Wittstock gab ein zufriedenes Grunzen von sich. »Das hier kann dauern, Jungs«, sagte sie. »Kann ich euch was anbieten? Leitungswasser oder Kaffee von heute Morgen?«

Ihre Stimmung hatte sich bemerkenswert aufgehellt. Auch ihr angeblicher allergischer Schnupfen war wie weggeblasen. Abel und Jankowski versicherten ihr, dass sie keinerlei Wünsche hätten, was in beiden Fällen gelogen war.

☠ ☠ ☠

Sie versanken wieder in der breiigen Couch, während Sara wie hypnotisiert auf ihre Monitore starrte.

»Um auf deine Frage zurückzukommen, Fred«, sagte Jankowski. »Hauptkommissar Hu ist ein guter Mann, und er hat definitiv recht, wenn er sagt, dass Profiling zu gefährlichen Vereinfachungen verführen kann. Denk nur an den Miles-&-More-Killer, der dich letztes Jahr so in Atem gehalten hat. Er hat alte Frauen mit seiner typischen Methode überfallen und ermordet und die Körper der Opfer mit seiner unverwechselbaren Signatur versehen. *Und* er hat parallel, davor und danach, eine Reihe weiterer Verbrechen begangen, die nur scheinbar nicht zu seinem Profil passten. Er hat junge Frauen vergewaltigt und zu Tode gefoltert, und er hat mindestens zwei Männer mit seinen Zähnen getötet und teilweise verspeist. Also kurz gesagt, dass sich ein bestimmtes Delikt aufgrund des Tatmusters einem Täter zuordnen lässt, heißt noch lange nicht, dass Taten mit ganz anderen Mustern nicht auch von demselben Täter begangen sein können.«

Abel hatte ihm stirnrunzelnd zugehört. »Heißt das, du stimmst Hus Hypothese zu? Der Darkroom-Killer Jörg Halfter soll auch der Kidnapper und anonyme Anrufer sein?«

Jankowski schaute versonnen zu Sara hinüber. Sie hatte voluminöse Kopfhörer aufgesetzt und hackte auf zwei Keyboards gleichzeitig ein.

»In diesem Fall liegt Hu wohl daneben«, sagte Jankowski. »Ich habe mir das Transskript des Telefongesprächs angesehen. Dein anonymer Anrufer ist meiner Ansicht nach ein russischer Muttersprachler. Jedenfalls enthält sein Englisch typische Fehler, die jemand, der wie Halfter in Deutschland aufgewachsen ist, nicht machen würde. Reflexivpronomina, wo keine hingehören. Weglassen unbestimmter Artikel, die im Englischen wie auch im Deutschen zwingend erforderlich sind, im Russischen aber fehl am Platze wären. Auch wenn er ein Psychopath ist, der seinen irren Spaß daran hat, in fremde

Identitäten zu schlüpfen – er müsste schon ein Genie sein, um einen so perfekten Sprach-Fake hinzubekommen. Möchtest du es genauer wissen? Ich habe ein paar Beispiele herausgeschrieben.«

Er begann, in seinen Taschen zu kramen, aber Abel winkte ab. »Ich glaube dir aufs Wort. Mein Bauchgefühl hat mir dasselbe gesagt. Dieser Irre, der Noah und Manon entführt hat, kann nicht der Darkroom-Killer sein.«

»Und hast du einen Verdacht, wer es sonst sein könnte?«

Abel zögerte mit der Antwort. Es drängte ihn, seinem Freund von dem Ring mit der kyrillischen Gravur zu berichten. Aber wie jedes Mal, wenn er über diese Geschichte nachdachte, kamen ihm im nächsten Moment wieder Zweifel. Sie klang so verworren und phantastisch, auch in seinen eigenen Ohren.

Und dann war die Gelegenheit, davon zu sprechen, wieder vorbei.

☠ ☠ ☠

»Okay, auch Uncle Sam ist nicht unfehlbar«, sagte Sara. Sie hatte die Kopfhörer abgesetzt und ihren Stuhl wieder zu Abel und Jankowski geschwenkt. »Halfter ist beim LKA im vorletzten Monat in Sachen Darkroom-Morde vernommen worden«, fuhr sie fort. »Ich habe mir deren AV-File runtergezogen und die Daten von der Tonspur als Referenz verwendet. Wollt ihr die Kurz- oder die Langform hören?«

»Die Kurzform«, sagten Abel und Jankowski im Duett.

»Vorhersehbar. Also in Bulletpoints.« Sie kniff die Augen zusammen. »Die NSA-App bietet diverse Entzerrer-Algorithmen an. Je nachdem, welchen davon du über den Telefonmitschnitt laufen lässt, hört sich der Typ wie ein Sprechautomat, ein Rentner auf Speed oder ein wütender Grizzly an. Um nur ein paar Ergebnisse zu nennen. Welches davon der unverfälschten Stimme des Anrufers am nächsten kommt, kann Uncle Sam uns auch nicht sagen. Aber die Übereinstimmung mit Halfters individuellen Akustikdaten liegt in allen Fällen unter zwanzig Prozent. Und die Wahrscheinlichkeit, dass es sich bei dem Anrufer um einen russischen Native Speaker handelt, liegt durchweg über sechzig Prozent.«

»Das passt zu deiner Sprachanalyse, Timo.« Abel schaute von Jankowski zu Sara Wittstock, die teilnahmslos ins Leere sah. »Wenn ich alles zusammenfasse«, fuhr er fort, »können wir zwar nicht hundertprozentig ausschließen, dass es vielleicht doch Halfter war, der einen Riesenaufwand getrieben hat, um mir einen Englisch sprechenden Russen vorzuspielen. Richtig, Timo?« Jankowski nickte und hob gleichzeitig die Schultern. »Aber die Wahrscheinlichkeit ist minimal«, fuhr Abel fort, »schon weil es gar nicht in seinem Interesse liegen kann, sich vor mir als jemand anders auszugeben. Seinen Brief an mich hat er ja auch so unterschrieben, dass wir ihn eindeutig identifizieren konnten. So wie ich es sehe, ist Hus Hypothese damit vom Tisch.«

»Who is Hu?«, murmelte Sara Wittstock. Sie pulte ihren Kaugummi aus dem Mund und ersetzte ihn durch einen neuen Streifen.

Jankowski wollte zu einer Erklärung ansetzen, aber sie schien mit ihren Gedanken schon wieder weit weg zu sein, und so ließ er es bleiben. *Die entscheidende Frage ist sowieso nicht »Who is Hu?«,* dachte er. *Sondern »Whodunit?«.*

Ihm war keineswegs entgangen, dass Abel eben gezögert hatte. Und dass er fast erleichtert schien, als sie durch Sara unterbrochen wurden.

»Whodunit?«, sagte Jankowski laut.

Abel und Sara Wittstock fuhren beide aus tiefen Gedanken auf und sahen ihn erschrocken an.

☠ ☠ ☠

45

**Laderaum eines Lkw,
Samstag, 17. Juli, 19:14 Uhr**

Als Noah zu sich kam, war es wie jedes Mal ein Schock. *Du wachst auf, aber der Alptraum geht weiter.* Mit dem harten, gewellten Metallboden unter ihm, dem Motordröhnen, den stampfenden Rädern, den Vibrationen, von denen man unablässig durchgeschüttelt wurde. Mit der ekelhaften Angst, die sich wie Spinnen im Bauch anfühlte, wie Spinnweben überall auf der Haut.
Er streckte die Arme aus. Links neben ihm lag seine Schwester.
Entführt. Er konnte es immer noch nicht richtig fassen. *Wie lange schon?* Zwei Tage, drei? Oder noch mehr? Sein Mund war ausgedörrt, ihm knurrte der Magen. Er versuchte sich zu erinnern, was zuletzt passiert war, bevor er eingeschlafen war.
Sie hatten das Rasseln eines Rolltors gehört. Der Kidnapper war mit ihnen offenbar in eine Halle gefahren, das Tor war wieder geschlossen worden – und dann? Die Hecktür des Lkw war entriegelt worden. Die Halle war grell ausgeleuchtet, sie blinzelten nach draußen wie Maulwürfe in der Sonne. Den bulligen Mann, der auf einer Rampe stand, nahmen sie nur als Silhouette wahr. Er warf eine Plastiktüte zu ihnen hinein und knallte die Tür wieder zu. Sie stürzten sich darauf, halb verdurstet und ausgehungert, wie sie waren. Der Beutel enthielt zwei Flaschen Mineralwasser, zwei gummiartige Sandwiches, offenbar von einer Tankstelle, und zwei Schokoriegel. Sie verschlangen alles in Rekordtempo und hatten gerade die letzten Krumen verputzt, als die Hecktür aufs Neue aufging.
Der bullige Mann stand immer noch auf der Rampe hinter dem Lkw. Mit einem Satz sprang er zu ihnen in den La-

deraum und stürzte sich auf Noah. Diesmal waren sie nicht gefesselt, aber trotzdem hatten sie keine Chance.
Noah floh in den hinteren Teil des Laderaums, stolperte über den Eimer, fiel auf die nebeneinanderliegenden Bündel. »Hau ab, Manon!«, schrie er. Irgendwie kam es ihm so vor, als ob dort draußen in der Halle ein weiterer Mann wäre, aber es war nur ein Gefühl. Und sie mussten es doch zumindest versuchen. »Na, mach schon, lauf!«
Bevor Manon reagieren konnte, schlug der Typ sie mit der flachen Hand ins Gesicht. So hart, dass sie von den Füßen gerissen wurde und mit dem Kopf gegen die Wand knallte. Der Mann warf sich auf Noah, der panisch auf den Bündeln herumkroch und nicht von der Stelle kam. Die Bündel bestanden aus kratzigem Leinen, gefüllt mit Kartoffeln oder Zwiebeln. Keine Leichen, Gott sei Dank, und keine afrokaribischen Holzfiguren, aber auch das alles half ihm nichts.
Der Mann hatte Noah auf den Rücken geworfen und stützte sich mit einem Knie auf der Brust des Jungen ab. Er roch nach Schnaps, Schweiß, kaltem Rauch, so ähnlich wie beim letzten Mal und doch irgendwie anders. *Sind sie zu zweit?* Noah hatte kaum noch Luft bekommen. *Wie in Pierres Galerie, wie in unserem Comic?* Der Mann hatte Noahs Kopf umklammert und ihm eine Spritze in den Hals gerammt. Noah hatte eben noch mitgekriegt, wie der Typ sich zu Manon umgewandt hatte, dann war es um ihn herum wieder mal schwarz geworden.
»Manon?« Er bekam ihre Schulter zu fassen und rüttelte daran.
Es war stockdunkel. Nicht der schwächste Lichtschimmer drang in den Laderaum, und das nervtötende Klappern des Ventilators hatte aufgehört.
Haben sie die Kühlung repariert? Eher wohl abgestellt. Es war so heiß wie in einem Pizzaofen. »Manon!«
Er rüttelte weiter an ihrem Arm, und schließlich kam sie zu sich. »Was ist …? Merde!«, sagte sie. Auch für sie fühlte es

sich jedes Mal wie ein Faustschlag in den Magen an. Sie musste sich zusammenreißen, um nicht sofort loszuheulen.

»Er hat uns umgeladen«, sagte Noah an ihrem Ohr. Der Motorenlärm war so laut, dass er fast schreien musste. »Uns mit dem Betäubungsgift abgefüllt und dann umgeladen wie Vieh.«

»Was meinst du mit umgeladen?« Manon setzte sich aufrecht hin, zog ihre Knie an die Brust. »Stimmt«, sagte sie dann, »wir sind nicht mehr in dem Gemüselaster.«

»Das hier ist ein richtig großer Truck«, sagte Noah. Man konnte zwar die Hand nicht vor Augen sehen, so finster war es. Aber irgendwie spürte Noah, dass sie um sich herum viel mehr Raum hatten als vorher. Auch der Motor hörte sich stärker an, ein kraftvolles Dröhnen, während die Maschine in dem Gemüse-Lkw geschrappert hatte, als ob sie gleich auseinanderfallen würde.

»Wo bringt er uns hin?«, fragte Manon. Ihr war klar, dass Noah die Antwort so wenig kennen konnte wie sie selbst. Aber sie mussten miteinander reden, sie durften sich nicht von ihrer Angst erdrücken lassen.

»Ich glaube, nirgendwohin«, sagte Noah.

»Wie meinst du das denn jetzt wieder?« Sie tastete über ihren Hinterkopf. Wo sie gegen die Wand des Gemüselasters geknallt war, hatte sie eine pflaumengroße Beule.

»Er fährt uns in der Gegend herum, damit die Polizei uns nicht so leicht finden kann«, sagte Noah. »Und zur gleichen Zeit setzt er Papa unter Druck.«

»Aber was will er denn von ihm?«, fragte Manon, um das Gespräch in Gang zu halten.

»Lösegeld?«, rätselte Noah. »In unserem Comic wäre das eine coole Wendung«, fügte er nach einer kurzen Pause hinzu. »Alle glauben, die Russen aus Guadeloupe hätten uns gekidnappt – und dann stellt sich heraus, dass ganz was anderes dahintersteckt.«

»Aber Lösegeld ist nicht cool«, entgegnete Manon. »Und

dieser Typ dreht doch ein riesengroßes Rad. Erst die Assistentenmasche, und dann gleich zwei Lkw, mit denen er uns abwechselnd durch die Gegend fährt, da muss doch was anderes dahinterstecken. Etwas, das viel größer ist.«
»Ja, stimmt«, sagte Noah. »Aber was für eine große Sache könnte das denn sein?«
»Es muss mit Papas Job zu tun haben«, sagte Manon. »Vielleicht will jemand verhindern, dass Papa ihn wegen eines schweren Verbrechens festnagelt.«
»Ist dir klar, was du damit sagst?«
Diesmal gab Manon ihm keine Antwort. Natürlich war es ihr klar, und Noah wusste, dass es ihr klar war. Eine ganze Weile saßen sie stumm in der Dunkelheit und brüteten vor sich hin.
»Ein Schwerverbrecher hat uns gekidnappt«, beantwortete Noah seine Frage schließlich selbst.
»Weil er Papa auf diese Weise zwingen will, sein Verbrechen zu vertuschen. Einen Raubmord zum Beispiel«, nahm Manon den Faden auf.
»Oder mehrere Morde.«
»Ein Serienmörder?«
»Oder ein Berufsverbrecher. Ein Auftragskiller oder so was«, sagte Noah.
Ihr Gespräch bewegte sich nicht gerade in beruhigenden Bahnen, das war ihnen beiden bewusst. Aber es machte es ihnen trotzdem leichter, diesen Alptraum zu ertragen. Solange sie über den Kidnapper und seine möglichen Motive redeten, fühlte es sich ein bisschen so an, als würden sie an ihrem Krimi-Comic arbeiten. Wenn sie jedoch nur noch stumm und verängstigt im Dunkeln hocken würden, wären sie nichts anderes mehr als Vieh auf dem Weg zum Schlachthof.
Oder als Sklaven im Bauch des Schiffes, das sie zu dem Ort brachte, an dem sie sterben sollten.

☠ ☠ ☠

46

**Berlin-Grünau, Wohnhaus Fred Abel und Lisa Suttner,
Sonntag, 18. Juli, 03:33 Uhr**

Es war tief in der Nacht, als Abel aus dem Schlaf aufschreckte. Mit heftig klopfendem Herzen lag er im Dunkeln, neben ihm Lisa, die ruhig und gleichmäßig atmete.
Wieder dieser Traum. Die beiden Totschläger hatten rasend schnell auf ihn eingeprügelt. Er hatte versucht, sich in Sicherheit zu bringen, qualvoll langsam und auf allen vieren kriechend. *Bis dahin alles wie immer,* dachte Abel.
Aber etwas war diesmal anders. Dramatisch anders als in allen vorherigen Versionen des Traums. Abel hatte über seine Schulter zu den beiden Angreifern emporgeschaut, und diesmal hatte er eines der Gesichter erkannt. *Burkjanov, kein Zweifel möglich.*
Er sah ihn noch vor sich, die leblosen Haifischaugen, die starre Mimik, für die das Attribut *verschlagen* geradezu erfunden schien. Und genau in dem Moment, in dem Abel ihn erkannte, ließ Juri Burkjanov im Traum von ihm ab. Er blieb stehen, den Baseballschläger unter dem Arm, und sah teilnahmslos zu, wie der andere Mann Abel weiter fertigmachte. Auch das Gesicht dieses anderen hatte Abel diesmal in seinem Traum gesehen, doch es war nur eine leere Scheibe. Weiß wie der Mond, unfertig wie die Gesichter der beiden Schlägertypen, als Manon ihnen das erste Mal ihre Zeichnung gezeigt hatte.
Abel war nass geschwitzt. »Was will Ihr Unbewusstes Ihnen mitteilen?«, hatte der Psychotherapeut Dr. Kalden in der Reha jedes Mal gefragt, nachdem Abel seinem Wunsch nachgekommen war und ihm von seinen Träumen erzählt hatte. »Dass es den Anschlag noch nicht verarbeitet hat«, hatte Abel regelmäßig geantwortet, und Kalden hatte bekümmert den Kopf geschüttelt, weil Abel sich seiner Ansicht nach

jeder tiefergehenden Kommunikation mit seinem Unterbewusstsein verweigerte.
Im Stillen leistete Abel ihm Abbitte. Sein Unterbewusstsein hatte ihm die ganze Zeit über etwas mitteilen wollen, deshalb wurde er von diesem Traum immer wieder heimgesucht. Doch er hatte nicht genau genug hingeschaut und sich höchstens in der Frage verheddert, welche Verbindung zwischen Burkjanovs Schlägern und den vermeintlichen Russen bestehen konnte, die Pierre Boucard drangsaliert hatten.
Aber diese Verbindung gab es nicht und hatte es nie gegeben. Mit einem Mal schien Abel die Botschaft seines Traumes ganz klar.
Burkjanov ist nicht mehr hinter mir her, dachte er, *er stellt für mich und damit auch für die Zwillinge keine Gefahr dar. Aber da gibt es noch einen zweiten Mann, vielleicht einen ehemaligen Untergebenen von ihm, der noch eine Rechnung mit mir offen hat und mich immer noch fertigmachen will.*
Abels Herzschlag beruhigte sich nur allmählich, während er im dunklen Schlafzimmer lag und vor sich hin grübelte. *Wer ist dieser andere? Und hat er also Manon und Noah entführt? Um mich unter Druck zu setzen, weil ihm der Ring mit der kyrillischen Gravur gehört und er mich auf diese Weise zwingen will, ihm den Ring zurückzugeben? Weil ich durch diesen Ring Macht über ihn habe, auch wenn mir das bisher nicht bewusst war?*
Es war ein mögliches Motiv, stärker und plausibler als Halfters narzisstische Racheschwüre, und trotzdem warf diese Hypothese mindestens so viele Fragen auf, wie sie zu beantworten schien.
Abel war längst hellwach, obwohl er nur ein paar Stunden Schlaf gefunden hatte. Auch Lisa hatte die halbe Nacht wach gelegen, beide hatten sie gehört, wie Claire in dem Zimmer über ihnen lautstark via Skype telefoniert hatte, immer wieder von Weinkrämpfen unterbrochen.
Auf Zehenspitzen schlich sich Abel aus dem Schlafzimmer.

Glücklicherweise schien zumindest Lisa fest zu schlafen. Was ihn betraf, er würde erst wieder eine ruhige Minute finden, wenn die Zwillinge unbeschadet freigekommen waren. Barfuß und im Pyjama ging Abel durch die kleine Diele zu seinem Arbeitszimmer, das dem Schlafzimmer gegenüberlag. Leise öffnete er die Tür und schloss sie wieder hinter sich.
Der Tresor war im Fußboden verankert und durch das Metallgehäuse eines Rollcontainers kaschiert. In dem Stahlschrank verwahrte er keine besonderen Kostbarkeiten, nur die üblichen Versicherungspolicen, Familiendokumente und ein paar Wertpapiere, deren Wert seit der vorletzten Finanzkrise günstigstenfalls zweifelhaft war.
Und den Ring.
Fast zwei Jahre lang hatte Abel keinen Gedanken mehr an den massiven Silberring verschwendet. *War das der größte Fehler meines Lebens?*, ging es ihm durch den Kopf. *Aber warum hat der Typ, wenn es ihn überhaupt gibt, nicht schon viel früher zugeschlagen? Warum sollte er gerade jetzt auf die Idee gekommen sein, mir den Ring wieder abzupressen? Oder hat er so lange gebraucht, um herauszufinden, wo das verdammte Ding abgeblieben ist?*
Die Rechnung ging nicht vollständig auf, ein Rest blieb übrig, der sich im Grunde nicht rational erklären ließ. Dasselbe Gefühl hatte Abel jedes Mal, wenn er an die beiden Totschläger dachte, die ihn vor einem Jahr überfallen hatten. Und an seine diversen anderen Zusammenstöße mit bulligen Männern vom osteuropäischen Typus, die ihn im Jahr davor, nach seiner Rückkehr aus Transnistrien, regelrecht zu verfolgen schienen.
Hat jedes Mal derselbe Mann dahintergesteckt, der jetzt vielleicht auch die Zwillinge entführt hat?, überlegte Abel, während er die sechsstellige Tresor-PIN eingab. Er bekam eine Gänsehaut, und seine Hände zitterten, als er die Tresortür öffnete und den Ring hervorholte, den er ganz hinten im Panzerschrank deponiert hatte.

☠ ☠ ☠

Abel setzte sich an seinen Schreibtisch und schaltete die Tischlampe ein. Er legte den Ring auf seine flache Hand und betrachtete ihn zum ersten Mal seit langem wieder. Der Ring war zirka acht Millimeter breit und zweifellos für eine Männerhand bestimmt. Laut Innenstempel handelte es sich um eine 925er-Legierung, also um nahezu reines Silber mit einem geringen Kupferanteil.

Gleichfalls auf der Innenseite war der Schriftzug *МГИМО 73551* eingraviert, daneben das Datum *20.12.1980*. Vor nicht ganz zwei Jahren hatte Abel diesen Ring aus dem Container in der stillgelegten Fabrik bei Tiraspol gefischt, in dem die Leichen von zwei ermordeten transnistrischen Unternehmern, den Stepanov-Brüdern, in ungelöschtem Kalk gelagert worden waren. Einem spontanen Impuls folgend, hatte er den Ring unbemerkt eingesteckt, da ihm sofort klar gewesen war, dass er dem – oder einem der – Mörder der Brüder Stepanov gehören musste. Der Täter musste ihn verloren haben, als er eines der Opfer durch die enge Öffnung im Containerdeckel gezwängt und anschließend die Hand zurückgezogen hatte.

Nach seiner Rückkehr aus Transnistrien hatte Abel versucht, den Besitzer des Rings zu identifizieren. МГИМО beziehungsweise MGIMO war die Abkürzung für Московский государственный институт международных отношений, auf Deutsch *Staatliches Moskauer Institut für internationale Beziehungen*. Das MGIMO war in der Sowjetära eine Kaderschmiede für Diplomaten, Außenpolitiker und nicht zuletzt für Geheimagenten gewesen und diente auch im heutigen Russland diesem Zweck. Die Ringe waren numeriert und wurden ausschließlich den Absolventen des Instituts verliehen.

Bei demjenigen, der den Ring verloren hatte, als er eines der

Foltermordopfer in den Kalkcontainer gestopft hatte, musste es sich also um einen hochrangigen Geheimdienstoffizier in Diensten der Sowjetunion handeln. Beziehungsweise Russlands und seiner diversen postsowjetischen Trabantenstaaten, wie beispielsweise Transnistrien, dessen Geheimdienst Juri Burkjanov bis zu seinem Sturz geleitet hatte.
Dass Burkjanov damals die Entführung der Brüder Stepanov veranlasst hatte, war mittlerweile erwiesen. Als Präsident der transnistrischen Geheimpolizei hatte er über viele Jahre hinweg schwerreiche Transnistrier kidnappen lassen, um ihnen durch Drohungen und Folter ihr Vermögen abzupressen. In der Regel waren die Entführten mit dem Leben davongekommen, wenn auch an Leib und Seele schwer geschädigt. Doch die Stepanov-Brüder hatten sich offenbar dem Druck widersetzt, sie waren trotz grausamer Folterung nicht bereit gewesen, Burkjanov ihre Besitztümer zu überschreiben. Am Ende hatten die Folterer sie, gefesselt und mit Plastiktüten über den Köpfen, in den Container mit ungelöschtem Kalk gestopft. Zu diesem Zeitpunkt waren sie bereits tödlich verletzt, aber noch am Leben gewesen. Das hatte Abels Obduktion ergeben, und das hatte er auch in seinem Gutachten ausgeführt.
Dagegen hatte er den Silberring heimlich eingesteckt und offiziell nie erwähnt. Die Opfer selbst kamen als mögliche Ringeigentümer nicht in Frage, da sie im Jahr 1980 noch im Kindesalter gewesen waren. Rein theoretisch konnte einer von ihnen den Ring auch als Familienerbstück getragen haben. Doch das glaubte Abel nicht, das heftige Kribbeln in seinem Bauch sagte ihm, dass er endlich auf der richtigen Spur war.
Der Kidnapper will den Ring. Das ist der »Schatz«, den er von mir haben will.
Während seiner Arbeit in Transnistrien war Abel durch bewaffnete Geheimpolizisten überwacht und unter Druck gesetzt worden, damit er das gewünschte Obduktionsergebnis

lieferte. Obwohl Burkjanov damals längst nicht mehr an der Spitze des Geheimdienstes und bereits außer Landes geflohen war, hatte er noch genügend Macht und Einfluss besessen, um seinen alten Apparat aus der Ferne zu steuern. Die Vizegeneralin, mit der Abel es seinerzeit zu tun hatte, wäre wohl auch vor offenen Gewaltmaßnahmen gegen ihn nicht zurückgeschreckt, wenn sie mitbekommen hätte, dass er ein Beweisstück gefunden hatte, mit dem sich der – oder einer der – Mörder identifizieren ließ. Daher war ihm schon aus Selbstschutz keine andere Wahl geblieben, als den Ring in einem unbeobachteten Moment im Oberteil seiner Sektionsbekleidung zu verstecken.

Bereits in dieser brenzligen Situation war ihm die Idee gekommen, dass er ein Abzeichen vor sich hatte, wie es Absolventen von Hochschulen oder Akademien verliehen wurde. Das wiederum bedeutete, dass es sich bei demjenigen, der den Ring verloren hatte, um einen hochrangigen Bürokraten oder Offizier handeln musste. Der Verdacht hatte sich also aufgedrängt, dass Burkjanov persönlich an der Ermordung der beiden Neffen des Oligarchen Stepanov beteiligt gewesen war.

Abel legte den Ring vor sich auf die Schreibtischplatte und starrte ihn an, als könnte er ihm auf diese Weise sein Geheimnis entlocken.

Zurück in Berlin, hatte er einen ehemaligen Kommilitonen um Hilfe gebeten. Die kyrillische Gravur und die arabische Datierung ließen darauf schließen, dass der Ring Ende 1980 von einer Institution der damaligen Sowjetunion verliehen worden war, und zwar an einen Absolventen, der anhand der eingeprägten Zeichen entschlüsselt werden konnte. Zumindest rein theoretisch. Irgendwo musste es eine Datei oder Liste geben, in der exakt verzeichnet war, wem der Ring gehörte.

Da Abel den Ring nicht als Beweisstück angegeben hatte, konnte er auch nicht auf den offiziellen Wegen nachforschen

lassen. Sein einstiger Studienkollege war mittlerweile ein hochkarätiger IT-Spezialist bei der Bundeswehr. Doch er hatte lediglich herausgefunden, dass es sich bei dem Corpus delicti um einen Absolventenring des Moskauer MGIMO handelte. Die Identität des Besitzers hatte er nicht zu entschlüsseln vermocht, da die Daten der exsowjetischen Kader- und Agentenschmiede mit einem unüberwindlichen Schutzschild gesichert waren. Unüberwindlich jedenfalls für ihn.
Wohl oder übel hatte Abel die Nachforschungen daraufhin eingestellt und war im Grunde erleichtert gewesen. Burkjanov würde für seine zahlreichen Verbrechen ohnehin mit lebenslänglicher Lagerhaft bestraft werden, und das hatte er definitiv verdient. Doch in Transnistrien wurden Mörder hingerichtet, und Abel war entschieden gegen die Todesstrafe. Zudem waren die rechtsstaatlichen Standards in dem winzigen Pseudostaat keineswegs über alle Zweifel erhaben, und auch deshalb wollte er keine Hilfestellung für ein Todesurteil gegen Burkjanov leisten. Folglich hatte er den Ring in seinem privaten Tresor verschwinden lassen und seitdem nicht mehr an das fatale Fundstück gedacht.
Doch jetzt saß er hier in seinem Arbeitszimmer, während es vor dem Fenster langsam hell wurde. *Irgendetwas Wichtiges habe ich übersehen,* dieses Gefühl beschlich ihn immer wieder, wenn er an den Fall Burkjanov dachte. Er schob den Ring mit der Fingerspitze auf der Schreibtischplatte hin und her, die mit grün gefärbtem Rindsleder bespannt war.
Der Ring kann nicht Burkjanov gehören, dachte er. *Der Ex-Geheimdienstboss hat kein Motiv und längst nicht mehr die nötigen Mittel, um so etwas durchzuziehen. Sein Spiel ist verloren, und das weiß er genau.*
Abel hatte den Russen, der mittlerweile Mitte sechzig war, als harten, gierigen und gefühlskalten Machtmenschen kennengelernt. Aber Burkjanov würde weder Zeit noch Energie auf irrationale Rachefeldzüge verschwenden. So etwas passte definitiv nicht zu ihm. In seiner aktiven Zeit hatte er unzäh-

lige Menschen einschüchtern, foltern, auch töten lassen, um seine Macht und seinen Kontostand zu vergrößern. Notfalls war er auch nicht davor zurückgeschreckt, sich die eigenen Hände schmutzig zu machen, aber er war kein Sadist, der sich an Panik und Schmerzen seiner Opfer aufgeilte, kein Psychopath, der Angst und Schrecken verbreitete, ohne damit nachvollziehbare Ziele zu verfolgen.

Burkjanov hat mir die beiden Schläger nicht auf den Hals gehetzt, dachte Abel. *Und die Entführung der Zwillinge kann er schon gar nicht angeordnet haben. Nicht nur, weil es ihm dazu mittlerweile an den nötigen Ressourcen fehlt, sondern vor allem, weil es aus seiner Sicht kein rationales Ziel gibt, das er damit erreichen könnte.*

Er erhob sich von seinem Schreibtischstuhl, ging zum Fenster und sah hinaus. Mittlerweile war es fast fünf Uhr, die Straße belebte sich bereits, es würde wieder ein heißer Tag werden. Autos wurden gestartet, ein Radler mit gelbem Tour-de-France-Hemd strampelte vorbei. Doch Abel nahm das alles nur wie durch eine Nebelwand wahr. Seine Gedanken drehten sich im Kreis, aber er spürte, dass er kurz davor war, endlich die richtige Ausfahrt zu finden.

Dass ich den Ring gefunden habe, ist zwei Jahre her, grübelte er. *Damals hätte es für Burkjanov noch einen Sinn ergeben, mich unter Druck zu setzen. Wenn er sicherstellen wollte, dass er nicht doch noch die Todesstrafe bekommt, hätte er damals alles daransetzen müssen, mir den Ring wieder abzujagen. Aber das hat er nicht getan.*

Stattdessen waren immer wieder Schlägertypen bei Abel aufgetaucht, deren Auftrag es offenbar war, ihn einzuschüchtern. Genauso wie die Kriminalpolizei hatte Abel geglaubt, dass auch die beiden Russen, die ihn letztes Jahr fast ins Grab geprügelt hatten, in diese Reihe gehörten. Und dass sie alle von Burkjanov ausgesandt worden seien.

Aber das ergibt keinen Sinn, dachte Abel wieder. *Wenn Burkjanov sicherstellen wollte, dass das für ihn tödliche Beweis-*

stück nie mehr auftauchen würde, konnte er sich auf keinen Fall damit begnügen, mich einschüchtern oder auch umbringen zu lassen. Dafür musste er unbedingt den Ring wieder an sich bringen oder ein für alle Mal verschwinden lassen. Schließlich musste er damit rechnen, dass ich den Ring zusammen mit einem Schriftstück aufbewahren würde, in dem die Umstände der Auffindung, die Ergebnisse meiner Recherche und meine Schlussfolgerungen dokumentiert sind. Würden diese Beweisstücke nach meinem gewaltsamen Tod auftauchen, hätte er das Gegenteil seiner Absicht erreicht und seine eigene Mordanklage provoziert.
Abel wandte sich vom Fenster ab und begann, auf dem leise knarrenden Parkettboden hin und her zu gehen.
Was hätte Burkjanov davon, wenn er jetzt den Ring noch zurückbekäme?, überlegte er weiter. *Nicht das Geringste. Wenn seine Auslieferung nach Transnistrien erfolgt ist, wird er seine letzten Jahre dort in einem Straflager verbringen, egal, was er jetzt noch anzettelt. Und die Bedingungen dort sind so alptraumhaft, dass ihm ein schnelles Ende durch die Todesstrafe fast schon wie das kleinere Übel erscheinen dürfte. Und außerdem ...*
Abel ging immer schneller auf und ab, er spürte, dass er der Lösung so nah war wie noch nie.
Wenn die Schlägerkommandos im letzten und vorletzten Jahr nicht von Burkjanov losgeschickt worden sind, das Kidnapping aber auf seine Kappe gehen würde, dann hätte ich es ja mit zwei verschiedenen Hintermännern zu tun. Zum einen mit einem anscheinend psychopathischen Unbekannten, der mich aus schwer nachvollziehbaren Gründen seit Jahren terrorisieren würde – und zum anderen mit Burkjanov, der die Entführung angeordnet hätte, um den Ring zurückzubekommen.
Abel schüttelte den Kopf, ohne seinen Marsch zwischen Tür und Fenster zu unterbrechen. *Sehr viel plausibler ist doch die Folgerung*, dachte er, *dass das alles auf einen einzigen Draht-*

zieher zurückgeht. Möglicherweise auf einen transnistrischen Ex-Geheimdienstoffizier und Foltermörder, der ebenfalls das MGIMO absolviert und sowohl *seinen irren Spaß an psychopathischem Terror* als auch *ein rationales Motiv hat, den Ring wieder an sich zu bringen. Aber eben nicht auf Burkjanov selbst, sondern auf einen ehemaligen Offizier oder hochrangigen Gefolgsmann von ihm.*
»Whodunit«, murmelte Abel vor sich hin. Timo Jankowski hatte diese Frage gestern in Sara Wittstocks Apartment gestellt und zumindest teilweise selbst beantwortet: Jörg Halfter kam für ihn als potenzieller Kidnapper der Zwillinge nicht in Frage.
»Auch ich lege mich jetzt fest«, sagte Abel in die Stille seines Arbeitszimmers hinein. »Burkjanov scheidet gleichfalls definitiv aus.«
Einige Sekunden lang horchte er seinen Worten hinterher. Es hörte und fühlte sich richtig an. Zumindest für ihn und in diesem Moment.
Wer ist also der Täter? Was wissen wir über ihn? Abel marschierte weiter zwischen Tür und Fenster hin und her, während er in Gedanken die Antwort formulierte.
Erstens, er ist MGIMO-Absolvent, ihm gehört der Ring. Zweitens, er ist Anfang bis Mitte sechzig und Russe oder Bürger eines anderen exsowjetischen Staates. Drittens, er ist oder war ein Militär oder Spion im Offiziersrang. Viertens, er ist gleichzeitig Profi und Psychopath. Fünftens, sein Motiv: Er will den Ring, damit ich ihn nicht als Mörder überführen kann, aber mindestens genauso will er Angst verbreiten, seine Macht spüren, Zerstörung anrichten. Deshalb hat er mir letztes Jahr die Totschläger auf den Hals gehetzt, deshalb hat er die Zwillinge gekidnappt. Und deshalb stellt er jetzt nicht einfach knallhart seine Forderung: den Ring gegen das Leben meiner Kinder, sondern treibt mit uns sein perverses Spiel. Und wie komme ich jetzt an diesen Typen heran?
Abrupt blieb Abel stehen. Die einzige Möglichkeit, die ihm

spontan einfiel, sah nicht gerade erfolgversprechend aus. *Ich muss mit Burkjanov reden.*
Durch die Zimmerdecke waren gedämpfte Schritte zu hören. *Claire ist auch schon wieder wach und auf den Beinen,* dachte er. *Falls sie überhaupt geschlafen hat.*
Er überlegte, ob er zu ihr hochgehen, ihr vorschlagen sollte, gemeinsam zu frühstücken. Seit Claire hier angekommen war, hatten sie noch kein halbwegs ruhiges Gespräch miteinander geführt. Sie hatte ihn beschuldigt, beschimpft, war mit Fäusten auf ihn losgegangen. Aber sie mussten eine gemeinsame Ebene finden. Schließlich ging es um ihre gemeinsamen Kinder, da mussten sie wohl oder übel an einem Strang ziehen und durften sich nicht noch gegenseitig Vorwürfe machen.
Abel ging hinaus in die Vordiele und war schon auf der Treppe nach oben, als er leise ein Handy klingeln hörte. Er erstarrte in der Bewegung. Das Klingeln kam aus dem Schlafzimmer, von seinem Blackberry, den er auf dem Nachttisch liegen gelassen hatte.

☠ ☠ ☠

Lisa nahm das Gespräch nach dem zweiten Klingelton entgegen. »Wer ist da?« Abel hörte ihre Stimme durch die geschlossene Schlafzimmertür hindurch. Sie klang kein bisschen schlaftrunken. Offenbar war auch sie schon seit längerem wieder wach.
»Wie bitte? Sagen Sie das noch mal.« Nun klang sie aufs höchste alarmiert.
Abel fuhr herum, nahm zwei Stufen auf einmal, rannte durch die Diele und ins Schlafzimmer.
»Gib mir den Doc, du Schlampe«, schallte ihm die verzerrte Stimme entgegen. Geistesgegenwärtig hatte Lisa sein Smartphone auf laut gestellt. Sie saß aufrecht auf seiner Bettseite und sah ihn aus weit geöffneten Augen an.

»Sagen Sie einfach, was Sie von mir wollen!« Abel beugte sich über das leuchtende Display, das Lisa ihm entgegenhielt. »Wenn es um den Ring geht, den können Sie bekommen. Auf der Stelle. Im Austausch gegen meine Kinder. Wo sollen wir uns treffen?« Er stützte sich auf dem Bettpfosten ab, ihm war schwindlig. »Aber zuerst will ich einen Beweis, dass meine Kinder am Leben sind.«
Der Anrufer brach in Gelächter aus. Durch den Verzerrungsfilter klang es fast wie Wolfsgeheule. »Du willst Lebenszeichen von den Kleinen?«, brachte er schließlich hervor.
»Ja«, sagte Abel.
»Also, Junge zuerst.« Einige Sekunden lang war nichts zu hören, dann ein gurgelnder Schrei. »Hast du ihn erkannt?«, fragte der Anrufer in seinem fehlerhaften Englisch. »Ich habe Brustwarze gedreht, gegen Uhrzeigersinn, wenn du genau wissen willst. Brauchst du von dem Mädchen auch Lebenszeichen? Bei ihr drehe ich zweimal, weil bei Titte macht mehr Spaß.«
»Aufhören!«, schrie Abel. »Lass sie in Ruhe, du perverses Arschloch!« Er hatte beide Hände zu Fäusten geballt. Sein Atem ging keuchend, das Blut hämmerte ihm in den Schläfen.
»Aber das ist doch erst Anfang«, sang die digital verzerrte Stimme. »Kriegst du schon Nervenproblem, Doc? Vor dem Fußzehenabknipsen schon? Musst du durchhalten bis Höhepunkt, wenn ich zu Mädchen sage: Beiß Junge Schwanz ab und friss auf, dann du darfst leben.«
Lisa wurde kreidebleich. Abel griff nach ihrer freien Hand und drückte sie.
»Wenn du meinen Kindern etwas zuleide tust, bringe ich dich um«, sagte er so ruhig, wie er konnte. »Ich habe hier, was du willst, also sag mir, wo der Austausch stattfinden soll.«
»Nicht so hastig, Doc Disabled.« Der Unbekannte ließ erneut sein jaulendes Gelächter ertönen. »Du wartest auf wei-

tere Anweisung und lässt Polizei aus Spiel. Ich habe erst noch
Spaß mit deinen beiden Sweeties. Stimmt doch, Mädchen?«
Der Schrei, der diesmal aus dem Smartphone quoll, klang
eindeutig weiblich. Auch wenn das wegen des digitalen Ver-
zerrers überhaupt nichts besagte. Lisa schossen Tränen in die
Augen, und Abel brüllte auf wie ein verwundeter Stier.
Er riss Lisa das Smartphone aus der Hand, hielt es vor seinen
Mund und schrie: »Hören Sie zu! Sie können alles bekom-
men, was Sie wollen! Aber lassen Sie meine ...«
Seine Stimme versagte. Lisa legte ihm eine Hand auf den Un-
terarm. Die Verbindung war unterbrochen.

☠ ☠ ☠

47

**Brandenburg, BAB 13, Pkw Fred Abel,
Sonntag, 18. Juli, 05:51 Uhr**

Auf der A 13 trat Abel das Gaspedal bis zum Anschlag
durch. Den Audi durchlief ein Zittern, der schwere Wagen bäumte sich auf. Glücklicherweise war es bereits taghell,
und die Autobahn war noch relativ leer.
Die Tachonadel kletterte erst schnell, dann mühsamer, verharrte schließlich bei zweihundertfünfundzwanzig Stundenkilometern. Die Karosserie schepperte, der Motor hämmerte
um die Wette mit Abels Herzfrequenz.
»Lieberose, bescheuerter Name«, sagte Sara Wittstock im
Lautsprecher von Jankowskis Smartphone. »Aber GPS meint,
so heißt das Kaff, auf das der Lkw gerade zubrettert.«
Timo Jankowski saß in verkrampfter Haltung auf dem Beifahrersitz, mit der Rechten an die Sitzkante geklammert,
während er mit der Linken seinen Blackberry festhielt.

Mit Moewig an seiner Seite wäre Abel deutlich wohler gewesen. Jankowski war ein Genie in seinem Fach, ein Titan an seinem Magnetboard, an dem er Täterprofile wie hochkomplexe Puzzle entwarf, aber er besaß nicht mal einen Führerschein. Von einer Ausbildung in Nahkampftechniken zu schweigen. Doch Moewig war nach der Zwischenlandung in Paris noch nicht mal wieder in der Luft.
»Der Lkw ist noch dreiundachtzig Kilometer voraus«, tönte Saras Stimme aus Jankowskis Smartphone. »Ihr seid zu langsam, Jungs.«
Sie klang unbeteiligt wie immer. Fast gelangweilt. Aber vorhin hatte sie Abel von sich aus angerufen, keine dreißig Sekunden nachdem der Kidnapper das Telefongespräch beendet hatte. Abel sah sie vor sich, wie sie in ihrem klaustrophobischen Apartment vor dem Monitor saß, auf dem der Lkw mit den Zwillingen als leuchtender Punkt über die digitale Landkarte kroch.
»Vollgas.« Abel warf Jankowski einen Seitenblick zu und schüttelte den Kopf. »Mehr geht nicht.« Er hielt den heftig vibrierenden Lenker mit beiden Händen fest. Die Achsfedern wummerten und ächzten. *Hoffentlich hält die Karre das durch. Wir dürfen sie nicht wieder verlieren. Alles, nur das nicht.*
Abel hatte Timo angerufen, der Profiler war in ein Taxi gesprungen, Abel war ihm entgegengefahren, und nicht einmal zwanzig Minuten nach Saras Anruf waren sie mit Abels Wagen gemeinsam losgerast. »Die Mobilfunkortung gibt für die Lokalisierung wenig her«, hatte sie erklärt. »In der Einöde da draußen sind die Handymasten zu weit auseinander. Genauigkeit nur zirka fünf Kilometer. Aber ich habe den Vogel per Satellitenüberwachung im Visier. Also gib Gummi, Ralf.«
Zum wiederholten Mal fragte er sich, ob sie wirklich Schwierigkeiten hatte, sich Namen zu merken. Oder ob es Teil eines leicht verrückten Spiels war, mit dem sie die Welt auf Distanz hielt.

Im Grunde war es ihm egal. Doch er war dankbar für jeden Gedanken, der ihn für ein paar Augenblicke von dem Horrorfilm ablenkte, der unablässig in seinem Hinterkopf ablief. In allen quälenden Einzelheiten sah Abel vor sich, wie der Kidnapper die Zange ansetzte, Brustwarzen, Fußzehen abkniff ... Er selbst hatte schließlich in seinem Obduktionsgutachten geschildert, wie die Stepanov-Brüder in der stillgelegten Fabrik bei Tiraspol in Transnistrien gefoltert worden waren. Überreste der abgetrennten Fußzehen hatte er damals im Container gefunden, und als er den Ring ertastete, hatte er anfangs geglaubt, ein weiteres Amputat entdeckt zu haben.
Abel war sich jetzt absolut sicher, dass der – oder einer der – Foltermörder aus Transnistrien seine Kinder gekidnappt hatte. Und auch wenn er sich verzweifelt dagegen wehrte, projizierte seine Phantasie unablässig beide Szenerien übereinander: die Alptraumfabrik bei Tiraspol, in der die beiden jungen Männer zu Tode gefoltert worden waren. Und den Laderaum des Lastwagens, in dem der psychopathische Entführer seinen Kindern womöglich gerade ...
Er schlug mit der Faust auf den Lenker und zwang seine Gedanken in eine andere Richtung.
Vor Jahren hatte er eine Reportage aus der afrikanischen Wildnis gesehen, mit einem Nashorn, das urplötzlich in den Verfolgermodus geschaltet hatte. Anscheinend hatte es ihn beeindruckt, jedenfalls fiel ihm gerade jetzt das unförmige Panzertier ein, das mit fast schon surreal anmutender Geschwindigkeit durch die Savanne gestampft war. Das Nashorn hatte einen Wilderer verfolgt und nach mehrminütiger Verfolgungsjagd schließlich gestellt. Der Mann war auf einen Steinhaufen geklettert und hatte jämmerlich zu schreien begonnen, während das Nashorn versucht hatte, den Steinhaufen zu erklimmen. Wie die Sache ausgegangen war, wusste Abel nicht mehr. Wahrscheinlich war ein halbes Dutzend Ranger herbeigeeilt und hatte das mächtige Tier in einem

Stahlnetz gefangen. Abseits der afrikanischen Savanne traten solche glücklichen Wendungen aber ausgesprochen selten ein.

»Das ist kein Kleinlastwagen«, meldete sich Sara erneut. »Das ist ein richtiger Truck. Fünfzehn Tonnen, schätze ich mal, und gut zehn Meter lang. Der müsste doch ein OBU haben. Wartet, das klär ich mal ab. Kann ein paar Minuten dauern.«

On-Board-Unit, erinnerte sich Abel. Die digitale Einheit, die mautpflichtige Lkws hierzulande eingebaut haben mussten. Sara wollte das deutsche Mautsystem hacken.

Doch schon nach wenigen Sekunden meldete sie sich erneut. »Was macht der Typ denn jetzt?« Sie klang für ihre Verhältnisse überrascht. »Ich hätte gedacht, der brettert weiter Richtung Polen. Aber nein, er hat gerade die B 320 verlassen und fährt auf der 168 nach Norden. Kann es sein, dass der die ganze Zeit um Berlin herum im Kreis fährt?«

»Gut möglich«, sagte Abel. »Wie viel Vorsprung hat er noch, Sara?«

»Siebenunddreißig Kilometer. Gar nicht so schlecht, Jungs.« Jankowski drehte den Kopf zu Abel und grinste so verkrampft, dass es mehr wie eine Schmerzgrimasse aussah.

»Wir müssen auch gleich von der Autobahn runter«, sagte Abel. »Auf der Bundesstraße dürfte es deutlich langsamer vorangehen.«

Kurz vor der Ausfahrt Freienwalde bremste er ab und nahm mit quietschenden Reifen die enge Kurve. Mittlerweile war es fast sieben Uhr, auf der Bundesstraße war schon erstaunlich viel los. Deutsche und polnische Kennzeichen, überwiegend kleinere Pkw, vollgestopft mit jungen Leuten, die wohl die Nacht über Party in Berlin gemacht hatten.

Abel musste immer wieder den Fuß vom Gas nehmen. Sie fuhren durch schläfrige Spreewalddörfer und auf engen, gewundenen Alleen, dann endlich kam eine längere gerade Strecke. Abel ließ den Motor im Kick-down aufheulen und zog an einer ganzen Kolonne von Fahrzeugen vorbei.

»Noch sechs Kilometer bis Target«, sagte Sara. »Die OBU zickt noch, aber ich hab seine Bordelektronik geknackt. Und wer sagt's denn, er steuert einen Parkplatz an. Kurz vor – wartet mal – Friedland heißt das Kaff. Also auf jetzt, das ist eure Chance.«
Jankowski verschluckte sich fast vor Aufregung. »Und was machen wir, wenn er wirklich noch auf dem Parkplatz ist?«
Sara gab keine Antwort.
»Das entscheiden wir situativ.« Abels Schultern fühlten sich wieder wie aus Eisen an. Nicht so stark, aber so starr.
Er schaute in den Rückspiegel und wollte seinen Augen nicht trauen.

☠ ☠ ☠

48

**B 168 bei Friedland, Pkw Fred Abel,
Sonntag, 18. Juli, 07:24 Uhr**

Auf der schnurgeraden Straße hinter ihnen kam ein Off-Roader angerast, mit einem Kühlergrill wie ein aufgerissenes Haifischmaul. Der Irre fuhr mindestens hundertachtzig, im Rückspiegel kam er so schnell näher wie eine Rakete. Schon konnte Abel Einzelheiten erkennen, die weit aufgerissenen Augen des Fahrers, seine Glatze, die übergroßen Pranken, die das Lenkrad umklammerten. Und das Porsche-Emblem auf dem Kühler, dessen Botschaft gleichfalls nicht zu missverstehen war.
Wenn hier jemand das Nashorn ist, dann der Typ hinter uns.
Gas geben hatte keinen Sinn, den Porsche konnte Abel mit seinem Wagen nicht abhängen. Abel lenkte so weit nach rechts, dass er fast in der Straßenböschung fuhr. Er ging mit

der Geschwindigkeit herunter und hoffte, dass der schwarze Cayenne einfach vorbeifahren würde. Aber sein Bauchgefühl sagte ihm etwas anderes. Und leider hatte es diesmal recht.

Der SUV rammte sie mit voller Wucht hinten links und katapultierte den Audi über die Böschung hinweg auf eine struppig bewachsene Brachfläche. Metall kreischte auf Metall, sie flogen durch die Luft, krachten auf den sandigen Boden und pflügten im Zickzack durchs Gestrüpp. Mit explosivem Zischen füllten sich diverse Airbags und verwandelten das Innere des Audis in eine Kopfkissenshow. Dann blockierte das rechte Vorderrad, der Wagen drehte sich um hundertachtzig Grad und kam unsanft zum Stehen.

»Chance vorbei, er verlässt den Parkplatz«, sagte Sara im Handylautsprecher.

Der Motor tuckerte im Leerlauf. Benommen wühlten sich Abel und Jankowski unter den Airbags hervor. Sie hatten beide keine Schramme abbekommen, aber Jankowski war bleich und hatte Mühe, das Zittern seiner Hände zu kontrollieren.

Dem Cayennefahrer war seine rüde Attacke schlechter bekommen. Sein Gefährt steckte mit der Schnauze voran im Straßengraben. Gerade als sich Abel ins Freie gekämpft hatte, ging die Fahrertür des Porsches auf, und eine Gestalt kroch heraus. Gesicht und Glatze blutüberströmt.

Abel rannte auf ihn zu, neben ihm Jankowski, der völlig außer sich war. Die Haare standen ihm zu Berge, seine Augen waren weit aufgerissen. Sein Smartphone, das er sich im Rennen in die Hosentasche zu stopfen versuchte, fiel auf den Boden. Er bemerkte es nicht einmal. »Den Irren schnappen wir uns!«, schrie der Profiler.

Abel hatte da seine Zweifel. Er taumelte mehr, als dass er lief. Seine Beine fühlten sich breiig an, sein Kopf war benebelt. »Bleib stehen!«, schrie er hinter dem Porschefahrer her, obwohl er auch so schon zu wenig Luft bekam.

Der Mann war offenbar am rechten Knie verletzt, er war nur

mühsam auf die Beine gekommen. Mit grotesken Verrenkungen humpelte er auf das Waldstück zu, das fünfzig Meter hinter der Brachfläche begann. Er trug Jeans und ein weißes T-Shirt, das mit Blutspritzern übersät war. Aus einer Platzwunde an seiner linken Schädelseite sickerte Blut, er fluchte und hielt sich den Kopf, aber trotz allem war er schnell unterwegs.

Das ist doch Halfter!, dachte Abel. Oder spinne ich jetzt total? Mit kahlgeschorenem Kopf und ohne Ziegenbart, aber sonst ...

Ergab das irgendeinen Sinn? Abel hatte Mühe, einen klaren Gedanken zu fassen. Er kämpfte gegen Schwindelgefühle an, während er hinter dem hinkenden Glatzkopf herrannte. *Dem Darkroom-Killer? Aus welchem Loch soll der denn so plötzlich gekrochen sein?*

Der Einwand war allerdings nicht gerade logisch, denn wer auch immer der Typ sein mochte, er war wie aus dem Nichts aufgetaucht. Und zwar schlicht deshalb, weil Abel nicht auf die Straße hinter ihnen geachtet hatte.

So wenig wie jetzt auf den Boden um ihn herum, der mit Wurzeln, Ästen, Steinen übersät war. Abel verfing sich mit dem linken Fuß in einer Wurzelschlinge und knickte um. Ein höllischer Schmerz durchzuckte ihn. Fluchend befreite er seinen Fuß, richtete sich auf und versuchte, das Bein zu belasten, aber es tat unerträglich weh.

»So eine verdammte Scheiße!«, schrie er.

»Das ist Halfter!«, schrie Jankowski zurück. »Ruf beim LKA an, Fred!«

Abel hob die angewinkelten Arme in einer Geste der Ratlosigkeit. *Wirklich Halfter?* Er mochte es immer noch nicht glauben. Jankowski sprintete auf den Wald zu, es sah zugleich leichtfüßig und unbeholfen aus. Mehrfach kam er ins Stolpern, und als er sich am Waldrand zu Abel umwandte, rannte er fast gegen einen Baum.

Abel griff sich einen Ast, der zwischen Gestrüpp und Steinen herumlag, und humpelte zu seinem Autowrack zurück. Er fischte seinen Blackberry aus dem Fach in der Fahrertür und wählte den Notruf.

»Zentrale Polizeileitstelle, mein Name ist POM Rietmüller, wie kann ich Ihnen helfen?«

»Dr. Abel, BKA.« Er gab seine Position durch und meldete einen Unfall mit Fahrerflucht. »Der Porsche-Fahrer ist verletzt und hat sich zu Fuß davongemacht. Der Wagen ist in Berlin zugelassen.« Er gab das Kennzeichen durch. »Möglicherweise hat er mich gezielt attackiert«, fügte er hinzu.

»Wie kommen Sie darauf?«, fragte der Beamte. Er klang nun eine Spur reservierter.

»Er sieht Jörg Halfter ähnlich«, sagte Abel.

»Dem Darkroom-Killer?«

»Verständigen Sie Hauptkommissar Herold vom LKA 1«, sagte Abel.

Er beendete das Gespräch. Als Nächstes würde er Sara Wittstock anrufen. Sie durften auf keinen Fall die Spur des Lkw verlieren, nur weil dieser Irre nichts Besseres zu tun gehabt hatte, als sie von der Straße zu rammen.

☠ ☠ ☠

49

**B 168 bei Friedland,
Sonntag, 18. Juli, 07:56 Uhr**

Als Timo Jankowski eine Viertelstunde später aus dem Wald zurückkam, versuchte Abel gerade zum fünften Mal, Sara Wittstock zurückzurufen. Er hatte Jankowskis Blackberry gefunden und sie damit angerufen. Sara hatte sich sofort gemeldet, aber nur ein paar rätselhafte Satzfetzen

von sich gegeben und ohne ein weiteres Wort wieder eingehängt.
Sie ist in Panik, dachte Abel. *Aber warum?* Bisher war sie ihm nicht wie jemand vorgekommen, der zu übertriebener Ängstlichkeit neigte. Ganz im Gegenteil. Fürchtete sie plötzlich, dass sie ihren Job verlieren könnte, weil sie mit ihren Hacker-Angriffen gegen diverse Gesetze verstoßen hatte? *Das passt doch nicht zu ihr.*
»Wie vom Erdboden verschluckt«, brachte Jankowski keuchend hervor. Er stützte die Hände auf die Oberschenkel, vollkommen außer Atem. Der Schweiß lief ihm in Bächen aus den Haaren.
»Ich habe die Polizei verständigt, Herold ist hoffentlich schon unterwegs«, sagte Abel. »Der Typ kommt da nicht mehr raus. Jedenfalls nicht ohne Handschellen.«
Doch er behielt den Waldrand im Blick. Vorhin hatte er sich nicht darum gekümmert, was sich hinter ihnen auf der Straße abspielte. Ihr Verfolger hatte leichtes Spiel gehabt, aber das würde ihm nicht noch einmal passieren.
War das wirklich Halfter?, überlegte Abel erneut. Auf verrückte Weise konnte es durchaus einen Sinn ergeben. Halfter konnte ihnen gefolgt sein, auf seine Gelegenheit gewartet haben, einen einsamen Straßenabschnitt, um seinen großspurigen Racheschwur in die Tat umzusetzen. Mit dem Kidnapping hatte er trotzdem nichts zu tun, aber Abel ahnte, dass die LKAler das wieder mal anders sehen würden.
»Der Wald ist der reinste Hindernisparcours.« Jankowski rang immer noch um Atem. Sein Brustkorb pumpte, sein Hemd war klatschnass. »Was ist mit deinem Fuß?«
»Nur umgeknickt, keine Bänder gerissen«, sagte Abel. »Hoffe ich jedenfalls.«
»Hat sich Sara bei dir gemeldet?«
»Ich mich bei ihr«, gab Abel zurück. »Willst du wissen, was sie gesagt hat?«
»Oha. Hat sie dich beschimpft?«

»Schlimmer. Ich zitiere: ›Der Lkw hat sich in Luft aufgelöst. Mitsamt dem Anrufer. Haltet mich da raus, verstanden?‹ Sie hat dann sofort aufgelegt. Und seitdem geht sie nicht mehr dran. Ich habe es schon x-mal probiert.«

Er griff in seine Hosentasche, zog Jankowskis Smartphone heraus und tippte auf die Wahlwiederholungstaste. »*Der Teilnehmer ist zurzeit nicht erreichbar*«, quäkte es aus dem Lautsprecher.

Jankowski starrte Abel an. »Ich hatte gerade angefangen, zu glauben, dass ich mich ein bisschen in sie hineinversetzen kann. Aber da habe ich mich offenbar getäuscht. Diese Frau ist ein unergründliches Rätsel.«

Abel packte ihn unsanft beim Arm. »Wie die Frau tickt, ist mir gerade ziemlich egal, Timo«, sagte er. »Ich will wissen, wo meine Kinder sind. Was mit dem Lkw passiert ist.«

Timo rieb sich den Oberarm. »Lass es mich noch mal versuchen. Vielleicht redet sie ja mit mir.«

Er nahm Abel sein Smartphone aus der Hand, wählte eine Nummer aus der Kontaktliste und setzte ein unterwürfiges Lächeln auf. Nachdem er eine halbe Minute lang gelauscht hatte, war sein Lächeln wie weggewischt.

»Die Nummer hat sie mir vorgestern gegeben«, sagte er. »Da erreichst du mich immer‹, hat sie gesagt. ›Aber die gilt nur für absolute Notfälle.‹«

»Und?«

»Dasselbe wie bei ihrem anderen Anschluss«, sagte Jankowski. »Zurzeit nicht erreichbar.«

☠ ☠ ☠

50

**B 168 bei Friedland,
Sonntag, 18. Juli, 09:47 Uhr**

Knapp zwei Stunden später saßen sie immer noch im brandenburgischen Nirgendwo fest, wenn auch mittlerweile im Mercedes Transporter der Einsatzleitung. KHK Herold hatte alles mobilisiert, was er als Leiter der Soko »Dunkelkammer« aufbieten konnte. Zwei MEKs, eine Hundertschaft uniformierter Einsatzkräfte, eine Suchhundstaffel, eine Notfallambulanz und sogar einen Helikopter, mit dem er selbst und einige Brandenburger Polizeigrößen als Beobachter direkt auf der Brachfläche gelandet waren. Zu Abels Leidwesen war auch Richard Hu aus dem Hubschrauber geklettert und hatte ihn ohne Umschweife mit einem bizarren Verdacht konfrontiert: »Sie haben hinter unserem Rücken mit Halfter Kontakt aufgenommen, Herr Dr. Abel!« Er formulierte es nicht einmal als Frage. Abels Dementi schien er kaum zur Kenntnis zu nehmen.

Seitdem saß er Abel und Jankowski an dem schmalen Einbautisch im Mercedes Transporter gegenüber und löcherte sie mit den immer gleichen Fragen, Behauptungen, Spekulationen. Während Herold höchstpersönlich mit den Hundertschaften durch das Waldstück stapfte und unter jedem Busch nach Jörg Halfter suchte. *Der Darkroom-Killer im dunklen Wald...*

»Wir haben den Anruf heute früh auf Ihrem Handy zurückverfolgt, Herr Abel«, sagte Richard Hu. »Er kam aus dieser Gegend hier, irgendwo zwischen Lieberose und Friedland. Drei Stunden später treffen Sie genau hier mit Halfter zusammen – und Sie wollen mir einreden, das wäre reiner Zufall?«

»Ich will Ihnen gar nichts einreden«, verwahrte sich Abel. Der Notarzt hatte seinen Knöchel bandagiert und ihm

Schmerzmittel verabreicht, doch er spürte noch immer ein dumpfes Klopfen in seinem Fuß, das sich bei jeder unbedachten Bewegung in schmerzhaftes Stechen verwandelte. Glücklicherweise war der Knöchel zumindest nicht gebrochen.

Gebrochen, nicht zerstört, kam ihm unvermittelt in den Sinn, der Titel des Pamphlets von Dr. Froschgesicht Jebens ...

»Dann erklären Sie mir doch bitte eines: Was hat Sie und Herrn Jankowski hier in die Einöde geführt?«, holte ihn Hu in die Gegenwart zurück.

Seine nervtötenden Fragen brachte der Asiate vor, ohne die Stimme zu erheben und seine Gesichtsmuskeln über das absolut nötige Minimum hinaus zu bewegen. Er trug wiederum einen dunklen, eng geschnittenen Anzug, den er trotz tropischer Temperaturen bis zum Hals zugeknöpft hatte. Heute jedoch erinnerte er Abel weniger an einen mönchischen Gelehrten als an einen pedantischen Archivar. *Staubtrocken,* dachte Abel. Nicht das kleinste Schweißtröpfchen glitzerte auf Hus Stirn, während er selbst und Jankowski vor Hitze fast zerflossen.

»Ich wollte Herrn Jankowski den stillgelegten Flugplatz Casekow zeigen«, sagte Abel. »Damit er sich selbst ein Bild machen kann.« Eine lahme Ausrede, das war ihm bewusst, aber es spielte keine Rolle. Was immer er vorbringen würde, Hu würde ihm nicht glauben, wenn es nicht zu seiner Hypothese passte.

»Casekow?«, wiederholte Hu. »Das liegt mehr als hundert Kilometer nördlich.« Er sah Jankowski an.

Der Mann ist nicht nur pedantisch, sondern auch selbstgefällig, dachte Abel. *Ein gefährlicher Charaktermix bei einem Kriminalbeamten.*

»Wir haben eben einen Umweg gemacht.« Jankowski zuckte mit den Schultern. »Hören Sie, Herr Hu, ich kenne Ihre Hypothese, aber wenn Sie den Sprachduktus des anonymen Anrufers analysieren ...«

»Danke, dass Sie mir Nachhilfeunterricht erteilen wollen, Herr Jankowski«, fiel ihm Hu ins Wort. »Aber ich habe meine Hausaufgaben schon alleine gemacht.«
Von dem Respekt, den er dem BKA-Profiler angeblich entgegenbrachte, war nichts zu spüren. Hu behandelte sie beide fast wie Verdächtige, zumindest wie verstockte Lügner, die er so lange mit seinen Fragen nerven würde, bis sie mit der Wahrheit herausrückten.
Da musst du früher aufstehen, dachte Abel.
Während der Helikopter bereits mit ohrenbetäubendem Knattern gelandet war, hatte er sich noch rasch mit Jankowski abgesprochen. Natürlich durfte Herold nicht erfahren, dass Sara Wittstock ihnen jenseits der Legalitätsgrenzen geholfen hatte, den Anrufer zu orten. Für Richard Hu galt das erst recht. Abel traute dem starrsinnigen Kommissar einfach nicht zu, mit einem Gegner dieses Kalibers fertigzuwerden. Einem Profi-Agenten und psychopathischen Foltermörder. Das Leben seiner Kinder stand auf dem Spiel. Nach seinen Erfahrungen der letzten Tage würde Abel die zuständigen LKA-Kriminaler nur dann involvieren, wenn es die Chance erhöhte, die Zwillinge unbeschadet zu befreien.
Vom Wald tönte hysterisches Bellen der Suchhunde herüber. Anscheinend hatten sie eine Fährte gefunden. Am liebsten wäre Abel auf der Stelle aus der klaustrophobischen Enge des Transporters geflüchtet, in dem es überdies so heiß war wie in einer Sauna. Sie mussten Sara erreichen, herausfinden, wo der Lkw mit den Zwillingen abgeblieben war. Den Gedanken, dass sie wenige Kilometer von seinen Kindern entfernt gestoppt worden waren, konnte Abel kaum ertragen.
Aber Hu hatte unmissverständlich erklärt, dass sich Abel und Jankowski an Ort und Stelle zur Verfügung halten mussten, bis sie mit Halfter und dessen Aussagen konfrontiert werden konnten. »Jede Minute zählt, Herr Abel. Es geht schließlich um das Leben Ihrer Kinder.«

Das sah Abel genauso, nur glaubte er nicht im Geringsten an Hus Theorie, dass irgendwo hier in der Nähe ein Gemüselaster in einem Versteck stand. Mit den gekidnappten Zwillingen im Laderaum, die Hunger, Durst und der brütenden Hitze ausgesetzt waren, während ihr Entführer verletzt und auf der Flucht war. Laut Hu lag es in Abels Hand, die Befreiung seiner Kinder zu beschleunigen, indem er endlich mit der Polizei kooperierte und zugab, dass und worüber er hinter dem Rücken der Sonderkommission mit Halfter verhandelt hatte. Nach Abels Überzeugung dagegen war der Gemüselaster längst entsorgt worden, und die Zwillinge befanden sich im Laderaum eines deutlich größeren Trucks, der bereits wieder hundert Kilometer oder mehr von hier unterwegs war. Jedenfalls weit jenseits des fünfzig Kilometer durchmessenden Bereichs, in dem Hu nach Gemüselastern fahnden ließ.

»Jedes winzige Detail kann von Bedeutung sein«, sagte Hu. »Das wissen Sie doch so gut wie ich, Herr Abel. Und natürlich habe ich Verständnis dafür, dass Sie sich aus väterlicher Sorge auf einen Deal mit dem Kidnapper einlassen wollten. Aber das ist ja offenbar gründlich schiefgegangen – also verraten Sie mir jetzt endlich, was sich hier zwischen Ihnen und Halfter abgespielt hat.«

»Er ist plötzlich angerast gekommen und hat uns gerammt«, sagte Abel. »Das hat sich abgespielt und sonst gar nichts. Er hat angekündigt, dass er sich an mir rächen wollte, und das hat er anscheinend heute gemacht. Oder zumindest versucht.«

Hu schüttelte fast unmerklich den Kopf. Sein Mund und seine Augen bildeten drei gleich schmale Striche. »Der Anruf kam von hier, Sie sind hier, und Halfter ist hier«, sagte er. »Solange eins und eins zwei ergibt, kann man daraus nur einen Schluss ziehen: Halfter hat Sie angerufen, Herr Abel, und daraufhin haben Sie sich auf den Weg gemacht. Wie genau er Sie hierherbestellt hat, werden wir noch herausfinden.

Wahrscheinlich hat er Ihnen einfach ein Prepaid-Handy zugespielt, über das die weitere Kommunikation stattgefunden hat. War es so? Und was ist hier zwischen Halfter und Ihnen vorgefallen? All das werden wir herausfinden. Werfen Sie einen Blick aus dem Fenster, Ihr Wagen wird gerade von der KT untersucht.«
Abel schaute aus dem Seitenfenster des Mercedes Transporters. Drei Kriminaltechniker in hellgrauen Overalls machten sich an dem Cayenne zu schaffen. Zwei weitere KT-ler untersuchten seinen Audi. *Viel Glück dabei*, dachte Abel.
»Während Sie uns hier mit Ausflüchten hinhalten, müssen Ihre Kinder unnötig leiden«, sagte Hu, fast ohne die Lippen zu bewegen. »Der Lkw, in dem sie eingesperrt sind, muss irgendwo hier in der Nähe abgestellt sein. Sagen Sie mir alles, was Sie wissen, umso schneller können wir Ihre Kinder finden und befreien.«
Abel schüttelte den Kopf. »So leid es mir tut, ich kann Ihnen nicht helfen, Herr Hu.«
Sie drehten sich im Kreis. Hu blätterte in seinen Notizen, gleich würde er von vorne anfangen, dieselben Fragen zum dritten Mal stellen. Es war zum Verrücktwerden. Da begann das Funkgerät, das neben Hu auf der Bank lag, zu knarren. Eine tiefe Stimme, unverkennbar KHK Herold, übertönte das Knattern atmosphärischer Störgeräusche.
»Alpha-eins an alle, Einsatz beenden. Zielperson in Gewahrsam. Wiederhole, Einsatz beenden.«
Abel holte tief Luft und sah Jankowski von der Seite an. Der Profiler hatte die Hände vor sich auf den Tisch gelegt und wie zum Gebet gefaltet. Auch er litt Höllenqualen, das sah Abel seinem Freund an. Wieder musste er an Sara Wittstocks rätselhafte Äußerung denken – »Der Lkw hat sich in Luft aufgelöst. Genauso wie der Fahrer« –, und Nervosität zuckte wie Stromstöße durch seinen Körper.

☠ ☠ ☠

51

**B 168 bei Friedland,
Sonntag, 18. Juli, 10:23 Uhr**

Zwei Uniformierte hielten Halfter an den Armen fest, die hinter seinem Rücken mit Handschellen gefesselt waren. Die Polizisten hatten breite Schultern und muskulöse Oberarme. Neben ihnen sah der gefürchtete Darkroom-Killer fast unscheinbar aus, trotz der grotesken Maske aus angetrocknetem Blut.
Die Polizisten führten ihn an Abel und Jankowski vorbei in das geräumige Zelt, das die KT mittlerweile als Schutz vor der sengenden Sonne aufgebaut hatte. Halfter drehte sich im Vorüberhumpeln zu Abel um und starrte ihn auf sonderbare Weise an. Der Blick seiner wasserhellen Augen war gleichzeitig starr und abwesend. Mit seiner kräftigen Statur, dem kahlgeschorenen Schädel und dem markanten Kinn hätte er einschüchternd wirken können, doch sein abwesender Blick machte diese Wirkung zunichte.
Er hat keine Präsenz, dachte Abel. Das hatte er schon letzte Woche so empfunden, als Herold ihm das Foto von Halfter gezeigt hatte.
»Er sieht aus wie tausend andere«, sagte Jankowski. »Trotzdem war ich mir vorhin auf den ersten Blick sicher, dass es sich um Halfter handelt.«
»Mir ging es genauso.« Abel zuckte mit den Schultern. »Verrückt, oder?«
»So erstaunlich auch wieder nicht«, sagte Jankowski. »Halfter hat schließlich angekündigt, sich an dir zu rächen. Unbewusst haben wir die ganze Zeit erwartet, dass er angreifen würde. Als es dann wirklich gekracht hat, hätten wir wahrscheinlich auch jeden anderen, der halbwegs ins Bild passte, für den Darkroom-Killer gehalten.«
Jankowski und Abel folgten Hu in das hellgraue Zelt, das

ungefähr fünf mal vier Meter groß war. Vor den Zeltwänden standen die voluminösen Alukästen und -koffer aufgereiht, in denen die Kriminaltechniker ihre Utensilien transportierten.
Die beiden Polizisten drückten Halfter auf einen der Klappstühle, die um einen Metalltisch herum aufgereiht standen. Der selbsternannte Walter White vom Wedding steckte in einem weißen Spurensicherungsanzug, in dem er wie ein gestrandeter Astronaut aussah. Seine Hände waren mit Papiertüten umhüllt. Später in der Keithstraße würden die Kriminaltechniker seine Fingernagelränder auskratzen, ihn von oben bis unten abkleben und auf weiterführende Spuren hin untersuchen.
Herold saß bereits auf dem Stuhl gegenüber von Halfter, um ihn herum etliche Gesichter, die Abel mehr oder weniger bekannt vorkamen, Kriminalbeamte, eine Staatsanwältin, diverse Assistenten. Er nickte kurz in ihre Richtung, wollte mit niemandem reden, die Prozedur nur so schnell wie möglich hinter sich bringen. Vielleicht war inzwischen auch der Pressefuzzi schon hier, der ihm den Schlamassel mit Halfter eingebrockt hatte? Er wollte es lieber gar nicht wissen.
»Setzen Sie sich«, sagte Hu und deutete auf zwei Stühle am anderen Ende des Tischs. Abel nahm widerstrebend Platz, Jankowski machte es ihm nach. Er hatte die Hände zu Fäusten geballt.
»Kurz zum Stand der Dinge«, sagte Herold. Er betastete seinen üppigen Schnauzbart, wie um dessen korrekten Sitz zu überprüfen. »Herr Halfter wurde bereits über seine Rechte belehrt. Er hatte falsche Papiere und ein Flugticket nach Malta bei sich, planmäßiger Abflug heute Nachmittag. Daraus wird dann wohl leider nichts.«
Der bullige Hauptkommissar richtete seinen Blick auf Halfter. Herold kam Abel gleichzeitig überdreht und zutiefst erschöpft vor. »Herr Halfter, der Porsche Cayenne, mit dem Sie den Unfall verursacht haben, wurde heute früh um 6:15

Uhr bei einem Kfz-Händler in Treptow-Köpenick gestohlen. Auf dem Video der Überwachungskamera sind Sie deutlich zu erkennen. Das erklären Sie uns doch bitte mal. Erst der stümperhafte Autodiebstahl, dann dieser Crash, mit dem Sie sich quasi selbst eingebuchtet haben. Was hat Sie dazu veranlasst? Sie hatten doch alles vorbereitet, um sich nach Malta abzusetzen.«

Halfter saß zusammengesunken auf seinem Stuhl. Seine Stirn war mit Schweißtropfen bedeckt, sein Gesicht blutverschmiert und vor Schmerz verzerrt. »Ich brauche einen Arzt. Das sehen Sie doch wohl«, stieß er zwischen den Zähnen hervor.

»Im Gegensatz zu Ihnen sind wir alle zu Mitgefühl fähig, auch gegenüber einem mutmaßlichen Mörder«, sagte Herold. »Beantworten Sie meine Fragen, der Arzt wird sich dann sofort um Sie kümmern. Warum haben Sie den Porsche geklaut und sind hier draußen in der Einöde herumgerast, anstatt bis zum Start Ihres Fliegers in Deckung zu bleiben?«

»Na, was glaubst du wohl, warum?« Halfter richtete seinen Oberkörper auf. Sein Blick glitt suchend die Reihe der Gesichter entlang und blieb an Abel haften. »Ich habe geschworen, Rache zu üben, wenn sich mir jemand in den Weg stellt.« Seine Stimme klang kalt und schneidend.

»Rache?«, wiederholte Herold. »An wem wollten Sie sich denn rächen, Herr Halfter?«

»Stell dich nicht blöder, als du bist«, sagte Halfter. »Der dämliche Gerichtsarzt da drüben hat mich bei euch angeschwärzt, dafür musste er schließlich die Quittung kriegen. Wegen eurer Scheißfahndung musste ich das Ganze abkürzen, war eigentlich opulenter geplant.« Er fletschte die Zähne in Abels Richtung. »Hier bin ich, Abel, dein Bruder Kain! So ungefähr. Aus Zeitmangel gestrichen. Stattdessen also Plan B.«

Er verstummte und starrte geistesabwesend auf den Tisch vor sich.

»Und Ihr Plan B, Herr Halfter«, ermunterte ihn Herold, »wie sah der aus?«
»Na wie schon, du Schnelldenker«, sagte Halfter. »Den Gerichtskomiker über den Haufen fahren und dann ab auf die Insel, das war der Plan. Aber die feige Sau hat irgendwie Lunte gerochen und ist volle Kanne abgehauen. Ich hinter ihm her, hab ihn ein paarmal aus den Augen verloren, aber jedes Mal wiedergefunden und schließlich mit einem Höllenbums von der Straße gerammt. Als krönenden Höhepunkt wollte ich ihm meine bewährten K.-o.-Tropfen verabreichen – und Scheiße, wenn ich mir bei dem Crash nicht die Haxe gebrochen hätte, ich hätte das Arschloch ins Nirwana geschickt. Und den Spacken an seiner Seite gleich hinterher.«
Herold warf einen Blick in die Runde und nickte. Er wirkte ungemein zufrieden. »Das wäre damit auch geklärt«, sagte er. »Hol mal jemand den Doc her.«
»Einen Moment«, sagte Richard Hu. »Vorher muss Herr Halfter auch mir noch ein paar Fragen beantworten.«
Der Darkroom-Killer starrte Hu an, der sich von seinem Stuhl erhoben hatte und mit exakt bemessenen Schritten auf ihn zuging. »Was bist du denn für ein Vogel?«, fragte er.
»Hauptkommissar Hu. LKA 11, Menschenraub.«
»Geklaut habe ich den Porsche, keine Personen, du Blitzmerker«, gab Halfter zurück.
»Leugnen hat keinen Zweck, Herr Halfter«, sagte Hu. »Die Beweislage ist erdrückend. Wo halten Sie die Kinder gefangen?«
Hinter Hus Rücken warf Herold seiner Assistentin einen Blick zu. Beide verdrehten die Augen.
»Was denn für Kinder?« Halfter sah nicht nur verblüfft, sondern geradezu empört aus. Ohne den weiterhin verpeilten Ausdruck seiner Augen hätte er fast normal gewirkt. »Meinst du, ich nehme mir auch noch Arbeit mit nach Hause?«
»Leugnen hat keinen Zweck«, wiederholte Hu in seiner stu-

ren Art. »Ich kann beweisen, dass Sie die Kinder von Dr. Abel entführt haben.«

Halfter kniff die Augen zusammen. »Du hast ja 'ne Meise«, sagte er. »Der Gerichtskomiker da soll Kinder haben? Das wüsste ich aber.«

Hu öffnete die beiden oberen Knöpfe seiner Anzugjacke, zog eine Fotografie aus der Brusttasche und hielt sie Halfter unter die Nase. »Das sind Noah und Manon, die Kinder von Dr. Abel, die Sie, Herr Halfter, am Mittwoch letzter Woche aus dem Café ›Chaud et Froid‹ in Berlin-Mitte entführt haben.«

Halfter starrte abwechselnd das Foto und Richard Hu an. Wenn sein Erstaunen gespielt war, hatte er für den Rest des Jahrhunderts sämtliche Oscars verdient. »Willst du mich verarschen?«, rief er. »Das sind zwei Mohrenköpfe! Und der Trottel da drüben, der mich mit dem Thaumatin reingeritten hat, ist weißer als eine Kellerassel! Du hast doch was an den Schlitzaugen, Freundchen!«

»Hier geht es um das Leben zweier unschuldiger Teenager«, fuhr Hu unbeirrt fort. »Sie halten die beiden in einem Lastwagen gefangen. Die Kühlung des Laderaums ist defekt, bei der herrschenden Witterung können die Kinder diese Tortur nicht lange durchhalten. Sagen Sie mir, wo der Lkw steht.«

Halfter hob eine Augenbraue. »Lkw? Was soll das denn schon wieder?«

»Der Lkw, den Sie dem Gemüsehändler Didem Ülük in Berlin-Kreuzberg entwendet haben«, parierte Hu. »Zeugen haben beobachtet, wie Sie von diesem Lastwagen aus Äpfel und Bananen an unbegleitete minderjährige Flüchtlinge aus Afrika verteilt haben.«

Halfter schüttelte den Kopf. »Jetzt reicht es aber. Schwarze und Kurze, die beiden Sorten kann ich am wenigsten verknusen. Die einen kriechen sowieso schon aus allen Löchern, die anderen nerven mich jeden Tag in der Schule. Warum zur Hölle sollte ich mir einen Mix aus diesen beiden Übeln an die

Backe kleben? Minderjährige Schwarze im Gemüselaster durch die Gegend chauffieren? Det gloobt dir doch keen Mensch!«, schloss er in breitem Weddinger Dialekt.
Hu hatte die nächste Frage schon auf der Zunge, aber Herold schnitt ihm mit einer Handbewegung das Wort ab.
»Da ist was dran«, sagte er. »Der Notarzt kann sich jetzt um die Verletzungen von Herrn Halfter kümmern. Anschließend Abmarsch für alle außer der KT. Die Kollegen haben hier wohl noch eine Weile zu tun.«
Er erhob sich zu seiner vollen Größe. »Mein herzlicher Dank gilt allen Beteiligten«, sagte er, »die in welcher Form auch immer dazu beigetragen haben, dass ein mutmaßlicher Schwerverbrecher festgesetzt werden konnte.« Er nickte in diverse Richtungen, mit besonderem Nachdruck auch zu Abel hinüber, nur den Kollegen Hu sparte er auffällig aus.
»Nichts wie weg hier, Timo«, sagte Abel.

☠ ☠ ☠

52

Berlin-Grünau, Wohnhaus Dr. Fred Abel und Lisa Suttner, Sonntag, 18. Juli, 13:08 Uhr

Wieder saßen sie zu Hause bei Abel um den Esstisch versammelt. Lisa und er, Jankowski, Claire Borel und Moewig.
Nur Sara Wittstock war unauffindbar. Jankowski hatte sie unzählige Male auf ihren beiden Anschlüssen angerufen und versuchte es weiterhin alle paar Minuten. Auf dem Rückweg waren Abel und er im Märkischen Viertel vorbeigefahren und hatten erst an ihrer Haustür geklingelt, dann gegen Saras Wohnungstür gehämmert, ohne Resultat.

»Alle Spuren sind kalt.« Abel zählte die Fährten auf, denen sie gefolgt waren und die sich allesamt als Sackgassen erwiesen hatten. »Der Dealer im Bistro-Hinterhof. Jebens' ›Gefallene Engel‹. Die Kinderfänger der Pädophilen-Mafia. Die kriminellen Litauer auf Guadeloupe ...«
Claire schnaufte hörbar, als sie den Namen ihrer Insel hörte. Sie sprach nur ein paar Brocken Deutsch, aber im Großen und Ganzen konnte sie dem Gespräch folgen. Und wenn sie den Faden zu verlieren drohte, half Lisa ihr mit einer gemurmelten Zusammenfassung auf Französisch.
»Das sind knallharte Schutzgelderpresser«, warf Moewig ein. »Aber Kidnapping in Tausenden Kilometern Entfernung ist für die drei Nummern zu groß.«
Er war vor zwei Stunden in Tegel gelandet. Claire war immer kleinlauter geworden, als er eben von seinem Inseltrip berichtet hatte. Dabei hatte er alles ausgespart, was zusätzlich Salz in ihre Wunden streuen würde.
»... und auch Halfter können wir wohl endgültig abhaken«, sagte Abel.
Sein Smartphone klingelte. Jankowski sah ihn erwartungsvoll an, doch nach einem Blick aufs Display schüttelte Abel den Kopf.
»Hier Abel. Ich stelle Sie mal laut, Herr Hu.« Er legte seinen Blackberry auf den Tisch.
»Wer kann das alles mithören?« Hu klang nervös. »Ich wollte Sie vertraulich über den Stand der Ermittlungen informieren.«
»Nur zu, Herr Hu«, sagte Abel. »Meiner Lebensgefährtin und der Mutter meiner Kinder dürfen Sie Ihre Erkenntnisse ruhig auch anvertrauen.«
»Gut, ja, kein Problem«, sagte Hu. Er räusperte sich und raschelte mit Papieren. »Also, die Sache ist die, Halfter wird nicht mehr verdächtigt, in die Entführung Ihrer Kinder verwickelt zu sein.«
Abel hob eine Braue und sah Jankowski an.

»Meine Analyse der Täterpersönlichkeit hat sich trotzdem zu neunundneunzig Prozent als zutreffend erwiesen«, fuhr Hu fort. »Familienangehörige von Ihnen als Bestandteil seines Racheplans zu entführen hätte absolut zu ihm gepasst. Nur hatte ich leider keine Anhaltspunkte dafür, dass er außerdem pädophob ist. Sonst wäre von vornherein klar gewesen, dass er in diesem speziellen Fall dem Kreis der Verdächtigen nicht zugerechnet werden kann.«
Abel schüttelte den Kopf. »Ihre Rechtfertigungen interessieren mich nicht. Sagen Sie mir einfach, was Sie jetzt vorhaben. Welche Spuren Sie verfolgen werden.«
»Wir wenden uns an die Öffentlichkeit«, sagte Hu. »Der Aufruf wird morgen über alle Medien verbreitet. Fernsehen, Radio, Internet, Zeitungen. Irgendjemand wird sich melden, der etwas beobachtet hat, das uns auf die Spur des Kidnappers bringt.«
»Das hört sich nach einem Plan an«, sagte Abel.
»Und ich kann nur nochmals an Sie appellieren«, fügte Hu hinzu, »mit uns zusammenzuarbeiten, Herr Abel. Wenn sich der Kidnapper – auf welchen Kanälen auch immer – bei Ihnen meldet, informieren Sie uns bitte auf der Stelle.«
»Verstanden.« Abel beendete das Gespräch.
Alle Anwesenden sahen ihn an. Claire hatte verweinte Augen, Jankowski konnte vor Nervosität kaum stillsitzen, alle sahen erschöpft und ratlos aus.
Abel griff in seine rechte Hosentasche. »Eine Spur haben wir noch«, sagte er und legte den Ring auf den Tisch
Moewig pfiff durch die Zähne. »Donnerwetter, was ist das denn?« Er lehnte sich zu Abel herüber, griff sich den Ring und drehte ihn vor seinen Augen hin und her. »Kyrillisch? Von dem transnistrischen Foltermörder, diesem Burkjanov?«
»Ja und nein«, sagte Abel.

☠ ☠ ☠

53

**Berlin-Mitte, Bistro »Chaud et Froid«,
Sonntag, 18. Juli, 15:07 Uhr**

»Die beiden sind immer noch verschwunden?« Die Kellnerin Monique riss die Augen auf. Sie stand hinter dem Tresen des »Chaud et Froid« und sah abwechselnd Abel und Moewig an. »Aber Messieurs, das ist eine Tragödie!«
Abel konnte ihr nicht gleich antworten. Seine Kehle war plötzlich wie zugeschnürt. »Die Polizei tappt im Dunkeln«, brachte er schließlich hervor. »Vielleicht ist Ihnen noch etwas eingefallen, das uns weiterhelfen könnte?«
»Ich habe alles gesagt.« Monique machte ein Gesicht, als würde sie gleich in Tränen ausbrechen. »Hier ist immer so viel zu tun, da hat man keine Zeit, sich einzelne Gesichter einzuprägen. Sie sehen es ja selbst.« Wieder ihre raumgreifende Armbewegung.
Es war unglaublich heiß in dem Bistro. Alle Tische draußen und drinnen vollbesetzt. Abel kam es so vor, als würden sämtliche Gäste zu ihnen herüberstarren. Vor allem zu Moewig, der in Camouflage-Shorts und olivfarbenem, ärmellosem Shirt am Tresen lehnte.
»Der Mann, der Noah und Manon abgeholt hat«, fragte Abel, »mein angeblicher Assistent, Monique – wie hat der geredet?«
»Geredet?«, wiederholte sie.
An mehreren Tischen wurde gleichzeitig nach der Rechnung verlangt. Moewig nahm an, dass er selbst wieder mal der Auslöser für die urplötzlich grassierende Unrast war. In seiner Nähe verspürten die meisten Leute Fluchtimpulse, jedenfalls hier in Deutschland. *Vielleicht sollte ich nach Guadeloupe auswandern.*
»Hatte er einen Akzent?«, präzisierte Moewig. »Einen russischen, italienischen, amerikanischen, wie auch immer? Oder

hat er Dialekt gesprochen – wie ein Bayer, ein Sachse oder so?«

»Das haben Sie mich letzte Woche schon gefragt.« Sie schloss die Augen. »Er hat das R auffällig gerollt«, sagte sie. »Und er hatte eine tiefe Stimme.« Sie öffnete die Augen wieder. »Aber ich weiß wirklich nicht, ob ich mir das nicht nur im Nachhinein einbilde.«

»Vielen Dank, Monique. Das war trotzdem hilfreich«, sagte Abel.

Nicht einmal Moewig war es diesmal gelungen, in unmittelbarer Nähe des »Chaud et Froid« zu parken. Selbst die Einfahrten und Halteverbotszonen waren zugeparkt. Die Politessen legten Sonderschichten ein, ihre Knöllchendrucker ratterten um die Wette.

Mit zwei Unterarmgehstützen humpelte Abel die Torstraße entlang. Der Schmerz in seinem Knöchel klopfte im gleichen rasenden Takt wie sein Herz. Moewig hatte seinen Geländewagen gut hundert Meter weiter abgestellt, in einer Baustelle, deren Plastikumzäunung er kurzerhand umgruppiert hatte.

»Ein Osteuropäer vielleicht«, sagte Moewig. »Das würde zu deiner Hypothese passen, Freddy.«

»Und zu dem Ring«, ergänzte Abel. Der Schweiß lief ihm den Rücken hinunter.

Abel grübelte immer noch über Moniques Worte, als sie in Moewigs Lada Niva auf der Torstraße nach Norden fuhren. Sie hatten vereinbart, sich mit Jankowski vor Sara Wittstocks Haustür zu treffen. Falls Sara noch nicht zu Hause war beziehungsweise die Tür weiterhin nicht öffnete, würde Moewig »die Security checken«. So hatte er jedenfalls formuliert, was in weniger euphemistischer Umschreibung auf einen Wohnungseinbruch hinauslief.

Vorhin in der Runde hatte Abel kurz zusammengefasst, wie sich aus seiner Sicht der Hintergrund der Entführung mittlerweile darstellte. Nicht Burkjanov selbst, sondern ein anderer transnistrischer Geheimdienstoffizier und MGIMO-

Absolvent war an der Ermordung der Stepanov-Brüder direkt beteiligt gewesen. Er hatte den verräterischen Ring im Kalkcontainer verloren, was ihm möglicherweise so lange kein Kopfzerbrechen bereitet hatte, bis Burkjanov gestürzt worden war und seine schützende Hand nicht länger über ihn halten konnte.
Dieser Unbekannte musste herausgefunden haben, dass niemand anders als Abel den Ring an sich genommen haben konnte. Nun befürchtete er nicht nur, dass Abel ihn genauso vor Gericht bringen könnte, wie sein einstiger Chef durch Abels Gutachten zu lebenslanger Haft verurteilt worden war. Der Unbekannte war zudem ein schwerstgestörter Psychopath, der auch aus innerem Drang folterte und mordete, wenn sich eine Gelegenheit für ihn ergab.
Dieser Mix aus rationalen und irrationalen Motiven hatte Abel irritiert, wann immer er in den letzten Jahren mit dem Transnistrier oder dessen Helfershelfern zusammengestoßen war. Wenn es ihnen darum ging, den Ring wieder an sich zu bringen, warum hatten sie Abel verfolgt und schließlich zusammengeschlagen, ohne mit ihrer Forderung herauszurücken?
»Das ist aus meiner Sicht kein Widerspruch«, hatte Jankowski gesagt, nachdem er über Abels Schilderung nachgedacht hatte. »Im Gegenteil, dieses ambivalente Verhalten ist für kontrollbesessene Psychopathen typisch. Einerseits können sie die Vorstellung kaum ertragen, über eine Situation nicht die absolute Kontrolle auszuüben, andererseits verleiht gerade diese Konstellation ihnen den Antrieb für destruktive Aktionen, die sie ausführen müssen, um sich lebendig zu fühlen. Einfacher gesagt: Jemand wie du, Fred, ist für diesen Typen dasselbe wie das sprichwörtliche rote Tuch für einen Stier. Wenn er daran denkt, dass du seinen Ring hast und ihm dadurch den Todesstoß versetzen könntest, verfällt er in Raserei. Aber weil diese Raserei für ihn das Geilste auf der Welt ist, zieht er das Spiel so lange wie möglich hin und zögert den

Moment hinaus, in dem er dich endgültig auf die Hörner nehmen und durch die Arena schleifen will.«

☠ ☠ ☠

54

Berlin-Reinickendorf, Wohnung Sara Wittstock, Sonntag, 18. Juli, 16:23 Uhr

Jankowski wartete bereits vor Sara Wittstocks Haustür. »Sie macht nicht auf.« Er drückte zum wiederholten Mal auf die Klingel mit der Aufschrift *12-34*, wartete kurz, schüttelte den Kopf. »Da stimmt was nicht, Fred.«
»Dann drück ein paar andere Klingeln«, sagte Moewig.
Eine übergewichtige alte Frau kam ihnen zuvor. Sie öffnete die Tür und stapfte an ihnen vorbei nach draußen, ohne sie eines Blickes zu würdigen.
Hier fällt niemand auf, dachte Jankowski, *nicht mal Moewig*.
Sie quetschten sich zu dritt in die Liftkabine und fuhren nach oben.
»Das ist ja wie im Knast hier«, kommentierte Moewig, als sie den beängstigend schmalen Flur im zwölften Stock entlanggingen. Die schimmelgrüne Wandfarbe konnte nur ein Sadist ausgesucht haben.
Jankowski drückte auf den Klingelknopf neben der Wohnungstür von Apartment *12-34*. »Sara?«, rief er. Er klingelte erneut und klopfte gegen die staubgraue Tür. »»Ich bin's, Timo! Mach bitte auf, Sara!«
Er wandte sich zu Abel und Moewig um. »Sie ist da drin, jede Wette.«
Moewig warf erst ihm, dann Abel einen Blick zu. »Soll ich? Ihr müsst es nur sagen.«

Sie bringt mich um, dachte Jankowski. Er fuhr sich mit dem Handrücken über die klatschnasse Stirn.

»Okay«, sagte er leise. »Ich habe das Gefühl, dass ihr etwas passiert ist.«

Und Gefühle waren eindeutig Jankowskis Stärke, diese Botschaft war bei Moewig angekommen. Er hatte sich zuerst schwergetan, Abels empfindsamen BKA-Buddy richtig einzuschätzen. Aber der Mann mit den spargeldünnen Armen und der bubenhaften Haartolle war nicht nur ein Frauenversteher, sondern konnte sich mit gespenstischer Genauigkeit auch in Perverse und Psychopathen hineinversetzen. Das hatte er vorhin demonstriert, als Abel ihnen von dem Mann berichtet hatte, dem der Ring mutmaßlich abhandengekommen war.

Moewig kramte in seinen Beintaschen und zog sein Dietrich-Taschenset heraus. Er fädelte den Draht des handlichen Elektroschockers in das Sicherheitsschloss ein und drückte auf den Startknopf. Die Vibrationen ließen die Stifte im Innern des Schlosses aus der Sperrposition springen. Mit der anderen Hand setzte er einen Schraubendreher an und wollte das Schloss gerade mit einer Rechtsdrehung öffnen, als er durch die Tür hindurch ein wohlbekanntes Geräusch vernahm.

Das metallische Schnappen beim Durchladen eines Revolvers.

Moewig erstarrte. *Colt Cobra,* tippte er. *Altmodische Wumme, aber auf kurze Distanz tut's die auch.*

»Zurück von der Tür«, ertönte Saras Stimme von drinnen. »Oder ich drücke ab.«

Moewig machte einen Schritt nach rechts und lehnte sich gegen die Wand. Er hatte schon mehrfach miterlebt, wie Menschen durch eine Tür hindurch erschossen worden waren. Mit Kurz- oder Langwaffen, mit Vorwarnung oder ohne, am Ende waren sie alle tot gewesen. Er hatte nicht die Absicht, ihrem Club beizutreten.

Abel sah es genauso. Er wich nach links zurück und zog

Timo mit sich aus dem Schussfeld. »Rede du mit ihr«, sagte er leise zu Jankowski.
Der Profiler wischte sich den Schweiß von der Stirn. Er spürte sein Herz bis in die Schläfen hinauf klopfen. »Sara!«, rief er mit unsicherer Stimme. »Ich bin's. Bitte mach auf!« Er wollte sich der Tür nähern, aber Abel hielt ihn am Unterarm fest.
»Wir machen uns Sorgen!«, rief Jankowski.
»Kein Grund, meine Tür aufzubrechen«, sagte Sara.
»Geht es dir gut?«
»Scheiß auf das Gesülze. Lasst mich doch einfach alle in Ruhe!«
»Wie meinst du das?«, fragte Timo. »Wer soll dich in Ruhe lassen?«
Auf der anderen Flurseite, vielleicht zehn Meter in Richtung Aufzug, ging eine Tür auf. Jemand spähte heraus, Moewig fuchtelte mit einem Arm und zog eine finstere Grimasse. Im nächsten Moment war die Tür wieder zu.
»Der Scheißrusse«, sagte Sara. »Was hast du denn gedacht?«
Bei Abel begannen sämtliche Alarmglocken zu läuten. *Hat der sich bei ihr gemeldet? Aus welchem Grund? Und wie hat er sie überhaupt aufgespürt?*
Er schob Jankowski zur Seite und näherte sich langsam der Tür. »Hier ist kein Russe, Sara. Nur Timo, Moewig und ich. Ich brauche immer noch deine Hilfe. Meine Kinder …«
Hinter der Tür ertönte ein undefinierbarer Laut. Am ehesten klang es wie der Versuch, einen Schluchzer zu unterdrücken. Das Guckloch verdunkelte sich, als Sara an die Tür herantrat und nach draußen spähte. Wenigstens eine halbe Minute lang geschah überhaupt nichts. Abel hörte nur, wie sie stoßweise atmete.
Dann endlich erklang leises Klirren. *Ein Schlüsselbund.* Im nächsten Moment begannen die Türschlösser zu quietschen und zu scheppern.
Meine Fresse, dachte Moewig, *das Mädel hat Ketten und*

Querriegel ohne Ende installiert. Das wäre eine Heidenmaloche geworden, die alle aufzuhebeln.
Sara zog die Tür einen Spalt weit auf und spähte hinaus. Sie hatte den Revolver noch in der Hand, es war tatsächlich ein Colt Cobra, zierlich wie ein Spielzeugrevolver.
Nur deutlich tödlicher, dachte Moewig. Er ließ die Waffe nicht aus den Augen.
»Sara«, brachte Jankowski hervor.
Sie starrte an ihnen vorbei den Flur hoch. Wieder verging ein langer Augenblick, in dem niemand etwas sagte. Dann ließ sie die Waffe sinken, machte einen Schritt zur Seite und zog die Tür ein wenig weiter auf. »Also kommt kurz rein«, sagte sie. »Aber mach dir keine Hoffnungen, Ralf«, fügte sie hinzu, als Abel sich durch den engen Spalt in die Diele schob. »Ich bin draußen.«
Und ich bin Fred, dachte er automatisch und preßte die Lippen zusammen.
Sie trug Jeans, robuste Sportschuhe und eine weit geschnittene Hemdbluse mit Karomuster, so als wollte sie gleich zu einer Reise aufbrechen. Mit einer routinierten Bewegung ließ sie den Colt vorne in ihrem Gürtel verschwinden. Jankowski und Abel gingen ihr durch die kleine Diele ins Wohnzimmer voraus, gefolgt von Moewig, der verstohlen den Trolleykoffer neben der Wohnungstür musterte. An der halb ausgefahrenen Teleskopstange hingen ein großer und ein deutlich kleinerer Rucksack, beide schlammfarben und aus wasserfestem Material.
»Was ist denn eigentlich passiert?«, fragte Jankowski, als sie alle im Wohnzimmer versammelt waren. »Wir versuchen seit Stunden, dich zu erreichen.«
Sara hatte sich mit dem Rücken gegen die Zimmertür gelehnt. Sie starrte vor sich hin und schien zu überlegen, wie sie ihre Besucher möglichst schnell wieder loswerden konnte. Ihre Augen waren blutunterlaufen, als hätte sie stundenlang geweint.

Jetzt aber wirkte sie entschlossen und einigermaßen gefasst.
Entschlossen, was zu tun?, fragte sich Jankowski.
Er machte Moewig und Abel ein Zeichen, sich hinzusetzen. Abel nahm auf der Vorderkante eines gebrechlich aussehenden Chromsessels Platz, Moewig blieb stehen, mit der Schulter an den Fensterrahmen gelehnt.
»Du hast heute früh am Telefon gesagt, der Lkw und der Fahrer hätten sich in Luft aufgelöst«, fuhr Jankowski fort. Er stand so nah vor Sara, dass er ihren Angstschweiß riechen konnte. »Danach war die Leitung tot und du warst unauffindbar. Bitte erkläre mir, was da passiert ist.«
Von der Diele oder einem anderen Raum ihrer kleinen Wohnung drang ein diffuses Geräusch herüber. Als würde ein weicher Gegenstand über den Boden geschleift. Sara zuckte zusammen, dann straffte sie sich und fokussierte Jankowski. Der Profiler erschauerte, wie jedes Mal, wenn sie ihn mit diesem minimalen Silberblick ansah. Moewig warf Abel einen fragenden Blick zu und deutete mit dem Kopf in Richtung Diele, aber Abel schüttelte fast unmerklich den Kopf.
»Was passiert ist?«, sagte Sara. »Ich habe euch verarscht, das ist passiert. Es gibt keinen Russen, keinen Truck, kein Überhauptnichts. Ich hatte nie eine Spur von deinen Kindern, Frank«, fügte sie hinzu, ohne Abel anzusehen. »Das war alles gefakt, ihr habt ja praktisch darum gebettelt. Was glotzt du so bescheuert, Timo?«
Jankowski sah sie durchdringend an. Er spürte ihren Schmerz, ihre mühsam unterdrückte Angst, und versuchte zu verstehen, was in ihr vorging.
»Das war kein Fake«, sagte er. »Das weißt du genauso gut wie wir. Du hast vorhin einen Russen erwähnt. Der Kidnapper hat irgendwie mitgekriegt, dass du ihn überwacht hast, oder?«
Sie schüttelte krampfhaft den Kopf. Gleichzeitig begann ganz in der Nähe ein Kind zu weinen.
»Ihr bleibt, wo ihr seid!« Sara stürzte aus dem Zimmer und schloss hinter sich die Tür.

Abel, Moewig und Jankowski wechselten stumme Blicke. *Der Kidnapper hat spitzgekriegt, dass wir ihn im Visier hatten*, dachte Abel. *Wie hat er Sara gefunden?*
Von nebenan war leises Rumoren zu hören. Mehrere Minuten vergingen, dann kehrte Sara zurück, auf dem Arm einen etwa vierjährigen Jungen, der so wie sie selbst reisefertig angezogen war. Hochgekrempelte Jeans, feste Schuhe, T-Shirt mit aufgedruckter Piratenflagge.
»Das ist mein Sohn Rizgar«, sagte Sara Wittstock.

☠ ☠ ☠

Als der Junge seinen Namen hörte, hob er den Kopf von der Schulter seiner Mutter und sah sich schläfrig um. Er hatte tiefschwarze Haare, einen olivbraunen Hautton und ein ausgeprägtes Kinn.
»Rizgar und ich verschwinden jetzt«, sagte Sara Wittstock. »Ich kümmere mich um mein Kind, du kümmerst dich um deine Kinder, Ralf. Eine andere Lösung gibt es nicht. Oder wärst du dem Scheißkerl lieber in die Falle gegangen? Er hat schon alles vorbereitet, aber ich mache da nicht mit.«
Sie streichelte dem Jungen sanft über die Haare. Jankowski beobachtete sie fasziniert.
»In die Falle?«, wiederholte Moewig. »Wie sollte die denn aussehen? Und wie hat er dich ausfindig gemacht?«
Anscheinend hatte er als Einziger den Kinderrucksack draußen in der Diele bemerkt. Jankowski und Abel konnten sich vor Verblüffung kaum einkriegen. *Rizgar ist ein kurdischer Name*, dachte Moewig. In der Fremdenlegion hatte er einen Rizgar gekannt, einen kurdischen Kopten, der zeitweise für die christliche Hisbollah im Libanon gekämpft hatte. Wenn er sich richtig erinnerte, bedeutete der Name so viel wie »Befreier«.
Sara hatte eine Hand schon auf der Türklinke, mit dem anderen Arm hielt sie den Jungen fest. »Das hat keine dreißig Se-

kunden gedauert«, sagte sie, »da hatte mich euer Scheißrusse am Arsch! Ist euch klar, dass das praktisch unmöglich ist? Ich bin schließlich kein Amateur, ich habe jahrelang islamistische Terrornetzwerke gehackt. Und niemals hat einer dieser Trottel auch nur den Hauch eines digitalen Fußabdrucks von mir gefunden. Geschweige denn meine Spur zurückverfolgen können.«

Abel wechselte einen Blick mit Jankowski. *Sie hat* was *gemacht?*, dachte er. *Islamistische Terrornetzwerke gehackt? Herrgott noch mal.*

»Und wieso hat dann ausgerechnet dieser Russe das geschafft?«, fragte Jankowski in seinem sanftesten Tonfall. »Kannst du uns mal kurz und laienverständlich erklären, was da abgelaufen ist?«

Sie wandte sich widerstrebend wieder um und rückte sich den schlafenden Jungen auf dem Arm zurecht. »Also meinetwegen. Ich habe versucht, mich über den Toll-Collect-Server in das OBU von dem Scheißrussen-Truck einzuloggen. Aber das hat nicht funktioniert, und mittlerweile weiß ich auch, warum: weil der Lkw nicht auf einer mautpflichtigen Straße unterwegs war. Also habe ich mich in seine Bordelektronik eingeklinkt, das dürftet ihr ja noch mitgekriegt haben.«

Jankowski und Abel nickten.

»Der Truck ist mit topmodernem Equipment vollgestopft«, fuhr Sara fort. »Ein MAN TGX 18-Tonner, 480 PS. Über sein integriertes Navi konnte ich ihn per GPS problemlos tracken, und wenn ihr nicht unterwegs gegen eine Kuh gefahren wärt, wären deine Kinder jetzt höchstwahrscheinlich frei, Frank. Oder siehst du das anders?«

Abel biss die Zähne zusammen und schüttelte den Kopf. Er war nicht gegen eine Kuh gefahren, sondern von einem Nashorn gerammt worden. Aber im Endeffekt lief es aufs selbe hinaus.

»Der Bordcomputer von dem Truck hatte einen Link zu einem Mobilaccount«, berichtete Sara weiter. »Ein simpler

Bluetooth-Link, praktisch ungesichert. Nicht zu dem Prepaid-Handy, über das der Typ vorher bei dir angerufen hat, Fred, sondern zu seinem Account bei einem russischen Provider. Na, endlich macht der Typ mal einen Fehler, habe ich mir gesagt und seine Einladung dankend angenommen. Ich habe mich in seinen Account gehackt. Kurz konnte ich sogar seine Profildaten einsehen, Boris Lebedev, Firmenanschrift in Bender, Moldawien. Aber ich war kaum da drin, da hatten sie mich schon geblockt und irgendwie zurückverfolgt, und zack! hatte dieser Lebedev mich am Arsch.«
Boris Lebedev?, überlegte Abel. Der Name sagte ihm nichts. Damals in Tiraspol war er niemandem begegnet, der so hieß. Aber das hatte wenig zu besagen.
Erneut legte Sara die Hand auf die Türklinke. »Er hat mich angerufen und massiv bedroht. *I know where your little boy lives*. Ich weiß, wo dein kleiner Junge lebt!, hat er gesagt. ›Du machst jetzt genau, was ich sage, Schlampe, sonst kriegst du dein Balg als Gulasch zurück.‹« Sie öffnete die Tür. »Und darauf werde ich ganz bestimmt nicht warten. Also macht's gut, Jungs.«
Gulasch, die makabre Drohung hallte in Abel nach. Den beiden Folteropfern aus dem Kalkcontainer waren etliche Zehen amputiert worden. Das Gewebe war zwar bereits weitgehend zersetzt gewesen, trotzdem war ihm damals durch den Kopf gegangen, dass die Amputate möglicherweise gesotten worden waren. *Wie Fleischstücke im Gulaschtopf.* Die Haare sträubten sich ihm. *Das ist er!*
Abel sprang auf, sein Knöchel schmerzte höllisch. Sie durften Sara auf keinen Fall gehen lassen!
Das sah Jankowski genauso. »Wo lebt Rizgar normalerweise?« Er versuchte, Saras Abgang zumindest hinauszuzögern.
»Bei meinen Eltern in … Irgendwo in Brandenburg.« Sie war schon draußen in der Diele.
»Und das wusste der Anrufer?«
Sie zuckte mit ihrer freien linken Schulter, ohne sich umzu-

drehen. »Das habe ich mich auch gefragt, nur leider ziemlich spät. Ich war völlig in Panik. Bin sofort losgefahren, um Rizgar zu holen und mit ihm abzuhauen. Erst als ich den Kleinen schon ins Auto gepackt hatte, ist mir der Gedanke gekommen, dass der Typ vielleicht nur geblufft hat und ich ihn womöglich erst auf die Spur gebracht habe.«
Sie legte den Jungen neben dem Koffer auf den Boden und setzte sich ihren Rucksack auf. »Da bin ich erst recht konfus geworden. Ich wusste einfach nicht mehr, was ich machen sollte. Ich hatte noch nicht mal ein paar Sachen zusammengepackt. Ich hatte keine Ahnung, wohin wir jetzt gehen könnten. Also habe ich mich mit Rizgar wieder hier verkrochen. Ich … ich …«
Sie begann unvermittelt zu schluchzen. »Ich bin die beschissenste Mutter auf der Welt!«, brach es aus ihr hervor. »Ich pack das hier nicht, verdammt! Ich bin ja nicht mal am Laptop so ein Crack, wie ich immer geglaubt habe. Und in der analogen Welt hab ich erst recht keinen Plan!«
Heftiges Schluchzen schüttelte ihren Körper. Der Kleine wurde wach und begann zu weinen. Sara versuchte ihn zu trösten, aber der Junge spürte, wie verzweifelt seine Mutter war, und ließ sich nicht beruhigen.
»Gib ihn mir mal«, sagte Jankowski.

☠ ☠ ☠

Jankowski nahm Sara das Kind ab, zur allgemeinen Überraschung ließ sie es geschehen. Er wiegte den Jungen in den Armen und gab beruhigende Brummtöne von sich.
Sara folgte ihm zurück ins Wohnzimmer. Mit großen Augen sah sie zu, wie sich Timo mit Rizgar auf die Couch setzte, die mitten im Raum stand. Sie versanken fast in dem puddingweichen Polster, aber das Kind schien zufrieden. Es hatte aufgehört zu schluchzen, kuschelte sich enger an Jankowski und stieß einen wohligen Seufzer aus.

»Rizgar müsste eigentlich zu Hause in seinem Bett liegen«, sagte Sara. »Er war die ganze Woche über krank und ist heute den ersten Tag fieberfrei.«
Sie sah so besorgt und schuldbewusst aus wie jede andere junge Mutter in einer vergleichbaren Situation. Jankowski konnte nicht aufhören, sie anzustarren, wie sie neben der Zimmertür an der Wand lehnte, die Hände in den Gesäßtaschen ihrer Jeans.
»Versuchen wir's doch mal mit Logik«, sagte Moewig. »Wenn du jetzt wegrennst, Sara, bist du definitiv am Arsch. Oder glaubst du im Ernst, du kannst dich mit dem Kleinen vor diesem Typen verstecken?«
Sie zog geräuschvoll den Inhalt ihrer Nase hoch und schüttelte den Kopf. »Nee, glaub ich nicht. Deshalb bin ich ja noch hier. Der einzige Ausweg wäre gewesen, dass ich Fred diesem Lebedev zum Fraß vorwerfe. Aber so was kommt für mich nicht in Frage.« Mit der Schuhspitze malte sie Zeichen vor sich auf den Laminatboden. »Wenn du die Seite wechselst, um deinen Arsch zu retten, bist du weniger wert als ein Stück Scheiße. Diese Lektion habe ich von Rêbaz gelernt. Seinem Vater.«
Sie zeigte mit dem Kopf zu dem Jungen, der auf Jankowskis Schoß friedlich schlief. »Rêbaz ist kurdisch und bedeutet Richtung oder Kurs. Er gehörte zu meinem Team bei der …« Sie unterbrach sich. »Bei welchem Nachrichtendienst, spielt jetzt keine Rolle. Das war in einem früheren Leben. Wir haben die Kommunikationsnetzwerke verschiedener islamistischer Terrorgruppen in Nahost überwacht. ›Wenn du deinen Kurs verlierst, verlierst du alles‹, hat Rêbaz oft gesagt. Und ich bin sicher, er ist sich bis zum Ende treu geblieben. Nicht mal die Folterer von Al Kaida haben ihn von seiner Richtung abgebracht.«
Sie verstummte und sah Moewig an. »Beantwortet das deine Frage?«
Moewig nickte. »Du bist eine tapfere Frau, Sara. Ich habe

großen Respekt vor dir.« Er stieß sich mit der Schulter vom Fensterrahmen ab und kam zu ihr herüber. »Außerdem bist du bestimmt viel klüger als ich. Trotzdem glaube ich, dass du in einem Punkt falschliegst.«

»Ach wirklich?« Sie schniefte erneut und wischte sich mit dem Handrücken über die Augen. »Und was soll das für ein Punkt sein?«

Moewig verschränkte die Arme vor dem Brustkorb. »Also, ich fände es super, wenn du Freddy in die Falle locken würdest. Genauso, wie dieser Lebedev es will.«

Alle starrten ihn an.

»Was guckt ihr so?«, verteidigte sich Moewig. »Seit Tagen stochern wir im Nebel, und hier haben wir endlich eine Spur. Und damit die Chance, deine Kids zu befreien, Freddy.« Unternehmungslustig rieb er sich die Hände. »Den Kerl machen wir fertig. Der kann froh sein, wenn er anschließend selbst noch in einem Stück ist. Also lass mal hören, Sara. Was genau hat er gesagt?«

Sara schüttelte den Kopf. »Du raffst es einfach nicht«, sagte sie zu Moewig. »Das ist kein durchgedrehter Amateur im Machtrausch. Das ist ein hochkarätiger Profi. Er muss einen Buddy bei einem Top-Nachrichtendienst haben. Sonst hätte er mich unmöglich zurückverfolgen können.«

»Okay, das habe ich verstanden«, sagte Moewig. »Trotzdem, wie soll das mit der Falle ablaufen?«

»Ich soll Fred anrufen und sagen, dass ich den Lkw wieder aufgespürt hätte. ›Er wird Kinder suchen und Schatz bringen‹, hat der Typ gesagt. Ich soll Fred hinter dem Truck herlotsen, der auf einer einsamen Straße im Oderbruch wartet.«

»Warum glaubst du, dass es eine Falle ist?«, fragte Abel. Er humpelte zum Fenster und sah hinaus auf die Stadt. Sein linker Knöchel tat trotz der Tabletten bei jeder Belastung ekelhaft weh. Er wandte sich wieder dem Zimmer zu. »Vielleicht will er ja endlich den Austausch. Er bekommt den Ring und lässt meine Kinder dafür frei.«

»Und morgen gibt's Osterhasen und Nikoläuse im Doppelpack.« Sara zog eine Grimasse. »So hat es sich nicht angehört«, sagte sie. »›Er wird Kinder suchen und Schatz bringen.‹ Wie klingt das für dich? Nach einem Happy End? Für mich klingt das nach einer Falle.«

Abel humpelte zu seinem Sessel zurück und ließ sich mit schmerzverzerrtem Gesicht hineinfallen. Das fragile Chromgestell protestierte ächzend, und Rizgar seufzte im Schlaf.

»Ich mache mir Vorwürfe, weil ich dich hier reingezogen habe, Sara«, sagte Abel. »Aber Gewissensbisse helfen jetzt keinem von uns weiter. Genauso wenig wie übertriebene Angst. Wir müssen diesem Lebedev das Handwerk legen, bevor er unseren Kindern etwas antut. Deinem Jungen und meinen beiden. Und das schaffen wir nur zusammen. Also hilf mir, bitte. Geh auf seine Forderung ein und lotse mich hinter dem Lkw her. Egal, wie klein die Chance ist, ich muss versuchen, sie zu nutzen.«

Sara malte mit der Fußspitze weitere Kringel auf den Boden. »Warum spannt er mich plötzlich ein?«, fragte sie. »Warum ruft er nicht direkt dich an wie bisher?«

Abel runzelte die Stirn und sah Jankowski fragend an.

»Er will zeigen, dass er die Fäden in der Hand hat«, antwortete der Profiler. »Er ist ein Kontrollfreak, und wir sollen wissen, dass er alles im Blick und im Griff hat. Sara überwacht ihn, also setzt er sie unter Druck und versucht sie rumzudrehen. Außerdem genießt er es, wenn er Verwirrung stiften kann.«

»Was so ein perverses Arschloch genießt, will ich gar nicht wissen«, steuerte Moewig bei. »Aber an seiner Stelle würde ich natürlich auch davon ausgehen, dass Freddys Telefon vom LKA abgehört wird. Und nachdem er mitgekriegt hat, dass Sara mit im Spiel ist, liegt es für ihn nahe, über Bande zu kommunizieren.«

Sara kaute auf ihrer Unterlippe. Sie sah nun etwas entspannter aus.

Als sie zu Jankowski und dem schlafenden Rizgar hinüberschaute, huschte sogar ein Lächeln über ihr Gesicht.
»Eine Falle ist es trotzdem«, sagte sie. »Ich weiß, wie solche Typen ticken. Egal ob sie bei Al Kaida oder einer anderen dieser Banden sind. Jemanden mit dem Leben davonkommen zu lassen ist für sie grundsätzlich keine Option.«
Moewig nickte. Er wusste, von welcher Sorte Männer Sara sprach. Einen Ort »clean« zu hinterlassen, bedeutete für sie, dass es keine Überlebenden gab. Vorsichtshalber legten sie jeden um, der ihnen später mal Schwierigkeiten bereiten könnte. Egal, ob es sich um Männer, Frauen oder Kinder handelte. Und zumindest teilweise waren diese »Sicherheitsmaßnahmen« vorgeschoben, weil die Typen einen Höllenspaß daran hatten, so viele Menschen wie möglich so grausam wie möglich zu töten. *Trotzdem hat Freddy recht*, dachte Moewig. *Wir müssen es versuchen.*
»Zum Glück haben wir es ja nicht mit einem ganzen Netzwerk zu tun«, sagte er. »Wenn ich das richtig mitbekommen habe, führt Lebedev eine Art Privatkrieg gegen dich, Freddy. Oder sehe ich das falsch?«
Abel hob die Schultern. »Wer weiß, vielleicht steckt wirklich ein einziger Verrückter hinter dem Überfall auf mich und den Übergriffen davor. Auf jeden Fall muss der Typ irgendwo einen IT-Crack mit entsprechender Hightech-Ausrüstung sitzen haben, wie Sara es gerade erklärt hat. Aber im Grunde glaube ich auch, dass Lebedev ein *lonely wolf* ist. Einer dieser versprengten Ex-Militärs oder -Agenten, wie sie nach dem Ende jedes Regimes zu Tausenden aus der Kurve geschleudert werden. Sein Ex-Chef Burkjanov ist gestürzt und zu lebenslanger Haft verurteilt worden. Die gewohnte Hierarchie, sein alter Bezugsrahmen, das alles existiert nicht mehr.«
Jankowski nickte zustimmend. »Ich denke, das trifft es ziemlich genau, Fred. Ein einsamer, tollwütiger Wolf.«
»So ganz auf sich gestellt kann er aber auch nicht sein«, sagte

Moewig. »Außer dem IT-Profi, der ihn vielleicht aus alter Freundschaft unterstützt, muss er meiner Ansicht nach mindestens einen Gefolgsmann haben. Das Handling mit den entführten Zwillingen und dem Lkw kann er alleine kaum hingekriegt haben. Zumal er auch noch tagelang als heimlicher Flüchtlingshelfer unterwegs war und die afrikanischen Teenager erst mit Obst und dann mit den Pässen beglückt hat.«

»Auch das passt ins Bild«, sagte Jankowski. »Lebedev wird bei der transnistrischen Geheimpolizei einen Offiziersrang bekleidet haben. Also hatte er Untergebene, die auf sein Kommando gehört und von denen zumindest einige mit ihm zusammen gefoltert und gemordet haben. Und auch wenn es zynisch klingt: Gemeinsame Erfahrungen schweißen zusammen, je krasser, desto enger.« Wie zum Trost streichelte er dem schlafenden Jungen über den Kopf.

»Ich gehe auch davon aus, dass er einen oder mehrere Handlanger hat«, pflichtete ihnen Abel bei. »Die beiden Totschläger in Lenthe hat er mir ja wohl auch auf den Hals gehetzt. Und die ...«

Er unterbrach sich abrupt und starrte ins Leere.

☠ ☠ ☠

»Freddy?« Moewig war mit zwei Schritten bei Abel und fasste ihn bei der Schulter. »Ist dir nicht gut?«

»Alles okay.«

»Du siehst aus, als hättest du einen Geist gesehen.«

Abel fuhr sich mit der Hand über die Augen. »Vielleicht sogar zwei. Ich musste gerade daran denken, wie ich im Grenzgebiet zwischen Transnistrien und Moldawien durch den Wald gejagt worden bin. Zwei Männer haben mich damals verfolgt, ich konnte ihre Gesichter nicht erkennen, aber einer war groß gewachsen und bullig, der andere kleiner und schmaler. Sie haben russisch miteinander gesprochen, wenn

sie nicht gerade auf mich geschossen haben. Der Bullige hatte eine tiefe Stimme, der andere hat gekläfft wie ein Terrier. Ich habe mitbekommen, wie sie sich gegenseitig angesprochen haben. Der Terrier hieß Vadik, der andere war offenbar sein Chef. *Porutschik* hat Vadik ihn genannt, also Leutnant.«
Abel bewegte vorsichtig seinen linken Fuß.
»Damals habe ich nicht weiter über die beiden nachgedacht«, fügte er hinzu. »Ich habe sie einfach als zwei Befehlsempfänger eingeordnet, die mir von Burkjanovs Gefolgsleuten auf den Hals gehetzt worden sind. Aber vielleicht hatten die beiden ein ganz persönliches Interesse daran, mich nicht davonkommen zu lassen. Weil sie selbst es nämlich waren, die die Stepanov-Brüder zu Tode gefoltert und in den Kalkcontainer gesteckt haben. Und das wiederum könnte bedeuten, dass Boris Lebedev mit dem Porutschik identisch ist. Wenn er einen Gehilfen an seiner Seite hat, dann ist das möglicherweise dieser Vadik, sein altbewährter Mord- und Folterknecht.«
Jankowski musterte Abel nachdenklich. »Das klingt plausibel«, sagte er, nachdem er noch einen Moment überlegt hatte. »Der geheimnisvolle Unbekannte bekommt jetzt möglicherweise ein Gesicht, aber ich kann nicht behaupten, dass es mir gefällt.« Er sah äußerst besorgt aus. »Sara hat recht, Fred. Lebedev will dich in die Falle locken. Was immer er vorhat, Fairplay gehört ganz bestimmt nicht zu seinem Plan.«
»Dann sorgen wir dafür, dass der Plan geändert wird«, sagte Abel. »Wann soll die Aktion eigentlich über die Bühne gehen, Sara? Hat Lebedev dazu was gesagt?«
Sie schien seine Frage nicht mitbekommen zu haben. Der kleine Rizgar rieb sich die Augen und rief schlaftrunken »Mama«. Sara kaute auf ihrer Unterlippe, schaute zu Jankowski und Rizgar hinüber, dann gab sie sich sichtbar einen Ruck. Sie stieß sich von der Wand ab, marschierte quer durchs Zimmer und setzte sich neben die beiden auf die Couch.
Abel wiederholte seine Frage. Sara schnappte sich den Jun-

gen, setzte sich ihn auf ihren Schoß und begann ein wildes Hoppe-reiter-Spiel.

»Irgendwann morgen!«, rief sie, während Rizgar auf ihren Beinen hüpfte und Jankowski in dem breiigen Polster mit durchgeschüttelt wurde. »Er meldet sich, wenn ich dich anrufen soll.«

☠ ☠ ☠

55

**Berlin, Treptowers, BKA-Einheit »Extremdelikte«,
Büro Professor Herzfeld,
Montag, 19. Juli, 06:53 Uhr**

Herein!«, rief Paul Herzfeld. Der Leiter der rechtsmedizinischen BKA-Abteilung »Extremdelikte« hatte gerade sein Jackett auf dem Bügel aufgehängt und sich hinter seinem Schreibtisch niedergelassen. Er hatte ein entspanntes Wochenende an der Ostsee hinter sich und war voller Tatendrang. Nach einem ausgiebigen Segeltörn mit zwei alten Freunden hatte er am Samstagabend kurz mit Abel telefoniert und lediglich erfahren, dass es in dem Entführungsfall nach wie vor nichts Neues gab. Die gestrige Festnahme des Darkroom-Killers hatte es zwar auch auf Usedom in die Abendnachrichten geschafft, aber dass Abel bei der turbulenten Verhaftung eine entscheidende Rolle gespielt hatte, war der Öffentlichkeit bislang vorenthalten worden. Und die Mappe mit den internen Berichten, die Herzfeld jeden Morgen als Erstes durchging, lag noch ungeöffnet vor ihm. Es war schließlich noch nicht mal sieben Uhr.

»Was ist denn mit dir passiert?«, fragte er, als Abel in sein Büro gehumpelt kam.

Abel winkte ab und nahm umständlich auf einem der Besuchersessel Platz. »Ich bin nur kurz reingekommen, um mich krankzumelden, Paul.« Sein Gesicht war grau und mit Schweiß bedeckt. Seine unbestrumpften Füße steckten in Flipflops, unter seinem linken Hosenbein sah die Knöchelbandage hervor.

Kurz und knapp berichtete er seinem Chef, wie er und Jankowski gestern von Halfter verfolgt und von der Straße gerammt worden waren. »Ich konnte nicht tatenlos herumsitzen«, sagte er. »Deshalb sind Timo und ich ziellos durch die Gegend gefahren. Zumindest haben wir auf diese Weise dazu beigetragen, dass Halfter endlich hinter Gittern ist. Aber meinen Knöchel hat es übel erwischt.«

Herzfeld sah ihn mitfühlend an. »Dafür hättest du doch nicht herkommen müssen, Fred. Fahr nach Hause. Sieh zu, dass du dich und deinen Fuß schonst. Herrgott noch mal, du siehst fürchterlich aus!«

Abel versprach ihm, sich umgehend zu melden, wenn es Neuigkeiten gab. Dann machte er sich davon, so schnell, wie es mit einem angeblich stark lädierten Knöchel gerade noch glaubwürdig war. Er hatte in der Tat eine weitere furchtbare Nacht hinter sich. Dabei hatten die Schmerzen in seinem Fuß ihm weniger zu schaffen gemacht als die Angst vor dem, was der neue Tag bringen würde. Mehrfach war er von Träumen heimgesucht worden, in denen ihn der Porutschik und sein Gehilfe durch ausweglose Sumpf- und Waldlabyrinthe gejagt hatten. In der Ferne hatte er die Hilfeschreie seiner Kinder gehört. Und wenn er dann aus dem Alptraum aufgeschreckt war, hatte sich das Wachsein wie ein noch grässlicherer Horrortraum angefühlt.

Zumindest mit dem Knöchel hatte er Glück im Unglück gehabt. Während der Nacht hatte er die Schwellung mit Coolpacks gekühlt, und mittlerweile konnte er fast schmerzfrei auftreten. Aber das brauchte Herzfeld nicht zu wissen. Noch weniger durfte sein Chef erfahren, dass er gerade im ersten Untergeschoss des Treptowers gewesen war, wo die Laborräume der »Extremdelikte« untergebracht waren. Der Laborleiter Dr. Fuchs bewahrte dort eine Vielzahl von Giftstoffen auf. Abel hatte sich durch die menschenleeren Laborräume zur Asservatenkammer geschlichen, um eine geringe Menge eines hochwirksamen Kontaktgifts zu entwenden. Dort lagerten zwar jede Menge toxischer Substanzen, aber nur wenige davon waren für sein Vorhaben geeignet. Abels Wahl war auf Parathion gefallen, ein früher als Pflanzenschutzmittel eingesetztes und heute aufgrund seiner hohen Toxizität verbotenes Kontaktgift, das in seiner Molekülstruktur den Nervengiften Sarin und Soman ähnelte.

Von der Öffentlichkeit fast unbemerkt war Parathion im Westdeutschland der Nachkriegszeit zum regelrechten Modegift aufgestiegen, mit dem zahlreiche Morde und Suizide begangen worden waren. Unter dem Kürzel E605 war es im Handel damals als Pflanzenschutzmittel erhältlich und erlangte bei den damaligen Rechtsmedizinern zweifelhafte Berühmtheit. Damit es nicht unbemerkt Getränken beigemischt werden konnte, wurde E605 zunächst mit einem blauen Farbstoff versetzt, außerdem mit einem übel riechenden Geruchsstoff, der insbesondere Kinder vor der versehentlichen Einnahme des flüssigen Giftes bewahren sollte. Schließlich wurde der Handel mit der hochgiftigen Substanz gänzlich untersagt. Doch Dr. Fuchs hatte ein größeres Fläschchen des farblosen und geruchsneutralen Reinstoffs Parathion aufbewahrt, den er als internen Standard und zur Konzentrationsberechnung bei Vergiftungen einsetzte. Die waren mittlerweile zwar selten geworden, kamen aber noch immer ein- oder zweimal im Jahr vor. Und von dieser Reinsubstanz hatte sich Abel wenige Milliliter in ein kleines Fläschchen abgefüllt. In der Nacht hatte er endlos hin und her überlegt, wie er sich für seinen Kampf gegen den »Porutschik« wappnen konnte. Boris Lebedev war aller Wahrscheinlichkeit nach ein Profikiller, der den größten Teil seines Lebens damit verbracht hatte, Menschen zu jagen, zu foltern und zu töten. Abel machte sich keinerlei Illusionen, gegen einen solchen Gegner hatte er in einer Eins-zu-eins-Kampfsituation keine echte Chance. Mit Moewig an seiner Seite würden seine Chancen zweifellos steigen, aber auch in dieser Hinsicht gab sich Abel keinen falschen Hoffnungen hin. Lebedev würde darauf bestehen, dass er allein zu dem Treffpunkt kam. Wenn Abel gegen diese Bedingung verstieß, setzte er das Leben von Manon und Noah aufs Spiel. Und falls er einen Gegenstand bei sich trug, der einer Waffe auch nur entfernt ähnelte, würden der Porutschik oder sein Gehilfe ihn an sich nehmen.

Um fünf war Abel aufgestanden und in sein Arbeitszimmer geschlichen. Ganz hinten in seinem Tresor bewahrte er ein Etui mit weinrotem Samtfutteral auf. Er hatte es aufgeklappt und den filigranen Goldring herausgenommen, den er vor siebzehn Jahren in Paris gekauft hatte, zwei Tage nachdem Claire ihn verlassen hatte.

Das emotionale Durcheinander jener Tage würde er nie vergessen. Wie durch ein Fernglas sah er sich selbst, den noch jungen Fred Abel, wie er rastlos durch Paris tigerte, das Etui in der Hosentasche, und in Straßen und Cafés nach Claire suchte. Wie er schließlich erschöpft zum Hotel zurückkehrte und in seinem Zimmer auf dem Bett lag, das aufgeklappte Etui neben sich auf dem Kopfkissen. Der Ringkauf war eine Art magischer Akt gewesen, wenn auch unbewusst. Der Zauber hatte jedenfalls versagt, Claire war nicht wiedergekommen, und er selbst war schließlich nach Deutschland zurückgekehrt, mit dem Ring in der Tasche, den er nie irgendwem gezeigt hatte. Geschweige denn geschenkt.

Mittlerweile lag der Goldring, von einem einfachen Briefkuvert umhüllt, wieder in Abels Safe. Stattdessen steckte nun der viel breitere Silberring in dem Futteralspalt, so eng eingezwängt, wie Abel sich das während seiner nächtlichen Grübeleien ausgemalt hatte. Wer den Ring herausnehmen wollte, musste kräftig daran ziehen und gleichzeitig das Futteral durch starken Gegendruck mit Daumen und Zeigefinger fixieren.

Bevor Abel bei Herzfeld vorbeigegangen war, hatte er sich in einer Toilettenkabine eingeschlossen. Dort hatte er einige Tropfen Parathion auf das Futteral und den Ring geträufelt, das Etui wieder sorgfältig geschlossen und in einer kleinen Plastikasservatentüte in seine Hosentasche gesteckt. Er konnte nur hoffen, dass niemand von seinem Diebstahl erfahren würde. Und dass derjenige, gegen den er das Kontaktgift einsetzen musste, diesen Anschlag überleben würde.

Er verließ den Lift, humpelte durch die Halle und hinaus auf den Parkplatz, wo sein sandfarbener Ersatz-Audi neben Herzfelds Range Rover in der Sonne stand wie ein Wüstenlöwe neben einem indischen Elefanten. Es war noch nicht einmal halb acht und doch schon wieder so heiß, dass er es kaum erwarten konnte, die Klimaanlage einzuschalten. Das Sonnenhoch »Boris«, hatte er vorhin in den Radionachrichten gehört, sah seiner Verdrängung durch ein heranrückendes Gewittertief entgegen, das von den Meteorologen ausgerechnet auf den Namen »Claire« getauft worden war.

Dr. Kalden hätte seine Freude an dieser Symbolik, sagte sich Abel. Er konnte nur hoffen, dass Boris Lebedev den Wetterbericht nicht Lügen strafen würde.

Gerade als er eingestiegen war und den Motor anlassen wollte, meldete sich sein Handy. Automatisch griff Abel in die Hemdtasche und bekam das nagelneue Prepaid-Handy zu fassen, das Moewig ihm gestern Abend noch gegeben hatte. Ein Schlichtmodell ohne alle Extras. Seinen Blackberry hatte er zu Hause gelassen.

»Ja?«, meldete er sich. Normalerweise hasste er es, wenn Leute sich am Telefon nicht mit ihrem Namen meldeten, aber im Ausnahmezustand galten andere Regeln.

»Frank? Es geht los«, sagte Sara. Sie rief von ihrem zweiten Handy aus an, nachdem ihr offizieller Account von Lebedevs Buddy gehackt worden war. »Die Straße ist die L 29, L

für Landstraße«, fuhr sie fort. »Der Truck startet gerade von dem Parkplatz am Ortsausgang Niederfinow. Weiß, fester Aufbau, ein MAN TGX mit Kennzeichen PM für Potsdam-Mittelmark-Kreis.«
»Der gleiche Truck wie gestern?«
»Sieht ganz so aus. Das gleiche Modell, das gleiche Kennzeichen. Der Lkw ist auf eine Spedition in Beelitz zugelassen. Die Muttergesellschaft ist eine ukrainische AG mit Sitz in Odessa.« Sie legte eine kurze Pause ein, als käme ihr irgendetwas an dieser Aussage zweifelhaft vor. »Du sollst sofort losfahren«, sagte sie dann aber nur. »Allein.«
»Was genau hat Lebedev gesagt?«
»›*No shamus.*‹« Sie sprach mit verstellter, tieferer Stimme. »›*Not a fucking shadow of anybody. Or doc will get back bones of kids as a puzzle.*‹« Keine Bullen, kein beschissener Schatten von irgendwem. Oder Doktor kriegt Knochen von Kindern als Puzzle zurück. »Gib Bescheid, wenn du dich dem Zielort näherst«, fügte sie mit ihrer gewöhnlichen Stimme hinzu.
Bevor Abel noch etwas sagen konnte, hatte Sara das Gespräch beendet.
Doch er hätte sowieso kein Wort herausgebracht. Seine Kehle war wie zugeschnürt.

☠ ☠ ☠

56

**Unterwegs nach Niederfinow, Brandenburg,
Kfz Fred Abel,
Montag, 19. Juli, 07:49 Uhr**

Es war ein strahlend schöner Morgen, der Himmel wolkenlos blau. Abel fuhr konzentriert und achtete auf seine Atmung, wie er das vor fast dreißig Jahren gelernt hatte. Beim Mentaltraining in der Bundeswehr-Fernspähereinheit, wo er mit Lars Moewig zusammen gedient hatte.
Moewig fuhr in einem Abstand von fünf Kilometern hinter ihm her. *Vielleicht sind es auch schon mehr,* dachte Abel. Moewigs Geländewagen brachte höchstens hundertvierzig Stundenkilometer auf die Piste, und selbst bei diesem Tempo hörte sich der russische Oldtimer an wie ein Container voller Metallschrott. Aber Moewig sollte sich sowieso außer Sichtweite halten, wenn auch nah genug, um notfalls schnell zur Stelle zu sein. So hatten sie es gestern Abend vereinbart, nachdem sie alle erdenklichen Alternativen diskutiert und wieder verworfen hatten.
Jankowski war bei Sara Wittstock geblieben. Er hatte die Nacht in ihrem Apartment verbracht, auf der Couch oder möglicherweise in ihrem Bett. *Letzteres unwahrscheinlich,* sagte sich Abel. Obwohl Timo allmählich Fortschritte bei ihr zu machen schien. Auf jeden Fall hatte auch er sich krankgemeldet und würde in den nächsten Stunden an Saras Seite ausharren, als ihr Mentalcoach, als Babysitter für Rizgar und Hotline für Abel und Moewig.
Vorhin beim Frühstück mit Lisa und Claire hatte Abel nur vage angedeutet, dass sie eine neue Spur verfolgen wollten. Lisa hatte nicht nachgefragt, sondern ihn bloß prüfend angesehen und sich dann Claire zugewandt. Irgendwie war es ihr gelungen, für heute freizunehmen, und sie hatte Claire versprochen, mit ihr in die Stadt zu fahren. Die Ärmste irrte seit

Tagen von früh bis spät durch Berlin, angetrieben von der fixen Idee, dass sie ihre Kinder durch einen glücklichen Zufall finden würde.

Seit wir uns kennen, wollte ich, dass wir zusammen alt werden, hatte Abel beim Abschied gedacht und Lisa zärtlich geküsst. *Ich will es mehr denn je, aber ich bin mir nicht sicher, ob ich diesen Tag überleben werde.*

Gesagt hatte er nichts dergleichen. Er hatte Lisa fest an sich gedrückt, Claire kurz über die Schulter gestreichelt und war losgefahren.

Der Himmel schimmerte in dem blassen, fast durchsichtigen Blau, das für die sandigen Weiten Brandenburgs so typisch war. Trotz der seit Wochen andauernden Hitze waren die Wiesen zu beiden Seiten der Landstraße immer noch erstaunlich grün. Von dem angeblich heranrückenden Gewittertief war noch nichts zu sehen oder zu spüren.

Logischerweise fühlt sich das Leben besonders kostbar an, dachte Abel, *wenn es einem aus der Hand zu gleiten droht.*

Er griff nach dem Handy-Schlichtmodell, das Moewig gestern aus seinen unergründlichen Hosentaschen gefischt hatte. Die Anruferliste umfasste genau zwei Nummern, und er tippte die oberste an.

»Ja?«, meldete sich Sara Wittstock.

»Ich bin jetzt drei Kilometer vor Niederfinow.«

»Der Lkw ist weiter Richtung Oderberg, dort auf die B 158. Wenn du bei Angermünde bist, ruf wieder an.«

»Alles klar«, sagte Abel. »Hat er sich noch mal gemeldet?«

»Nein.«

»Und Moewig?«

»Sieben, acht Kilometer hinter dir.«

»Okay, danke. Eins noch, Sara«, fügte er schnell hinzu, bevor sie auflegen konnte. »Bist du ganz sicher, dass der Lkw, dem ich folge, derselbe ist wie gestern?«

Sara Wittstock antwortete nicht sofort. »Was spielt das für eine Rolle?«, fragte sie dann.

»Kann ich dir nicht genau sagen. Das ist mehr so ein Gefühl.«
Ich würde es spüren, wenn Noah und Manon in dem Lkw wären, nur ein paar Kilometer vor mir, dachte er. Aber er sprach es nicht aus. Er war sich alles andere als sicher.
Diesmal kam von Sara gar keine Antwort. Abel glaubte sie vor sich zu sehen, wie sie vor ihren Keyboards und Monitoren saß und an ihrer Unterlippe kaute.
»Du hast den Truck doch vor dir auf dem Bildschirm, oder?«, fragte er. »Fällt dir irgendetwas daran auf?« Er hatte sich das LG-Handy links zwischen Schulter und Ohr geklemmt. Die Landschaft um ihn herum sah nicht nur einsam und dünn besiedelt, sondern verlassen aus. Wälder, Schwemmwiesen, Brachflächen, Sümpfe. Nur ein paar Kilometer östlich musste die Oder verlaufen, die Grenze zu Polen.
»Optisch ist das derselbe Truck«, sagte sie. »Gleicher Typ wie gestern, gleiches Kennzeichen, gleiche Lackierung. Mittlerweile ist er auf der B 198 kurz vor Angermünde. Ich kann praktisch die Taubenscheiße auf seinem Dachspoiler sehen. Aber was sich in der Fahrkabine oder hinten im Laderaum abspielt, weiß nicht mal Uncle Sam.«
Höchstwahrscheinlich hatte sie recht, dachte Abel, und es war derselbe Lkw wie gestern. Aber ob die Zwillinge tatsächlich in diesem Truck gefangen gehalten wurden, war völlig unklar. *Eigentlich ziemlich unwahrscheinlich,* dachte er. Warum sollte Lebedev das Risiko eingehen und seine Geiseln derart exponieren? Vielleicht waren die Zwillinge gestern in dem Truck gewesen, aber mittlerweile mussten sie sich an einem anderen Ort befinden, möglicherweise dort, wo er gerade hingelotst wurde.
Um das herauszufinden, musste Abel dem Truck weiter folgen. Auch auf die Gefahr hin, dass die Spur in einem tödlichen Hinterhalt enden würde.
»Danke, ich melde mich«, sagte er und beendete das Gespräch.

☠ ☠ ☠

57

**Berlin-Reinickendorf, Wohnung Sara Wittstock,
Montag, 19. Juli, 08:13 Uhr**

Sara Wittstock bearbeitete gleichzeitig die Tastatur ihres Laptops und das Keyboard ihres PCs. Sie war ursprünglich Linkshänderin, doch das hatte niemanden interessiert, als sie ein kleines Kind gewesen war. Instinktiv hatte sie mit der linken Hand nach allem gegriffen, was Eltern und Erzieher ihr vor die Nase gehalten hatten. Aber sie hatten sie gezwungen, Löffel oder Stifte mit der rechten Hand zu benutzen, und irgendwann hatte sie sich wohl oder übel umgewöhnt. Später dann, mit dreizehn, vierzehn Jahren, als ihr aufgegangen war, dass die analoge Welt eine Verschwörung gebürtiger Rechtshänder war, hatte sie es sich wieder antrainiert, mit der linken Hand zu greifen, zu löffeln oder zu schreiben.

Heute war sie mit beiden Händen gleich schnell und geschickt, nur ihr räumliches Orientierungsvermögen war durch das ständige Hin und Her zwischen den Hirnhälften ruiniert. Von ihrem emotionalen Kompass ganz zu schweigen. Aber solange sie durch virtuelle Welten surfte, spielte das keine Rolle. Im Gegenteil, dort besaß sie einen unschlagbaren Vorteil: Sie konnte gleichzeitig an zwei Computern arbeiten, weil nicht nur ihre Hände, sondern auch ihre Hirnhälften mehr oder weniger unabhängig voneinander funktionierten.

Mit ihrem Laptop folgte Sara dem weißen MAN-Lastwagen, der auf einsamen Straßen in Richtung Nordosten fuhr. Die Kameras der von ihr angezapften militärischen Satellitenüberwachung lieferten gestochen scharfe Bilder.

Abel war noch ungefähr zehn Kilometer zurück und holte weiter auf. Vorhin hatte Sara mit Timo darüber spekuliert, welches Ziel der Truck ansteuerte, aber das brachte überhaupt nichts. Es gab in der Gegend etliche verlassene Bauernhöfe, hier und dort auch verwaiste Industrieanlagen. Der Truckfahrer konnte Abel tiefer in die sumpfige Landschaft locken, die Oderbruch hieß und hauptsächlich aus Schwemmwiesen, Seen und Kanälen bestand. Aber er konnte genauso gut die Autobahn nach Stettin ansteuern, die nur ein paar Kilometer westlich verlief.

Rizgar jauchzte so ausgelassen, wie Sara es bei ihrem Kleinen kaum jemals erlebt hatte. Jankowski war der reinste Bilderbuchvater. Er kroch mit dem kleinen Jungen auf dem Boden herum, spielte Verstecken und Autorennen, er war unermüdlich, und Rizgar bekam sich vor Begeisterung gar nicht mehr ein. Währenddessen durchforstete Sara mit ihrer linken Hand den Server von Toll Collect.

Dort hatte sie eigentlich nichts zu suchen, und das nicht nur, weil sie gegen jede Menge Gesetze verstieß, wenn sie sich in das staatliche Mautsystem hackte. Den MAN konnte sie über seine On-Board-Unit sowieso nicht tracken, solange er nicht auf einer mautpflichtigen Straße unterwegs war. Und das deutsche Mautsystem deckte derzeit nur das Autobahnnetz und die mehrspurigen Schnellstraßen ab, nicht aber die restlichen Bundesstraßen und nachgeordneten Verkehrswege. Deshalb hatte sie es gestern wohl auch nicht geschafft, den MAN über das Mautsystem zu orten, und heute würde sie bei diesem Versuch genauso scheitern, solange der Truck auf Nebenstrecken unterwegs war. Aber da sie ihn längst per GPS getrackt hatte, spielte das keine Rolle.

Trotzdem hatte Sara beschlossen, sich auf dem Server von Toll Collect umzusehen. Abels Frage, ob es wirklich derselbe Truck wie gestern war, ließ ihr keine Ruhe.

Hatten die Kidnapper möglicherweise einen zweiten Lkw im Einsatz? In welchem befanden sich dann die Zwillinge? Und wie sollten sie diesen zweiten Lkw finden?

Mittlerweile hatte Sara herausgefunden, wie sie im Toll-Collect-Netz einzelne Streckenabschnitte auswählen konnte.

Mit den entsprechenden Zugriffsrechten konnte man sich auflisten lassen, welche Fahrzeuge sich gerade in dem betreffenden Segment befanden, sortiert nach Gewichtsklassen, Nationalität, Kennzeichen und anderen Kriterien.
Einem spontanen Impuls folgend, gab sie das amtliche Kennzeichen des weißen Trucks ein. Beginnend mit PM für »Potsdam-Mittelmark-Kreis«. Das ergab eigentlich keinen Sinn, da der MAN ja gerade nicht im Netz der Mautstraßen unterwegs war.
Nach weniger als einer Minute erschien das Ergebnis auf dem Monitor.
»Das glaub ich jetzt nicht«, murmelte Sara.
»Brauchst du Unterstützung?«, fragte Jankowski. Seine Stimme klang gedämpft, da er mit Rizgar hinter der Couch auf dem Boden herumkroch.
»Bleib, wo du bist«, sagte Sara.
Was will sie mir damit sagen?, überlegte Jankowski. *»Rück mir nicht auf die Pelle«* oder *»Bleib bei Rizgar und mir«*? Er hoffte, dass sie die zweite Bedeutung zumindest ein bisschen mitgemeint hatte, vielleicht nicht bewusst, aber irgendwo tief in ihrem Innern.
Doch vorsichtshalber hielt er sich an Bedeutung Nummer eins, blieb auf dem staubigen Boden hocken und spielte mit Rizgar Kleinkind-Memory. Die Spielkarten waren aus abwaschbarem Plastik, die aufgedruckten Motive knallbunt und so einprägsam, dass man sie eigentlich nicht miteinander verwechseln konnte. Trotzdem griff Jankowski öfter mal daneben, und der Junge freute sich diebisch, weil sein Kartenstapel schon doppelt so hoch wie der Jankowskis war.
Glücklicherweise bekam Rizgar nicht mit, weshalb sein hochaufgeschossener Spielgefährte so wenig bei der Sache war. Jankowski machte sich Vorwürfe, weil er Abel nicht davon abgehalten hatte, sich auf Lebedevs Spiel einzulassen. Hätten sie nicht doch das LKA einschalten sollen? Aber Abel war strikt dagegen gewesen, er wollte seine Kinder auf

keinen Fall zusätzlichen Gefahren aussetzen, indem er die Forderung des Kidnappers missachtete. Lebedev hatte angekündigt, Manon und Noah in »Gulasch« zu verwandeln, falls Abel die Polizei einschaltete, und in der Tat sprach wenig dafür, dass es sich hierbei um eine leere Drohung handelte.

Rizgar räumte ein weiteres Kartenpärchen ab, zwei blutrote Äpfel, und klatschte vor Vergnügen in die Hände.

»Komm mal her, Timo«, sagte Sara.

Das ließ sich Jankowski nicht zweimal sagen. Während Rizgar den Rest der Karten-Zwillinge einheimste, rappelte sich der Profiler vom Boden auf und eilte hinüber zu Saras Schreibtisch.

»Den Truck gibt es zweimal. Hier und hier.« Sie zeigte mit ihrer rechten Hand auf den mittleren Monitor, auf dem der weiße MAN auf der B 198 fuhr. Mit links deutete sie auf den Bildschirm daneben, wo unter dem Toll-Collect-Logo ein MAN TGX mit dem gleichen amtlichen Kennzeichen aufgelistet war.

Nur befand sich dieser zweite Truck gut hundert Kilometer südlich, auf der Autobahn A 12 kurz vor der Abfahrt Fürstenwalde/Spree. Er bewegte sich mit fünfundachtzig Stundenkilometern auf die polnische Grenze zu, die er bei gleichbleibender Geschwindigkeit in weniger als einer halben Stunde erreichen würde.

»Das stinkt doch wie Affenscheiße«, sagte Sara.

Jankowski stand hinter ihr und starrte abwechselnd auf die beiden Bildschirme. »Kann das nicht ein Programmfehler oder so was sein?«

Sie warf ihm einen Blick zu, der ihn erschauern ließ. »Beide Systeme liefern Daten in Echtzeit. Wie soll da plötzlich ein Geistertruck dazwischengeraten?«

Er zuckte mit den Schultern. »Mit dem digitalen Hokuspokus kenne ich mich nicht aus.«

»Ist mir gar nicht aufgefallen. Auf jeden Fall fahren hier zwei mehr oder weniger identische Trucks durch die Gegend. Das kann ja wohl kein Zufall sein.«

»Zwillinge«, murmelte Jankowski.

»Weiterspielen!«, schrie Rizgar hinter der Couch hervor. Er stampfte mit den Füßen auf den Boden.

»Gleich, Junge«, sagte Jankowski. »Er spielt mit uns«, fügte er hinzu und meinte nicht Rizgar, sondern Lebedev. »Und er geht gleichzeitig auf Nummer sicher. Wie es aussieht, haben der Profi und der Psychopath in ihm eine Lösung gefunden, die beiden zusagt. Zwillings-Trucks, passend zur Zwillings-Entführung.«

Sie kaute auf der Unterlippe. »Klingt irre einleuchtend. Er will wieder mal Verwirrung stiften, ja?«

Sie deutete mit einer Hand auf den linken, mit der anderen auf den mittleren Bildschirm. Auf dem dritten Monitor zeigte der Bildschirmschoner die unerbittlich verrinnende Zeit an.

»Sind die Zwillinge jetzt in dem oder in dem Truck? Oder ist der eine Zwilling in diesem, der andere in dem anderen Laster?«

Timo runzelte die Stirn. »Kümmerst du dich mal um den Kleinen? Ich rufe Fred an. Meiner Meinung nach sollte er die Aktion abbrechen.«

☠ ☠ ☠

58

**B 158 bei Parsteinsee, Brandenburg,
Kfz Fred Abel,
Montag, 19. Juli, 08:37 Uhr**

»Verstanden, Timo«, sagte Abel. »Mit so etwas war zu rechnen. Wenn auch nicht unbedingt mit dem verrückten Aufwand, den der Typ treibt.«
»Verdoppelungen haben es Lebedev offenbar angetan«, sagte Jankowski. »Das ist typisch bei schizoiden Persönlichkeitsstörungen. Deine Zwillinge hat er mit Doppelgängern ausgestattet, und jetzt setzt er zwei identische Trucks ein. Die Nummernschilder von einem der beiden müssen logischerweise gefälscht sein. Sara meint, Toll Collect würde Alarm schlagen, wenn bei einem Fahrzeug Kennzeichen und OBU-Kennung nicht zusammenpassen. Also muss der Truck, dem du folgst, mit falschen Nummernschildern unterwegs sein.«
Abel rückte sich das Handy zwischen Ohr und Schulter zurecht. Die vorbeiziehende Landschaft war so leer, dass er sich allmählich wie der letzte Bewohner des Planeten vorkam. Keine Autos auf der Straße, keine Bauern auf den Feldern. Ab und zu eine Ruine am Wegrand, mit eingestürztem Dach und Fensterhöhlen wie die Löcher in einem zerbrochenen Totenschädel.
»Du musst die Aktion abbrechen, Fred«, sagte Jankowski. »Lebedev hat nicht die Absicht, deine Kinder im Austausch gegen den Ring freizulassen, das steht für mich endgültig fest. Er will dich mit dem einen Truck in die Falle locken. Gleichzeitig lässt er die Zwillinge mit dem zweiten Lkw außer Landes schaffen – nach Polen oder vielleicht noch weiter nach Osten.«
Abel ließ sich das durch den Kopf gehen. »Danke für die Info. Aus meiner Sicht hat sich nichts Wesentliches geändert.

Meine Kinder können trotzdem da vorne in dem Truck sein. Oder schon an dem Ort, an dem das Treffen stattfinden soll. Ich muss es versuchen. Ich bringe ihm den Ring, alles Weitere muss sich dann ergeben.«
»Warte noch, Fred«, sagte Jankowski rasch. »Du willst deine Kinder retten, das würde jeder in deiner Lage wollen. Aber du denkst nicht logisch. Was hast du Lebedev denn außer dem Ring zu bieten?«
»Mich selbst«, sagte Abel.
»Und warum glaubst du, dass er deine Kinder freilassen würde, wenn er dafür dich bekommt?«
»Timo, lass gut sein«, blockte Abel ab. »Das haben wir doch schon alles durchgesprochen. Vielleicht ist der Trick mit den Zwillingstrucks auch gar nicht so verrückt, sondern eine ziemlich gute Tarnung. Wer kommt schon auf die Idee, ein Fahrzeug mit genau diesem Kennzeichen im Mautstraßennetz zu suchen, wenn man es abseits des Mautsystems auf dem Präsentierteller serviert bekommt?«
»Da hast du auch wieder recht«, sagte Timo. »Sara hat in gewisser Weise selbst eine gespaltene Persönlichkeit. Wahrscheinlich hätten wir den zweiten Lkw ohne sie wirklich nicht entdeckt. Jedenfalls nicht so schnell. Sie ist …«
»Wie auch immer«, fiel ihm Abel ins Wort. »Ich mache weiter wie geplant. Ruf Moewig an, er soll sofort umdrehen und sich an den zweiten Lkw dranhängen. Aber unauffällig! Wo genau ist der erste jetzt?«
Jankowski fokussierte sich auf den mittleren Monitor und wollte seinen Augen nicht trauen. »Einen Moment. Sara, schaust du dir das hier mal an?«
Sara tauchte aus der Spielecke hinter der Couch auf, den heftig protestierenden Rizgar auf dem Arm. »Weiterspielen!«, schrie der Junge. Doch plötzlich wurde er still. Seine Mutter und Jankowski starrten gebannt auf den Bildschirm, und Rizgar versuchte herauszufinden, was an dem handlungsarmen Video so spannend sein sollte.

Einige Kilometer hinter Angermünde verließ der weiße MAN-Truck die Landstraße L 28. Im Schneckentempo bog er auf einen geschotterten Waldweg ein, der nur für forstwirtschaftliche Fahrzeuge freigegeben war.
»Fred, bist du noch dran?«, fragte Jankowski.
»Was ist auf dem Monitor zu sehen?«
»Am liebsten würde ich dir das gar nicht sagen.«
Abel wartete stumm. Jankowski gab sich einen Ruck und beschrieb die genaue Position des Lkw.
»Links geht eine Forststraße ab«, fuhr er widerstrebend fort. »Da ist der Truck eben reingefahren. Das ist dichter Wald, Fred. Sogar für Saras Satellitenüberwachung bist du da drinnen unsichtbar.«
Abel hörte, wie Jankowski heftig ein- und wieder ausatmete.
»Ich versuch's noch mal, Fred: Bitte, brich die Aktion ab. Niemand wird dir einen Vorwurf machen, im Gegenteil.«
Abel schwieg, aus seiner Sicht war alles gesagt. Er fühlte sich ruhiger, als er erwartet hatte. Nicht wirklich gelassen, aber auch nicht annähernd wie das Nervenbündel, in das er sich in den letzten Tagen mehr und mehr verwandelt hatte. Sein Puls war beschleunigt, aber noch im normalen Bereich.
»Viel Glück, Fred!«, hörte er Sara rufen.
Immerhin kennt sie allmählich meinen Namen. Abel beschloss, es als gutes Zeichen zu werten.
»Danke, ich melde mich«, sagte er und legte auf.

☠ ☠ ☠

59

**L 29 bei Oderberg, Brandenburg,
Pkw Lars Moewig,
Montag, 19. Juli, 09:06 Uhr**

Verstanden, Ende«, sagte Moewig. Er klickte Sara Wittstock weg und schmiss sein Handy auf den Beifahrersitz.
»Okay, Freddy, du willst es so«, murmelte er. Aber er hatte kein gutes Gefühl dabei. Wäre es nach ihm gegangen, er wäre Abel weiter zu dem Treffpunkt gefolgt, der mit hoher Wahrscheinlichkeit ein Hinterhalt war.
Im Fahren griff er sich die Straßenkarte vom Beifahrersitz und stellte fest, dass er zumindest nicht umdrehen musste. Er fischte sein Zigarettenpäckchen aus einer Hemdtasche, das Zippo aus einer anderen und zündete sich eine an.
Obwohl er alle vier Seitenfenster heruntergekurbelt hatte, war es in dem russischen Oldtimer so warm wie in einer Sauna. Das Gebläse stieß keuchend heiße Luft aus. Die Sitzbezüge verströmten einen intensiven chemischen Geruch. Moewig sah schon fast Benzolringe von dem schwarzen Kunstleder aufsteigen. Sein Hemd war am Rücken durchgeschwitzt, um seinen Hosenboden war es nicht viel besser bestellt.
Doch im Rückspiegel sah er, in weiter Ferne noch, von Südwesten her schwarze Wolken aufziehen. Das von allen Medien seit Tagen herbeigehypte Gewittertief »Claire«.
Am Ortseingang von Oderberg bog Moewig scharf rechts auf die B 158 ab und drückte das Gaspedal durch. Der Lada wurde deutlich lauter, die Tachonadel quälte sich in Zeitlupe nach oben.
Bis Frankfurt (Oder), wo der Truck die Grenze nach Polen passieren würde, waren es von hier rund achtzig Kilometer. Kurvenreiche Bundesstraße, keine Überholspur, dafür zahl-

reiche Ortsdurchfahrten, mit dem Lada konnte er das unmöglich in weniger als einer Stunde schaffen. Der Truck würde einen Vorsprung von ungefähr dreißig Minuten haben, wenn Moewig gleichfalls die Grenze erreichen und auf die Autobahn auffahren würde.

Moewig hätte viel dafür gegeben, wenn er jetzt den GLK gehabt hätte, der ihm auf Guadeloupe so gute Dienste geleistet hatte. *Jammern gilt nicht, wünschen hilft nicht,* dachte er und rammte mit dem Handballen den dritten Gang rein, um an einem ostalgischen Rentnerpaar im himmelblauen Trabbi vorbeizuziehen.

☠ ☠ ☠

60

**Waldlichtung bei Mark Landin, Brandenburg,
Montag, 19. Juli, 09:23 Uhr**

Die Forststraße war zirka acht Meter breit und mit Schotter bedeckt. Tiefe Fahrrinnen ließen erahnen, dass vor dem MAN-Truck etliche andere Lastwagen hier entlanggekrochen sein mussten. Schwertransporter, wie sie unter anderem zum Abtransport von Baumstämmen eingesetzt wurden.

Der Platz war klug gewählt, das wurde Abel immer klarer, je weiter er der Schotterpiste folgte. Die Reifen mahlten im nachgiebigen Untergrund. Immer wieder spritzten Schotterstücke unter den Rädern hervor, mit hellen Knallgeräuschen wie von kleinen Explosionen. Obwohl er im Schneckentempo fuhr, musste er kilometerweit zu hören sein.

Etwa zehn Meter über dem Weg verschränkten sich die Baumwipfel zu einem grünen Gewölbe, durch das nur wenig

Sonnenlicht drang. Die Scheinwerfer des Audi hatten sich automatisch eingeschaltet, wie bei der Einfahrt in einen Tunnel.
Abel hatte die Seitenscheibe heruntergelassen, stoppte alle paar hundert Meter, steckte den Kopf aus dem Fenster und lauschte. Aber er hörte keine Motorengeräusche, kein Mahlen von voluminösen Zwillingsreifen in Schotter und Schlamm. Außer den Alarmrufen der Waldvögel und leisem Hitzeknacken von seiner Motorhaube waren keinerlei Laute zu vernehmen. Falls irgendwo hier im Wald Forstarbeiter zugange waren, mussten sie ihre Äxte und Motorsägen zu Hause gelassen haben.
Langsam fuhr Abel weiter. Der Weg verlief schnurgerade in Richtung Nordwesten. Abel nahm an, dass er zu einem verlassenen Gehöft führte, wo Lebedev eine Überraschung für ihn vorbereitet hatte. Doch nachdem er dem Weg noch ein kurzes Stück gefolgt war, sah er die Umrisse des Trucks, die sich gut hundert Meter voraus zwischen Weiden und Eichen abzeichneten.
Abel trat auf die Bremse und schaltete den Motor aus. Er schob das LG-Handy in seine Hemdtasche und vergewisserte sich, dass das Etui noch in seiner Hosentasche steckte. Dann öffnete er leise die Tür und glitt hinaus.
Um kein weithin sichtbares Ziel zu bieten, verließ er die Schotterpiste und bewegte sich parallel zur Straße in einer Distanz von einigen Metern zwischen den Bäumen voran. Der Waldboden war federnd weich. Sumpfiger Untergrund, der schon nach wenigen Schritten unter seinen Sohlen gluckste. Wohlweislich hatte Abel seine Flipflops wieder gegen feste Schuhe getauscht, nachdem er vor Herzfeld die Fußkranken-Nummer durchgezogen hatte. Es waren Laufschuhe vom gleichen Modell, das ihm auch am Dnjestr gute Dienste geleistet hatte.
Als mich der Porutschik gejagt hat wie ein wildes Tier. Im selben Moment wurde ihm klar, dass er schon wieder mitten

in Lebedevs Inszenierung war. *Was ihm am Dnjestr nicht geglückt ist, will er hier zu Ende bringen.*
Der Wald hatte tatsächlich eine gewisse Ähnlichkeit mit dem unwegsamen Gehölz zwischen Transnistrien und Moldawien. Der sumpfige Boden, der faulige Geruch, der die Hitze noch drückender machte. Die uralten Baumriesen, die mit Moos überzogenen Felsbrocken, die aus dem Unterholz emporragten. Das dämmrige Licht unter dem Dach der Baumkronen, durch das die Sonne nur vereinzelte Lichtpfeile zu schießen vermochte. Das alles summierte sich zu einer archaischen Atmosphäre, wie geschaffen für einen Rückfall in prähistorische Menschenjagd.
Abels Sinne arbeiteten auf Hochtouren. Damals hatte Lebedev mit einer Handfeuerwaffe auf ihn geschossen, doch das würde er hier sicher nicht wiederholen. *Wenn er mich einfach abknallen wollte, hätte er das längst getan. Mit Sicherheit hat er mich schon im Visier.* Trotzdem bewegte er sich so leise, wie er nur konnte, voran.
Der weiße Truck schälte sich immer deutlicher aus dem Dämmerlicht hervor. Abel unterschied die mächtigen Zwillingsräder unter der zweiflügeligen Hecktür, die seltsamerweise nicht ganz geschlossen war. Oder war das eine optische Täuschung, bedingt durch das flirrende Licht?
Er war keine zwanzig Meter mehr von dem Truck entfernt, als er das Röcheln hörte. Dann krampfhaftes Husten. Und klägliche Hilferufe, kaum mehr als kraftloses Wimmern. Und erneut der qualvolle Hustenkrampf.
Noah, oh Gott, dachte Abel. *Ein Asthmaanfall ... und Manon, völlig entkräftet ...*
Seine Gedanken bestanden nur noch aus Fetzen. Er rannte auf die Hecktür des Lastwagens zu. Im Näherkommen sah er, dass der Truck mit der Vorderachse einen halben Meter tief im Schlamm versunken war. Die Fahrertür stand weit offen, so als wäre der Fahrer Hals über Kopf geflohen.
Was keinen Sinn ergab, aber daran verschwendete Abel kei-

nen Gedanken, er hörte nur, wie seine Kinder litten, röchelten, um Hilfe wimmerten. Sein Verstand hatte ausgesetzt, seine professionelle Vorsicht, alles war in diesem Moment ausgeschaltet, als er die Hecktür aufriss und die Namen seiner Kinder rief.

»Noah!« Er hechtete in den Laderaum. »Manon!« *Warum habe ich kein Asthmaspray dabei?* Er überlegte fieberhaft, wie er Noah trotzdem helfen, den lebensbedrohlichen Bronchialkrampf lösen konnte, während er durch den düsteren Laderaum stolperte. Die Rufe, das Röcheln, Husten, Wimmern kamen von ganz hinten, am anderen Ende, wo es fast stockdunkel war. Abel nahm nur zwei längliche Schatten wahr, seltsam reglos, obwohl Noah sich krümmen, im Hustenkrampf aufbäumen musste.

Er warf sich neben den beiden auf die Knie, rief erneut ihre Namen, wollte Noah bei den Schultern fassen, sah in den Augenwinkeln, wie rechts von ihm etwas aufblitzte. Lang, metallisch, blitzschnell kam es näher, dann der Stich in seinen Hals, und alles wurde still und schwarz.

☠ ☠ ☠

61

**E 30 bei Frankfurt (Oder),
Pkw Lars Moewig,
Montag, 19. Juli, 09:58 Uhr**

»Sara? Ich bin gerade über die Grenze. Schneller ging's nicht.«

Moewig hielt den Kopf aus dem Seitenfenster und schüttelte sich Schweißtropfen aus den Haaren. Der Motor seines Geländewagens kochte, die Abgasanlage unter dem ungedämm-

ten Wagenboden strahlte Hitzewellen aus wie eine außer Kontrolle geratene Fußbodenheizung.
»Okay«, sagte Sara. »Besser spät als nie.«
Moewig wartete, bis ein Pulk aus Porsches und 5er-BMWs vorbeigerast war, und scherte auf die Überholspur aus. Auf polnischen Autobahnen galt ein Tempolimit von hundertvierzig Stundenkilometern, aber das schien kaum jemanden zu bekümmern. Er selbst würde sich zwangsläufig daran halten, der Lada fuhr mit Ach und Krach hundertvierzig, vor allem mit Krach. Und auch das nur, wenn es nicht bergauf ging und der Gegenwind nicht zu stark war.
»Wie viel Vorsprung hat er noch?«
Er überholte eine endlose Kolonne von Lastwagen. Hinter ihm drängelte ein Mercedes, dem seinerseits ein Audi im Nacken saß. Aber die mussten sich jetzt eben gedulden.
»Ungefähr fünfzehn Kilometer.«
»Geht es nicht etwas genauer? Ich fahre hundertachtunddreißig. Wie schnell ist der Truck? Wie viele Minuten ist er voraus? Ich denke, du bist Miss Hack Universum.«
»Kannst du die Scheiße mal lassen, ja?«, blaffte Sara zurück. »Du bist in Polen, schon gemerkt? Da gibt es kein Mautsystem wie in Deutschland. Sondern die gute alte Methode mit Ticketziehen und einer Schaltermamsell an der Ausfahrt.«
»Reg dich ab«, sagte er. »Ich hab selbst gerade so ein Ticket gezogen. Und was heißt das jetzt für mich? Blindflug?«
»Das wollte ich dir gerade erklären. Könntest du mal die Luft anhalten und einfach zuhören, Jens?«
»Kein Problem, Tamara.«
Sie schnaufte hörbar durch, während Moewig mit einem gewagten Manöver zwischen zwei Lkw auf die rechte Spur einscherte, um die Möchtegern-Rennfahrer hinter ihm vorbeizulassen.
»Also hör zu«, sagte sie. »Wenn du den Faden verlierst, ruf einfach Hilfe, ja? Du bist weniger als zwanzig Minuten hinter dem Truck zurück. Wir gehen davon aus, dass er eine län-

gere Strecke auf der E 30 zurücklegen will. Durch das Ticketsystem mit Schranken an allen Zu- und Abfahrten lassen sich Autobahnen in Polen problemlos abriegeln. Falls er die Zwillinge oder einen der beiden an Bord hat, kann er so ein Risiko eigentlich nicht gebrauchen. Wenn er es trotzdem eingeht, heißt das höchstwahrscheinlich, dass er eine große Strecke schnell zurücklegen will.«

Moewig pfiff durch die Zähne. »Verstehe. Ihr glaubt, dass er nach Russland will.«

»Oder nach Transnistrien«, sagte Sara. »So oder so müssen wir ihn vorher abfangen. Ich erkläre dir jetzt, wie.«

Da bin ich aber mal gespannt, dachte Moewig. Doch er verkniff sich jede weitere spitze Bemerkung. Sie waren offenbar beide mit den Nerven runter. Und er war es Freddy verdammt noch mal schuldig, dass er sich zusammenriss und alles unterließ, was ihre Chancen schmälern konnte. Die waren sowieso schon jämmerlich gering.

Sara begann zu erklären, was Timo und sie sich überlegt hatten. Wie sie den Truck stoppen konnten, ohne dass der Fahrer sofort Verdacht schöpfen würde. Sie würde sich in seine Bordelektronik einloggen und sein Navi so umprogrammieren, dass er die Anweisung bekam, einen bestimmten Parkplatz anzusteuern. Sie würde es so echt aussehen lassen, dass nicht einmal Lebedevs IT-Crack gleich kapierte, dass der Befehl gefakt war.

Moewig ließ sich das durch den Kopf gehen. Er war wieder auf die Überholspur ausgeschert und zog einen endlosen Konvoi genervter Limousinen- und SUV-Fahrer hinter sich her. Aber die Lkw-Kolonne auf der rechten Spur war noch dreimal endloser.

»Hat die Raststätte auch einen Namen?«, fragte er.

»MOP Kozieloski.« Sie buchstabierte ihm den Zungenbrecher und gab die genaue Position durch. »Das ist keine Raststätte, sondern ein simpler Parkplatz. Ohne Tanke oder Cafeteria. Einfach zehn Parkboxen auf der linken Seite für

Lkw und ungefähr doppelt so viele rechts für Pkws. Trotzdem wird es da ziemlich belebt sein. Also erschwerte Einsatzbedingungen.«

Moewig fielen gleich mehrere Einsatzorte ein, an denen die Bedingungen erheblich schlechter gewesen waren. Die Berghöhle in Afghanistan beispielsweise, in der er und zwei Bundeswehrkameraden tagelang von Taliban belagert worden waren. Oder die Gated Community im Irak, die er als Leiter des Security-Teams evakuieren lassen musste, nachdem Terroristen die koptische Kirche in der Siedlung gesprengt hatten.

»Damit komme ich schon klar«, sagte er. »Hat Freddy den Plan abgenickt?«

Anstelle einer Antwort hörte er unverständliches Tuscheln in seinem Headset. Dann reichte Sara das Handy offenbar weiter, denn als Nächstes hatte er Jankowski im Ohr.

»Lars? Wir haben seit zwanzig Minuten keine Verbindung mehr zu Fred. Er hat vorhergesagt, dass das passieren würde, weil Lebedev sein Handy lahmlegen würde, mit einem Störsender oder wie auch immer. Trotzdem mache ich mir Sorgen.«

Dafür kann Freddy sich auch nichts kaufen, dachte Moewig.

»Und was heißt das für meinen Einsatz?« fragte er.

Jankowski räusperte sich erst umständlich, bevor er sich zu einer Antwort durchringen konnte. »Alles wie geplant. Melde dich, wenn du fünf Kilometer vor dem Parkplatz bist.«

»*Roger that*«, sagte Moewig.

☠ ☠ ☠

62

**Stillgelegte Werkhalle bei Schwedt/Oder, Brandenburg,
Montag, 19. Juli, 10:03 Uhr**

Grober Betonboden, stumpfgrau, von Rissen durchzogen. Abel wollte den Kopf heben, sich umsehen, doch aus irgendeinem Grund gehorchten ihm seine Muskeln nicht. Auch sein Verstand arbeitete schwerfällig. Seine Körperwahrnehmung war verzerrt, die Arme fühlten sich surreal lang an, senkrecht emporgezogen, und sein Kopf tonnenschwer. An Brust und Beinen, sogar unter den Fußsohlen spürte er einen Luftzug. Auch das konnte eigentlich nicht sein. Dass er mehr oder weniger nackt war und auf Zehenspitzen stand. Dass sich seine Hände taub anfühlten, als hätte er dicke Gummihandschuhe an.
Endlich gelang es ihm, seinen Blick vom Betonboden zu lösen. Von den Ölflecken, der undefinierbaren Schmiere, die Risse und Poren füllte. Mit einer fast übermenschlichen Kraftanstrengung hob Abel den Kopf. Und war im selben Moment hellwach.
Seine Arme waren gefesselt, und er war tatsächlich nackt bis auf seine Boxershorts. Und die Bandage um seinen linken Knöchel. Anscheinend befand er sich in einer stillgelegten Fabrikhalle, einem heruntergekommenen Betonbau mit schmalen Fenstern, die blind waren vor Dreck. Surrende Neonlampen hüllten alles in fahles Licht. Die rostzerfressenen Querstreben unter der Decke, die gleichfalls rostigen Stahlpfeiler, die Werkbänke, Maschinen, Metallschränke, die in präzisen Linien hintereinander aufgereiht standen. Alles verstaubt und mit Spinnweben bedeckt seit Jahren oder Jahrzehnten.
Nur die Eisenkette über seinem Kopf war nagelneu. Das Licht brach sich auf den rundlichen Kettengliedern, die wie poliert funkelten. Mit dem oberen Ende war die Kette um

eine rostige Deckenstrebe geschlungen, am unteren Ende hing er selbst. Seine Handgelenke waren über ihm mit Kabelbinder zusammengeschnürt und mit der Kette verbunden. Schmerzhaft zerrte Abels eigenes Gewicht an seinen Hand- und Schultergelenken. Wieder und wieder suchten seine Füße festen Halt, doch er konnte den Boden nur gerade so mit den Zehenspitzen berühren.

Weiter hinten in der Halle bemerkte er einen Metallcontainer, wie sie zur Entsorgung von Industrieabfällen verwendet wurden. Hellblau, verbeult, mit rostigen Kanten. Und mit zwei kreisrunden Deckeln an der Oberseite, von denen einer geöffnet war.

Abel sah sich alles aufmerksam an. Sein Verstand war einigermaßen klar, nur seine emotionale Reaktionsfähigkeit noch deutlich eingeschränkt. Er erinnerte sich an die Spritze, die ihm – vermutlich von Lebedev – in den Hals gerammt worden war. Und danach an nichts mehr, bis er hier wieder zu sich gekommen war.

Propofol oder ein anderes, sofort wirksames Narkotikum, dachte Abel. Er hatte keine Vorstellung, wie lange er bewusstlos gewesen war, wie viel Zeit mittlerweile vergangen war. Und wohin er verfrachtet worden war. Wo sich dieser Geisterort befand, noch im brandenburgischen Grenzland oder vielleicht Hunderte Kilometer von der Stelle entfernt, an der er in den Hinterhalt gelockt worden war.

Auf jeden Fall bin ich hier auf Lebedevs Bühne, dachte Abel. Die verlassene Werkhalle war keine exakte Kopie der stillgelegten Fabrik bei Tiraspol, aber die Ähnlichkeit war unverkennbar. Und ganz bestimmt kein Zufall, sondern sorgfältig arrangiert, mit dem Mix aus professioneller Genauigkeit und wahnhafter Pingeligkeit, der für Psychopathen wie Lebedev typisch war. Unter dem geöffneten Containerdeckel nahm Abel eine stumpfweiße Masse wahr, und der stechende Geruch bestätigte ihn in seiner Vermutung, dass es sich hierbei um ungelöschten Kalk handelte. Auch über die Rolle, die

ihm der Porutschik zugedacht hatte, brauchte Abel nicht lange zu rätseln. Genauso, wie er jetzt angekettet war, hatten Lebedev und sein Foltergehilfe damals die Stepanov-Brüder gefesselt. Mit Kabelbinder um die Handgelenke und einer Kette, die von der Decke herunterhing. Es fehlte nur der in den Boden einbetonierte Eisenring, an den die Oligarchen-Neffen zusätzlich mit den Füßen gefesselt waren. Ansonsten hatte Lebedev an alles gedacht.
Timo hat wieder mal ins Schwarze getroffen, dachte Abel, *Lebedev hat definitiv einen Doubletten-Tic.* Das falsche zweite Zwillingspaar, der falsche zweite Truck und nun die Doublette des transnistrischen Tatorts, an dem er die Stepanov-Brüder zu Tode gefoltert hatte. Und an dem Abel Jahre später den verräterischen Ring gefunden hatte.
Zwei Meter links von ihm ragte ein massiver, rostzernagter Stahlpfeiler auf. Davor stand ein mit Rollen versehener Metalltisch, der diverse Schubladen enthielt und oberflächlich gesäubert worden war. In Tiraspol hatte Abel seinen Einsatzkoffer auf einem ähnlichen Rollwagen abgestellt. Auf diesem hier befanden sich lediglich das Etui, das er heute früh in seine Hosentasche gesteckt hatte, und der kleine Asservatenbeutel, in dem er das Etui transportiert hatte. Seine Hose und seine restlichen Kleidungsstücke lagen auf dem schmutzverkrusteten Boden neben dem Wagen, achtlos hingeworfen. Daneben sein LG-Handy, das Gehäuse geöffnet, der Akku herausgenommen.
Der Deckel des Etuis auf dem Rolltisch war aufgeklappt – eine makabre Analogie zu dem offenen Containerdeckel, die gewiss genauso beabsichtigt war. Der Ring steckte in dem Futteral, wie Abel ihn hineingezwängt hatte. Obwohl er noch immer durch eine Watteschicht von seinen Gefühlen abgeschirmt war, begann sein Herz beim Anblick des Rings schneller zu schlagen.
Jetzt kommt es darauf an, dachte er. *Wenn ich falsch kalkuliert habe, ende ich mit dem Kopf voran im ungelöschten*

Kalk. Und was der Irre dann mit Manon und Noah macht, daran darf ich gar nicht denken.

☠ ☠ ☠

63

Stillgelegte Werkhalle bei Schwedt/Oder, Brandenburg, Montag, 19. Juli, 10:16 Uhr

Doc Disabled! Sie machen Ihrem Namen ja alle Ehre.« Lebedev war unvermittelt aus dem hinteren Bereich der Halle aufgetaucht. Er lief mit schnellen Schritten den Gang zwischen den eingemotteten Maschinen entlang und baute sich vor Abel auf. »Dabei ist das hier erst der Anfang. Am Ende werden Sie vollständig deaktiviert sein.«
Totally disabled. Ohne technische Verfremdung hörte sich Lebedevs Englisch weniger schwerfällig an. Seine echte Stimme war tief wie bei einem Bären. Und wie bei dem Porutschik, der Abel durch den Wald am Dnjestr gehetzt hatte.
Lebedev war so hoch gewachsen wie Abel, aber deutlich bulliger und muskulöser. Für einen Mann seiner Gewichtsklasse bewegte er sich ausgesprochen geschmeidig. Sein Schädel war kahlgeschoren, das Gesicht glattrasiert und von tiefen Furchen um Nase und Mund durchzogen. Abel schätzte ihn auf Anfang sechzig, und nicht nur für sein Alter sah er beeindruckend fit aus. Seine Brustmuskulatur zeichnete sich wie ein Relief unter dem engen, blütenweißen Hemd ab. Der schwarze Anzug war wie zum Ausgleich eine Nummer zu groß und glänzte im Neonlicht, als wäre er mit Plastik beschichtet.
Wie praktisch, dachte Abel. *Da spart er jede Menge Reinigungskosten, gerade bei seinem Job.*

»Schluss mit dem Theater, Lebedev«, sagte er auf Englisch. »Sie wollten Ihren Schatz zurück, da ist er.« *Your treasure.* Er zeigte mit dem Kopf zu dem Rolltisch neben dem Stahlpfeiler. »Also lassen Sie jetzt meine Kinder frei.«
Lebedev hob eine weißblonde Braue und sah zu, wie Abel vergeblich versuchte, sein Gewicht auf den Fußzehen zu balancieren. »Frei?«, wiederholte er in skeptischem Tonfall. »Dafür ist es zu spät. Jedenfalls für Junge.«
Abel erstarrte. Vorhin im Truck hatte ihn Lebedev mit einer Audio-Aufzeichnung hereingelegt, das war ihm mittlerweile klar. Aber die Aufnahme selbst, Noahs Röcheln und Husten, war zweifellos echt. Mehrfach hatte er miterlebt, wie Noah bei einem Asthmaanfall um Atemluft gerungen hatte. Ohne das Spray konnte so ein Bronchialkrampf schnell lebensbedrohlich werden.
»Ich glaube Ihnen kein Wort. Behalten Sie mich als Geisel, wenn Sie sich etwas davon versprechen, aber lassen Sie meine Kinder gehen.«
Lebedev sah ihn ausdruckslos an. Seine Augen waren fast farblos, genauso wie die Brauen und sogar seine Lippen.
»Junge ist tot«, sagte er. »Plan war, du solltest zusehen, wie deine Kinder zu Gulasch verarbeitet werden. Aber Junge hat Lunge gespuckt, als wir nur ein paarmal gezwickt haben. Schade.«
Er griff in sein Sakko und zog eine Kneifzange hervor. »Spuckst du auch Lunge, Doc?« Der Porutschik stellte sich so dicht vor ihn, dass Abel seinen Körpergeruch einatmete. »Du wirst doch nicht vorschnell schlappmachen. Wo ich mich schon so lange darauf freue, dich wiederzusehen. Seit unserem kleinen Waldspaziergang am Dnjestr.« Er ließ die Zange vor Abels linker Brustwarze auf- und zuschnappen.
Abel zwang sich, weiter gleichmäßig zu atmen. Er durfte nicht darüber nachdenken, ob Lebedev möglicherweise die Wahrheit gesagt hatte. Ob er Noah tatsächlich gefoltert hatte und sein Sohn wirklich nicht mehr am Leben war. Auf keinen

Fall durfte er in Panik verfallen. Psychopathen wie Lebedev waren Haifische, wenn sie Blut rochen, wurden sie rasend. Er musste die Nerven bewahren und Lebedev irgendwie dazu bringen, den Ring aus dem Etui zu nehmen. Und zwar, bevor ihm der Transnistrier ernsthafte Verletzungen zugefügt hatte.

Also denk nach, sagte sich Abel, *mach ihm klar, dass er sich jetzt dem Ring zuwenden muss.*

Er zermarterte sich den Kopf, aber es fiel ihm nichts Überzeugendes ein. Seine Phantasie wurde nicht nur durch die Zange gelähmt, die der Porutschik vor ihm auf- und zuschnappen ließ. *Wenn er den Ring aus dem Etui nimmt,* dachte Abel, *fangen meine Probleme womöglich erst richtig an.*

Falls Lebedev durch das Kontaktgift kollabierte und Abel sich nicht von seinen Fesseln befreien konnte, würden sie beide hier sterben. Er selbst aufrecht angekettet und der Porutschik zu seinen Füßen.

»Habe ich Plan geändert«, sagte Lebedev. »Mädchen habe ich Vadik geschenkt. Meinem treuen Soldaten. Vadik kriegt ihn nicht mehr steif, verstehst du?«

Er schwenkte die Zange kurz nach oben und ließ sie dann an der herabhängenden Hand schlenkern. »Oder hat noch nie steif gekriegt, wer weiß«, fügte er düster hinzu. »Aber macht ihm nichts aus, dafür hat er Dildos. Aus Holz, Plastik, Stein, was du willst. Alle in XXXL. Was glotzt du, Doc? Hast du der Stepanov-Schwuchtel doch Steinschwanz aus dem Arsch gepult. Oder aus der Matsche, die von Arsch noch übrig war.«

Er fuhr Abel mit der Zange den Oberkörper hinunter und verharrte auf dem Saum von Abels Shorts.

»Vadik macht Mädchen tot«, sagte er in sachlichem Tonfall. »Wenn er einmal loslegt, hört er nicht mehr auf. Das ist Vorteil von Dildos. Er steckt ihr die Dinger überall rein. Auch da, wo von Natur aus keine Löcher sind. Soll er machen. Ich mache bei dir. Nur ohne Dildo.«

Abels Herz hämmerte, seine Gedanken rasten. Er musste diesen Irren irgendwie ablenken!
»Sie bluffen doch, Lebedev!«, brachte er hervor. »Sie lügen, wenn Sie den Mund aufmachen!«
Der Porutschik starrte ihn düster an. »Sag das nie wieder, Doc. Ich hole aus jedem Wahrheit heraus. Wie kannst du behaupten, dass ausgerechnet ich lügen würde?«
Er wirkte aufrichtig erbost. Vor Empörung schien er sogar die Zange in seiner Hand vergessen zu haben.
»Aber Ihrem Helfershelfer haben Sie befohlen, sich vor meinen Kindern als mein Assistent auszugeben«, setzte Abel nach. »Wie verträgt sich das mit Ihrer angeblichen Wahrheitsliebe?«
Lebedev bleckte die Zähne. »Der Genosse Martin. Hat noch bei der Stasi gelernt. Ihn Lügner zu nennen ist eine Beleidigung, Doc. Der Mann spielt jede Rolle täuschend echt. Martin ist ein Künstler, ein Chamäleon. Und ein IT-Genie noch dazu.«
Er machte einen halben Schritt nach hinten, holte mit dem rechten Fuß kurz aus und senste Abel die Beine weg. »Jetzt mal im Ernst, Doc«, fuhr Lebedev fort. »Wer weiß alles von dem Ring? Wem hast du erzählt, dass er mir gehört?«
Er schwang die Zange wie einen Hammer und drosch sie Abel in den Bauch. Diesmal konnte Abel den Schrei nicht ganz unterdrücken. Er japste und stöhnte, während er wie ein Pendel hin- und herschwang. Panisch versuchte er, wieder Boden unter die Füße zu bekommen, um seine Handgelenke zu entlasten.
»Wieso dir?«, presste Abel hervor. Seine Handgelenke brannten wie Feuer. »Der Ring ist eine Doublette. Und die gehört mir, bis meine Kinder wieder frei und in Sicherheit sind.«
»Doublette?« Lebedev riss die Augen auf, sein Gesicht verzerrte sich in einer Mischung aus Panik und Wut.
Es war, als hätte Abel auf einen Knopf gedrückt. Einen Trigger, im Jargon von Leuten wie Dr. Kalden. Lebedev fuhr her-

um, schnappte sich das Etui und wollte den Ring herausziehen. Doch der saß wie festgeklebt in dem engen Spalt. Fluchend drückte Lebedev das Futteral mit Daumen und Zeigefinger herunter, während er mit der anderen Hand den Ring hervorzerrte. Er hielt ihn zur Deckenlampe hoch und drehte ihn hin und her. Mit zusammengekniffenen Augen versuchte er die Inschrift zu entziffern, befeuchtete eine Fingerspitze mit Spucke und wischte die Innenseite des Rings blank.

Gut so, mach weiter so. Abel ließ ihn nicht aus den Augen. *Wenn du kollabierst, schaffe ich es vielleicht trotzdem nicht, mich zu befreien. Aber wenn du nicht zusammenklappst, ist es für mich und meine Kinder auf jeden Fall vorbei.* Er versuchte, unbeteiligt auszusehen, aber das war so gut wie unmöglich, wenn einem der Schmerz im Körper und die Angst in der Seele brannte.

»Keine Doublette«, sagte Lebedev schließlich und atmete hörbar aus. »Schrift stimmt. Jeder Kratzer echt.«

Er starrte Abel siegesgewiss an, während er sich den Silberreif an den Ringfinger der linken Hand steckte. »Also noch mal: Wem hast du davon erzählt?«

Er schob den Ring auf seinem Finger hin und her, bis er mit dem Sitz zufrieden schien. Dann griff er erneut zu der Zange, die er auf dem Rollwagen abgelegt hatte, und trat dicht vor Abel. Wieder setzte er die Schneiden an Abels Brustwarze an.

Mit den Zehenspitzen machte Abel verzweifelte Trippelschritte nach hinten. Er kam nicht weit, schon nach wenigen Zentimetern hatte er keinen Boden mehr unter den Füßen. Lebedev setzte die Zange neu an, jetzt mit beiden Händen. Abel krümmte sich zusammen, die Zange schrammte über seine Haut und grub sich in sein Fleisch. Blut quoll ihm aus der Brust, knapp über dem Herzen. Abel schrie auf, riss die Beine hoch und trat Lebedev so fest er konnte in den Unterbauch.

Es war ein kläglicher Tritt, fast ohne jeden Schwung. Lebedev starrte ihn an, die Zähne gefletscht, ließ erneut die Zange schnappen. Abel wappnete sich innerlich gegen den Schmerz. Blut strömte ihm aus der Wunde, ein blutiger Fleischfetzen lag vor ihm am Boden, erschreckend groß. *Gulasch,* ging es ihm durch den Kopf. Wie ein Raubvogel schoss die Zange erneut auf ihn zu. Abel spannte die Muskeln an, und dann verdrehte Lebedev plötzlich die Augen. Sein Gesicht wurde grau, die Zange glitt ihm aus der Hand und prallte scheppernd auf dem Boden auf.
Lebedev sackte wie eine Gummipuppe um, ohne seinen Sturz mit Händen oder Schultern abzufedern. Er musste schon bewusstlos gewesen sein, bevor er auf dem Boden aufschlug.
Bewusstlos oder tot.

☠ ☠ ☠

64

Polen, E 30 bei Kuslin, im MAN-Truck,
Montag, 19. Juli, 10:33 Uhr

Vadik war so sauer auf den Porutschik wie noch nie. In all den Jahren hatten sie immer gerecht geteilt. Oder zumindest so, wie es laut Lebedev gerecht war. Im Zweifelsfall reservierte er die Filetstücke für sich selbst, aber gut, er war schließlich der Offizier und Vadik nur sein »treuer Soldat«. Das betonte der Porutschik vor allem dann, wenn Vadik wieder mal zurückstecken sollte. Beiseitetreten und seinem Boss den Vortritt lassen, weil sie einen besonders »saftigen Pavian« auf dem Grill hatten.
»Saftige Paviane«, das war auch so eine Redewendung von

Lebedev, die Vadik im Lauf der Jahre übernommen hatte. Und ausgerechnet jetzt, da sie den saftigsten Pavian seit langem geschnappt hatten, schickte ihn der Porutschik mit dem Kinderzirkus auf Tournee. Mit den beiden Schoko-Kids hinten im Laderaum.

»Das ist nicht fair, verflucht noch mal!«, wütete Vadik und schlug mit der Faust aufs Lenkrad. Er raufte sich die dünnen Haare und knirschte vor Wut mit den Zähnen. Das hätte er allerdings besser sein lassen, denn die saßen sowieso schon reichlich locker in seinem Kiefer.

Mit dem Sturz von General Burkjanov hatte es angefangen, sinnierte er weiter. Bei den nachfolgenden Säuberungen waren auch der Porutschik und er selbst aus der transnistrischen Geheimpolizei entlassen worden, und im Grunde ging es seit damals nur immer weiter bergab. Mit Lebedevs Moral, mit seiner Selbstbeherrschung und mit seiner Fairness, die allerdings nie besonders stark ausgeprägt gewesen war.

Der Porutschik hatte sich den Schädel kahlgeschoren und auf Hochglanz poliert, so als hielte er sich für einen Wiedergänger des weggeputschten Generals. Er war in die freie Wirtschaft gewechselt, vom transnistrischen Staatsdienst zum Troubleshooting für globale Strukturen, und Vadik war immer treu an seiner Seite geblieben. In den letzten zwei Jahren waren sie gehörig in der Welt herumgekommen, aber der Porutschik war immer düsterer und paranoider geworden.

»Der Ring, Vadik, ich muss den Ring wiederhaben!«, hatte er bald jeden Tag gezetert. »Die Sau, die ihn eingesackt hat, lassen wir bis auf die Knochen büßen. Ein Glück, dass Miron und Osip den Dreckskerl damals nicht ganz ins Grab geprügelt haben, so ein schneller Tod wäre viel zu gut für ihn. Den will ich seine eigenen Eier fressen sehen.«

Heute wollte er Doc Abel angeblich »nur ein paar Stunden vorgrillen«, um »brisante Informationen« aus ihm herauszuholen. Anschließend wollte er den vorgegrillten Pavian zu

ihrem Treffpunkt in Polen mitbringen und dort zusammen mit Vadik weiter am Spieß braten. Aber Vadik hatte solche Sprüche schon zu oft gehört, und am Ende des Tages hatte der Porutschik sein Filetstück jedes Mal allein verputzt.
Während Lebedev den Gulaschtopf wahrscheinlich schon mit Abels Zehen und Brustwarzen füllte, steuerte Vadik den bescheuerten MAN durch die polnische Prärie. Na gut, es war der coolste Hightech-Truck, den er jemals unterm Hintern hatte, kein Vergleich mit den Knochenschüttlern, mit denen sie in Transnistrien herumgebrettert waren. Aber er hatte einfach keine Freude an den vierhundertachtzig Pferdestärken, am Bordcomputer mit Navi und 3-D-Straßenkarte, an Air-Condition und Luxusschlafkabine, weil er unablässig daran denken musste, was der Porutschik gerade mit Abel anstellte. Und was er, Vadik, alles mit ihm angestellt hätte, wenn Lebedev ihn nicht weggeschickt hätte.
»Mach dir nichts draus«, hatte ihn der Porutschik auf seine höhnische Art getröstet. »Dafür kannst du die Kleine ganz für dich alleine haben, wenn es so weit ist.«
»Wenn es so weit ist, wenn es so weit ist«, äffte Vadik ihn nach.
Das war auch so eine Redewendung von Lebedev. Es konnte »morgen« bedeuten, »nächste Woche« oder »am Sankt-Nimmerleins-Tag«. Und bis dahin durfte Vadik den Schoko-Kids kein Haar krümmen. Dabei hätte er sie gerne schon mal ein bisschen an Zange und Lötkolben gewöhnt. Aber das hätte sowieso keinen Sinn gehabt, die beiden waren bis in die Haarspitzen mit Schlafmitteln vollgepumpt. Die pennten praktisch rund um die Uhr in ihrem Verschlag hinter der Fahrerkabine, und Vadik musste alle paar Stunden wie ein Kindermädchen nach ihnen sehen. Nachdem der Junge sich fast die Lunge aus dem Hals gehustet hatte, war Vadik sogar losgeschickt worden, um Asthmaspray zu besorgen. Dagegen war zwar im Prinzip nichts zu sagen. Schließlich machte es keinen Sinn, jemanden zu kidnappen, der einem beim ers-

ten Zangenschnappen gleich wieder wegstarb. Trotzdem ärgerte es Vadik so gewaltig, dass er selbst fast einen Hustenkrampf bekam.

»Wer bin ich denn, eure bescheuerte Nachtschwester?«, brach es aus ihm heraus. »Scheiß-Porutschik, ich hab die Schnauze voll!«

Wie jedes Mal, wenn er gegen den Porutschik rebelliert hatte, erschrak er vor sich selbst. *Na gut, vielleicht kommt ja alles bald wieder ins Lot,* sagte er sich. Immerhin hatte der Porutschik durchblicken lassen, dass Vadiks Durststrecke zu Ende gehen würde, wenn er in dem neuen Unterschlupf in Polen angekommen wäre. »Dann ist es bald so weit, und du kannst mit der Kleinen machen, was du willst«, hatte der Porutschik gesagt, allerdings in seinem höhnischsten Tonfall. Vadik stellte sich vor, was er mit dem saftigen Pavianmädel anstellen würde, und der Sabber lief ihm das Kinn herunter, das so schief war wie bei einer Comicfigur. Das kam von den Prügeln, die er von klein auf zu Hause bekommen hatte. Von seinem Vater, seiner Mutter, seinen fünf Brüdern und vier Schwestern, sie alle hatten darum gewetteifert, ihn zu verdreschen. Mit Gürteln, Schüreisen, Stöcken, Schuhen, jeder von ihnen hatte seinen eigenen Stil. Wann immer sich Vadik über einen mehr oder weniger saftigen Pavian hermachte, stellte er sich vor, dass er es zu Hause jemandem heimzuzahlen. Zum Beispiel seinem Bruder Vitali, der fast genau so aussah wie er selbst, nur dass Vitalis Kinn gerade war.

Bei dem Mädchen würde er an seine große Schwester Natascha denken, die hatte auch so einen prallen Arsch. Als Vadik zwölf oder dreizehn gewesen war, hatte sich Natascha bei jeder Gelegenheit mit ihrem riesigen Hintern auf sein Gesicht gesetzt, so dass er fast erstickt wäre.

Während Vadik seinen Erinnerungen nachhing und in Phantasien schwelgte, änderte sich plötzlich die Anzeige auf dem Bildschirm des Bordcomputers. Eben noch hatte dort die Navi-Straßenkarte geprangt, mit der knallrot markierten

Strecke zu dem Ziel, das er eigenhändig einprogrammiert hatte, ein heruntergekommenes Gehöft bei Kalisz, hundertfünfzig Kilometer östlich von Posen. Doch jetzt stand da auf einmal in kyrillischen Buchstaben ein Befehl, der Vadik den Schweiß auf die Stirn trieb. Erstens, weil Lesen so anstrengend war, und zweitens, weil ihm mit einem Schlag klargeworden war, dass ihn der Porutschik mit dieser verfluchten Hightech-Elektronik überwachen konnte.
Heilige Scheiße, eben hab ich ihn nachgeäfft und verflucht und weiß der Henker was noch alles. Und jetzt stand da in unmissverständlichem Russisch auf dem Display:

PARKPLATZ *MOP KOZIELOSKI* BEI KUSLIN
UMGEHEND ANFAHREN
WEITERE BEFEHLE ABWARTEN
GEZ. PORUTSCHIK LEBEDEV

Dann wechselte erneut die Anzeige, und Vadik wurde es noch heißer. Der Porutschik hatte auch das Navi umprogrammiert! »*In zwei Kilometern abfahren auf Parkplatz MOP Kozieloski, dafür rechts halten*«, sagte die synthetische Frauenstimme, die Vadik so sehr an seine Mutter erinnerte. Und an die Art, wie sie ihn immer verprügelt hatte, mit dem knallroten Stromkabel von ihrem Bügeleisen.
Die rote Markierung auf der Straßenkarte bestätigte den Befehl. Sie führte von der Autobahn herunter und endete mit einem Zielfähnchen auf dem Parkplatz »MOP Kozieloski«, der nur noch fünfhundert Meter voraus war.
Vadik wischte sich den Schweiß von der Stirn und setzte den Blinker.

☠ ☠ ☠

65

**Stillgelegte Werkhalle bei Schwedt/Oder,
Brandenburg,
Montag, 19. Juli, 10:38 Uhr**

Lebedev lag auf dem Boden ausgestreckt wie ein sehr großer Hund. Auf dem Bauch, das linke Bein angewinkelt, der rechte Arm unter seinem Rumpf begraben. Abel stand auf Lebedevs linkem Oberschenkel. Dass er wieder Grund unter den Füßen hatte, war eine Wohltat für seinen ganzen Körper. Vor allem für seine verkrampften Zehen und Knöchel und für seine tauben Hände. Sein Körpergewicht zerrte nicht mehr an Gelenken und Sehnen, der Kabelbinder schnürte nicht länger die Blutzufuhr zu seinen Händen ab. Jedenfalls nicht mehr ganz so erbarmungslos, seit die Kette über ihm einige Zentimeter Spiel hatte. Zum Glück besaßen Lebedevs Oberschenkel die Ausmaße von mittelgroßen Baumstämmen.

Der Besitzer dieser Baumstämme war entweder tot oder nicht weit davon entfernt. Abel spürte keinerlei Bewegung in dem massigen Körper unter seinen Füßen. Er selbst dagegen bewegte vorsichtig die Hände, um die Blutzirkulation wieder in Gang zu bringen. Zugleich schob er den rechten Fuß unter Lebedevs Jackett und versuchte mit den Zehen zu ertasten, was sich in den Taschen befand.

Das Ergebnis war niederschmetternd. Lebedevs Jackentaschen waren so leer, als hätte er den Anzug gerade aus der Reinigung geholt. Keine Brieftasche, kein Handy. Und erst recht kein Messer oder irgendein Werkzeug, mit dem sich der Kabelbinder durchtrennen ließ. Abels einziges Fundstück war ein dürrer Schlüsselbund in Lebedevs Außentasche.

Abel gönnte seinen Fußzehen eine kurze Erholungspause, dann begann er, nach dem Bund zu angeln. Zwei oder drei Schlüssel an einem Metallring, der ihm mehrfach wieder entglitt, aber schließlich gelang es ihm, einen Zeh durch den Ring hindurchzuschieben.

Behutsam barg er seine Beute und stöhnte im nächsten Moment vor Enttäuschung auf. Der Bund bestand nur aus zwei bartlosen Schlüsseln mit Muldenkerbungen, wie sie für Autoschlösser verwendet wurden. Um Kabelbinder durchzutrennen, waren sie vollkommen unbrauchbar.

Abel schüttelte den Ring von seinem Fußzeh herunter. *Also ist die Zange meine letzte Chance? Wenn ja, bin ich so gut wie tot*, dachte er.

Die Kneifzange war unter Lebedevs Körper begraben, er müsste sie irgendwie unter dem Porutschik hervorangeln, falls sie überhaupt in Reichweite seiner Füße war. Vor allem aber waren die Griffe der Zange mit der Reinsubstanz Parathion kontaminiert. Er würde sich selbst außer Gefecht setzen, wenn er sie anfasste, außer er reinigte das Werkzeug vorher oder konnte jede direkte Berührung mit seiner Haut vermeiden. Doch das eine war unter den gegebenen Umständen so illusorisch wie das andere.

Entmutigt sah sich Abel um. Auf den Maschinen lagen undefinierbare Metallteile verstreut, bedeckt mit Staub und Spinnweben. Möglicherweise war das eine oder andere brauchbare Werkzeug dabei, aber nichts davon war auch nur annähernd in seiner Reichweite.

Die Zeit lief ihm davon, im gleichen Takt, in dem das Blut aus der Wunde an seiner Brust sickerte. Ein unerbittliches Rinnsal, das ihm über Bauch und Beine rann und auf Lebedevs Hosenboden tropfte.

Er hat mir nicht wirklich das Herz herausgerissen, dachte Abel, *aber es fühlt sich nicht sehr viel besser an*. Und es würde auf dasselbe Ergebnis hinauslaufen, wenn ihm nicht sehr bald einfiel, wie er sich befreien konnte.

Erneut begann er, Lebedevs Jackentaschen zu durchsuchen. Er fand ein zerknülltes Papiertaschentuch, das er bei der ersten Suche übersehen hatte, doch das war alles. Abel war kurz

davor, aufzugeben, als er auf einen länglichen, schmalen Gegenstand stieß, der dicht neben dem Jackensaum im Futter verborgen war.
Abel befühlte ihn mit den Fußzehen. Der Stab oder Stift steckte in einem schlauchförmigen Etui, das fest in die Jacke eingenäht war. Er fühlte sich hart an, stählern, aber für ein Messer eigentlich zu schmal. Abel schloss die Augen, um sich besser konzentrieren zu können. Der Stift ragte vielleicht einen Zentimeter weit aus dem Lederschlauch hervor. Er klemmte ihn zwischen zwei Zehen und zog ihn behutsam heraus.
Als er die Augen wieder öffnete, konnte er sich vor Freude kaum fassen. Der Stift war eine Art Stilett. *Eine diskrete Waffe für den schnellen Mord zwischendurch,* dachte er. Die Klinge war spitz zugeschliffen wie ein Dorn, die Parierstange kaum breiter als der Griff, damit das Messer im Jackenfutter nicht auffiel.
Abel legte das Stilett auf der Rückseite von Lebedevs Oberschenkel ab und fuhr mit einem Zeh vorsichtig die Klinge entlang. *Scharf wie ein Skalpell.* Normalerweise waren Stilette reine Stichwaffen, aber der Porutschik hatte das Messer offenbar seinen persönlichen Bedürfnissen angepasst. Ein Opfer einfach nur abzustechen, ohne es vorher ein wenig zu foltern, musste aus seiner Sicht sinnlose Verschwendung sein.
Abel lockerte seine verkrampften Zehen. Doch im nächsten Moment erstarrte er am ganzen Körper. Lebedev hob ruckartig den Kopf und stierte mit glasigen Augen zu ihm empor.

☠ ☠ ☠

66

**Parkplatz an der E 30 bei Posen,
Montag, 19. Juli, 10:43 Uhr**

Als der weiße MAN-Truck in die Lkw-Parkbox einfuhr, saß Moewig an einem der Picknicktische auf dem Grünstreifen daneben. Kurz vorher war ein VW Bully mit Wohnanhänger angekommen, aus denen eine erstaunliche Menge junger Niederländer gequollen war. Sie unterhielten sich lautstark, und drei oder vier von ihnen waren dunkelhäutig. Beides war gut, denn so fielen Moewig und die Aktion, die er gleich starten würde, weniger auf.
»Los jetzt, Lars«, sagte Sara Wittstock in seinem Headset. »Bevor er den Motor ausgeschaltet hat, musst du an seiner Beifahrertür sein.«
»Lars?«, wiederholte Moewig. »Ich hatte mich schon fast an ›Jens‹ gewöhnt.«
Sie gab ihm keine Antwort, und Moewig erwartete auch keine. Die Hände in den Hosentaschen, schlenderte er die Reihe der geparkten Lkw entlang. Als er bei dem weißen MAN angekommen war, sagte er leise »jetzt«, und Sara entriegelte die Beifahrertür. Wie auch immer sie das von ihrem klaustrophobischen Apartment aus bewerkstelligte.
Mit einem vernehmlichen Klacken schnappte das Schloss auf, Moewig öffnete schwungvoll die Tür und hechtete in die Fahrkabine. Der Fahrer starrte ihn an und griff blitzschnell in den Spalt neben seinem Sitz, doch bevor er einen Totschläger oder was auch immer herausziehen konnte, hatte ihm Moewig seine Handkante gegen den Hals geschlagen. Der Transnistrier gab einen klagenden Laut von sich, verdrehte die Augen und verstaute sein bemerkenswert schiefes Kinn zwischen den Lenkradspeichen.
Moewig machte die Handschellen von seinem Gürtel los und Vadiks Hände gleichfalls am Lenkrad fest. Er filzte die Ta-

403

schen des schmächtigen Transnistriers, steckte dessen Handy in die eigene Tasche und wollte gerade wieder aussteigen, als Vadik den Kopf hob und benommen um sich sah.
»Weiterschlafen«, sagte Moewig und drosch ihm die Faust hart gegen die rechte Schläfe. Vadiks Kinn kehrte in Parkposition zurück. »Braver Soldat«, sagte Moewig.
Er ließ den Motor laufen, stieg aus und schloss die Beifahrertür. »Ich gehe jetzt nach hinten«, teilte er Sara Wittstock mit.
»Vorhersehbar.«
Moewig hatte sie längst in sein Herz geschlossen. Er eilte zum Heck des MAN und sagte »jetzt«. Wieder schnappten Riegel mit stählernem Klacken zurück. Er zog den rechten Flügel der zweiteiligen Hecktür auf und wollte sich in den Laderaum schwingen. Aber das ging nicht, der Wagen war bis unter die Decke mit Tuchballen beladen.
»Kann es sein, dass wir den falschen Truck geschnappt haben?«
»Blödsinn«, sagte Sara. »Geh jetzt da rein und hol die Kids raus. Ich sage Timo, dass er das LKA anrufen kann. Wie heißt die Kommissarin noch mal?«
Moewig musste selbst einen Moment überlegen. Er sah die groß gewachsene Kriminalbeamtin mit der sportlichen Kurzhaarfrisur vor sich, die ihn so seltsam eindringlich gemustert hatte. Als fühlte sie sich von ihm angezogen, würde ihm aber nicht so richtig über den Weg trauen.
»Wegerich«, sagte er und begann, Tuchballen auszuladen. Zügig bahnte er sich einen Weg durch den Laderaum. »Manon?«, rief er. »Noah? *Êtes-vous ici?* Seid ihr hier?«
Er klopfte gegen die Rückwand. Dahinter befand sich entweder ein Hohlraum, in dem die Zwillinge eingesperrt waren, oder Sara hatte doch den falschen Truck getrackt.
»Manon! Noah! *Votre père m'a envoyé!* Euer Vater hat mich geschickt.« Er trommelte mit den Fäusten gegen die Blechwand. »*Êtes-vous ici?*«
Nachdem er noch eine Weile gerufen und geklopft hatte, ließ

sich hinter der Wand eine schlaftrunkene Stimme vernehmen. »*Oui!* Ja! Wir sind hier. Wach auf, Manon!«
»Wach doch selber auf«, gab sie im Halbschlaf zurück.
Moewig zog sein Schraubendreher-Set aus der Hosentasche und fing an, die Wand aus ihrer Verankerung zu hebeln.

☠ ☠ ☠

67

Stillgelegte Werkhalle bei Schwedt/Oder, Brandenburg, Montag, 19. Juli, 10:54 Uhr

Lebedevs Gesicht war aschgrau und schien irgendwie aus der Form geraten. Er starrte Abel an, sein Mund zuckte, doch kein verständlicher Laut drang hervor. Nach einer gefühlten Ewigkeit sackte sein Kopf auf den Boden zurück, seine Lider schlossen sich flatternd.
Offenbar hatte er erneut das Bewusstsein verloren. Abel zwang sich, gleichmäßig aus- und einzuatmen, bis sich sein Herzschlag halbwegs normalisiert hatte. Lebedevs Hände waren mit dem Parathion kontaminiert. Durch eine noch so zufällige Berührung konnte er auch ihn außer Gefecht setzen.
Abel durfte keine Zeit mehr verlieren. Er klemmte den Messergriff zwischen zwei Zehen und hob das Stilett langsam hoch. Ohne Lebedev aus den Augen zu lassen, winkelte er das Bein an, drehte den Unterschenkel behutsam nach innen und begann mit dem gefährlichsten Teil des Manövers.
Ihm war bewusst, dass er keine zweite Chance bekommen würde. Er holte tief Luft und zog sich zu einem Klimmzug empor. Augenblicklich wurde der Kabelbinder so eng um seine Handgelenke zusammengezurrt, dass die Blutzufuhr

zu seinen Händen unterbrochen war. Abels gesamte Schultergürtelmuskulatur begann sich schmerzhaft zu verkrampfen und unter der ungewohnten Belastung immer stärker zu zittern.

Er drückte die Hände vor seinem Oberkörper herunter und hob seinen nach innen gedrehten Unterschenkel so weit wie möglich an. Der Schmerz in seinen Handgelenken war fast unerträglich, doch dann fühlte er das kühle Eisen zwischen seinen Fingern, bekam den Messergriff zu fassen und umschloss ihn krampfhaft mit der rechten Hand.

Zitternd streckte er Arme und Beine wieder aus und kam erneut auf Lebedevs Oberschenkel zu stehen. Er legte seinen Kopf in den Nacken und fixierte den kaum zwei Zentimeter kurzen Plastikstreifen, der ihn an die Kette fesselte. Er drehte den Messergriff zwischen den Fingern, bis die Klinge nach oben zeigte, und begann sie über das Plastikband zu ziehen.

Die Klinge war tatsächlich so scharf wie ein Skalpell. Er brauchte sie nur ein paarmal hin und her zu bewegen, schon waren seine Arme frei. Abel atmete tief durch, stieg von dem noch immer reglosen Körper herunter und brachte vorsichtshalber ein paar Schritte zwischen sich und Lebedev.

Den Kabelbinder um seine Handgelenke herum durchzutrennen war der schwierigste Teil der Übung. Seine Hände waren mittlerweile fast gänzlich taub. Er drehte das Stilett herum, so dass die Klinge nach unten zeigte, drückte sie von außen gegen das Plastikband und bewegte sie unbeholfen hin und her. Ein scharfer Schmerz ließ ihn zusammenzucken. Die Klinge hatte den Kabelbinder durchtrennt, aber zugleich tief in seinen rechten Unterarm geschnitten.

Ich bin frei, sagte sich Abel und rieb seine Hände aneinander, um die Blutzirkulation wieder in Gang zu bringen. *Aber wenn ich die Blutungen nicht in den nächsten Minuten gestoppt bekomme, hilft mir das wenig.*

Er machte einen Bogen um Lebedev, als er zu dem Rollwagen

ging. Hastig öffnete er eine Schublade nach der anderen, auf der Suche nach irgendetwas, um seine Verletzungen zu versorgen.
Was er stattdessen fand, ließ ihn vor Entsetzen erstarren.

☠ ☠ ☠

68

Stillgelegte Werkhalle bei Schwedt/Oder, Brandenburg, Montag, 19. Juli, 11:04 Uhr

Abel vergewisserte sich, dass die provisorischen Druckverbände um seine Brust und seinen rechten Unterarm hielten. Er quälte sich in Hemd, Hose und Schuhe und bückte sich dann nochmals, um die Einzelteile seines Handys aufzusammeln. Seine Hände zitterten so sehr, dass es ihm erst beim dritten Versuch gelang, den Akku einzulegen und den Gehäusedeckel zu schließen.
In den Schubladen hatte er ein Arsenal an Folterinstrumenten vorgefunden, das ihm noch nachträglich das Blut in den Adern gefrieren ließ. Von Messern und Zangen, Feilen und Beilen aller Größenordnungen über Handschneidbrenner und Lötkolben bis hin zu Ampullen mit diversen Psychopharmaka, Schmerzmitteln, Sedativa und Herz-Kreislauf-Medikamenten, die das vorzeitige Ableben der Folteropfer verhindern sollten.
Offenbar hatte der Porutschik noch einiges mit Abel vorgehabt. Wenn er durch das Kontaktgift nicht im letzten Augenblick gestoppt worden wäre, hätte er Abel höchstwahrscheinlich in einer epischen Folter-Session zu Tode gequält.
Stattdessen lag Lebedev nun im hinteren Bereich der Halle auf dem Bauch, mit Kabelbindern um Fuß- und Handgelen-

ke an einen Stahlpfeiler gefesselt. Der Porutschik war wieder bei Bewusstsein, doch selbst ohne jede Fesselung wäre er kaum imstande gewesen, die Werkhalle aus eigener Kraft zu verlassen. Sein Körper wurde von Zuckungen geschüttelt. Er hatte sich mehrfach erbrochen, sein Darm hatte sich unter Krämpfen entleert. Lebedev schwamm geradezu in seiner eigenen Jauche, und Abel gönnte es ihm von Herzen. Bis der Transnistrier wieder halbwegs sicher auf den Füßen stehen konnte, würden noch etliche Tage vergehen.

Aus dem Panzerklebeband, das er in der untersten Schublade des Rolltischs gefunden, und zwei Stoffstreifen, die er aus seinem Hemd gerissen hatte, hatte Abel provisorische Druckverbände angefertigt und so die Blutungen gestillt. Nun klappte er das Ringetui zu, wobei er den kleinen Plastikasservatenbeutel wie einen Handschuh einsetzte, um seine Haut vor dem Kontaktgift zu schützen. Er steckte das Etui in den Asservatenbeutel und schob es in seine Hosentasche. Der Ring selbst steckte noch an Lebedevs Hand. Und Lebedevs Kopf damit in einer Schlinge, aus der er sich nicht mehr befreien würde.

Abel drückte auf den Power-Button seines Handys, und nach wenigen Sekunden war das Schlichtmodell startbereit. Doch als er die Anruferliste aufrufen wollte, stellte er fest, dass er keinen Empfang hatte.

Wahrscheinlich lag das am Stahlbetondach der Fabrikhalle. Aber Abel hatte ohnehin nicht vor, dem Porutschik länger Gesellschaft zu leisten. Nachdem er auch Lebedevs Autoschlüssel noch an sich genommen hatte, ging er zwischen den eingemotteten Drehbänken und Fräsmaschinen auf die Stahltür mit der Aufschrift *Notausgang – freihalten!* zu. Hinter ihm gab Lebedev gurgelnde Laute von sich, doch Abel drehte sich nicht mehr um.

Er trat hinaus auf einen Fabrikhof, der mit Schlaglöchern und undefinierbarem Industrieschrott übersät war. Die Ähnlichkeit mit dem heruntergekommenen Areal bei Tiraspol war so verblüffend, dass ihm kurz der Gedanke kam, Lebedev könnte ihn nach Transnistrien verschleppt haben.

Es war schwülheiß wie in einem Terrarium, der Wetterwechsel stand unmittelbar bevor. Dunkle Wolken bedeckten den Himmel, in der Ferne zuckten Blitze. Noch war kein Donner zu hören, aber »Boris« war definitiv dem Untergang geweiht. Das meteorologische Hoch genauso wie sein von Krämpfen geplagter Namensvetter.

Neben einem schuppenartigen Anbau mit rostiger Wellblechfassade stand ein gleichfalls rostzernagter VW Golf. Abel holte den Schlüsselbund hervor, den er aus Lebedevs Jacke gefischt hatte, und schloss das museumsreife Vehikel auf. Es hatte garantiert kein GPS an Bord und konnte nicht einmal von einem IT-Crack wie Sara Wittstock aufgespürt werden. Zweifellos war das der Grund, weshalb Profis wie Lebedev Fahrzeuge aus dem vergangenen Jahrhundert bevorzugten.

Abel ließ sich stöhnend auf den Fahrersitz fallen und zog die Tür zu. Erneut wählte er die Anruferliste auf seinem Handy. Nun hatte er Empfang und erhielt die Mitteilung, dass er elf Anrufe verpasst hatte. Sieben von Moewig und vier von Sara Wittstock.

Der Motor sprang sofort an, und Abel fuhr in vorsichtigem Slalom vom Hof der Fabrikhalle.

Die schmale Straße vor dem Hoftor verlor sich in beide Richtungen nach wenigen hundert Metern im Wald. Außer der Fabrikhalle waren weit und breit keine Gebäude zu sehen. Abel entschied sich, aufs Geratewohl in Richtung Westen zu fahren. Er hatte nach wie vor keine Ahnung, wo er sich befand, doch irgendwohin musste die Straße schließlich führen.

Er beschleunigte und schaltete bis in den vierten Gang hoch, dann wählte er Moewigs Nummer und klemmte sich das Handy zwischen Schulter und Ohr.

☠ ☠ ☠

69

**Landstraße bei Schwedt/Oder, im VW Golf,
Montag, 19. Juli, 11:27 Uhr**

»Freddy!«, ertönte Moewigs Stimme aus dem Handy. »Bist du okay?«

Im Hintergrund war Brausen und Dröhnen zu hören, wie von Fahrzeugkolonnen, die auf einer nahen Autobahn vorüberdonnerten. Vor Abels geistigem Auge zeichnete sich eine Raststätte ab, irgendwo in der Gegend von Posen. Sein Herzschlag beschleunigte sich abrupt.

»Okay ist stark übertrieben«, sagte er. »Aber ich bin noch am Stück. Und Lebedev ist am Boden.«

»Das hört sich doch super an. Mein Glückwunsch, Freddy«, antwortete Moewig. Er klang so entspannt, wie Abel ihn kaum jemals erlebt hatte. »Wo steckst du jetzt?«

»Das versuche ich gerade herauszufinden«, sagte Abel.

Die Straße wand sich noch immer durch dichten Wald. Mittlerweile war der Himmel schwarz vor Wolken, es war fast so dunkel wie in der Nacht. Bisher war Abel noch keinem Auto begegnet und auf kein Schild gestoßen, das ihm verraten hätte, wohin die Straße führte.

Er fuhr an den Straßenrand und stoppte. *Was ist mit den Zwillingen?* Die Frage dröhnte in seinem Kopf und brannte ihm auf der Zunge, aber er brachte sie nicht heraus. Aus Angst, dass Lebedev ihn womöglich doch nicht angelogen hatte. Dass Noah vielleicht nicht mehr am Leben war. Und Manon in den Fängen von Lebedevs »treuem Soldaten« Vadik.

»Was ist mit dem zweiten Truck?«, fragte er schließlich.

»Das erzähle ich dir dann später mal«, sagte Moewig.

Abel stockte der Atem. »Was soll das heißen?«

»Das soll heißen, dass ich das Telefon abgeben muss. Hier ist jemand, der dich dringend sprechen will. Zwei Jemands sogar, falls ich nicht plötzlich doppelt sehe.«

Bevor Abel richtig begriffen hatte, erklang eine helle, junge Stimme an seinem Ohr. »Papa? Hörst du mich?«, rief Manon auf Französisch. »Wir sind wieder frei!«
»Oh Gott, Manon«, stammelte Abel. »Du glaubst gar nicht, wie froh ich bin. Wie geht es euch? Seid ihr gesund?«
»Ich glaub schon«, sagte Manon. »Nur total dösig. Die haben uns andauernd irgendwelches Schlafgift reingepumpt.« Sie gähnte geräuschvoll.
»Lass mich auch mal«, sagt eine tiefere junge Stimme. »Wo bist du, Papa?«, fragte Noah. »Wir sind keine Sklaven mehr! Bist du auch okay?«
Abel spürte einen dicken Kloß im Hals. »Ja, Noah, ja«, brachte er hervor.
Er wollte noch etwas sagen, doch in diesem Moment erdröhnte der Himmel unter einem gewaltigen Donnerschlag, und es begann sintflutartig zu regnen.

☠ ☠ ☠

Epilog

Ein rundes Vierteljahr war vergangen, seit Manon und Noah freigekommen waren. Zusammen mit ihrer Mutter waren die Zwillinge noch bis Anfang August bei Abel und Lisa geblieben, und mit jedem Tag war der Schrecken, den sie während ihrer fünftägigen Gefangenschaft ausstehen mussten, ein wenig mehr verblasst.
Von ihren Entführern waren sie rauh behandelt und mit starken Beruhigungsmitteln sediert worden. Aber weder Boris Lebedev noch Vadik Asimov hatten ihnen Schlimmeres zuleide getan. Nachdem die beiden Transnistrier mehrfach vernommen worden waren, hielt es Hauptkommissarin Wegerich allerdings für erwiesen, dass sie geplant hatten, auch die Zwillinge zu Tode zu foltern. Vor den Augen ihres eigenen Vaters.
Noch in Berlin beendeten Noah und Manon ihren Krimi-Comic, der neben brillanten Zeichnungen, coolen Dialogen und knalligen Effekten nun auch eine spannende Story aufwies. Die Handlung begann in »Petes« Galerie und endete mit der Überwältigung der Entführer sowie der Befreiung der beiden Teenager, die im Comic »No« und »Go« hießen.
Nachdem ihre Kinder das Kidnapping unbeschadet überstanden hatten, fand auch Claire Borel zu ihrem zuversichtlichen Naturell zurück. Bei einem langen Spaziergang an der Dahme sprachen Abel und sie sich endlich aus. Abel gab Lisa keinen Grund zur Eifersucht, aber ihr blieb nicht verborgen, dass Claire ihn seither immer wieder mit einem schwärmerischen Lächeln bedachte.
Nur drei Tage nach der Befreiung der Zwillinge hatte sich Pierre Boucard via Skype von Claire getrennt. Er hatte ihr gebeichtet, dass er seit Monaten mit Julie Lamartine liiert

war und noch im Juli nach Martinique umziehen wollte. Dort bewohnte die hoffnungsvolle Nachwuchskünstlerin ein geräumiges Haus am Rand von Sainte-Marie, in das Pierre mitsamt seiner Galerie einziehen würde. Das hatte zumindest den Vorteil, dass die Schutzgelderpresser ihn selbst aus den Augen und auch an den Zwillingen jedes Interesse verlieren würden.

Gut zwei Wochen nach dem glücklichen Ende der Entführung setzte sich Lisa mit der Ansicht durch, dass es für Claire und die Kinder an der Zeit sei, nach Guadeloupe zurückzukehren. Abel würde ihnen finanziell unter die Arme greifen, und die Zwillinge waren herzlich eingeladen, in den nächsten Ferien wieder nach Berlin zu kommen. Über Skype und WhatsApp würden sie engen Kontakt zueinander halten.

Ungefähr um diese Zeit brach Jankowski seinen Versuch, eine Beziehung mit Sara Wittstock einzugehen, offiziell ab. Doch wenn sie ihn fragte, ob er als Babysitter für Rizgar zur Verfügung stünde, sagte er weiterhin regelmäßig zu.

Abel und Lisa nahmen unterdessen ihr früheres Leben wieder auf. Sie arbeitete weiter hart dafür, dass terroristische Netzwerke in Europa und insbesondere in Deutschland keine verheerenden Anschläge verüben konnten, während Abel bei den »Extremdelikten« vor immer neue Herausforderungen gestellt wurde.

☠ ☠ ☠

Mitte Oktober befand sich Professor Herzfeld bei einem Auslandseinsatz, und als sein Stellvertreter leitete Abel die Frühbesprechung. Die dienstliche Routine hatte ihn wieder, und er genoss es jeden Tag aufs Neue.

Zum Abschluss der Sitzung informierte er die Runde über einen spektakulären neuen Sektionsfall. »Das Opfer ist ein vierjähriges Mädchen«, sagte er. »Mutmaßlich handelt es sich um Luise Röhlich, Tochter von Imke Röhlich, die das Kind vor zwei Wochen als vermisst gemeldet hat.«

Er referierte die Faktenlage, während er in dem blassblauen Schnellhefter blätterte. »Bei ihrer gestrigen Vernehmung hat Frau Röhlich erklärt, sie habe – ich zitiere wörtlich – *um des himmlischen Friedens willen Luise in eine heilige Eiche verwandelt. Wenn das Mädchen noch warm ist und atmet, kann sich der Schössling ideal in ihr verwurzeln und zum mächtigen Heiligtum wachsen, von ihrem Geist erfüllt und von ihrem Schoß genährt.*«

Er warf Murau einen fragenden Blick zu, doch der sprachgewaltige Assistenzarzt schüttelte den Kopf. Die schwülstige Metaphorik schien ihm nicht zu imponieren. Abel zuckte mit den Schultern und referierte weiter.

»Die Ermittlungen werden von Hauptkommissarin Cindy Menke vom Berliner LKA geleitet. Auf die Frage, ob die kleine Luise noch geatmet habe, als Frau Röhlich sie eingegraben habe, bekam sie nur wirre und weitschweifige Erklärungen zu hören. Der Kollege von der forensischen Psychiatrie wird die Kindsmutter untersuchen, um festzustellen, ob Frau Röhlich an einer psychiatrischen Störung leidet oder vielleicht einer Art Satanistensekte angehört. Was ja in der Regel auf dasselbe hinauslaufen dürfte.«

Abel klappte den Schnellhefter zu. »Dr. Murau war gestern vor Ort und wird uns nun über die Auffindesituation informieren. Bitte.« Er nickte Murau zu.

Der Assistenzarzt rieb sich über den Spitzbauch und begann mit weichem Wiener Singsang zu sprechen. »Das Haus, in dem Frau Röhlich als alleinerziehende Mutter mit der vierjährigen Luise gelebt hat, liegt abgelegen am Dorfrand. Ziemlich heruntergekommen, aber mit einem parkähnlichen Garten, den sie anscheinend ganz allein in Schuss gehalten hat.«

Er fischte einige DIN-A4-Fotografien aus einer vor ihm liegenden Plastikfolie und reichte sie herum. Die Bilder zeigten Trauerweiden, die einen Teich voller Seerosen säumten, vor allem aber hügelige Rasenflächen, auf denen Eichen in allen Größen wuchsen. Im Hintergrund war ein gedrungenes Fachwerkhaus zu sehen, mit verwitterten Balken und eigenartig verrutscht aussehendem Dach. Das ganze Anwesen wirkte düster und auf diffuse Art bedrohlich.

»Frau Röhlich bekommt Transferleistungen nach Hartz IV«, führte Murau weiter aus. »Sie hat weitgehend isoliert mit ihrer Tochter dort gelebt und sich anscheinend mehr und mehr in ihrem eigenen Wahngebäude verirrt.«

Der Fall schien ihm nahezugehen, bisher hatte er seine Ausführungen noch mit keinem einzigen boshaften Bonmot gewürzt.

»Frau Röhlich hat zunächst erklärt«, fuhr er fort, »dass sich ein arabisch aussehender Mann auf ihrem Grundstück herumgetrieben habe, den sie verdächtige, ihre Tochter entführt zu haben. Aber das war eine Sackgasse, niemand im Dorf hat einen Fremden oder ein auffälliges Fahrzeug bemerkt. Im Garten des Hauses war dem Ermittlerteam gleich zu Anfang eine grabartige Aufschüttung aufgefallen, auf der offenbar frisch ein Baumschössling gepflanzt worden war. Doch Frau Röhlich hatte eine harmlose Erklärung parat. Sie war ja anfangs auch nicht im Fokus der Ermittlungen, deshalb wurde dort nicht gleich nachgeschaut. Bei der erneuten Befragung ist die Mutter dann mit ihrer Geschichte von den ›heiligen Eichen‹ herausgerückt.«

Er verzog das Gesicht. »Als ich gestern Nachmittag dort war, hatte die KT das Grab schon geöffnet. Das tote Kind lag nackt auf dem Rücken, den weit geöffneten Mund voller Erde. Der Baumschössling war tatsächlich so eingepflanzt worden, dass er sich über kurz oder lang im Unterleib des Mädchens verwurzelt hätte.«

Murau zeigte weitere Fotos, die seine Ausführungen bestätigten. Sabine Yao starrte die Bilder an und atmete mehrfach mit scharfem Zischgeräusch durch die Zähne ein. Ihr Gesicht glich mehr denn je einer fein modellierten Porzellanmaske.

»Die Frau wollte doch nur ihr Kind loswerden, um sich mit irgendwelchen Kerlen in Bars rumzutreiben!«, befand Oberarzt Scherz. »Diesen Quatsch mit den heiligen Weiden hat sie sich mit Sicherheit ausgedacht, damit sie mildernde Umstände kriegt.«

»Ihre Sicherheit in Ehren, Herr Kollege«, gab Murau mit spöttischem Lächeln zurück. »Ich vermute, dass die KT in dem Garten noch ein paar makabre Funde machen wird. Bis sie alle Hügel untersucht hat, auf denen junge Bäume wachsen, kann es noch ein paar Tage dauern. Übrigens handelt es sich um Eichen, nicht um Weiden.«

Er zog weitere Farbfotografien hervor und legte sie vor Scherz wie großformatige Puzzlestücke auf den Tisch. Der Oberarzt besah sich die Bilder mit gerunzelter Stirn.

»Schwachsinn!«, befand er und verschränkte die Arme über dem beachtlichen Bauch.

Murau lehnte sich zurück und massierte sich die Schläfen, ein sicheres Zeichen, dass er gleich Verse rezitieren würde. Er schloss die Augen und sprach mit beseeltem Timbre:

»Im Geflimmer sanfter Sterne zucke / Dir des Kindes grasser Sterbeblick, / Es begegne dir im blut'gen Schmucke, / Geißle dich vom Paradies zurück.

Seht! da lag's entseelt zu meinen Füßen – / Kalt hinstarrend, mit verwornem Sinn / Sah ich seines Blutes Ströme fließen, / Und mein Leben floss mit ihm dahin!«

Murau öffnete die Augen und fügte mit seiner gewöhnlichen Stimme hinzu: »*Die Kindsmörderin* von Friedrich Schiller.«

Abel applaudierte ihm lautlos. Wenn er daran dachte, in welcher Gefahr seine Kinder geschwebt hatten, lief es ihm immer noch eiskalt den Rücken hinunter.

»Das reuevolle Gewinsel der Mutter in Ihrer Schmonzette passt nicht«, wandte Scherz mit der ihm eigenen Feinfühligkeit ein. »Frau Röhlich hat das Mädchen doch offenbar kaltblütig umgebracht.«

Murau kräuselte die Lippen. »Das sehe ich anders. Für mich

will sich die Mutter durch diesen seltsamen Eichenmythos vor der schmerzhaften Wahrheit schützen. Sie hat ihre Tochter – und mutmaßlich noch mindestens ein weiteres Kind – umgebracht, weil sie sich alleingelassen und überfordert gefühlt hat.«
Scherz gab ein empörtes Schnauben von sich. »Überfordert! Wenn ich das schon höre. Damit kann man heutzutage alles entschuldigen.«

☠ ☠ ☠

Abels Gedanken schweiften ab. Die makabren Geschehnisse in dem Garten von Imke Röhlich erinnerten ihn an das Gehöft von Dr. Jebens. Sie alle hatten damit gerechnet, auf dem Areal der Stiftung »Gefallene Engel« ein ähnliches Alptraum-Szenario vorzufinden. Aber zumindest in diesem Fall waren die Befürchtungen der Kriminalisten, die von Berufs wegen grundsätzlich vom *worst case* ausgingen, unberechtigt gewesen.
Dagegen war dem ehemaligen transnistrischen Geheimdienstchef Juri Burkjanov zu Recht der Prozess gemacht worden. Das gegen ihn verhängte Urteil wegen Menschenraubs, Nötigung, Erpressung und Mordes in mehreren Fällen war Ende August von der transnistrischen Gerichtsbarkeit in letzter Instanz bestätigt worden. Kurz darauf war er in sein Heimatland ausgeliefert worden, wo er den Rest seines Lebens in einem namenlosen Straflager verbringen würde.
Boris Lebedev und Vadik Asimov saßen derweil in Berlin-Moabit in Untersuchungshaft und warteten auf ihren Prozess wegen Menschenraubs und schwerer Körperverletzung vor dem Landgericht in Berlin. Anfang September hatte auch die Staatsanwaltschaft in der transnistrischen Hauptstadt Tiraspol gegen Lebedev wegen Mordes an den Brüdern Stepanov Anklage erhoben.

Was genau ihn angetrieben hatte, die Entführung der Zwillinge mit einem geradezu opernhaften Aufwand durchzuziehen, würde vermutlich im Dunkeln bleiben, sinnierte Abel. Ähnlich wie bei den Greueltaten von Imke Röhlich war auch der Drang des »Porutschiks« und seines »treuen Soldaten«, ihre Opfer auf möglichst qualvolle Weise umzubringen, letztlich nicht zu ergründen. Man konnte ihren inneren Antrieb auf ein paar handliche Beweggründe zurechtstutzen – Überforderung, Verdeckung von Straftaten, Rache –, man konnte ihnen eine schwere Persönlichkeitsstörung bescheinigen oder sie als Verkörperung des Bösen ansehen, doch letzten Endes behielten sie ihr Geheimnis für sich.

In ihren Augen verhalten sich diejenigen, die tagtäglich gegen das Böse kämpfen, wahrscheinlich genauso rätselhaft, dachte Abel.

Er selbst wäre an den Angriffen von Lebedev beinahe zerbrochen. Aber dank der Unterstützung durch Timo Jankowski und Sara Wittstock und des tatkräftigen Beistands von Lars Moewig hatte er in seinem Kampf gegen das Böse zumindest eine Schlacht gewonnen.

Der Alptraum war endlich vorbei.

☠ ☠ ☠

Nachwort
Andreas Gößling:
Whodunit?

Nicht nur jedes Genre, sondern auch jeder einzelne Roman hat seine eigenen Gesetze. Diese alte Schriftstellerweisheit wird durch die drei Abel-Bände einmal mehr bestätigt: drei »True-Crime-Thriller« – und doch drei grundverschiedene Romane.

In *Zerschunden*, dem ersten Band der Trilogie, steht die atemlose Jagd auf den »Miles-&-More-Killer« im Zentrum des Geschehens; *Zersetzt* ist ein Cocktail aus Polit- und Psychothriller; in *Zerbrochen* nun dreht sich alles um die Frage, wer hinter dem Kidnapping steckt. Ein klassischer »Whodunit« also, gemixt mit spektakulären realen Kriminal- und Terrorfällen wie der Mordserie des »Darkroom-Killers« und dem Bombenanschlag in Istanbul. Zudem kommen wir dem Protagonisten Fred Abel in diesem Roman besonders nahe; schließlich handelt es sich bei den Entführten um Abels eigene Kinder, und er selbst war dem Tod gerade erst von der Schippe gesprungen, bevor ihn dieser weitere Schicksalsschlag ereilte.

Bei einem »True-Crime-Thriller« muss auf Realismus und Faktentreue naturgemäß mehr Wert gelegt werden als – beispielsweise – bei einem reinen Psychothriller, der weitgehend aus der Sicht von Täter und/oder Opfer erzählt wird. Doch wie bei *Zerschunden* und *Zersetzt* handelt es sich auch bei *Zerbrochen* nicht um die dokumentarische Nacherzählung wahrer Kriminalfälle, sondern um deren Auf- und Zubereitung mit dem Ziel, Sie, liebe Leserinnen und Leser, möglichst spannend zu unterhalten.

Die fieberhafte Suche nach den Kidnappern mündet auch hier in eine Verfolgungsjagd, die Nervenkitzel für alle Beteiligten garantiert. Die schriftstellerisch größere Herausforderung stellen aber die Verzweigungen vor dem finalen Halali dar, in denen Abel und seine Vertrauten, vor allem Lars Moewig in seiner neuen Rolle als *Private Eye,* mit Hochdruck in alle erdenklichen Richtungen nachforschen – und klar wird, dass keine ihrer bisherigen Hypothesen stimmt. *»Alle Spuren waren kalt. Alle Fährten hatten sich als Sackgassen herausgestellt«,* stellt Abel schließlich fest.

Anders als beim reinen Verfolgungs-Thriller geht es im Whodunit-Genre nicht darum, die falschen Fährten zügig auszusortieren und spätestens nach dem ersten Viertel des Romans zur Jagd auf den oder die eindeutig identifizierten Übeltäter zu blasen – sosehr wir alle diesem Moment auch entgegenfiebern. Die Lage bleibt hier vielmehr lange unübersichtlich; eine Vielzahl von Spuren sieht längere Zeit vielversprechend aus, bevor sie sich schließlich alle als kalt erweisen und der wahre Verursacher ins Blickfeld rückt, an den bis dahin niemand gedacht hatte.

Ein solcher Roman ähnelt einem Uhrwerk, in dem kein noch so unscheinbares Detail weggenommen oder durch ein anderes ersetzt werden kann, ohne die Funktionsweise des Ganzen zu gefährden. Und wenn es sich, wie bei *Zerbrochen,* überdies um einen »True-Crime-Thriller« handelt, muss er zudem verschärfte Realismustests bestehen – nicht nur dort, wo es um kriminalistische und rechtsmedizinische Fakten geht, sondern auch bei der Darstellung der verschiedenen Milieus und Schauplätze. Mir hat dieser erzählerische Drahtseilakt viel Spaß gemacht, und ich hoffe sehr, dass auch Ihnen die Lektüre Vergnügen bereitet hat.

Zur Vorbereitung des Romans habe ich nicht nur in Altberliner Etablissements ähnlich dem »Scharfen Eck« des Romans recherchiert, sondern mir auch die Mühe gemacht, in den fernen Archipel Guadeloupe zu reisen. Nun könnte man einwenden, das sei weniger Mühsal als Annehmlichkeit, und verglichen mit meiner Reise ins eher unwirtliche Transnistrien, wo ich für *Zersetzt* recherchiert habe, verlief der Trip in die Karibik durchaus entspannt. Und doch ging es mir dort ähnlich wie Abel, der während seines Aufenthalts auf Guadeloupe »*ein Gespür für Risse und Widersprüche in der scheinbar perfekten Idylle*« entwickelt. Da ich die Region schon häufig bereist habe, fiel mir die eigentümlich sedierte Atmosphäre auf der Doppelinsel sofort auf; Vergleichbares habe ich in Guatemala, Kolumbien oder Venezuela so wenig wie auf Hispaniola je erlebt.

Apropos Hispaniola: Die Hohlräume in den Holzfiguren, die Pierre Boucard in *Zerbrochen* auf Geheiß der Inselgangster in seiner Galerie anbietet, sollten ursprünglich mit einer mysteriösen Substanz befüllt und von ahnungslosen Touristen nach Europa gebracht werden. Diese so wahre wie phantastische (also karibiktypische) Geschichte, von der ich während einer Reise durch die (abseits der Retorten-Resorts) ungleich wildere, lebhaftere, allerdings auch lebensgefährliche Dominikanische Republik erfahren habe, wäre für *Zerbrochen* zu umfangreich gewesen und soll daher, wie so manche andere Geschichte, demnächst in einem anderen Roman erzählt werden.

Mein Dank gilt Michael Tsokos für die auch diesmal ergiebige und anregende Zusammenarbeit; Roman Hocke für seinen erfolgreichen Dauereinsatz als Agent und für unsere Freundschaft; allen Beteiligten bei Droemer Knaur für ihr Engagement, insbesondere unseren Lektorinnen Carolin Graehl und Regine Weisbrod, dem Verlagsleiter Steffen Haselbach und dem (gleichfalls karibik-affinen) Verleger Hans-Peter Übleis; als Highlight zum Schluss meiner Frau Anne, die wie immer meine erste und kritischste Leserin war.

Andreas Gößling

Danksagung
Michael Tsokos

Wie bei den Vorgängern *Zerschunden* und *Zersetzt* sind auch in *Zerbrochen* wieder echte Kriminalfälle in die Handlung eingeflossen: Der Darkroom-Killer Dirk P. etwa hielt im Jahr 2012 mit einer einzigartigen Mordserie ganz Berlin in Atem. Wie sein Pendant hier im Buch, Jörg Halfter, suchte sich Dirk P. ebenfalls seine Opfer in Darkrooms verschiedener Berliner Schwulenbars und tötete sie, indem er ihnen Liquid Ecstasy einflößte. Nachdem Dirk P. gefasst und 2013 von einer Berliner Schwurgerichtskammer zu lebenslanger Haft verurteilt worden war – mit Feststellung der besonderen Schwere der Schuld –, nahm er sich 2014 im Haftkrankenhaus Berlin-Plötzensee das Leben.

Auch wenn ich in meiner beruflichen Laufbahn als Rechtsmediziner schon mehr als ein Dutzend Opfer von insgesamt acht Serienmördern obduziert habe, war Dirk P. der erste und bisher einzige Fall, bei dem ich den Serienmörder selbst auf meinem Sektionstisch hatte.

Aber auch die von meinen Mitarbeitern und mir für das BKA durchgeführte Identifizierung der am 12. Januar 2016 auf dem Sultan-Ahmed-Platz in Istanbul getöteten zehn deutschen Opfer (ein elftes Opfer verstarb nach mehreren Tagen im Krankenhaus) ist mit in diese Geschichte um Rechtsmediziner Dr. Fred Abel eingeflossen. Die Identifizierung der Opfer von Terroranschlägen rückt zunehmend in den Fokus auch deutscher Rechtsmediziner, und die in diesem Buch dargestellten konkreten Bedrohungsszenarien durch islamistischen Terror in Deutschland sind keinesfalls mehr nur Fiktion.

So viel zu einigen der wahren Begebenheiten in diesem Buch.

Jetzt ist es an der Zeit, all denen zu danken, ohne die es *Zerbrochen* in dieser Form nicht geben würde.

Mein herzlicher Dank gebührt an erster Stelle meinem Koautor Andreas Gößling für die erneute reibungslose Zusammenarbeit und sein großes Talent, den für einen echten Thriller notwendigen Mix aus Spannung, Tempo und Perspektivwechsel in die richtigen Worte und Sätze zu fassen.

Carolin Graehl und Regine Weisbrod sei Dank für ihr Lektorat – wie immer exzellent! Ferner Dank an Hans-Peter Übleis, meinen Verleger, und an Roman Hocke, meinen großartigen Literaturagenten.

Dank gilt auch: Helmut Henkensiefken (ZERO Werbeagentur, München), Frau Dr. Sieglinde Herre (Institut für Rechtsmedizin der Charité), Prof. Dr. Peter Vajkoczy (Direktor der Klinik für Neurochirurgie der Charité) und bei Droemer Knaur: Steffen Haselbach, Liesa Arendt, Jochen Kunstmann, Katharina Ilgen, Patricia Kessler und Christina Schneider.

Und ein dickes Dankeschön an dich, Anni, dass du immer für unsere Kinder und mich da bist!

Ich hoffe, dass Sie, verehrte Leserin und verehrter Leser, ein paar spannende Stunden mit diesem Buch hatten. Auch wenn die Abel-Trilogie literarisch erst einmal auserzählt ist, werden wir Dr. Fred Abel demnächst möglicherweise wiedersehen. Mehr wird noch nicht verraten.

Herzlichst, Ihr
Michael Tsokos

Authentische Fälle und
reale Ermittlungen, harte Fakten und
die richtige Dosis Fiktion

MICHAEL TSOKOS
ANDREAS GÖSSLING
Zersetzt

True-Crime-Thriller

Eigentlich hätte Dr. Fred Abel beim BKA alle Hände voll zu tun. Ein Mordopfer scheinbar ohne Verletzungen weckt düstere Erinnerungen in ihm – an einen sadistischen Psychopathen, der nie gefasst wurde. Unversehens wird Abel jedoch abberufen zum bisher gefährlichsten Fall seiner Laufbahn: In Transnistrien, einem Pseudostaat von Moskaus Gnaden, warten zwei nahezu komplett zersetzte Leichen auf ihre Identifizierung. Und ein skrupelloser Geheimdienst fordert das »richtige« Ergebnis – sonst steht nicht nur Abels Leben auf dem Spiel.

KNAUR

Wo Professor Boerne irrt

MICHAEL TSOKOS
Sind Tote immer leichenblass?
Die größten Irrtümer über die Rechtsmedizin

Werden Mordopfer tatsächlich von den Angehörigen in der Rechtsmedizin identifiziert? Sind Rechtsmediziner wirklich bei der Verhaftung eines Verdächtigen dabei? Nehmen sie gar an der Vernehmung von Zeugen teil? Szenen wie diese gehören zum Standardrepertoire von Fernsehkrimis. Doch mit der Realität haben sie nichts zu tun. Meist handelt es sich um Klischees von Vorgängen im Sektionssaal.

Professor Michael Tsokos, Deutschlands bekanntester Rechtsmediziner, nimmt die bizarrsten Irrtümer aufs Korn. Er erläutert die teils groben Fehler und informiert so spannend wie realitätsnah über die Mittel und Methoden der Rechtsmedizin.

DROEMER ✪